不断提高基层思想政治工作质量和水平

2023年基层思想政治工作优秀案例

上　册

中国政研会秘书处　编

人民出版社

责任编辑：刘志江

装帧设计：胡欣欣

责任校对：东昌文化

图书在版编目（CIP）数据

不断提高基层思想政治工作质量和水平：2023年基层思想政治工作优秀案例／中国
　政研会秘书处 编 . — 北京：人民出版社，2023.10
ISBN 978 – 7 – 01 – 026069 – 3

I. ①不⋯　II. ①中⋯　III. ①基层组织 – 政治工作 – 中国 – 文集　IV. ① D64 – 53

中国国家版本馆 CIP 数据核字（2023）第 195706 号

不断提高基层思想政治工作质量和水平

BUDUAN TIGAO JICENG SIXIANG ZHENGZHI GONGZUO ZHILIANG HE SHUIPING

——2023 年基层思想政治工作优秀案例

中国政研会秘书处　编

人民出版社 出版发行

（100706　北京市东城区隆福寺街 99 号）

北京汇林印务有限公司印刷　新华书店经销

2023 年 10 月第 1 版　2023 年 10 月北京第 1 次印刷

开本：710 毫米 × 1000 毫米 1/16　印张：34.25

字数：448 千字

ISBN 978 – 7 – 01 – 026069 – 3　定价：168.00 元（上、下册）

邮购地址 100706　北京市东城区隆福寺街 99 号

人民东方图书销售中心　电话（010）65250042　65289539

CONTENTS

目

"理论宣传二人讲"：让党的二十大精神"飞入寻常百姓家"

一、基本情况

党的二十届二中全会强调，深入学习宣传贯彻党的二十大精神，是当前和今后一个时期全党的首要政治任务，要推动学习宣传贯彻往深里走、往实里走。要丰富载体、创新手段，以人民群众喜闻乐见的形式推动党的二十大精神进机关、进企事业单位、进城乡社区、进校园、进军营、进各类新经济组织和新社会组织、进网站，使党的二十大精神真正深入人心。

党的二十大以来，贵州认真贯彻落实党中央决策部署，深入开展党的二十大精神大学习、大宣讲、大落实活动，在总结运用以往宣讲经验的基础上，创新开展理论专家加先进典型的"1+1"理论宣传二人讲，通过跨界联动组建宣讲队伍、突出重点精选宣讲内容、注重互动彰显宣讲特色、登屏上线放大宣讲效果，推动了党的创新理论深入人心，为中国式现代化的贵州实践凝聚了强大力量。"理论宣传二人讲"坚持讲理论与讲实践相结合，讲道理与讲故事相结合，以小切口宣讲大道理，以小故事印证大发展，以群众喜闻乐见的形式，使党的二十大精神生动鲜

贵州省安顺市关岭县断桥镇开展"理论宣传二人讲"活动现场

活、寓教于乐、润物无声，"飞入寻常百姓家"，推动了党的二十大精神在贵州落地生根、开花结果。"理论宣传二人讲"集理论高度、实践深度、接地温度于一体，较好地实现了宣讲形式、内容、效果"三统一"，受到干部群众的普遍欢迎，形成了贵州基层理论宣讲的响亮品牌。人民日报、新华社等多家中央主流媒体先后在重要版面、重要时段刊播了相关报道，对有关做法及成效予以充分肯定。

二、主要做法

（一）跨界联动，组建宣讲队伍

坚持省市县三级联动、上下结合，一方面挑选政治素质好、理论水平高、宣讲能力强的骨干力量作为宣讲组专家学者人选；另一方面挑选基层情况熟、实践经验足、联系群众紧的基层模范作为宣讲组先进典型人选，共同组成"1+1"二人宣讲组深入基层开展互动式宣讲。同时，鼓励探索创新，引导各地各系统结合自身实际，组建富有特色的二人互动式宣讲组开展宣讲。如，省直单位组建"理论专家＋民营企业家""理论专家＋军工老专家""理论专家＋教育工作者"等50余支二人互动式宣讲组，在省直各机关及基层巡讲100余场。各市（州）均组建不少于1支"理论专家＋党的二十大代表""专家学者＋先进典型"等二人互动式宣讲组。毕节市织金县组建"1+7+N"宣讲队伍体系，以县委宣讲团为核心，7支特色宣讲队伍为骨干，N支各单位宣讲队伍为主力的宣讲体系，宣讲队伍包括领导干部、专家学者、先进典型、道德模范等。截至2023年第一季度，省市县三级已开展二人互动式理论宣讲3300余场。

（二）突出重点，精选宣讲内容

"理论宣传二人讲"围绕党的二十大精神，坚持把"五个牢牢把握""九个深刻领会""七个聚焦"贯穿全过程，把衷心拥护"两个确立"、忠诚践行"两个维护"作为主旨灵魂，紧密结合新时代发生的伟大变革和贵州经济社会大踏步前进的显著成就，紧密结合习近平新时代中国特色社会主义思想在贵州的生动实践，紧密结合身边人、身边事和身边实实在在的发展变化，把党的创新理论讲明白、讲透彻，让基层干部群众听得懂、能领会、可落实。在遵义市汇川区泗渡镇松杉村，诗词楹联爱好者冯发铨从身边的路说起，和大家一起畅谈家乡变化和时代变迁。村民冯焕奎则结合自身创业经历，与众人分享农家乐里的"致富密码"，讲述松杉村如何从一个贫穷落后的传统村落，发展到如今处处是景、产业兴旺的美丽乡村。在黎平县岩洞镇岩洞村，二人互动式宣讲组把党的二十大精神中关于乡村振兴、增进民生福祉、提高人民生活品质等跟老百姓息息相关的内容，结合当地情况，从香禾糯的种植、销售等群众最关心的事情着手，以普通群众的视角、接地气的语言、听得懂的道理、讲故事的方式进行宣讲，引发群众的强烈共鸣。

（三）注重互动，彰显宣讲特色

宣讲过程中，注意讲理论和讲实践穿插、配合，两名宣讲员在唱和问答间产生互动，有的宣讲现场还设有主持，不止宣讲人互动讲，也把话筒递给现场群众互动问，实现了理论的深度、"主人翁"的维度、见证者的角度相统一，形成了台上台下同频共振的良好局面。坚持示范宣讲、创新探索与全面铺开有机结合，举办全省"理论宣传二人讲"现场展示活动，为持续深入开展提供样板、作出示范。在省、市两级二人宣讲组示范宣讲的基础上，鼓励县级结合实际，探索开展富有本地特色的宣讲活动，成熟一组推出一组，全省全面开花。黔东南州麻江县二人宣讲组宣讲现场，县委党校讲师刘运辉提出乡村振兴人才从哪里来这一村民们最关心的问题，贵州省劳动模范、水城村党支部书记罗传彬结合村里实际情况，给村民们讲解人才的重要性，号召大家重视教育。两位宣讲人配合默契，从生态保护、就业养老到医疗教育，从村寨发展近况到未来五年规划，采取"你问我答"的方式，一个讲党的二十大精神，另一个结合村情村貌讲身边发展的故事，有干货、有情节、有对答，极大提升了群众的参与积极性。

（四）登屏上线，放大宣讲效果

在做好"理论宣传二人讲"线下全面铺开的同时，整合优势资源，把示范性的"理论宣传二人讲"搬上《"黔"进的力量》等宣讲节目，在电视、网站、社交媒体等多个渠道播出，让"理论宣传二人讲"登上屏幕、飞入云端，得到更多流量和关注。遵义市汇川区以"理论宣传二人讲"的形式深入开展"红色遵义"云上互动宣讲，通过主持串联，让"云端"两头的宣讲员、听众一边学理论、一边听故事，在一个个生活化场景中理解中国式现代化的深刻内涵。

三、经验启示

（一）让党的创新理论"飞入寻常百姓家"，核心在于用思想旗帜引领人、凝聚人

在中国式现代化建设新征程中，面对国内国际新形势、意识形态领域新态势、信息化发展新趋势，我们要高举中国特色社会主义伟大旗帜，坚持不懈用习近平新时代中国特色社会主义思想凝心铸魂，做大做强正面宣传，形成强大主流舆论场，就需要不断改进创新理论宣讲，让党的创新理论"飞入寻常百姓家"，用党的创新理论进一步武装全党、教育人民，进一步统一思想、凝聚力量、坚定意志，自发抵制各种错误思潮，促进全体人民在理想信念、价值观念、道德观念上紧紧团结在一起，强信心、聚民心、暖人心、筑同心，切实守好守牢马克思主义意识形态阵地。

（二）让党的创新理论"飞入寻常百姓家"，重点要勇于开拓创新

抓创新就是抓发展，谋创新就是谋未来。做好新时代的宣传思想工作，比以往任何时候都更加需要创新。要因势而谋、应势而动、顺势而为，与时代同频共振。只有不断创新方式手段，用好新媒体新技术，拓展新渠道新平台，宣传思想工作特别是理论宣讲工作才能把握社会脉搏、反映时代精神、贴近群众需要。"理论宣传二人讲"突出对象

化、分众化、互动化要求，从理论联系实际的角度出发，采取 1 名专家学者 +1 名基层干部或典型模范互动交流的方式，在进机关、进企事业单位、进城乡社区、进校园等的宣讲中，以生动鲜活的方式反映贵州在习近平新时代中国特色社会主义思想指引下进行的生动实践和取得的巨大成就，充分展现习近平新时代中国特色社会主义思想的时代价值、理论魅力和实践力量。

（三）让党的创新理论"飞入寻常百姓家"，关键要用通俗化的语言把彻底的理论讲彻底

理论只有彻底，才能说服人、引领人，理论的生命力在于大众化、通俗化。理论宣讲工作要与时代同频共振，不断创新方式手段，才能把握社会脉搏、反映时代精神、贴近群众需要。贵州"理论宣传二人讲"坚持"理论 + 实践""道理 + 故事"有机结合，以讲故事、讲实践的叙事手段"从小往大讲""从实往虚讲"，由现实中可望可即的典型事件、典型人物出发，提炼与升华容易引发大众心灵共鸣的思想、价值、情感，把"中国共产党为什么能，中国特色社会主义为什么好，马克思主义为什么行"这样的宏大命题落细落小，让"高大上"的理论更接地气、更有"烟火气"。

"红色讲台"：让党的创新理论 "声" 入人心

一、基本情况

山西铁路装备制造集团有限公司是中国铁路太原局集团有限公司率先完成公司制改革的直属非运输企业，下属 12 个子分公司，覆盖铁路配件生产制造、维修保养、动客车吸污作业等多项业务。主打产品电液转辙机覆盖全国 70% 的提速道岔，并销往中老铁路等多条海外线路，是一家集生产、制造、创新、研发为一体的专业化生产制造企业。

党的二十大报告指出，"只有把马克思主义基本原理同中国具体实际相结合、同中华优秀传统文化相结合，坚持运用辩证唯物主义和历史唯物主义，才能正确回答时代和实践提出的重大问题，才能始终保持马克思主义的蓬勃生机和旺盛活力"。实践没有止境，理论创新也没有止境，作为国有企业党组织，推动党的创新理论入脑入心是必须扛起的政治责任。公司党委坚持把学习贯彻习近平新时代中国特色社会主义思想作为重中之重，着力打造 "红色讲台" 品牌，推动党的创新理论 "飞入寻常百姓家"，不断凝聚起公司高质量发展的强大动力，引领干部职工在铁路勇当服务和支撑中国式现代化建设的 "火车头"，在助力山西省

山西铁路装备制造公司开展"红色讲台——骨干说"活动现场

区域经济发展的生动实践中担当作为。

二、主要做法

（一）聚焦"三个认同"，讲出"真信"的共识

推动党的创新理论进头脑，必须先解决对党的创新理论的认同问题，让干部职工由衷地热爱党、热爱党的事业。公司党委以"红色讲台"为载体，学习党史知识，传承红色基因，感悟思想伟力，不断扩大职工对党的创新理论的认同基础，讲出"真信"的共识。

1.思想伟力奏响筑梦"最强音"。公司党委始终坚持把学习习近平新时代中国特色社会主义思想放在首位，创建"学习正当时"朗读者线上学习模块，政治理论学习积极分子在线朗诵"习言习语"，领学党的创新理论的权威解读，每季度开展学习竞赛，打造形成最具政治性、思想性的"红色讲台"，成为干部职工政治学习的"加油站"。

2. 党史宣讲建立最大"公约数"。公司党委把党史知识作为"红色讲台"的重点内容，创新开设"党史故事365课堂"，坚持专题学习周周讲、讲好党史专题课，移动课堂日日学、推送党史日历故事。"党史故事365课堂"自开设以来，干部职工主动学习党史的氛围更浓、认同感更强，职工自行编写创作的《别时容易见时难》党史宣讲竞演作品在集团公司推广交流。

3. 红色基因画出最大"同心圆"。公司党委坚持把红色基因融入理论宣讲，深入开展山西革命故事、大秦铁路精神等的宣讲宣传。组织干部职工打卡"中共太原历史展览馆、中共太原第一支部旧址"等红色教育基地，把高君宇等山西革命先行者故事搬上"红色讲台"，开展"书香接力"读书交流、"先锋力量"实践讲述，以施俊明、王新凯为代表的27名"太铁之星""装备之星"等星级榜样走进班前会"红色讲台"，结合岗位实际讲述山西革命故事、铁路红色基因的学习感悟，推动"红色基因车间一线行"取得实效。

（二）突出"三个层级"，讲出"真学"的实效

公司党委坚持在发挥"红色讲台"宣讲学习成效、扩大宣讲覆盖面上下功夫，组建宣讲队伍，划分三个层级，抓实党的创新理论宣讲。

1."第一方阵"讲出新思路。着力打造党委中心组宣讲"第一方阵"，突出学习习近平新时代中国特色社会主义思想这个重点，创新开展模块式宣讲，集中构建领学、讲学、研学"三学"机制。每年研究确定10—12个专题学习内容，制订宣讲计划，结合党的二十大精神等理论重点，组织党委中心组成员围绕专题重点宣讲，邀请党校名师要点解读。机关各部室负责人、各党组织书记聆听宣讲、互动交流。

2."支部之声"讲出大道理。立足党支部"三会一课"、班组政治学习，开设"红色讲台——支部之声"，倡导支部书记讲实践的"微宣讲"单元，

用好《太铁月讲·悦读》内部刊物，支部书记做备讲计划、交流安排，选取与职工生产实际联系紧密的 1—2 个方面内容，解读要点、阐释理论。按照每次不少于 2 人进行重点交流，其他人员随机交流的"2+N"微讨论单元，鼓励一线职工结合生产任务、实际工作谈体会、讲感悟、摆困惑、提建议，坚持理论与实践相结合，及时破解难题，推动经营创效。

3."职工天团"讲出行动力。用好职工讲师团队伍，坚持用"接地气"的语言，把党的创新理论从书本搬到车间，让更多职工实现"我学习"到"我践行"，从理解"理论指导我们干什么"到清晰掌握"具体应该怎么干"的转化。14 名职工讲师紧密结合山西省委、国铁集团党组部署要求，集团公司和公司目标任务，开展"读讲编写"行动，坚持变"讲理论"为"讲故事"，变"一人宣讲"为"多人讲述"，变"口头宣讲"为"理论微课"，通过讲职工喜闻乐见的"理论超话""思想新语"，进一步激发职工学习热情。

（三）打造"三个品牌"，讲出"真用"的力量

公司党委着力打造"红色讲台 +"实践品牌，推动党的创新理论宣讲具体化，成为促进公司高质量发展的源头活水。

1."骨干说"为创新代言。聚焦党的二十大精神、习近平总书记最新重要讲话精神，打造"骨干说"宣讲品牌。召集公司生产、经营、创新等业务骨干开展"头脑风暴"，拟定具有公司特色的宣讲通稿，收集工作案例、视频素材，每月开展"骨干说"线上宣讲学习会，重点针对转辙机创新研发、技术服务、工务配件等核心团队进行宣讲，将党的创新理论进行"本地化"阐释，让技术研发服务人员产生更多情感共鸣。转辙机研发中心主任张伟、技术服务负责人关朋海等 10 名技术骨干走上"红色讲台"，在宣讲中创新赋能。骨干讲师张伟带领团队攻克了防水转辙机技术难关，成果运用于沪昆铁路等多条线路。2022 年，转辙

机研发工作室被评为“山西省劳模工作室”。

2.“榜样说”为文化代言。组织 27 名星级榜样现身说“法”，搭建“榜样说”品牌。每季度深入所属 13 个党组织，循环开展主题宣讲，讲透习近平总书记关于文化自信的重要论述、讲明铁路红色基因、讲出铁路基层工作者的使命担当、传递“从职工中来到职工中去”的文化理念，榜样文化氛围日益浓厚。

3.“青年说”为梦想代言。聚焦公司发展的后备力量，打造“青年说”品牌。以“智汇树”创新团队为重点，讲好青年创新创效故事；以电液转辙机研发小组“青年文明号”为重点，讲好青年突击奉献故事。青年为自己代言的主人翁意识更加强烈，创新氛围更加浓厚，68 项青创成果上线应用，实现综合创效 450 万元，“智汇树”工作室被评为“全路青全创新工作室”。

三、工作成效

“红色讲台”品牌从逐级创建、初步应用，到广泛覆盖、“声”入人心，公司党委始终坚持在实践中优化，形成最具吸引力、最富理论性、宣讲载体多、产品供给优、职工认可度高的宣讲品牌，成为干部职工理论学习“必修课”。“职工讲师团”“车间一线行”等宣讲产品突出一个“实”字，从一线职工的角度出发，杜绝一张稿子念到底、一张面孔板到底，力求宣讲“沾土味儿”“接地气”，职工群众对党的创新理论的认同感稳步提升，“红色讲台”成为职工口口相传的宣讲品牌，打通了基层理论宣讲的“最后一公里”。

（一）宣讲成果捷报频传

“红色讲台”搭建以来，形成了一批多形式、多层级的宣讲成果，

"支部之声"共覆盖 43 个基层班组党支部，5 名基层专兼职党支部书记从"红色讲台"走上集团公司年度优秀思政课舞台，6 项宣讲成果被命名为各层级优秀宣讲作品，在微信公众号循环展播。"支部之声"成为职工喜闻乐见的理论学习阵地，实现小舞台讲出大道理。

（二）宣讲学习"声"入人心

"红色讲台"品牌创建以来，以学赛讲、以讲促学的氛围日益浓厚。公司党委中心组先后形成宣讲成果 10 个，职工讲师团创作的 7 堂理论微课浏览量超 5 万人次，其中 4 堂课入选铁路正能量"五个一百"、集团公司"五个十佳"正能量微课作品。

（三）实践品牌数据亮眼

"红色讲台"品牌创建以来，公司创新发展的内生动力持续增强，高质量发展的路径更加鲜明。干部职工学以致用、以学促干的精气神更足，取得的创新成果更亮眼。防水转辙机等 3 项攻关成果成功申报国家级专利，以讲促行保春运安全专题信息在《人民铁道报》交流刊发，达到"点亮一盏灯，照亮一大片"的激励效果。

四、经验启示

（一）"顶层设计"是思政品牌的生命力

企业创建的思政品牌要想做得实、叫得响、用得好，必须从创建思路上入手，做好"顶层设计"。公司党委在创建"红色讲台"品牌过程中，多次深入一线，广泛收集各类问题建议、各层级职工诉求，最终形成目标任务、内容供给、丰富载体、评价反馈的创建思路，构建了以"党的创新理论引领企业发展，实现企业创新赋能、高质量发展"的目标层，以"第一方阵、支部之声、职工天团"的载体层，以"党史学习、红色基因宣讲、党的创新理论"的内容层，以"骨干说、榜样说、青年说"与"职工问卷、年终积分"相结合的保障层，从根本上提升了"红色讲台"宣讲品牌的内在价值和应用实效。

（二）职工的"文化代言"是最强榜样力

先进典型是企业发展的书写者、企业事迹的承载者、企业精神的人格化。公司党委在"红色讲台"打造中，自上而下推动组建了一支先进榜样宣讲队伍，集"星级榜样""技术骨干""青年典型""身边好人"为一体，打好宣讲"组合拳"，讲出理论"最强音"。3年来，宣讲覆盖率达100%。保冬奥辅助铁路设备安全的业务员贾中强、30年初心不改的老电工范志斌等先进典型相继走上讲台，激励了一批基层技术工人立足岗位、建功立业。

（三）企业发展的成果是最实说服力

理论宣讲的成果只有转化为推动企业发展实实在在的成效，才是真正发挥作用、体现价值。企业党委不断强化职工与企业共成长、共发展意识，把打造"红色讲台"的核心目标确定为让广大职工深刻感受党的创新理论的真理力量和实践伟力，推动理论联系实际，实现企业高质量发展。公司党委立足"红色讲台+"实践品牌计划，不断提升干部职工的行动力、战斗力、凝聚力，变"要我干"为"我要干"，各项重点任务的年度完成率、经营任务指标完成率不断提升，先后获得"全国第七批制造业单项冠军企业""经营创效金质奖杯"等荣誉，实践品牌为企业创新赋能的成效日益凸显。

"布谷鸟"播党声解民意
奏响乡村振兴"最强音"

一、基本情况

为推进习近平新时代中国特色社会主义思想在基层落地生根，2021年，广东省韶关市乳源瑶族自治县大布镇紧密结合革命老区红色历史文化丰富的实际，巧借布谷鸟即"报春鸟""催耕鸟"，代表"春天、希望"的寓意，打造了独具镇域特色的"布谷鸟"课堂，利用其传播新思想、学习新理论、传授新技能、讲好红色故事、办好民生实事，架起党群"连心桥"。

"布谷鸟"课堂依托内容丰富、覆盖全面的基层党建优质课堂和配置完善、技能专业的党员志愿服务队伍，不断向社区、校园、农院、田间、农场等全方位延伸，打出学习教育、志愿服务、抓党建促乡村振兴纵横扩展的"组合拳"，解决了学习内容枯燥、方法单一、实践成效不显著等问题，以群众爱学乐听的形式开展工作，有效提高学习的积极性和实效性。充分发挥党组织战斗堡垒作用和党员先锋模范作用，从课堂、实践、志愿服务中延伸拓展至产业发展，在乡村产业振兴、扶持壮大村集体经济等领域推出"121+N"产业振兴做法、"1+7"产业"集

广东省韶关市乳源县大布镇"布谷鸟"课堂的老兵宣讲现场

结号"等创新举措，以推动资源资产价值化、产业提质增效、增收造血为主线，统筹整合基层"四类"资源，凝聚发展合力。

二、主要做法

（一）"三个结合"握指成拳，大宣讲网格实现联动共促

结合镇情村情民情，以全面覆盖、系统深化的学习教育方式作为真学深学的强力保障，提振学习热情，增强凝聚力。

1.结合镇情，多元课堂亮点纷呈。以系统性与深刻性并重的授课方式，晨学课堂、老兵宣讲课堂、企业共建课堂、流动党员课堂、名师课堂、红领巾课堂、青年讲师团、巾帼宣讲团等"八大课堂"实现多点开花。针对不同领域、团体开设"政策理论""红色文化""致富增收""技能培训"等课程，打造了独具基层特色的亮点课堂。

2.结合村情，分教课堂灵活有序。在村级党支部设置分教点，组织

成立"布谷鸟"分队，以村支部书记为分队长，由镇党委布置学习目标，各分队按照目标制订本年度学习实践计划，采用述职评议、强村带弱村等方式，提高基层党组织战斗力。灵活运用镇街党校，对党组织书记、"两委"干部、党员补课充电、随堂考核，持续提升基层党组织战斗能力，不断推动形成领导有力、功能完善、运转有序的组织体系。

3.结合民情，示范课堂深学遍学。由镇村党员干部、返乡青年、退役军人、老党员、"两代表一委员"组成的"布谷鸟"宣讲团，坚持"示范讲"与"普遍讲"相结合，每周由宣讲团团长在乡镇党校集中开课领学，其他成员深入街巷、校园、农院、田间、农场、村（社区）分教点送学上门，以点带面，让"布谷鸟"课堂遍布每一寸土地。

（二）"三个转变"同频共振，多元化服务凝聚党心民意

坚持理论和实践相结合，聚焦群众"急难愁盼"问题，分类设置各类志愿服务分队，将转化学习成果、办好民生实事作为"学真知、强本领"的关键课程目标，开设"流动、实践、特色"三大课堂。

1.转变过去固定场所听报告的授课方式，让课堂"动"起来。将机关党建宣讲课堂延伸拓展，让党课贴近党群，以送学上门、实景观摩、实践体验、云端共享等多元一体化宣讲模式，让学习课堂实现"普遍讲、示范讲、深入讲、流动讲"。哪里有需要，课堂就搬到哪里。宣讲团成员在革命纪念公园、红色遗址用客家方言讲述红色历史，将红色元素嵌入学习教育；结合流动党员"1+1+N"结对帮带学习工作机制，在流动党员微信群推送《"布谷鸟"红色历史故事天天听》学习栏目，组织退役老兵在家中庭院开办"板凳故事会"，走进校园与学生面对面讲党课，农技宣讲员在田间手把手教学实用农技，实现互学互促互提升，打造契合基层特色的多元化课堂。

2.转变学习课堂内容枯燥单一，让课堂"实"起来。将"布谷鸟"

课堂办成党员群众爱听乐学的模样，成立"布谷鸟"志愿服务总队，下设"布老时光""助农授技""信访速递"等 11 支分队，队员们根据课程目标开展助老爱老、传授农技、调解纠纷等精准服务。结合基层社会治理体系建设，推出"信访速递"流动团，创新"情法融合＋流动多元"模式，高效受理解决基层纠纷，为改革攻坚规范治理创新思路，用心用情用力解决社会矛盾纠纷。在实践课堂中，队员们通过察民情、解民忧、暖民心、强党性，不断增强为人民服务的本领，搭建起一座座干群连心桥。

3. 转变学无成效现状，让课堂"活"起来。"布谷鸟"课堂发挥自身包容性，发掘吸收地方能人巧匠，以韶关市"百团千才万匠"人才工程为指引，积极谋划基层人才管理。通过"人才驿站"这一重要阵地，搭建人才返乡创新创业"孵化器"，搭建广阔的学习交流平台，组织"明星"创业能手开设特色课程。结合"8+3"民情夜访制度、直联日工作制度等深入基层，吸纳"本土人才""田间秀才""粤菜师傅"，充实壮大专业人才队伍，丰富课程内容，打造解决事关群众切身利益、迫切需要的特色课堂。

（三）"两个创新"换挡提速，示范化布局赋能产业振兴

1. 打破发展壁垒，创新"121+N"产业振兴模式。坚持党委统一领导，探索创新村企合作模式，抱团合一，打造一个种植基地、建立一个标准化生产线、带动一批脱贫户稳定增收、引导一批农户积极参与、对接一个以上线上平台等方式推动村级产业振兴，激活"一池春水"，打造"致富通道"。通过盘活村集体闲置资产，成立镇级乡村振兴平台企业，建立标准化生产车间，研发低脂低糖、绿色健康的即食产品，探索确立了一个资源资产价值化可持续发展的"新风向"。2022 年，大布镇荣获省级"一村一品、一镇一业"笋干专业镇称号，大布镇白坑村荣获柑橘专业村称号。

2.深化改革成果，吹响"1+7"产业"集结号"。围绕 1 个产业基地谋篇布局，结合实践课堂、特色课堂，充分发挥种养技术人才优势，搭建产业提升"比武擂台"，将产业基地划片分包，通过角逐打造"产业振兴示范村"，激发党员干部干事创业热情，赋能高质量发展。7 个行政村根据产量、作物的经济效益、种植片区的管理情况、带动本村干部、脱贫户增收情况等进行评比，通过以比促耕、以争创优的工作理念，推进撂荒耕地复耕复种，预计每年可为每村增收 3 万元以上，走出一条村级"龙头"示范带动、村民共同参与的致富"新路子"。

三、工作成效

（一）打造乡土课堂，接地气，聚人力

"布谷鸟"课堂累计开展晨学课堂 50 多次、流动课堂 60 多次、线上课堂 50 多次、宣讲活动近 200 场次，受众 5000 余人次。"布谷鸟"课堂发挥自身包容性和创新性优势，将课堂推向校园、企业、农院、田间、农场，让特色课堂在镇域内全方位开展。一节节精彩的"布谷鸟"课堂在大布镇遍地开花，把党的声音传递到广大镇村干部、人民群众心中。"布谷鸟"晨学课堂、流动党员"1+1+N"结对帮带学习工作机制的好经验好做法在《广州日报》等媒体刊登报道。

（二）打造连心品牌，优服务，暖民心

深入挖掘品牌潜力，拓展特色服务，布谷鸟"信访速递"流动团秉承着为人民群众提供便捷、高效纠纷调解服务，通过多元参与、统一受理、分派调处、服务上门的形式，在化解群众矛盾纠纷、解决群众"急难愁盼"工作上走出了"多元参与＋信访速递"调解新路子，成功办

理信访来访 63 宗，调解矛盾 51 宗，处理网络问政 202 宗，为信访纠纷调处提速增效。2022 年度，大布镇被授予全省信访工作示范乡镇。

（三）打造特色课堂，展风采，筑根基

根据民众所需，吸纳更多专业技术人才加入，通过镇人才驿站平台，聚贤引智，充分挖掘本土人才，以"人才＋课堂"的形式，为发现人才、培养人才、发挥人才作用提供了更为便捷的渠道。将"布谷鸟"课堂打造成为人才思想碰撞、交流汇聚、建言献策的新平台。

四、经验启示

（一）强化理论武装，学习教育有"力度"

深学细悟，持续掀起学习贯彻习近平新时代中国特色社会主义思想的热潮，以学习贯彻党的二十大精神为重点，实现党的二十大精神学习教育宣讲全覆盖。深学笃行，扎实推进问题整改落实，以人民为中心，以基层党建为引领，进一步夯基础、疏堵点，补短板、强弱项，推动各项工作不断提质增效。

（二）锚定发展目标，学习教育有"高度"

以"新农旅"发展主基调为指引，推动各行业、各领域问题大排查、大起底、大化解，各项工作大提升，使党的二十大精神学习成果转化为推动各村各办工作的强大动力，以经济社会高质量发展成果检验党的二十大精神学习教育成效。

（三）办好民生实事，学习教育有"温度"

持续深化"大学习、深调研、真落实""我为群众办实事""民情夜访"等活动，用心用情用力解决好人民群众的"急难愁盼"问题，牢记根本宗旨、厚植为民情怀。引导和推动全镇党员干部强化公仆意识，发挥党员先锋模范作用，在为群众排忧解难中不断密切同人民群众的血肉联系，不断提高人民群众的获得感、幸福感、安全感。

（四）建立长效机制，学习教育有"深度"

持续深挖本地红色资源，用"土话"讲好党的二十大精神，让党的二十大精神更接地气、"冒热气"。科学规划好、保护修缮好、开发利用好镇内革命旧址遗址，因地制宜打造"红色课堂"。持续创新"布谷鸟"红色课堂、流动党员"1+1+N"结对帮带学习工作机制、"烽火舞狮"大擂台等学习品牌，丰富学习形式、载体，保持学习热情。

"初心讲堂"：党员教育的"红色殿堂"

一、基本情况

党的十九大以来，习近平总书记连续四年到上海考察，赋予上海一系列新的重大使命，对上海加强党的建设提出一系列重要要求，强调上海是我们党的诞生地，要把丰富的红色资源作为主题教育的生动教材，引导广大党员干部深入学习党史、新中国史、改革开放史、社会主义发展史，让初心薪火相传，把使命永担在肩。党的二十大对坚持不懈用习近平新时代中国特色社会主义思想凝心铸魂作出重大部署，强调要加强理想信念教育，坚持理论武装同常态化长效化开展党史学习教育相结合，传承红色基因、赓续红色血脉。上海聚焦学思践悟习近平新时代中国特色社会主义思想这一主线，突出传承弘扬伟大建党精神这一主题，立足党的诞生地、初心始发地、伟大建党精神孕育地的特殊地位，由中共上海市委组织部、市委宣传部指导，依托全市各大红色场馆，打造面向全市广大党员干部的"初心讲堂"党员理想信念教育品牌活动。

"初心讲堂"以中共一大纪念馆、中共二大会址纪念馆、中共四大纪念馆主办核心阵地，按照一月一讲频次进行课程开发，采取"现场开

"初心讲堂"以"三人谈"的形式在中共四大纪念馆举行

讲 + 线上直播"的形式，在每月第二、三、四周的周五定期开展主题
鲜明、特点突出、形式多样、氛围庄重的党员教育活动。

二、主要做法

（一）聚焦"讲什么"，突出主题主线，优化内容供给

紧紧围绕学习贯彻习近平新时代中国特色社会主义思想这一首要政
治任务，紧扣党中央和上海市委重大决策部署、重要会议活动、重要时
间节点，聚焦深入学习贯彻党的二十大精神，贯彻落实上海市第十二次
党代表大会和十二届市委一次、二次全会精神，举办《夺取中国特色社
会主义新胜利的政治宣言与行动纲领》《当好排头兵先行者，努力建设
具有世界影响力的社会主义现代化国际大都市》等专题讲座。将深入

学习习近平总书记考察上海重要讲话精神作为核心内容，与深入学习《习近平在上海》《当好改革开放的排头兵——习近平上海足迹》等重要读本结合起来。将传承弘扬伟大建党精神作为重要任务，突出讲好上海在党的革命、建设、改革等不同历史时期的故事。将上海学思践悟新思想、推动改革创新发展的生动实践作为鲜活教材，用身边翻天覆地的变化让党员干部深刻感悟党的创新理论的实践伟力，推动党员干部深切感悟习近平新时代中国特色社会主义思想的真理光芒，增强忠诚拥护"两个确立"、坚决做到"两个维护"的行动自觉。

(二) 聚焦"在哪讲"，突出"初心之地"，发挥特色优势

充分体现中共一大、二大、四大在党史中的重要地位、重要作用，紧密结合三个核心场馆的特色优势开展党课活动，着力将革命旧址遗迹、红色场馆和历史现场打造成为党课讲堂。中共一大标定着中国革命的伟大起点，中共一大纪念馆聚焦百年党史推出精品课程，结合丰富展陈，生动展现党的诞生历程，让党员干部更深刻感悟中国共产党的精神之源。中共二大诞生了首部党章，中共二大会址纪念馆结合打卡活动，串联起周边如中共中央秘书处机关旧址、中共中央军委机关旧址等红色场馆，让党员干部在历史穿梭中加深感悟感动。中共四大首次确定党的组织建设制度，明确党员三人以上需成立支部，中共四大纪念馆创新采用"三人谈"的形式，邀请专家学者、名师名家、先进模范、基层党组织书记、党代表等，围绕党的建设、党史故事等进行深入对谈，强化互动参与，引发党员干部深入思考，提升教育实效。

(三) 聚焦"怎么讲"，突出品牌引领，创新形式载体

坚持在出精品、求实效上下功夫。在采取专题讲座、"三人谈"等授课形式的同时，注重把组织优势和文化资源特色优势充分整合起来，

创新打造沉浸式课程，现场演绎交响乐《正道沧桑》、诗朗诵《力量之源·信念永恒》、沪剧《一号机密》等作品，并通过主创人员交流分享、相关党史知识讲述等方式，使党员"穿越"回当时的历史场景之中，深切感悟上海作为"初心之地"的使命光荣。将课前重温入党誓词作为每次活动的必备环节，开展党员过"政治生日"等仪式教育。发挥上海"智慧党建"信息化平台作用，在"先锋上海"小程序开设专题专栏，推出在线预约、直播课堂、往期回看三项功能，打造"初心讲堂"云端课堂。

三、工作成效

（一）党员群众受到教育

"初心讲堂"自 2021 年启动以来，已推出 32 讲活动，线上线下参与党员群众达 600 余万人次，入选中央组织部党员教育工作典型案例。在"初心讲堂"的牵引带动下，到红色场馆上党课已经成为上海党员学习的新常态，党员群众纷纷表示，"初心讲堂"让红色旧址遗迹成为了党员教育的"红色殿堂"，在"初心之地"听党课、悟初心，让党的创新理论和伟大建党精神更加深入人心、打动人心。

（二）打造红色宣教品牌

发挥中共一大纪念馆、中共二大会址纪念馆、中共四大纪念馆在上海打响"红色文化"品牌方面的主阵地作用，整合不同场馆在党史研究、社会宣教方面的特长领域和资源优势，引入文艺、戏曲、电影等不同形式的党课模式，打出组合拳，在推动党史学习教育常态化长效化方面做出了积极探索，努力在全市打造主题突出、有较大社会影响的党员理想信念教育品牌。

（三）辐射规模不断扩大

立足推动党员理想信念教育常态化长效化，把"初心讲堂"作为"三会一课"和主题党日的重要载体，作为党员领导干部讲党课的重要平台，作为基层党组织书记培训和党员普遍轮训的课程内容。以"初心讲堂"品牌为牵引，集成全市 12 个新时代上海基层党建创新实践基地和1.2 万余个党群服务阵地，推出百门精品课程、百名优质师资、百篇典型案例、百个实训阵地等党员教育立体资源体系，实现共建共享、通学通用。

四、经验启示

（一）"铸魂"为本，要坚持将学习贯彻新时代党的创新理论作为首要政治任务

"初心讲堂"作为贯彻落实习近平总书记考察上海重要讲话精神的实际行动和具体实践，坚持将学习贯彻习近平新时代中国特色社会主义思想作为鲜明主题和突出主线，聚焦用党的创新理论凝心铸魂，打造精品课程，不断推动新思想学习教育往深里走、往心里走、往实里走。开展理想信念教育，要坚持在突出主题主线上下功夫，加大从政治上审核把关力度，确保始终以首要政治任务统揽，以基本教育任务布局，不断提升用党的创新理论武装头脑、指导实践、推动工作的质量和水平。

（二）"活学"为先，要坚持将发挥优势、创新形式作为主要工作抓手

"初心讲堂"积极适应时代发展趋势和新时代党员学习特点的新变

化，充分发挥党的诞生地和改革开放前沿阵地的资源优势，用好中共一大纪念馆等党员心中的红色圣地，发挥"智慧党建"信息化平台作用，打造党员教育的生动教材。开展理想信念教育要用活红色资源、讲活党史故事，创新教育形式，使党员在沉浸式体验中触摸历史脉络、接受思想洗礼，让党的创新理论武装和伟大建党精神学习教育真正深入人心、触及灵魂。

（三）"做实"为要，要坚持将深化成效、固化成果作为重要价值取向

"初心讲堂"紧扣中央和上海市委重大决策部署、重要会议活动、重要时间节点，充分挖掘上海学思践悟新思想的实践探索、改革攻坚克难奋进的精神富矿，把解决实际问题、推动实际工作作为衡量党员教育效果的重要标尺，引导党员传承红色基因，践行初心使命。开展理想信念教育，要着眼大局、融入大局、服务大局，注重实践、实效，使学习教育与党和国家事业同向同行，推动广大党员切实将学习成果转化为奋进新征程、建功新时代的强大动力。

"百杏"微宣讲团：多频共振传递党的好声音

一、基本情况

新疆维吾尔自治区阿克苏地区库车市始终坚持把理论宣讲作为用党的创新理论武装头脑、指导实践、推动工作的重要抓手，不断加强宣讲队伍建设，公开招募理论水平好、把握政策准、专业能力强，能讲、会讲、善讲的各层面党员干部群众，成立以当地特产小白杏命名的"百杏"微宣讲团，让"小角色"变身为宣讲"轻骑兵"，为群众做好析事明理和解疑释惑工作。宣讲团依托新时代文明实践所（站），将开展理论宣讲与志愿服务巧妙融合，建立完善了"三级联动"服务机制。由新时代文明实践所（站）在宣讲前先征集群众感兴趣的话题和政策需求，由群众按需"点餐"，再由实践所（站）结合实际情况进行"下单"，宣讲团根据宣讲需求在群内发布信息，进行"配送"并联系站点志愿者"接单"，联合开展"一对一、多对一"的实践指导，确保学用结合，做到基层点单与志愿者接单的有效衔接。定期会同实践所（站）以"微发布"的形式，针对某一方面主题、政策，召开"微小发布会"，深入乡镇、村组、厂矿企业、田间地头与群众面对面进行交流宣讲，为群众解疑释惑，让党的

新疆维吾尔自治区库车市"百杏"微宣讲团把党的二十大精神送到牧民身边

创新理论"飞入寻常百姓家"。

自成立以来，"百杏"微宣讲团围绕宣传阐释党的创新理论、传播中华优秀传统文化、促进经济高质量发展、打赢脱贫攻坚战、维护社会稳定和长治久安等主题，先后开展各类线上宣讲 6 万余场次，集中宣讲、入户宣讲、特色宣讲等累计 240.6 万场次，覆盖群众达 1000 余万人次，推动宣讲在基层"活"起来、"动"起来、"热"起来。2020 年 10 月，库车市"百杏"微宣讲团被评选为全国基层理论宣讲先进集体。

二、主要做法

（一）"小载体"释放"大能量"，提升理论宣讲感染力

"百杏"微宣讲团围绕党员干部群众关心关注的热点问题进行"订

单式"宣讲，将"以我为主导"变为"以群众为主导"，改进宣讲方式，采用"宣讲+"模式，在常规宣讲模式的基础上与多种方式融合。"宣讲+表演"，将党的理论知识、惠民富民政策等宣讲内容以小品、相声、情景剧、快板、热瓦普弹唱等群众喜闻乐见、易于接受的方式展示出来，拉近理论政策和基层群众的距离，让群众听得懂、学得会、能记住。"宣讲+PPT"，将宣讲内容进行梳理、归纳制作成PPT，图文并茂展现在受众面前，在内容上更直观、在形式上更丰富，增强宣讲活动的吸引力和趣味性。"宣讲+视频"，在宣讲活动过程中，插播微电影、小视频，以光影魅力冲击受众的视觉感官，立体式展现宣讲内容，使宣讲更加生动具体、活灵活现。"宣讲+媒体"，充分发挥媒体融合优势，开设优质百姓宣讲栏目，邀请各行业系统优秀宣讲员做客直播间，通过电台FM90.7、"阿东看库车""龟兹人的城"视频号、乡村大喇叭、流动小喇叭为广大群众开展线上宣讲活动，让"不见面"的宣讲无处不在。"宣讲+竞赛"，广泛开展"云宣讲"大赛、"微型党课"大赛、宣讲员大赛等活动，以赛促进、以赛促选、以赛代培，精选基层党员群众关心的热点、难点、焦点问题，用生动的事例，让宣讲更"接地气"。

（二）"小转变"实现"大提升"，创新求变增强穿透力

"百杏"微宣讲团以库车市委宣传部为"指挥部"、乡镇宣教办为"传动轴"、村（社区）宣传工作站为"主阵地"，充分发挥辐射带动作用，凸显社会正能量。在宣讲主体上，变"一人讲"为"大家讲"。鼓励干部群众结合自身实际，选择合适议题，大胆走上讲台，人人争当宣讲员，人人都是宣讲员，相互都是听众。在宣讲时间上，变"长篇大论"为"精彩短章"。每场宣讲时间一般为15分钟左右，时间短，内容集中，效果却好。不仅宣讲者易于准备，而且组织者易于组织，宣讲过程中少了"拖沓、说教、空泛"，多了"精巧、平实、快捷"。在宣讲内容

上，变"单一型"为"多样化"。宣讲内容涵盖党的方针政策、形势任务、先进事迹、思想感悟等，人和事都是来自干部群众周围，看得见、摸得着、感受得到，授课者用自己的语言讲身边的故事、聊自己的感想、谈自己的体会。在宣讲方式上，变"灌输式"为"互动式"。一般由主持人点明主题，引导发言，串连内容，充分调动每个宣讲员的积极性。宣讲员在精心准备的基础上，各抒己见、相互补充，主持人总结点评、归纳提炼，达到说透道理、阐明主题的目的。在宣讲形式上，变"平面式"为"立体式"。常态化开展"定点式"巡回宣讲、"走访式"面对面宣讲、"点单式"送餐宣讲、"分享式"融情宣讲、"引领式"演说宣讲、"表演式"互动宣讲等，分层次、分对象对全市各族干部群众开展宣讲活动。

（三）"小故事"阐明"大道理"，寓教于乐唱响主旋律

"百杏"微宣讲团把党的创新理论嵌入文艺创作生产中，实现用科学理论引领文艺创作，用文艺手段传播科学理论。让党的声音沾满"艺术味"，通过挖掘、培养一批能讲善讲、能演会演、有一技之长的民间艺人，将宣讲内容融入文艺表演活动中，用舞蹈、歌曲、戏曲、快板、三句半、诗朗诵等群众喜闻乐见的文艺方式讲理论、讲故事，使群众听后很"解渴"、很受益。让党的声音沾满"泥土味"，采用互动式、地方话等方式，用好方言俚语、歇后语、顺口溜等，在统一培训的基础上，引导草根宣讲员围绕身边新变化、生活质量日益提升、教育惠民全面落地等，将重要会议精神、政策法规、惠民政策等转变为"草根化"语言，让群众喜欢听、坐得住、有触动、记得牢。让党的声音沾满"情景味"，坚持用小故事阐释大道理，让身边人讲述身边事，采用小品、话剧、情景剧等具有地方特色、群众喜闻乐见的多元立体宣讲方式，把发生在身边的故事进行情景展示，拉近群众之间的距离，使理论宣讲接地气、聚人气、有底气。

（四）"小服务"引领"大风尚"，示范带动立起风向标

"百杏"微宣讲团始终坚持贴近群众需求，在服务群众中凝聚和引领群众，挖掘和培养一批宣讲典型，鼓励志愿服务队化身"政策宣讲员""正能量传播员""矛盾调解员"，全方位、多层面、齐参与开展覆盖性宣讲活动。创业致富带头人讲"致富经"。组织创业致富宣讲队结合自身致富经历、心路历程等面向基层群众讲述脱贫致富，实现人生价值的亲身经历，激励基层群众尤其是贫困群体努力奋斗、辛勤劳作。司法人员讲法律。选派法官、律师等司法人员组成法治宣讲队开展百名法官进校园、进乡村等主题宣讲活动，弘扬主旋律、传播正能量。医务人员讲健康。组建以医疗技术人员为主的健康服务队开展"健康防病知识进万家"活动，针对艾滋病、结核病等重大传染病防治开展"宣传教育＋公益医疗"服务活动，大力普及重大传染病防治知识及医疗惠民政策等。文艺人才讲文化。发挥演出团队、文化馆、民间艺术团等文艺队伍优势，将重大主题宣讲内容融入文艺表演项目，由农民演出农村的变化给农民看，寓教于乐、以文化人。农科行家讲技术。组织"田秀才""土专家"及农技人员深入农户家中、田间地头开展农业技能培训，提升基层群众农业技术水平，让群众真切感受到宣讲可亲可近、可学可用。

三、工作成效

（一）建好队伍，打造新时代宣讲主力军

在市级层面，整合领导干部、行业单位骨干、专业宣讲人才、退休老干部老党员、民间草根艺人、群团组织等近 1400 人组成宣讲人才库，在乡镇（街道）、村（社区）层面，整合政治立场坚定、理论基础扎实，

能讲、会讲、肯讲的非遗传承人、网格长、致富带头人、民间艺人和普通群众等 500 余人成立基层草根宣讲队伍，建立完善长效培训机制、督促指导机制、联系提升机制，每年举办 2 期基层骨干宣讲员培训班、定期举办"库车市宣讲员大赛""学习强国达人挑战赛""库车市微型党课大赛"，通过常态培训，以赛促学，累计培训各级优秀宣讲员 200 余人，"库车市微型党课大赛"典型做法在全地区范围内广泛推广引用。

（二）完善体系，增强理论宣讲黏合性

构建"市委中心组成员＋市委讲师团＋'百杏'微宣讲团"市级宣讲体系、"乡镇（街道）领导班子＋驻村工作队＋特色宣讲队"乡级宣讲体系、"村'两委'班子＋网格长＋草根宣讲队"村级宣讲体系，采用算账对比、现身说法、互评互议、忆苦思甜、典型引领 5 种宣讲方法，通过县处级领导带头讲、科级领导重点讲、党员干部人人讲、专业人员示范讲、基层力量深入讲、草根能人特色讲、行业部门系统讲、群团组织分类讲、媒体平台覆盖讲、微型党课互动讲、座谈研讨细致讲 11 种宣讲形式，做到量体裁衣、分类施策，实现靶向供给、精准滴灌。邀请领导干部、党校讲师、优秀宣讲员等做客直播间，录制公开课 248 期、宣讲音频 432 个、"百姓宣讲大舞台" 126 期。同时，发挥好草根宣讲队作用，组织文艺工作者编排歌舞小品、顺口溜、热瓦普弹唱等宣讲节目 148 个，拍摄特色宣讲视频 1000 余个，编排朗朗上口的民歌民调，使宣讲更接地气、更受欢迎。

（三）丰富载体，用活用好各类宣教举措

结合干部下沉走访，在"定点式"宣讲的基础上开展"走访式"宣讲，在农忙时节深入田间地头和基层群众家中唠家常、谈变化、展未来，面对面将党和国家的各项惠民政策传达给基层群众，累计开展入户宣讲18万余场次，覆盖人数198.91万人次。结合志愿服务活动开展"菜单式"宣讲，接受新时代文明实践所（站）点单式宣讲328场次，实现了从"我说什么你听什么"到"你要什么我讲什么"的转变。结合"我的中国梦·文化进万家"活动开展"分享式"宣讲，发放宣传小折页、村情小卡片等学习资料1.7万册，春联14.6万副。组织全国道德模范提名奖获得者、自治区"见义勇为"道德模范李运飞等175名先进典型开展"引领式"宣讲，将道德模范、民族团结标兵、草根英雄等典型引上讲台开展"现身说法"，充分发挥榜样的示范引领作用。

四、经验启示

（一）言之有物，宣讲有内容才能走深走实

理论宣讲最忌讳的就是"假大空""空对空"。理论宣讲工作要强化问题导向和效果导向，注重搜集和梳理广大干部群众关心的热点问题，精准确定宣讲内容。在开展宣讲工作时，要紧密联系地方发展实际，通过摆数据、谈措施、看成效等方式，把中央政策导向与当地发展实践相结合，帮助群众正确认识中央政策制定的初衷，进而准确把握发展方向，转变发展理念，凝聚上下同心、共谋发展的思想共识。要善于把社会敏感和热点话题引入宣讲主题，使群众产生共鸣、受到启发。

（二）言之有情，心中有人民才能同心同向

习近平总书记强调，我们党来自人民、植根人民、服务人民，党的根基在人民、血脉在人民、力量在人民。回应人民呼声、满足人民需求就是做好理论宣讲工作的第一要务。理论宣讲工作要坚持以人民为中心，饱含着对群众的一片深情，从群众最需要澄清、最感到疑惑、最迫

切需要解决的问题入手，针对不同宣讲人群灵活确定宣讲主题，以群众想听、爱听、乐听的方式，把发生在百姓身边的事例作为观点的重要支撑，将抽象的理论转化为"百家话"，让广大党员群众既能坐得住又能听得进，既能学得会又能用得上，真正做到理论惠民。

（三）言之有味，绘声又绘色才能解渴解压

讲理论要接地气，要让马克思讲中国话，让大专家讲家常话，让基本原理变成生动道理，让根本方法变成管用办法。理论宣讲要坚持用小故事阐述大道理，用身边人讲述身边事，让听众从身边典型和朴实故事中领悟意义。要采用歌曲、戏曲、小品、相声、话剧等具有地方特色、群众喜闻乐见的多元立体宣讲方式，用好方言俚语、歇后语、顺口溜等，拉近与百姓的距离，使理论宣讲接地气、聚人气、有底气。用好用活新媒体平台，制作短视频、微视频等丰富的理论宣传产品，让理论宣讲插上互联网的翅膀，使宣讲资源产生最大的传播效应。

"小院课堂"：让党的创新理论在农家小院落地生根

一、基本情况

党课是"三会一课"的重要组成部分，但在实际开展过程中，不少基层党组织均会碰到人员难组织、阵地难落实、活动难开展的问题。江苏省无锡市滨湖区马山街道古竹社区也不例外。近年来，面对社区党员居住分散、年龄相对偏高、受教育程度相对偏低的现状，社区党总支根据地缘特征，在各党小组中选取党员中心户打造"小院课堂"，开设思政课、创业课、讨论课、实践课、廉政课等五门课程，党员按照就近原则，每人定点一个"小院"参加活动。

二、主要做法

（一）打造"学思小院"，深入浅出上好"思政课"

"学而不思则罔，思而不学则殆。"古竹社区党总支根据涉农社区实际，把理论学习放到农家小院里，进一步扩大受众群体，提高思想教育

江苏省无锡市滨湖区马山街道古竹社区居民开展"小院议事"

的传播效果,把学习贯彻习近平新时代中国特色社会主义思想落到实处,提高社区凝聚力。

1. 小院党课,飞入寻常百姓家。一张圆桌,几条板凳,一条村巷上的党员们便可聚在党员中心户家中开展党员活动。这样的"小院党课"已在古竹社区持续了五年的时间,借助"小院课堂"的模式,古竹社区党总支成功将党课上到了农家小院。特别是党的二十大以来,社区持续开展学习宣传活动,通过免费赠阅报纸、党支部书记解读、党小组长陪读、党员群众阅读等方式,将党的新思想、新部署、新要求又好又快地传达到每一位党员的心间。

2. 新闻故事,润物无声聚人心。除了理论学习外,社区还将"小院"建设为道德讲堂等活动阵地。通过身边人讲身边故事,宣讲滨湖区"最美家庭"先进事迹,引导党员群众自觉争当文明公民;邀请社区民警进"小院",进行全民反诈专题宣讲;结合热点讲新闻故事,带领党员学习党的二十大精神、《习近平谈治国理政》等内容,提高政治站位,强化政治担当,坚决守好意识形态阵地。

3. 主题教育，锤炼党性悟初心。为扎实推进"不忘初心、牢记使命"、党史学习教育等各类主题教育，古竹社区利用"小院"这一载体送学上门。在主题教育开展过程中，社区党总支班子成员在各自联系的"小院"传达主题教育的要求，并组织大家学理论、勤讨论、查问题，带领党员学原文、重读入党志愿书、学习典型人物事迹，引导全体党员深刻理解习近平新时代中国特色社会主义思想的核心要义、精神实质、丰富内涵和实践要求。

（二）打造"善进小院"，教学相长上好"创业课"

"善进者，无止境。"古竹是灵山景区门户，距离灵山胜境仅 1 公里，距离拈花湾 5 公里，坐拥得天独厚的区位优势，加上山水资源丰富，非常适合发展乡村旅游产业。社区根据这一实际，将各类创业指导课程搬进农家小院，帮助党员群众念好"致富经"。

1. 以干事创业为要。古竹社区现有 75 家民宿客栈对外经营，其中党员经营户 17 家，占比达到 22.6%。为做足"民宿文章"，社区将小院课堂与产业振兴相结合，以小院为基石，组织开展民宿经营管理培训，增强党员带领群众共同致富能力。

2. 以担当尽责为本。杨梅是古竹体量最大、经济效益最好的农副产品，为做足"杨梅文章"，社区党总支创新思路，在"小院"里开展农技知识专题培训，帮助群众创业致富。与滨湖区农林局结对，开展"四季采采乐"活动，邀请南农大和浙江省农科院专家授课；与九院联合开展"医心惠民"系列活动，在杨梅采摘季为居民普及意外伤害的预防及急救处理知识。

3. 以造福一方为荣。在"小院"的助力下，以民宿为主导的乡村旅游产业发展良好，集体财力不断提升，居民在富民增收方面有了新渠道，并成功促成与携程、"小猪"短租等优质企业的项目合作。2022 年社区集体收入 899 万元，民宿规模进一步壮大，品质进一步提升，成功获评江苏省创业型社区和无锡市美丽乡村示范村。

（三）打造"关情小院"，集思广益上好"讨论课"

"些小吾曹州县吏，一枝一叶总关情。"古竹社区积极探索院落自治，挑选综合素质优秀的居民作为议事中心户，将中心户的农家小院打造成片区"议事小院"，积极收集社情民意。

1."片区议事 + 中心议事"。将中心户家打造成片区"议事小院"，社区党总支书记、工作站站长、副书记各自联系一个小院指导工作。片区内部的一些小问题可以通过在"小院"协商得到解决，当议题属于整个社区的共性问题，需要由社区层面进行协商议事时，由社区党总支书记主持召开"中心议事会"。

2."五步 + 五组"。议事活动遵循"提→审→议→做→评"五个步骤，社区相应成立了"议题征集组、议题审议组、协商议事会、项目实施组、监督反馈组"五支队伍，对每个环节进行把控（见下表）。

小院议事流程

流程步骤	保障队伍	成员构成
提	议题征集组	党小组长、居民代表
审	议题审议组	社区"两委"
议	协商议事会	利益相关方、居民代表、职能代表
做	项目实施组	社区工作人员、居民代表、职能单位
评	监督反馈组	居民代表、利益相关方

3.议事成果掷地有声。把所有可以利用的载体进行归类整合，把所有党员、群众、社会组织等力量充分发动起来，有效实现了资源融合，调动党员群众干事创业热情，营造出人人参与发展建设、人人共享发展成果的氛围。"小院讨论课"自启动以来共收集到各类有价值的议题 25 条，通过协商议事的方式促成了竹溪苑老年室建设、盛竹路改造、古竹

老街改造等民生工程。

（四）打造"从善小院"，身体力行上好"实践课"

"从善如登，从恶如崩。"为助推服务型党组织建设，发挥党员先锋模范作用，古竹社区持续打造特色社区文化，组织开展志愿者服务工作。

1.活动为线，社企共建打造美好家园。古竹社区通过结对共建，进一步整合资源，逐步形成共驻共建的党建工作新格局。社区党总支与无锡生物医药研发服务外包区党委联合发起"文化共畅享，健康进社区"系列志愿服务活动，邀请园区企业进"小院"开展健康讲座和免费义诊活动。与民宿协会、老年协会等社会组织联合开展"义务锄草""夏日送清凉""寻味马山，分享美好"等"微公益"活动。

2.帮难扶困，志愿服务打造幸福文化。社区联合工青妇等群团组织力量，积极开展志愿服务活动，以"生活共同体"为纽带促进融合，积极探索互助帮困机制，打造爱心驿站互助平台，营造健康、文明、和谐的社区氛围。"小院"设立"红锋驿站"积极开展为民服务，新冠疫情期间，在党小组长们的带领下，广大党员走出"小院"，投身疫情防控一线，根据自身实际情况贡献力量，让古竹小院成为居民群众的"安全堡垒"。

3.节日相聚，传递人文关怀。针对社区老年人多的特点，每逢传统节日，社区都会依托"小院"开展富有特色的志愿服务活动，让社区居民们感受到别样温情。新年来临之际，社区联合古竹老年协会，组织党员志愿者开展"小院包馄饨，敬老迎新年"活动。端午节期间志愿者们穿梭在古竹的各个农家小院，入户发放慰问品，80周岁以上的老人均拿到了端午礼品，并收到了党员志愿者们的关怀与祝福。

（五）打造"守正小院"，见微知著上好"廉政课"

"正本清源，守正创新。"古竹社区将"小院党课"与党风廉政建设相结合，通过开展贴近群众、融入生活的活动，提醒党员干部守住做人处事的底线，心存敬畏，慎独慎微。

1.忠诚为要，心中有责不懈怠。社区组织党员参观英雄故居、廉政文化基地、烈士陵园等红色阵地，观看廉政视频，牢固树立朴素能吃苦、廉洁敢担当的好作风。

2.担当为先，心中有民不忘本。社区结合"大党委制"建设，积极开展一系列廉政教育进"小院"活动，邀请滨湖区委党校讲师进"小院"开展"5·10"思廉日活动，组织党员在中心户家中召开纪检工作座谈会，将党风廉政建设与传统民俗相结合，营造"廉洁过节"的良好氛围。

3.干净为本，心中有戒不妄为。社区将"小院党课"与"三务公开"、批评与自我批评、谈心谈话相结合，让群众充分知情，让党员干部自觉接受监督，在面对面的交流中充分了解社情民意。主题教育期间，借助"小院课堂"，各党支部书记来到小院开展了思想大讨论，老党员们纷纷表态要"退休不褪色"，时刻保持清廉底色。

三、工作成效

（一）组织建设焕发新活力

古竹社区始终坚持党建和思政引领，立足涉农社区特点，积极探索"小院党建"模式，依托党员中心户开设农家小院党建活动阵地，通过发挥党员中心户作用，定期开展理论学习、协商议事、志愿服务等活动。扎实开展"四好班子"建设，"雁阵计划""星级党组织"创建等活动，成功获评全市首批"雁阵计划"5A级达标单位和全市党支部标准化规范化建设示范点。社区重点打造的品牌"小院议事会"在2019年度无锡市社区治理创新实践书记（主任）项目评比中荣获二等奖。

（二）产业发展取得新突破

社区始终以"民有所愿，我有所为"为宗旨，不断探索"党建＋民宿"融合发展模式，寻找"小院党建"在民宿发展中的发力点，成立民宿党支部，发挥党员经营户先锋模范作用，打造民宿党建示范带。目前已有75家民宿客栈对外营业，与携程网、美团网等平台签署战略合作协议，整合民宿资源进行统一宣传推广，助力乡村振兴。社区先后获评江苏省创业型社区、江苏省乡村旅游重点村、无锡市特色田园乡村示范村。

（三）社区治理呈现新局面

通过"小院议事"与"社区议事"相结合的方式，收集社情民意，党员群众参政议政水平不断提高。通过"小院议事会"，成功解决了12条无名村道命名、盛竹路改造、古竹老街改造等问题。在2018年度滨湖区协商民主示范项目的评比中，古竹"小院议事会"斩获三等奖。"古竹老街及周边提升改造项目"获评2022年"微幸福"民生工程银奖。

（四）志愿服务拥有新平台

根据党员专业特长成立志愿服务小组，结合"小院党建"，联合工会、共青团、妇联等群团组织力量，每月开展为老、助残、环境整治等志愿服务活动，积极与第三方社会组织合作，补齐"社区、社工、社会组织"三方联动上的短板，依托专业力量解决社区痛点、堵点问题，共同谱写社区发展新篇章。

"英雄花开英雄城"：让红色资源
绽放新风采

一、基本情况

习近平总书记强调，要用好红色资源，加强革命传统教育、爱国主义教育、青少年思想道德教育，引导全社会更好知史爱党、知史爱国。广州是中国民主革命的策源地和中国改革开放的排头兵。全市红色资源丰富，现有不可移动革命文物 214 处、可移动革命文物 8112 件（套），其中国家级不可移动革命文物 15 处，数量居全省第一、全国城市第三；全市红色旅游资源 619 项、红色史迹 115 处，全国红色旅游经典景区 6 个，市级以上爱国主义教育基地 99 家。木棉是广州市花，3 月盛开，如炬似火、笔挺磊落，被誉为"英雄花"。广州深入学习贯彻习近平总书记关于用好红色资源和加强思想政治工作的重要论述，在 2023 年 3 月启动"英雄花开英雄城"传承弘扬红色文化系列活动，一个月来组织开展各类红色文化活动 6000 多场次，线上线下 6000 多万人次参加，全媒体报道 15000 多篇次，阅读量达数亿人次，《人民日报》全版特别报道、《新华每日电讯》头版、央视朝闻天下及综合频道、"学习强国"学习平台等专门报道。通过引导市民群众赏英雄花、游英雄城、传英雄志、弘

"英雄花开英雄城"红色文化活动在广州农讲所启动

英雄气，为思想政治工作注入更多红色基因，让红色种子在人们心中特别是青少年心中生根发芽。

二、主要做法

"英雄花开英雄城"系列活动通过"规划设计""统筹组织""传播推广"三管齐下，将红色文化送到家门口、网络上，受到全城热议、全网好评，进一步擦亮了广州思想政治工作的红色底色。

（一）以文化物，诠释英雄花内涵

系列活动围绕红棉这一鲜活的城市名片，组织开展"红棉之心""红棉之旅""红棉研习"等12个板块活动，以活动深入挖掘红色文化内涵，生动传播红色文化。开展"百人同植英雄树、千人同绘英雄花"等主题互动活动，举办红棉专题书画展、摄影展以及非遗展示体验等活动，以艺术礼赞英雄花、致敬英雄城。把观赏红棉与游览红色史迹、聆听红色故事串联起来，推出"红色广州·革命之城""广州起义之旅""伟人足迹之旅"等 9 条红棉红色史迹精品游线路，发动市民游客尽赏红棉之美，畅游英雄广州。将红棉形象融入活动主题 LOGO 和红棉胸针等文创产品，以花为媒展示红棉昂扬向上的英雄气质。开展"拍绘颂咏品"英雄花网上征集展示活动，发动广大市民游客通过摄影、书画、歌唱、诗歌及写作等方式分享对英雄花的热爱、对英雄城的认识、对英雄先辈的崇敬，使英雄气更加润泽人心。

（二）以文化城，展现英雄城气质

系列活动选择中共三大会址纪念馆、毛泽东同志主办农民运动讲习所旧址纪念馆、广州起义烈士陵园等 10 个重点红色场馆作为主阵地，带动全城各红色文化景点、爱国主义教育基地和大中小学校等不同场馆、不同领域全面开展。组织设计"1+10+20+N"活动视觉系统，在各场馆、各领域活动物料、宣传资料、新闻报道中反复呈现，以大气鲜明而富有时代感的红色元素营造全城沉浸式氛围。"1"是活动 LOGO，整体画面似一朵木棉、一面红旗、一束火炬、一本书籍，广州塔剪影融入其中，珠江水碧波荡漾，寓意广州传承红色基因、加快高质量发展，展现老城市新活力；"10"是为 10 个重点场馆分别量身打造主题突出、特色鲜明、有文化味和时代活力的互动打卡装置；"20"是精心设计的 20 幅红棉主题"书画＋摄影＋诗词"公益广告，在 10 个重点场馆和 10 个红棉主题地铁站展出，并在全城全媒体广泛应用；"N"是为重点场馆布置的活动主视觉、红棉舞台、红棉悦读等多套装置，它们成为红色地标的独特风景，周末 200 多场重点活动在重点场馆轮番登场，精心布置一批红棉主题地铁、公交、巴士、游轮、航班、书店等城市场景，让红棉绽放公共空间，吸引广大市民游客纷至沓来并拍照留影，在润物无声中生动传播了红色文化。

（三）以文化人，传承英雄魂薪火

一是实施"剧说广州"青春行动，创作推出 10 多个红色主题原创诗歌剧、情景剧、舞台剧、粤剧、话剧和剧本游，原创歌剧《刑场上的婚礼》、沉浸式话剧《启航》、诗歌剧《大海的回声》、剧本游《前往南方的号召》、舞剧《醒·狮》、粤剧《三家巷》、杂技《追光者》等吸引珠海、深圳、惠州等地市民前来观看。二是设计"信念的抉择""信仰的灯塔""青春的力量"等多条红棉研习线路，组织"红棉研习"启动暨示范活动，广州、深圳和港澳青年代表组成的 20 支队伍参加，掀起大湾区青年参与红色研习的热潮。三是打造"红棉悦读"花城书房，300 多场阅读活动在实体书店、特色阅读空间、图书馆举办，书香育人，组织"五老"宣讲队伍为青少年讲述红色故事，举办"广州，满城为你赋诗"青少年红棉诗会，让英雄精神在丰富的体验中越发昂扬。四是与兄弟红色城市合作举办"中国梦 延安情"主题书画展，走进遵义共话"英雄城、两地情"，与龙岩签订红色文化合作共建框架协议并组织开展"红旗不倒 英雄花开"龙岩红色故事宣讲活动。

三、工作成效

系列活动将"红棉城、红色城、英雄城"主题融会贯通，从一朵木棉花，看见一片红色景，挖掘一座英雄城。通过生动传播红色文化，凝聚奋进的精神力量。

（一）这是一次展现特色的文化行动

相比上海、延安等红色圣地，广州红色文化在全国的识别度有待提升。过去几年，广州对红色史迹进行了更新改造和活化，但都局限在一些点和线上。系列活动首次串联起全市的红色史迹和场馆，依托广州市红色文化传承弘扬示范区越秀核心片区及 10 个重点场馆，整合全市各区各单位阵地和资源开展活动，营造全市传承弘扬红色文化的浓厚氛围。这是一次对红色文化传承示范成果的全面检阅，更是一次红色资源的集中精彩绽放。

（二）这是一次全城沉浸的形象塑造

系列活动强化木棉花与红色文化之间的联系，红色历史、红色故事通过市民熟悉的木棉花与人们产生联结，抽象的红色精神、红色文化依托木棉花有了具象的载体，形成了绘红棉、拍红棉、颂红棉、咏红棉、品红棉的红色文化传承弘扬热潮。红色文化展演展映和游览研学活动将生态景观、城市特色与人文精神巧妙结合起来，也将过去、现在和未来串接起来，生动展现红色广州、活力广州、幸福广州风采，形成全城同频共振传承弘扬红色文化的和谐乐章，擦亮广州的红色城市底色。这是一次对广州历史文化的再挖掘和城市形象的再塑造，广州"英雄城市"的红色形象更加鲜明，广州的城市内涵更加丰富。

（三）这是一次城市精神的传承弘扬

百年变局之下，面对新征程新任务，作为国家中心城市、粤港澳大湾区核心引擎、省会城市的广州，高质量发展面临新机遇新挑战，更需要敢于斗争、敢于胜利的英雄精神，更需要传承英雄志、弘扬英雄气。系列活动着力挖掘英雄精神，让一抹闪亮的"广州红"潜移默化地融入市民心里。这是一次对新时代广州推动高质量发展精气神的凝聚提升，将不怕牺牲、敢于拼搏的昂扬斗志转化为奋进新征程的磅礴力量。

（四）这是一次培根铸魂的育人工程

系列活动把青少年作为工作重点，设计推出了系列活动。中小学校推出"英雄花开英雄城"学习笔记，鼓励青少年打卡红色印迹；举办国防科技主题营、国防体育实践体验等系列活动，激发广大青少年的爱国情怀和国防观念；组织团员青年、少先队员参与红棉研习，体验广州红色文化，感悟"英雄花开英雄城"的丰富内涵，达到"思想上传承、行动上接力"的宣传教育效果。创作推出沉浸式"青年红色短话剧""少年红色小粤剧""红领巾红棉微剧场"等，由在穗高校青年社团、粤剧"小梅花"及少先队等青少年群体在爱国主义教育基地公益演出。青少年既成为红色基因的传承者，又成为红色文化的传播者，红色文化滋养一代新人茁壮成长，激发一代新人强国有我的责任担当。

（五）这是一次传统与创新的融合碰撞

系列活动坚持守正创新，既运用红色宣讲、红色展演、红色创作等传统传播方式，又采取红棉潮墟、红棉研学、红色剧本游等创新手段，让红色主题与当代艺术、现代媒介更好融合，增强了红色文化的表现力、传播力和影响力。活动设置的红色项目，以其丰富内涵及鲜活形式广受欢迎、获得好评。同时，注重融入生活场景，让城市公共空间成为红色文化公益宣传载体，让英雄花开的英雄城随处可听红色故事，让英雄城的人民时刻不忘英雄精神。

四、经验启示

(一)精心设计、深耕内涵,才能打造思政工作大品牌

"英雄花开英雄城"系列活动将内核挖掘提炼与外在转化表现有机结合,精心设计主题,夯实红色文化品牌基底。"英雄花开英雄城"7 个字,立足"英雄花""英雄城"深厚内涵,搭建起市花与城市红色基因"双螺旋"结构,通俗易懂、朗朗上口,诗情画意、铿锵有力,让公众感觉既熟悉亲切又耳目一新。系列活动既有大主题设计,又有 12 个红棉板块活动的分主题设计,从面上的赏英雄花、游英雄城,到延展开来的点面结合、内外结合、动静结合、传统现代结合、线上线下结合、阶段性长效性结合的众多活动,再到内核的传英雄志、弘英雄气,打造出了形神兼备、内外兼修的红色文化大品牌。

(二)搭台唱戏、开放联动,才能搭建思政工作大平台

系列活动在整合资源、统筹协调、发挥合力上形成一套有效工作机制。整合全市红色资源,以广州市红色文化传承弘扬示范区越秀核心片区及 10 个重点场馆,带动全市爱国主义教育基地以及各类文化场馆、大中小学校等不同场馆、不同领域全面开展。全市在以往活动基础上进一步丰富内容与形式,做到"四统四跨",即统一活动主题、统一视觉标识、统筹重点活动、统筹全媒宣传,跨部门、跨行业、跨地域、跨领域,最大限度调动参与各方积极性主动性创造性,形成党委宣传部搭台、各区各单位唱戏、全城全面参与,共同奏响红色文化交响曲的强大声势和热烈氛围。

（三）广拓载体、跨界赋能，才能推动思政工作大融合

系列活动把红色遗址、红色场馆、红色文物、红色故事、红色后代等各类内容资源与各类载体资源、媒体资源、阵地资源打通起来，让"红色＋"发生"物理反应"，产生"化学效应"。如，通过"绿道＋红道＋古道"，推出红棉之旅主题旅游线路，让生态景观、红色景观与历史景观融合呈现；以"书画＋摄影＋诗词"推出红棉主题公益广告，提升红色文化公益宣传的历史内涵与艺术水准；通过"红色场馆＋红色交通＋红色研学"，让"家门口的红色学堂"活起来；以"展览＋展示＋展演＋展播""文旅＋文艺＋文创＋文明"以及"读书＋宣讲＋分享"相结合的方式，让红色文化体验和传播更多元、立体、生动。

（四）提供舞台、自我教育，才能形成思政工作大互动

系列活动围绕广州在革命、建设、改革各个历史时期的重大事件和重要人物，精心设计青少年喜闻乐见的主题活动，让青少年在参与活动过程中，自我教育、自我激励、自我塑造。发挥爱国主义教育基地与学校合作共建优势，中小学校到爱国主义教育基地开展红色展演活动，青少年成为红色文化的传承者和传播者。"橱窗剧场"通过文化艺术、公益展演、国际交流与时尚文化相结合的方式开展红色文化活动，青少年以自己的方式学习、展示、践行红色文化，粤港澳大湾区青年红色家园的氛围日益形成。

（五）借力传声、全媒传播，才能实现思政工作大影响

系列活动通过影响有影响力的人、形成全媒体传播矩阵等多种途径，把理论宣传、新闻宣传、文艺宣传、网络宣传、对外宣传和社会宣传深度联动起来，协调央媒、省媒、市媒和新媒体资源全面发声，活动

动态见诸各大媒体首屏首页，线上线下互动热烈，声势浩大，打造了现象级文化活动。邀请冰墩墩设计团队参与指导活动 LOGO 设计，西泠印社社员题写"英雄花开英雄城"，艺术名家为红棉主题系列海报提供书画作品、摄影作品，钟南山院士、戏剧梅花奖得主、全国道德模范、全国"两会"代表等以参加宣讲、研讨等方式，对系列活动进行深入解读阐释。推出民歌《木棉红》和粤语儿歌《英雄花开英雄城》作为系列活动主题曲，两首歌内涵丰富、旋律优美，唱响全城。推出"英雄花开英雄城"广州传承弘扬红色文化云平台和青少年思想政治教育实践平台，打造集学堂、阅读、展演、文创等内容资讯和互动功能于一体的线上线下融通平台，让活动借助网络常态化、长效化开展，为广州在高质量发展中实现老城市新活力、"四个出新出彩"激发了强大精神动能。

"思政红＋航天蓝"：助推中国空间站圆满建成

一、基本情况

中国航天科技集团有限公司第八研究院（以下简称"八院"）作为国防科技工业骨干企业和中国航天三大总体院之一，是中国运载火箭、空间飞行器和空天防御装备技术及产品创新的引领者，形成了"弹箭星船器"多领域并举、军民协同发展的格局。先后荣获第七届中国工业大奖、国家科学技术发明奖及技术进步奖 136 项，其中特等奖 6 项；拥有发明专利 5400 项，其中中国专利金奖 2 项，为服务国家战略，共享发展成果，为经济社会及环境可持续发展贡献力量。经过 60 多年的发展，八院始终坚持以习近平新时代中国特色社会主义思想为指导，把思想政治工作融入重大工程任务、融入企业转型发展、融入航天强国建设，不断完善思想政治工作体系，持续提高思想政治工作水平，最为广泛地调动全院干部职工的积极性、主动性、创造性，坚定信仰信念信心、增强朝气锐气正气，自信自强、守正创新、凝心聚力、善作善成，为圆满完成以中国空间站建设、"天问"探火、"嫦娥"奔月、"羲和"逐日等重大工程任务，思想政治工作有效发挥了统一思想、凝聚共识、鼓舞斗

中国航天八院空间站试验队员在思政阵地开展交流

志、团结奋斗的重要作用，汇聚起加快推进航天强国建设的磅礴力量。

二、主要做法

2022 年 10 月 31 日，中国空间站梦天实验舱在文昌航天发射场由长征五号 B 运载火箭托举升空，十余个小时后成功交会对接。2022 年 11 月 3 日，空间站梦天实验舱顺利完成转位，标志着中国空间站"T"字基本构型在轨组装完成。八院梦天试验队用最饱满的政治热情、最昂扬的战斗意志、最坚定的必胜信念、最务实的奋斗作为，圆满完成了这一艰巨而伟大的任务。在重大工程任务的推进中，八院党委将"思政红"与"航天蓝"融合，突出时代特征、航天特质、上海特色、八院特点，将试验队思想政治工作贯穿试验任务全过程，坚持"融入中心、服务中心、保障中心"工作主线，创新思想政治工作方式方法，将思政阵地建设到重大工程一线，建设成为思想政治工作的教育阵地、航天精神传播的文化地标、试验队文化建设的展示窗口，切实把思想政治工作优势转化为航天重大工程发展优势，将思想政治工作活力转化为航天重大工程高质量完成动力。

（一）"思政红"：打造思想政治教育主阵地

思政阵地建设将航天精神的初心之旅与红色血脉的赓续传承相结合，配置多媒体会议、学习研讨区，可用于完成党课培训、专业技术交流，也可为攻坚团队提供协同战地，为团建集同提供分享区，打造出交流、会议、集同一体的多功能区，全方位打造集党性教育、党群服务、党员实践、党建创新为一体的意识形态主阵地，为试验队打造开放、温馨的学习场所，提供权威、丰富的学习资源，智能、互动的学习形式。

试验队临时党委坚持以习近平新时代中国特色社会主义思想为指导，将习近平总书记重要指示批示贯彻落实到发射场全过程各方面，为航天重大工程把牢正确方向。一是统一任务思想、凝聚成功共识，通过召开试验队临时党委扩大会，组织临时党支部"三会一课"，定期汇编《筑梦天宫》队刊等形式开展大学习，坚定航天强国使命。二是统一奋斗思想、凝聚必胜共识，举办出征仪式、进场动员会、在试验队旗上签名等活动，将思想政治教育融入中心工作的每一个节点，引领全体试验队员铸牢确保成功必胜决心，坚持"四更"最高标准，认真落实每一项工作闭环管理。三是统一共赢思想、凝聚团结共识，通过加强与六院、七院、中科院、航天员中心以及基地协作共建，将协同精神作为重大工程圆满成功的不竭动力，引领全体队员传承航天精神，凝聚接续奋斗必胜信心。

组织好以"开展一次技术交流、凝聚一种特色文化、讲好一场青春故事、评选一批先进典型"为代表的"十个一"活动，将八院试验队临时党委开展思想政治工作的实践进行了高度凝练，并采用可复用、可替换、可延伸的试验队活动图片进行了展示。设计制作文创产品，融合团队文化，提高团队意识，多视角营造氛围，多方位汇聚合力。在工作区和生活区悬挂标语、条幅，在发射场统一着装、统一标识、统一管理，形成一个信念、一种文化、一个作风、一面旗帜的良好形象。

（二）"航天蓝"：构建航天精神践行传播地

思政阵地建设以星河灿烂为背景，将"两弹一星"精神、载人航天精神、探月精神镌刻在各个轨道，并不断刷新中国进军太空的高度。通过精心设计，使思政阵地建设风格体现出浓浓的空间站特色。

随着空间站建造任务决战决胜最后关头的到来，试验队临时党委将发射场工作的难点、关键点作为思政工作的出发点和着力点。充分发挥各临时党支部的主观能动性，构建"1 个党委 +7 个党支部"的工作格局，形成了党委搭台、支部唱戏、系统策划、点面结合的生动局面。梦天实验舱发射任务准备期间，正处于天津、海南、上海等多地受新冠疫情冲击影响较大时期，试验队员集结遇阻、多线任务并行。在前后方协调配合和相互支撑下，各临时党支部想尽办法破解难题、牺牲小我成就大我，体现了党组织强大的号召力。

聚焦党员比例高的特点，激发广大党员将爱国信念转化为成功报国之志，彰显了党组织战斗堡垒和党员队伍先锋模范的政治力量。开设党员先锋展示区，亮工作、亮任务，积极促进了在发射场急难险重任务中，党员冲锋在前。试验队党员带领其他试验队员，做到严格按照计划节点推进发射场工作，坚持"人停工不停"，做到"宁肯人等事、绝不事等人"，实现平均工作时间 16.2 个小时，完成发射技术流程主线工作 205 项，将"认真"二字落实到行动的每一个方面。同时，用最高标准严控风险，对测试流程、操作要点、注意事项等提前组织推演，策划实施"四查"项目 43 次，工作推演 35 次，策划 19 类 118 项共计 3217 张质量确认检查表，覆盖发射场工作全流程，真正做到"质量守土有责、进度分秒必争"，将"诚信"二字镌刻到工作的每一个环节。

三、成效启示

思想政治工作的难点在一线，成效体现在一线，通过在国家重大任务一线现场拓展思想政治工作阵地，充分体现出教育、凝聚、赋能三大成效。

（一）思政阵地建设充分发挥了教育功能

思政阵地建设沿袭智慧"基因"，将思政教育与数字化相结合，应用互动体验、沉浸式学习等，足不出户、身临其境进行红色教育，有效降低学习门槛，为试验队员带来更为舒适优质的教育体验。组织开展专项培训和应知应会考试，举办技术沙龙和"师带徒"活动，举办"壮丽三十年寰宇谱新篇"纪念载人航天 30 周年展览和召开座谈会等多种形式，让年轻人感受"像学校"的氛围。尤其上海作为中国共产党的诞生地，第一枚自行研制的探空火箭 T-7M 也是在上海南汇腾飞，吹响了航天人在黄浦江畔奋斗的号角，开始了中华民族在太空远征路上的第一步。与生俱来的天然红色基因，心怀"国之大者"，打造"国之重器"，把蓝色航天的初心之旅与红色血脉的赓续传承相结合，从悠悠石库门到巍巍清澜港，从历史的红船到新时代的飞船，我们从石库门的构型，上海城市地标的剪影到椰林塔架，将上海和文昌两地紧紧结合在一起，通过有地域特色的元素设计，加深了八院与基地的感情。

（二）思政阵地建设充分发挥了凝聚作用

思政阵地建设围绕习近平总书记关于航天强国重要论述和习近平总书记给中国航天科技集团空间站建造青年团队的回信精神，用思想武装行动，强化试验队员的使命担当，极大提升了试验队员士气，勉励青年党员薪火相传，凝聚时代力量，做优精准关爱。试验队临时党委突出"以人为本"，做好人文关怀，通过在思政阵地举办月度集体生日会、中秋游园会，丰富试验队员业余生活。制定文昌发射场工作生活指南、设置"水杯专用架"、打造"梦天驿站"快递存放点、组织上门理发、开展理疗专项活动，使队员感受到家的温暖。针对试验队时间长、跨度大、任务重的特点，最大化满足试验队员的健身、读书、品茗等品质生活需求，让发射场试验队生活能够像家的温馨舒适，得到了试验队员的充分肯定。

（三）思政阵地建设充分发挥了赋能功效

思政阵地建设聚焦硬核任务，打造意识形态主阵地和企业文化新地标。通过在重大试验现场考察培养人才，激发了青年人奋发有为的激情和动力，涌现出大量先进典型，为型号成功汇聚强大的奋进力量。在思政阵地及时展示攻坚克难中的一线人物，激发全体试验队员将爱国信念转化为成功报国之志，营造积极向上氛围。试验队临时党委按照工作节点，定期开展劳动竞赛、圆梦之星先进典型评选活动，在型号攻坚的火热战场上发掘一批有理想守信念、懂技术会创新、敢担当讲奉献的先进代表，成为勇于创新突破的典范，把榜样力量转化为梦天人的生动实践，坚定了试验队员为国争光的志气、迎难而上的勇气、誓保成功的底气。

探索浩瀚宇宙，发展航天事业，建设航天强国，是我们不懈追求的航天梦。通过红蓝结合创新思政阵地建设，把传统的思想政治教育从原研制单位延续到重大工程任务一线，将思想政治工作生命力融入到每一项具体的中心任务中，融入到每一个一线的工作岗位中，融入到每一个岗位人员的心目中。通过色彩的搭配、设计的构型，让传统的思想政治教育更生动、更鲜活、更精准、更走心、更感人，实现了"每一块墙壁可阅读，每一条走廊可说话"，无处不体现出"有政治高度、有奋斗文化、有航天特色、有科技亮点、有形式创新、有品质内涵"的初衷，从教育、凝聚、赋能三大成效激励全体试验队员以敢于亮剑、勇于担当的奋斗精神迎接时代大考，以只争朝夕、勇立潮头的历史担当，实现中国空间站建造任务圆满成功，在浩瀚宇宙书写了用航天梦托举中国梦的壮丽篇章。

"五味俱全"为航天企业
思政工作"提质增鲜"

一、基本情况

四川航天烽火伺服控制技术有限公司始建于 1966 年，隶属中国航天科技集团有限公司第七研究院，是集机、电、液、气、讯研制生产于一体的航天伺服控制系统国有大型企业，是国家级高新技术企业、国家知识产权优势企业，拥有国家级企业技术中心、国家级博士后科研工作站、四川省技能大师工作室等科研力量。公司研制生产的伺服控制系统和核心零部件应用于以长征系列运载火箭、神舟飞船及空间站等为代表的载人航天工程和探月工程、火星探测等国家重大工程任务，成功参与国家重点发射任务 400 余次，是中国航天伺服行业的主力军。

习近平总书记指出，好的思想政治工作应该像盐，但不能光吃盐，最好的方式是将盐溶解到各种食物中自然而然吸收。公司坚持以习近平新时代中国特色社会主义思想为指导，紧紧围绕数字工厂建设，把思想政治工作同科研生产经营管理紧密结合起来，不断拓展新形式、新方法，当好职工思想"主厨"，调齐配足"党味""鲜味""辣味""趣味""甜味"，引导干部职工凝聚共识、攻坚克难，为公司创新发展凝聚起强大合力。

四川航天烽火伺服控制技术有限公司成立"工匠大师联盟"

二、主要做法

（一）用好"领"字诀，以上率下，确保"党味"正

1.凝聚共识引领发展。公司党委坚持第一时间、第一议题传达学习习近平总书记最新重要讲话精神，统一思想、凝聚人心，切实将干部职工的认识和行动统一到党中央和集团公司的决策部署上来，确保以实际行动和成效推动公司形成"三高"发展模式。围绕"认清新形势，明确新思路，奋进新征程""推动'三高'全面发展""推动深化改革向纵深发展"等主题，定期开展季度集中讨论，党委中心组成员深入分析公司面临形势，为公司高质量发展出谋划策，贡献力量。

2.多措并举打赢"两个战役"。公司始终坚持疫情防控不松懈，做实做细常态化疫情防控工作，有效筑牢防疫屏障。在与新冠疫情作斗争

的关键时刻，严格按照上级统一部署，开启"驻厂生产"模式，确保重大科研生产正常进行。公司党委发出"同心同德、同向同路，共同战'疫'，共渡难关"的动员令，各车间组织驻守员工抗疫誓词诵读和党员重温入党誓词活动，凝聚烽火力量。及时掌握职工思想动态，做好思想引导，利用微信公众号、抖音等新媒体开设专栏，宣传驻守职工坚守岗位保生产、烽火青年投身社区疫情防控一线等感人事迹。

（二）用好"做"字诀，创新融合，确保"鲜味"足

1.内容上创新融合。各党支部巧用"党建+"，把型号生产、能力建设、深化改革、技术创新、管理提升、质量三年提升工程等中心工作的焦点、难点作为党建工作的切入点，发挥党建工作的引领作用，通过"党建＋创新创效""党建＋产线建设""党建＋科技创新"等相关工作，开展"党建＋信息化""党建＋冬奥精神"等专题党课宣讲，以党建业务相融合，积极开展探索实践，不断完善工作体系，全力推进数字化战略转型，精细化管理模式创新，管理体制优化，助推全面形成"三高"发展模式。

2.形式上鲜活新颖。为进一步发挥工匠人才的示范引领和骨干带头作用，形成具有烽火竞争力和数字化转型带动力的工匠人才支撑体系，公司评选出第一届"烽火工匠"，成立"工匠大师联盟"。以"烽火工匠"平台和"工匠大师联盟"为牵引，公司持续开展各类工匠人才选树，深化劳模和工匠人才创新工作室创建，通过共享工匠资源、共克技术难关、共育工匠队伍，持续发挥高技能技术人才在技术攻关、技能传承和关重技术解决等方面的引领示范作用，着力挖掘产业工人在传承技艺、创新创效中的先进思路和工作方法，充分发挥"工匠精神"和大师、工匠平台的辐射作用，积极推动产业队伍建设改革，促进跨领域技术交流。

（三）用好"严"字诀，直面问题，确保"辣味"浓

1.查找问题督导全年任务。为圆满完成全年科研生产任务，通过召开专题会、检查协调会，查找问题，分析情况，对生产过程中存在的问题及瓶颈进行协调，进一步帮助干部职工认清形势，明确任务目标。公司领导带队深入一线生产车间、事业部和项目部，全面了解生产任务进展、存在问题、解决方案以及需要共同关注的重大事项，督导全年科研生产任务完成情况。

2.末位淘汰制激发基层党建新活力。公司党委积极探索创新支部建设的新途径新方法，以开展"星级党支部"创建活动为载体，进一步探索党建工作与中心任务相结合的方式，充分发挥党支部的战斗堡垒作用、党员的先锋模范作用。目前，创建了一批"三星级""四星级""五星级"党支部。为提升党建工作的创新活力和效能，充分调动各党支部创先争优的积极性和主动性，通过建立"统一创建、分级评定、动态管理"的考评机制，对三星级以上党支部的晋级以现场成果发布PK的形式进行淘汰赛，胜者晋级。对五星级党支部进行一年一复核，实行末位淘汰制，保持了星级创建活力。2022年，公司党委对6个五星级党支部进行了考评复核，2个党支部降为四星级，1个党支部升为五星级。

（四）用好"活"字诀，弘扬精神，确保"趣味"多

1.趣味活动传承航天精神。在庆祝第7个航天日活动中，各党支部将航天科普知识融入到丰富多彩的趣味活动中，寓教于乐，推动航天精神广传远播。开展"航天点亮梦想"科普课堂，在互动中激发孩子们的浓厚兴趣；井研县"航天烽火伺服爱心之家"的同学们通过手工制作航天元素作品，体会航天人的努力和付出，激发对中国航天事业的梦想与追求；各党支部开展"筑梦航天，放飞梦想"风筝制作、"编制我的航

天梦"DIY 毛线手工制品、彩色黏土制作航天主题模型等趣味活动，让员工在参与中加深对航天精神的理解，激发对航天事业的热爱。

2.多彩活动庆祝建团百年。在庆祝中国共产主义青年团成立 100 周年之际，开展"青春献礼二十大　强国有我新征程"系列活动。开展"重温党史青年篇章"知识竞赛，进一步增强广大团员青年对党史、共青团史的了解，引领青年坚定理想信念；组织"展青春力量　'疫'起动起来"21 天运动打卡活动，缓解疫情带来的焦虑情绪，培养阳光心态，以良好的精神面貌面对生活和工作；组织"新时代航天烽火青年应该是什么样的"主题大讨论，共同描绘航天烽火青年集体画像；开展"建团百年　青春正好"青年篮球比赛，展示了烽火青年积极进取、奋勇争先的优良作风和胜不骄、败不馁的精神风貌；开展"爱党爱团爱航天"马克杯创意设计大赛，进一步激发了团员青年爱党、爱团、爱航天情怀。

（五）用好"爱"字诀，帮扶关爱，确保"甜味"暖

1.为乡村振兴鼓与呼。乡村振兴战略是党中央着眼党和国家事业全局作出的重大战略部署。作为定点帮扶四川省甘孜县的单位，公司选派曲亮同志为甘孜县昔色乡四别村第一书记。《烽火时空》采用专稿形式，深入挖掘曲亮带领村民发展产业、加强人才教育、改善村委会党建基础设施、解决村民看病就医、改变村民的生活饮食习惯等方面的感人故事，宣传报道公司持续做好"精准帮扶"工作，为四别村捐款捐物，"输血""造血"，培养乡村振兴带头人，推动地方经济实现新发展的事迹。

2.为群众办实事解难事。持续开展"我为群众办实事"实践活动，开展改造厂房内卫生间、安装生产现场噪声监测设施、提高员工体检费、帮助员工购买人才公寓等 51 项举措，改善了工作环境，保护了员工身体健康，进一步提升员工获得感、幸福感。入夏以来，面对高温和限电的双重"烤"验，公司各条战线的员工依旧坚守岗位，全力确保科

研生产任务的顺利进行。为做好防暑降温工作，保障员工的身心健康，公司多举措、多方式开展送清凉活动，为员工精心准备清凉防暑用品，确保高温预警不解除，清凉关怀不下线。

三、经验启示

（一）加强顶层设计，提升思政育人能级

思想政治工作是党的优良传统、鲜明特色和突出政治优势，是一切工作的生命线。公司只有紧紧围绕发展目标和定位，积极探索优化思想政治工作的做法，以政治建设为统领，强化理论武装，注重思想理论学习教育，有计划、有步骤地提升员工的思想觉悟和理论水平，才能更好为企业高质量发展保驾护航。

（二）强化载体创新，加大宣传教育力度

要继续加强和改进新闻宣传工作，广泛开展党的创新理论宣传教育，综合利用各类媒体，尤其是要充分发挥新媒体优势，统筹布局，融合发展，线上线下同步开展，打造多点共振的宣传格局。持续加强专项文化建设，开展特色文化示范点创建工作、思想政治工作研究课题等，及时总结发展的优秀理念，提炼思想政治工作经验做法。

（三）完善考核制度，深度融入思想政治工作

要将思想政治工作纳入党建工作责任制和意识形态工作责任制，健全完善考核评价机制，大力开展党员先锋队、党员示范岗、党员责任区等创新活动，引导员工立足岗位，在破解生产经营难题、完成急难险重任务、实现生产经营目标任务中勇担重担，凝成强劲合力。

"核海繁星"：用平凡岗位的闪光点传递核心价值观

一、基本情况

中核能源科技有限公司（以下简称"中核能源"）是我国唯一的高温气冷堆科技成果转化平台和高温气冷堆核电站示范工程建设的工程实施主体及核岛 EPC 总承包商。2020 年对于中核能源而言，是特别不平凡的一年。按照原计划，高温气冷堆核电站示范工程建设将在 2020 年第一季度完成三壳组对等重大节点目标，进入全面调试的攻坚阶段。然而，2020 年初突如其来的新冠疫情打乱了原有的计划安排。2020 年 3 月，中核能源在全力做好疫情防控的同时，积极推进科学复工复产，最终实现了高温气冷堆核电站示范工程三壳组对、电缆敷设、首堆冷试成功等关键节点，全年进度计划按原定目标完成，确保了示范工程建设后墙不倒，为示范工程建成发电奠定了坚实基础。在这累累硕果的背后，是一批默默付出、勇于担当、真诚奉献的基层员工。他们或扎根在高温气冷堆核电示范工程建设一线，或奔波在设备厂商之间，或驻守在公司加班至深夜……他们都是"两弹一星"精神、"四个一切"核工业精神、"强核报国、创新奉献"的新时代核工业精神的践行者。

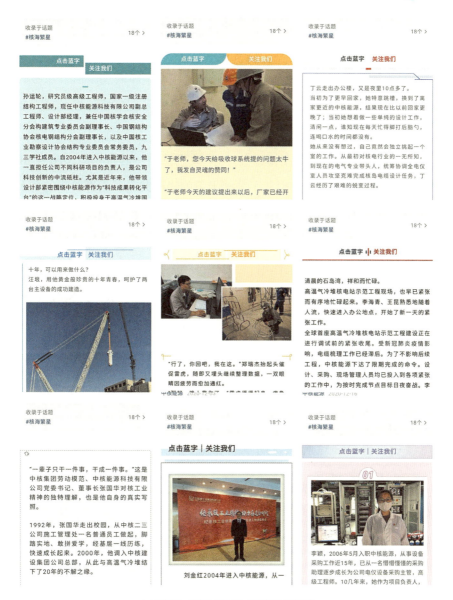

中核能源"核海繁星"宣传专栏集锦

为发扬这些基层员工逆境中奋斗的精神，中核能源紧紧围绕企业发展目标，服务生产，面向基层，紧贴实际，把培育选树宣传典型贯穿于中心工作和队伍建设之中，借助高效、快捷、便利的媒体方式，真实记录一线工作人员的点点滴滴，让全体员工看到更多平凡岗位上的默默奉献，让更多人记住他们的名字，知道他们的故事，肯定他们的价值，学习他们的精神。2020 年 6 月，中核能源党群工作部通过微信公众号打造了"核海繁星"宣传专栏，记录了 2020 年以来在疫情防控及复工复产中涌现出来的基层工作中的先进典型。

"启事在教诲，成事在榜样"。一个典型就是一面旗帜。2020 年 10 期"核海繁星"人物报道引起了公司上下的强烈共鸣。先进典型的身上凝聚着我们对社会主义核心价值观和企业文化理念的认识，对于完善思想政治工作和提升员工队伍综合素质，促进企业健康可持续发展起到不可取代的带头作用和示范作用。2021 年，进一步扩大"核海繁星"报道范围，从示范工程建设领域拓展到公司各项业务领域，将"核海繁星"打造成为中核能源让平凡闪光点传递核心价值观的品牌栏目。

二、主要做法

（一）选择合适时机，明确价值导向

中核能源"核海繁星"栏目的打造，不是随意推出，而是特别选择在 2020 年疫情防控与复工复产的关键阶段推出。2020 年 7 月 28 日，"核海繁星"推出了第一期基层员工先进事迹报道《李海青、王昆：用责任担当守望梦想》。当时疫情刚刚趋缓，高温气冷堆核电站示范工程建设开启全面复工复产，现场正在全力推进"电缆敷设"这一关键任务实施。受新冠疫情影响，电缆梳理工作已经滞后，为了不影响后续工程，公司下达了限期完成的命令。当时设计、采购、现场管理人员都投入各项工作，为按时完成节点目标日夜奋战。李海青和王昆是奋战在一线的两名普通设计人员。李海青是一位两岁孩子的母亲，作为

电缆敷设的骨干设计力量，她抛下家里的孩子，前往现场驻场 2 个月，在施工现场解决了一个又一个难题；王昆更是从 3 月就前往现场，一直驻守近 5 个月。在他们的努力下，电缆敷设相关设计问题快速得到解决。公司领导在现场调研时对他们的拼搏与奉献非常感动，提出要加大对一线人员宣传力度，重点宣传所有在基层岗位上默默付出、为高温气冷堆核电站示范工程建设无私奉献的设计、采购和工程管理人员。公司党群工作部研究提出了"核海繁星"栏目。栏目定位是围绕公司主营业务，从平凡岗位上挖掘典型榜样，发现优点、放大细节、突出特质、真情感染，借此达到以身边人、身边事说服员工、感染员工、教育员工的目的，带动广大干部员工投身于生产经营工作，助推各项工作健康有序快速运行。

（二）征集感人事迹，挖掘人物亮点

在明确了栏目定位与价值导向后，党群工作部开始启动先进典型选树与人物事迹搜集整理工作。先进典型选得准，树得好，就能够产生很强的示范、鼓舞、引导作用。选准树对先进典型一要看典型是否具有先进性和代表性，二要充分尊重广大干部群众意见，使典型具有广泛的群众基础。"核海繁星"栏目面向公司全体员工征集素材，一方面鼓励大家主动提供素材，将自己的故事讲述出来，打开外界了解自己的窗口；另一方面广泛听取干部群众的意见，将"得人心、做表率"的代表选出来，以群众口碑为风向标，向这些被推荐者征集事迹。

在选定先进典型后，立即开展人物事迹搜集整理工作。当时受疫情影响，无法亲自前往现场进行人物采访及工作跟进，于是党群工作部调整搜集方式，主要采取了与宣传对象沟通交流、同其领导同事沟通交流的方式，对其工作、生活等各方面进行了全方位的了解。在搜集整理了大量信息材料的基础上，本着挖掘亮点、凸显个性的原则，对材料进行筛选，深入挖掘了材料中所展现的人物亮点和闪光点。

宣传的过程既是一个学习推介的过程，又是一个发挥典型作用的过程，因此要做好典型的调查和审查工作，确保典型真实可靠、具有代表性。一方面要坚持实事求是，准确报道，不人为拔高，确保树立的典型不失真、不夸大，让员工感到可亲可近，才能真信真学；另一方面要把握核心、突出重点、找准特质，打造特点鲜明的人物形象，让典型立得住、立得稳。例如，孙运轮的事迹突出他"勇立潮头推动自主创新，研以致用促进成果转化"对创新的贡献，李莹的事迹突出她如何将清华大学"自强不息、厚德载物"的校训融入到公司工作中，艾成松的事迹突出他"默默耕耘、任劳任怨，甘做高温堆建设的孺子牛"的奉献特质。创新、融合、执着、奉献等特质既是他们身上自带的标签，也与公司的企业文化实现了完美契合，他们既是企业文化理念的践行者，也是企业文化理念的创造者。

（三）关注信息反馈，形成长效机制

联系实际工作推广典型，是运用先进典型推动各项工作的中心环节。推广先进典型要注重工作实效，真正做到每选树一个先进典型，都对实际工作有较大的推动作用。在内容筛选时要突出人物的努力付出与工作贡献，提前布局阅读重点与评价导向；在宣传推广后要密切关注信息反馈，通过阅读量、点赞量、在看量、评论内容等了解大家的真实感受，在后续内容选编上作出适当调整。此外，在人物选树中，注重人物的持久先进性和长期影响力，让先进典型不是"昙花一现"，而是"盛开不败"，既立足于当前，又着眼于未来。要突出对先进人物的成长性培养，持续做好先进人物的培养储备工作，做到发现推荐一批，宣传推广一批，培养储备一批，逐渐摸索建立先进典型选树的长效机制。

（四）打造样板品牌，提炼企业文化

在一年多的运行过程中，中核能源通过提升内容品质、扩大关注受众、开展与其他单位合作等方式，不断打磨"核海繁星"栏目。同时，积极挖掘"核海繁星"栏目所带来的企业文化沉淀力量。从 2021 年 8 月起，党群工作部将"核海繁星"人物身上反映的共同特质进行总结提炼，结合公司 18 年发展历史，形成公司企业文化关键词，并在全体员工中开展了两次问卷调查。在此基础上，凝练形成了"创新、融合、执着、奉献"的企业文化，并且完成了企业文化理念的发布与企业文化手册的制作工作，于 2021 年 9 月正式发布公司企业文化理念，明确界定了公司企业精神、使命、愿景和核心价值观，为下一步公司发展迈入快车道厚植了文化根基。

三、经验启示

（一）书写奋进从平凡开始，传承精神从点滴做起

当前，我国正处在"两个一百年"的历史交汇点上，面临更加复杂的国际国内环境，无论是助力"双碳"战略，还是锚定"三新一高"，都需要无数核能工作者的辛勤付出，需要大力弘扬"两弹一星"精神、"四个一切"核工业精神和"强核报国，创新奉献"的新时代核工业精神。激励奋进、传承精神，要从一点一滴做起。中核能源通过打造"核海繁星"栏目，挖掘出了平凡岗位上的闪光点，看到了一线员工身上的核工业精神，这些实实在在的付出和存在，正是成就伟大事业、汇聚磅礴力量的源泉。

（二）引领以思想为源，凝聚以共识为本

培育选树宣传先进典型是引领员工队伍思想的有效手段。员工队伍的思想观念和价值取向日趋多元，员工思想活动的复杂性、活跃性、多变性日益凸显，企业生产经营管理迫切需要大力塑造具有时代特征、符合企业发展要求的先进典型群体做引领。同时，凝聚团队力量要让大家在价值观方面形成共识，用大家共同认可的精神品质凝聚而成的队伍，是最具战斗力的。选树的每一颗"繁星"，基本都是团队里非常认可的榜样，他（她）具备的品质也是团队认可的精神品质。

（三）宣传要与文化融合，要为企业发展服务

所有选树的典型都来自一线和基层的平凡岗位，他们身上都有强烈的中核能源特色。通过"核海繁星"的培育选树宣传，在广大员工中树立起社会主义核心价值观，一方面充分传递了公司对基层员工的关爱关注，对平凡岗位的价值认可，通过给"平凡的闪光点"点赞，为打造奋发有为的人本文化注入了生机活力；另一方面使得广大员工学有方向、赶有目标，员工队伍的精神面貌和思想观念发生了变化，工作的责任感和使命感得到了提升，企业文化也得到了进一步的弘扬，为推动企业高质量发展提供了强大动力。

核电"红船"：助力核工业企业扬帆远航

一、基本情况

中国核工业集团公司秦山核电有限公司（以下简称"秦山核电"）位于"红船"启航地浙江嘉兴，于 1985 年开工建设，1991 年并网发电，2015 年 9 台机组全面建成，总装机容量 666 万千瓦，年发电量约 520 亿千瓦时，是我国核电机组数量最多、堆型品种最全面、核电人才最丰富的核电基地，被誉为"国之光荣"和核电"红船"。

近年来，秦山核电党委深入贯彻习近平总书记重要讲话和重要指示批示精神，踔厉打造核电"红船"品牌，推动秦山核电在高质量发展的时代浪潮中勇立潮头、走在前列、行稳致远。秦山核电先后荣获"全国文明单位""全国爱国主义教育示范基地""首批中央企业爱国主义教育基地"等荣誉称号，多项调研成果在中国政研会、全国企业文化研究会、中国核工业政研会等获奖，并在中宣部举办的全国基层思想政治工作创新典型经验交流会上作经验交流。

秦山核电举行 2021 年新年升旗仪式

二、主要做法

（一）政治领航，以习近平总书记对秦山核电的重要指示为引领之"舵"

一是不忘初心。建设秦山核电是党中央的重要战略部署，是周总理亲自决策建设的项目，因 1970 年 2 月 8 日上海市传达周总理关于建设核电重要指示，而命名"七二八"工程。在秦山核电决策、建设和发展过程中，邓小平、江泽民、胡锦涛等 50 余位中央领导同志给予高度关注、亲切关怀和勉励指导。2003 年 2 月 19 日，时任浙江省委书记习近平同志视察秦山核电并发表重要讲话，充分肯定核电为经济社会发展作出的重大贡献，强调要发展清洁能源，走可持续发展道路。20 年来，习近平总书记三次视察秦山核电，2020 年 11 月亲切接见了参加全国精神文明表彰大会的秦山核电代表，2021 年 6 月对秦山核电汇报作出重要批示，全体秦山核电人倍感振奋、备受鼓舞。

二是践行使命。习近平总书记重要指示批示精神是秦山核电奋进新征程、建功新时代的引领之"舵"。秦山核电坚定拥护"两个确立"，坚决做到"两个维护"，把学习贯彻习近平新时代中国特色社会主义思想和习近平总书记对我国核工业、中核集团和秦山核电的重要指示批示精神作为党委会"第一议题"，形成贯彻落实习近平总书记重要指示批示精神3个重要方面、32项举措的长效机制，牢记嘱托、攻坚克难，勇做新时代核电领跑者。

三是踔厉奋发。秦山核电党委通过深入学习研讨习近平总书记重要指示批示精神，坚持安全发展、创新发展，持续提升核心竞争力，充分发挥人才、经验、技术、管理优势，为我国核电发展作出了重要贡献，总结了"八个坚持"的宝贵经验，形成了"六个根本遵循"的推动高质量发展的行动指南，并通过党代会确立为公司指导方针，进一步明确了"一体两翼"发展战略和"1+1+2+4"发展思路，带领秦山核电坚定沿着习近平总书记指引的航向勇毅前行。

（二）思想赋能，以振兴中国民族工业为动力之"桨"

一是传承精神。秦山核电大力弘扬伟大建党精神、红船精神，传承"两弹一星"精神和"四个一切"的核工业精神，践行"强核报国、创新奉献"的新时代核工业精神，孕育形成新时代秦山精神，守好"红色根脉"。学习宣传"时代楷模"秦山二期原董事长彭士禄院士、秦山一期总设计师欧阳予院士、秦山二期总设计师叶奇蓁院士等先进事迹，选树宣传"工人院士"何少华、戚宏昶等。持续开展文明出行、文明用餐、文明上网等群众性创建活动，开展"文明处室""文明科室""青年文明号"等文明评创活动。

二是以文化人。压茬开展"作风建设年""执行力提升年""抓落实年""精细化管理年""创新优化年"等专项工作，提升企业文化引领力。

以员工思想教育为突破口，自 2012 年起组织 30 余批近千人参加核工业及革命传统教育活动。创新开展"党旗飘扬"和"我们的节日"等主题活动，自编自导自演"核电从这里起步"舞台剧、"国之光荣"音乐剧等文艺节目，深受职工好评。持续开展"党建特色品牌""部门文化良好实践""优秀政研案例"等评选工作，涌现了一批文化实践品牌，如"一心守护、国之光荣""八八技术战队"等支部特色品牌，"防人因失误时钟""良好行为认可卡"等部门文化案例，《打造精准、精确、精细的高质量服务民生品牌》等调研成果，有效激发了公司基层思想政治工作活力。

三是宣传润心。依托核电安全发展、创新发展的热点讲好秦山故事，每年全媒体阅读量近 1 亿人次，"核电小苹果"被评为中国企业新媒体传播十佳案例。依托全国最大的核电科技馆，构建"五个一"爱国主义教育模式，并作为"红船·党性教育基地"和红船干部学院现场教学点，累计接纳全国学员 8000 余人培训。组建党课讲师团、青年讲师团、"银耀秦山幸福＋"老干部宣讲团等宣讲团队，形成理论宣讲"与基层一线互通、与成员单位互讲、与地方政府互融、与部委单位互动、与省内高校互访、与各界媒体互联"的"六走进"机制。

（三）守正创新，以走可持续发展道路为前进之"帆"

一是绿色发展。秦山核电累计为华东电网输送清洁核电超 7500 亿千瓦时，累计减排二氧化碳 7 亿吨，相当于植树造林约 471 个西湖景区。累计投资 850 亿元，缴纳税费 532 亿元，带动核电关联企业超 100 家，年产值超 100 亿元，吸纳就业近 2 万人。大力推进核能综合利用，2022年我国首个核能工业供热项目在浙江海盐投运，全国首个"零碳未来城"获批建设并亮相第五届进博会，以零碳综合能源供应平台向周边区域供应电、热、冷、氢等，积极助力"美丽中国"建设。

二是群团合力。推进"幸福秦山"建设，完善员工心理咨询、疏导和危机干预机制，推进 EAP（员工关爱）计划，举办员工心理关爱周，秦山核电被命名为浙江省"心灵港湾工作坊示范点"。常态化开展"我为群众办实事"，投运南方首个核能供热工程，为破解我国南方地区供热难题提供核能解决方案，获评中核集团十大"职工群众最满意的办实事案例"。打造"三精一高"服务民生品牌，开展春节送温暖活动，慰问病困职工和省部级劳模，举办职工长跑、气排球等比赛，提升职工幸福感。组织开展"青年大学习""青马工程"，举办"我的青春，我的团"征文、"百年心向党，奋进新征程"演说比赛等，建立"我与一体两翼"创新创效、"我为青年办实事"长效机制，助力青年成长成才。

三是打造"铁军"。建立意识形态工作管理、新闻宣传管理等方面的工作制度，完善党委统一领导、党政齐抓共管、宣传部门组织协调、有关部门分工负责、干部职工共同参与的思想政治工作大格局。科学设置思想政治工作机构，打造"三懂四会五过硬"工作队伍，形成宣传委员、通讯员、网络联络员、员工协助专员等网格化思想政治工作队伍。从 2009 年开始，组织开展核职业领导力研讨班，通过公司领导层担任教员、教员自编教材、围绕管理困惑开展夜话研讨、完成一项课程行动等方式，向公司中级管理者有效传递公司管理期望，已持续举办 14 年、培训千余名管理人员。深化思想政治工作人员专业技术职务评聘制度改革，政工职称与其他专业技术职称享受同等工资和其他待遇。

三、工作成效

（一）领航高质量发展

秦山核电拥有专利 785 项和包括 2 项 ISO 国际标准在内的各类标

准 85 项，实现安全运行 105 堆·年、发电超 7500 亿千瓦时，运行业绩处于世界先进水平。在浙新项目开发迅速推进，核能供热项目相继建成，自主研发生产钴-60、碳-14、钇-90 等医用同位素，解决"卡脖子"问题，助力"健康中国"建设，奋力打造新时代高质量发展的"重要窗口"。

（二）领创高水平人才队伍

涌现出以两院院士欧阳予、叶奇蓁，中国大陆第一批核电操纵员、"工人院士"何少华、戚宏昶等为代表的一大批先进典型。对外输送2500 多名骨干人才、100 多名核电高管。建立 15 个专业技术、人才平台，打造国家级大师工作室 1 个、院士工作站 1 个，成为名副其实的中国核电"人才摇篮"。

（三）领促高效能文化融合

核电"红船"企业文化渗透于管理实践当中，"责任、安全、创新、协同"核心价值观在部门实践落地深植，员工价值观认同提高，员工内在主观能动性激发，全厂精气神飙升。文化品牌"九微工作法"荣获"全国企业文化优秀成果一等奖"，公司荣获"全国企业文化最佳实践企业"荣誉称号。

（四）领塑高品质企业形象

每年超过 60 余次亮相《人民日报》、新华社等中央主流媒体。纳入浙江省践行党的二十大精神和"八八战略"实施 20 周年的宣传典型。秦山核电故事被写入《激情的岁月》《许你万家灯火》等电视剧，入选"改革开放四十年大事记""新中国成立 70 周年大事记""中国共产党一百年大事记"等。入展国家军事博物馆、中国共产党党史馆、南湖革命纪念馆，持续点亮"国之光荣"的品牌形象。

四、经验启示

（一）必须坚持政治引领性

要以习近平新时代中国特色社会主义思想为指导，坚决贯彻落实习近平总书记重要指示批示精神，牢牢把握"举旗帜、聚民心、兴文化、育新人、展形象"的使命任务，大力弘扬社会主义核心价值观，为国有企业培育"四化"干部队伍和"四有"职工队伍，为高质量发展提供坚强保障和强大动力。

（二）必须坚持理论实践性

要切实发挥好"把方向、管大局、保落实"的党委领导作用，坚持思想政治工作服务生产经营和改革发展不偏离，坚持理论联系实际，让思想政治工作逐步转化为推动核电"红船"行稳致远的创新优势、竞争优势、发展优势，推动广大干部员工投身"积极安全有序发展核电"的伟大事业。

（三）必须坚持员工主体性

要坚持"以人民为中心"，将思想政治工作与解决员工实际问题结合起来，多做得人心、暖人心、稳人心的工作；与维护员工主人翁地位结合起来，建立健全各项民主制度，保障员工合法权益；与激发员工的自豪感、责任感与荣誉感结合起来，最大限度团结一切可以团结的力量，推动核电"红船"行稳致远。

（四）必须坚持系统集成性

要坚持系统思维，创新工作机制，将思想政治工作同生产管理、精神培育、文化建设等结合起来，构建企业工作大格局。要创新工作载体和话语体系，善于运用新媒体，多运用具有时代性、易于员工接受的话语，牢牢掌握互联网领导权、管理权和话语权。

"小板凳"宣讲队：打造充满泥土味的"学习课堂"

一、基本情况

中建三局总承包公司是中国建筑集团旗下三级企业，成立于1995年，2022年实现营业收入445.6亿元，在中建集团综合考评中位居区域公司榜首。近年来，公司党委深入学习宣传贯彻习近平新时代中国特色社会主义思想和党的二十大精神，借鉴中建集团"建证力量"宣讲团的特色做法，成立"小板凳"宣讲队，通过短平快的方式和细小微的切入点，深入施工一线项目开展理论宣讲，以小阵地推动基层思想理论宣讲取得实际成效。"小板凳"宣讲队成立至今，先后在天津、武汉、郑州、成都、长沙等30余个城市组织近千场理论宣讲，覆盖5000余人次。党的二十大代表、公司青年员工肖帅作为宣讲队队长，多次参与中宣部、团中央、湖北省理论宣讲，并获评"湖北省基层理论宣讲优秀个人"称号。

党的二十大代表、"小板凳"宣讲队队长肖帅在施工一线宣讲

二、主要做法

围绕"讲什么""谁来讲""怎么讲"三个维度，公司党委从塑强队伍、完善机制、创新形式等多方面打造立体式宣讲体系，让基层理论宣讲有水准、有温度、有实效。

（一）多维度精选宣讲内容，力求讲得准

通过基层调研、职工代表巡视、领导赴基层联系点等方式收集基层意见建议，了解所需所盼，通过线上平台、职工信箱、电话热线等畅通基层反馈渠道，整理汇总基层关注热点难点，定制符合基层员工需求的"特色菜单"，形成上下互通的局面。

1.着力讲透政策理论。"小板凳"宣讲队始终将习近平新时代中国特色社会主义思想、习近平总书记关于国有企业改革发展和党的建设的

重要讲话和重要指示批示精神、中央大政方针作为宣讲重点，通过系统、全面、及时、深入的讲解，聚焦其中的道理学理哲理、立场观点方法，引导职工感悟蕴含其中的强大真理力量、实践力量、发展力量，自觉用以武装头脑、指导实践、推动工作。党的二十大召开后，以党的二十大代表肖帅为队长的"小板凳"宣讲队第一时间深入施工一线，围绕二十大报告热点开展宣讲196场，结合岗位要求和工作实际组织员工工友说变化、谈体会、话发展，畅谈理解感悟，谋划美好未来，推动党的二十大精神学习走深走实。

2.着力讲好发展形势。按照上级党组织定期发布的形势任务宣教提纲，"小板凳"宣讲队结合实际制作口袋书、思维导图等，将行业发展趋势、企业发展战略、重要会议精神、重点工作安排等第一时间传达到基层一线，让重大决策部署在基层"落地生根"。注重以生动的故事、朴实的语言、真挚的情感，讲好道德模范、中国好人、时代楷模等典型人物的暖心励志故事，讲好"深圳速度""中国速度"等企业精神谱系和文化IP，把理论政策讲到职工的心坎上。比如公司牵头完成火神山医院建设后，以参加建设的典型榜样事迹为鲜活素材，开展主题宣讲近20余次，讲述建设中不为人知的困难和故事，传承伟大抗疫精神，激发广大干部群众干事创业的激情。

3.着力讲深业务技能。"小板凳"宣讲队深入施工一线，邀请业务达人、岗位能手、技术专家等，将行业规范、权益保护、法律服务等直达施工现场，讲解施工技术要领，分享实操技巧，讲解维权知识，宣讲后又邀请工友进行分享、提出建议，为员工工友提供可靠可行的指导，助力业务技能提升。

（二）多方面打造宣讲体系，力求讲得好

公司积极推进宣讲队制度化规范化建设，通过发布专项工作通知，统一形象标识，明确宣讲主体，规范宣讲流程，打造宣讲队伍，制定培训考核机制等，提升宣讲队理论素养、文化涵养、知识储备，让宣讲更具感染力、专业性。

1. 宣讲主体"草根化"。目前，公司组建 27 支"小板凳"宣讲队，涵盖 150 名宣讲员。他们来自基层，有参加上海"四叶草"方舱医院建设的农民工党员向舒华，有孝老爱亲、助人为乐的"中国好人"邹令冬，有蓝天救援队的"好青年"王琦……这些宣讲员之前是宣讲队的忠实听众，在参与过活动后被深深吸引，后来主动要求加入宣讲队。宣讲主体的基层化、草根化，既能形成宣讲的共鸣，又为宣讲队的长足发展注入源源不断的动力。

2. 队伍建设职业化。公司建立"小板凳"宣讲队人才库，做到"三个纳入"，即将典型人物纳入，充分发挥党的二十大代表、全国五一劳动奖章获得者、向上向善好青年、青年岗位能手等榜样的引领示范作用，先后培育了肖帅、武超、戴书天等一批"小板凳"宣讲队员；将演讲能人纳入，通过举办"总包故事我来讲""身边的总包榜样"等演讲比赛，发掘出有真情实感、善于演讲的职工充实"人才库"；将外部专家纳入，邀请省委党校、团省委、高校等单位专家，作为宣讲队特邀嘉宾进行宣讲，开展"点单式"宣讲，让宣讲更加专业、更有成效。

3. 培训考核规范化。公司定期对宣讲队开展系统、专业性的培训，培训内容涵盖宣讲技巧、互动方式、企业文化等。定期组织宣讲队员们到中共五大会址、八七会议会址纪念馆、中国建筑科技馆等地参观学习，加深队员对党的历史、行业进化史、企业发展史的认识，提升了宣讲队队员的党性修养和素质水平。同时，制定宣讲效果评估考核激励机制，建立宣讲评分制度，把"小板凳"宣讲队宣讲情况作为基层党组织党建责任制考核的一项重要内容，激发宣讲队成员积极性。

（三）多路径创新宣讲形式，力求讲得活

"小板凳"宣讲队创新形式，把握贴近基层、注重实效的原则，以接地气、受欢迎的语言和形式，让基层理论宣讲活起来。

1. 处处都是宣讲台。公司以一名宣讲员带一张小板凳、一支小喇叭、一本宣讲册、一块小黑板的形式，因势利导，有效利用一线项目的空地空闲，采取围坐互动模式开展宣讲。无论是在员工办公室、生活区，还是配电机房、材料库房，或者工友生活区、工地纳凉亭，板凳一摆、现场开讲，使之成为充满泥土味的"学习课堂"。

2. 场场都有新方式。宣讲人员对宣讲内容进行消化吸收，将"书面语"变成"口头语"，将"理论文"变成"大白话"，突出宣讲的通俗易懂。宣讲队摸索出员工工友喜闻乐见的讲故事、写板书、小快板、唱歌曲等新方式，让理论宣讲内容更好地被理解、接受。同时，有效利用基层项目的电子有声墙、工地广播站、文化宣传墙等作为宣讲辅助手段，音画文结合讲得"有声有色"，以多样形式进行宣讲输出，让员工工友"声"临其境，使宣讲"声"入人心。

3. 人人都是参与者。"小板凳"宣讲队深入项目一线，打通基层理论宣讲的"最后一公里"。注重消除宣讲人员与听众之间的输出输入壁垒，着力强化两者之间的互动交流，通过"面对面"的形式鼓励听众谈体会、谈畅想、谈发展，发挥听众的主观能动性，在讨论交流中让广大听众更有参与感、存在感和获得感。在宣讲过程中，有效利用公众号留言板、电话热线、职工信箱等收集员工工友意见建议，问需于基层一线，了解基层群众对宣讲成效的真实评价，让受众感受和宣讲实效形成正向反馈。

三、经验启示

（一）基层理论宣讲要强化思想引领

要坚持以习近平新时代中国特色社会主义思想为指导，大力宣传党的主张、执行党的决定，围绕党的中心工作不动摇，始终确保党的声音传到基层、传到一线，强化基层员工思想政治教育，引导基层员工始终听党话跟党走，自觉践行新思想、适应新时代、展现新作为。

（二）基层理论宣讲要注重业务融合

要坚持宣讲与主责主业相融合，全方位融入发展大局，贯穿于生产经营、组织管理的全过程。要把聚焦点和着力点放在落实上级要求、规范基本动作、抓实重点工作等方面，将企业发展战略、重点工作安排等纳入理论宣讲，从总部穿透至基层一线。

（三）基层理论宣讲要聚焦受众需求

要坚持"缺什么、讲什么"的理念，切实贴合基层一线需求与实际，了解基层所缺所需所盼，以此确定宣讲的侧重点。要采取互动式、体验式、案例式等丰富多样的宣讲方式，用通俗的语言、生动的事例、鲜明的对比来增强宣讲的感染力和亲和力，善于用家常话讲活"大道理"，让员工工友听得懂、记得住、受启发。

"大思政润心工程"：激发企业内生动力

一、基本情况

国家电网山东省电力公司潍坊供电公司（以下简称"潍坊供电"）党委坚持以习近平新时代中国特色社会主义思想为指导，深入学习宣传贯彻党的二十大精神，贯彻落实中共中央、国务院《关于新时代加强和改进思想政治工作的意见》，按照国家电网"三结合、一贯穿"的思路原则，从推进理念创新、手段创新、基层工作创新入手，着力打造新时代"大思政润心工程"，以发挥思政研究会职能作用引入思想政治工作"源头活水"，以提升党支部书记思政能力建强思想政治工作"骨干渠系"，以"习、思、导、德、情、理"六字抓手深耕思想政治工作"良田沃土"，推动思想政治工作润物无声、启思润心，真正发挥统一思想、凝聚共识、鼓舞斗志、团结奋斗的重要作用，为建设具有中国特色国际领先的能源互联网企业汇聚了强大思想动能。

"潍电先锋"——国网潍坊供电公司思想政治教育中心

二、主要做法

（一）聚焦"怎么干"，发挥思政研究会职能作用，引入大思政润心工程"源头活水"

潍坊供电发挥思政研究会的策源和牵头作用，探索构建大思政工作体系，为思政工作引入"源头活水"，增强公司抓思政、强党建、促发展的内驱力。

1.总分联动、分类管理。建立公司思想政治工作研究总会，组建机关、生产、营销、建设、产业 5 个专业分会，形成"总会牵头抓总、分会专业统筹"的总分联动模式。同时，打造功能型党支部，分类管理，精准指导，推动党支部由"夯基础"向"强功能"转型升级。通过思政研究会总分一体谋划、党建工作例会市县统筹部署、功能型党支部分类落地落实，推动"大思政"动起来、强起来。

2. 靶向施策、破题推进。坚持问题导向，常态化开展职工思想动态大调研，精准掌握职工思想状况和存在的倾向性问题，明确思想政治工作方向。发挥思政研究会"策源地"作用，坚持把问题变议题、议题变课题、课题变破题，采取揭榜挂帅、课题认领、团队攻关等方式，开展党的创新理论大众化通俗化传播等思政课题的研究、转化和应用，形成从体系构建到基层落地的一系列创新成果，为"大思政润心工程"建设提供重要支撑。

3. 会商谋划、统筹调度。树立"问题是时代的声音""人心是最大的政治"理念，建立思政研究会学习研讨、集中会商和一体调度制度，根据企业改革发展过程中遇到的新问题，研究谋划工作。把思政研究会决策事项纳入月度党建任务清单，重要工作编制基层实践指导书，提高对党支部工作的推动力、各部门之间的协同力、抓思政工作的穿透力，做到件件有落实、事事有回音。

（二）聚焦"谁来干"，突出党支部书记关键力量，建强大思政润心工程"骨干渠系"

潍坊供电将党支部书记队伍作为开展思政工作的"骨干渠系"，在提升素质能力、提供方法指导、搭建载体平台上持续用力，让党支部书记会做能做善做思想政治工作。

1. 精准画像、系统培养。开展党支部书记队伍建设专项调研，对党支部书记队伍进行画像分析，构建"作为型"党支部书记素质能力模型。举办党支部书记思政能力培训班和党建专业认证培训师训练营，设立党支部书记大讲堂等交流平台，开发一批思想政治工作示范课程，培养一批能干会讲的党建专业认证培训师，把党支部书记培养成为做思政工作的行家里手。

2. 深入现场、发挥作用。围绕"理论武装在现场、融入融合在现场、典型培育在现场、联系群众在现场、文化引领在现场、担当示范在现场"六类现场,精细梳理 23 个微现场,开展"担当作为好书记"竞赛活动,让党支部书记把思政工作做到"田间地头"。推行党支部书记《思政日志》,从理论学习要点、现场工作热点等六个方面,随时记录职工的现实表现和思想状况,及时进行针对性教育引导和思想疏导。

3.干有抓手、行有依据。编发《党支部工作导则》和《党支部思政工作百问百答》,通过百科全书式精准指导,让基层党支部书记行有依据、干有方法。组织实施"三优九好"党支部创建,常态开展"三亮三晒三评",每年评选优秀思政案例、优秀党课等"四个十佳"成果,激发基层党支部开展思政工作的内生动力。

4.用好阵地、强化支撑。建成"潍电先锋"思政教育中心,实施党建阵地规范提升行动,在基层党支部实行思政教育阵地、党员活动阵地、企业文化阵地、宣传舆论阵地、职工之家阵地等一体规范、功能联动,在基层班组重塑以"白板文化"为载体的思政工作微阵地,为党支部书记开展思政工作提供了立体化阵地支撑。

(三)聚焦"干什么",围绕"六字抓手"用心用情用力,深耕大思政润心工程"良田沃土"

潍坊供电聚焦"思想政治工作从根本上说是做人的工作",围绕"习、思、导、德、情、理"六字抓手推动思想政治工作走深走实,让"传家宝"焕发出"新光芒"。

1."习之以恒"正心。开展习近平新时代中国特色社会主义思想大学习,建立"党委中心组、党支部、班组"三级学习贯通体系。组建全省首家企业讲师团,选拔百名讲师,开发百门课程,组织党史学习教育"百课百讲"送基层、党的二十大精神"百词百句"微宣讲等特色宣传活动,常态开展思政好声音、思政微课堂、思政云讲堂等主题宣讲,推动党的创新理论入脑入心。

2."思之以通"强心。建立"五个第一"落实机制，把学习贯彻习近平新时代中国特色社会主义思想作为砥砺前行的"第一动力"、党委会议的"第一议题"、督察督办的"第一任务"、监督考核的"第一指标"、请示报告的"第一内容"，及时跟进学习、研究谋划、推动落实，做到学思用贯通、知信行合一。开展战略目标宣贯月、形势任务学习周等活动，对国家电网公司"一体四翼"发展布局等发展战略进行宣贯解读，增强干部职工贯彻落实的自觉性和主动性。

3."导之以行"励心。把思政工作融入业务工作，实施"思政+安全""思政+服务"创新实践，以强有力的思想政治工作推动各项业务争第一、创最好。把思政工作嵌入重大攻坚、重要任务、重点工程，实行思政工作到位制，保障重大任务圆满完成。把思政工作植入"党建+业务"场景，持续开发"思政工具包"应用软件，组织典型业务场景编制，促进了党建与业务工作的深度融合。

4."明之以德"修心。实施社会公德、职业道德、家庭美德、个人品德"四德工程"，举办"身边好人""善小效大""以案说廉"等专题"道德讲堂"，涵养干部职工思想道德品质。建设变电、配电、营销等3个新时代文明实践基地，打造"潍水彩虹·坊间关情"党员服务品牌，连续15年开展"善小·潍电义工"志愿服务，不断提升职工文明素养。建成"四知"廉洁文化教育中心，打造"案为鉴"廉政教育品牌，营造风清气正的企业生态。

5."晓之以理"聚心。开展企业文化"人格化承载、故事化诠释"创新实践，建立典型选树培育长效机制，每季度举办"潍电故事"分享会，积淀形成《百人百梦》文化精神图谱。坚持融媒宣传分众化生产、精准化传播，建立重大宣传选题策划机制，塑造"担当、为民、创新、奉献"的企业形象。坚持基层宣教对象化策划、互动化引导，组织各党支部建立"潍电相册",组织开展"工程诞生记""我的老班长""我们正青春"等系列报道。

6."动之以情"暖心。健全"有事找党组织"机制,建立党支部书记"管闲事、听闲话、操闲心"的"三闲琴"实践载体,开展党支部分享"身边感动、身边困难、身边困惑"的"三音盒"特色活动,让党组织成为职工可信赖可依靠的"红色之家"。建立谈心谈话室、党代表工作室,用好心理咨询师和青年思想导师队伍,面对面倾听诉求、解疑释惑。健全"为群众办实事"常态机制,建成职工关爱中心,实施 EAP 职工关爱计划,坚持"三必贺三必访",举办职工"荣退礼",真心实意为职工送温暖。

三、工作成效

(一)探索了国有企业思想政治工作的特色实践做法

潍坊供电围绕思想政治工作"谁来干""干什么""怎么干",蹚出国有企业思想政治工作体系化建设新路径,基层党组织的政治功能和组织功能显著增强,先后荣获全国先进基层党组织、全国文明单位、全国五一劳动奖状、全国模范劳动关系和谐企业等荣誉称号。

(二)形成了国有企业思想政治工作的系列理论成果

潍坊供电坚持边实践、边研究、边总结,形成一系列思想政治工作理论成果,获评全国企业文化建设优秀成果、中国电力政研会优秀成果、山东省政研会优秀成果和国企党建创新优秀案例,典型做法 2 次在《思想政治工作研究》杂志刊发,实践案例被新华社《内参选编》刊登。

（三）发挥了国有企业思想政治工作的突出价值作用

潍坊供电通过强有力的思想政治工作，增强了拥护"两个确立"、做到"两个维护"的政治自觉、思想自觉和行动自觉，培养造就了一支信念坚定、团结奋斗、士气昂扬的职工队伍，凝聚了公司高质量发展的强大合力，公司售电量连续 10 年保持全省第一，业绩考核连续 8 年位居全省第一。

四、经验启示

（一）立足实际，处理好共性与个性的关系

加强和改进新时代国有企业思想政治工作，既要遵循思想政治工作的一般规律，又应把握国有企业的政治和经济"双重属性"，把服务中心工作作为思政工作的出发点和落脚点，持续营造"一盘棋、一家人、一条心"的浓厚氛围，齐心协力推动企业高质量发展。

（二）春风化雨，处理好刚性与柔性的关系

建设新时代国有企业高素质职工队伍，应坚持管人、管事、管思想有机统一，将刚性管理与柔性关怀相结合，严格管理与关心爱护并举，使职工在"情"的激励之下爱岗敬业，在"法"的约束之下努力工作，培育想干事、会干事、能成事、不出事的职业操守。

（三）精准施策，处理好统一性与差异性的关系

加强和改进新时代国有企业思想政治工作，需遵循思想政治工作的统一要求，又应考虑思想政治工作的对象差异，坚持广泛覆盖与分类指

导相结合，分类分众、精准施策，做到"一把钥匙开一把锁"，让思想政治工作成为化解问题矛盾的"清道夫"和调整职工心理的"润滑剂"。

（四）常做常新，处理好规范性与创新性的关系

当前社会思潮交锋激荡，人们的思想日趋多样、多元、多变。国有企业应突破固有思路，既按照思想政治工作的规定规范开展工作，又结合企业实际创新思想政治工作方式方法，使思想政治工作真正满足"思想上解惑、精神上解忧、文化上解渴、心理上解压"的新需求，持续提升思想政治工作的价值创造能力。

"五同五化" 工作法：讲好海外央企 "一带一路" 创业故事

一、基本情况

中国华能集团山东如意（巴基斯坦）能源有限公司萨希瓦尔电站位于巴基斯坦旁遮普省，装机 132 万千瓦，现有中方员工 157 人，巴籍员工 183 人。项目建设两台 66 万千瓦超临界燃煤发电机组，于 2015 年 7 月 31 日开工建设，2017 年 5 月 24 日、6 月 8 日两台机组分别投产发电，2017 年 10 月 28 日投入商业运营，是 "中巴经济走廊" 第一个投产的大型煤电项目，也是目前巴基斯坦单机容量最大、技术最先进、环保指标最优、建设速度最快、最早商运的高效清洁燃煤电站，被誉为 "巴基斯坦电力建设史上的奇迹"，解决了当地 400 万户家庭，超过 2000 万人的用电需求，为巴基斯坦电力产业升级、电源结构调整作出了突出贡献，先后荣获巴基斯坦政府总理颁发的 "杰出成就奖" 和 "中国国家优质工程金质奖"、"中央企业先进集体" 等 130 多项中外荣誉。

电站党委坚持牢牢把思想政治工作抓在手上，把推动项目高效运营作为重要政治任务，积极探索打造 "五同五化" 思想政治工作法，团结带领干部职工始终胸怀 "两个大局"、牢记 "国之大者"，积极履职尽责，

华能如意巴基斯坦公司检修部巴籍员工技能比武

讲好海外央企创业故事，助力"中巴经济走廊"建设和"一带一路"倡议高质量推进。

二、主要做法

（一）坚持"与国同心"，推动思想引领"先行化"，讲好"学习凝心"故事

一是强化理论武装，汲取思想伟力。电站党委以深入学习宣传贯彻党的二十大精神为契机，持续完善中心组学习、支部"三会一课"和领导干部讲党课制度，通过"线上＋线下"、网络培训等形式，坚持不懈用习近平新时代中国特色社会主义思想凝心铸魂，切实守好境外国资央企意识形态安全防线。二是挖掘历史积淀，培塑家国情怀。

建立常态化思想工作机制,领导班子每月与分管中层干部交流谈心,中层干部每月与部门员工交流谈心。引导职工自觉加强理论学习,自觉听党话跟党走,传承弘扬"萨希瓦尔精神",形成推动公司高质量发展的高度政治自觉。三是丰富引领形式,用活教育资源。与中国驻拉合尔总领馆、华能山东公司海外事业部、济宁城投开展联学联建,促进相互交流共同提升。结合海外特点,通过定期举行升国旗仪式、发放"政治生日"贺卡、观看爱国题材电影等形式,引导职工牢记责任使命。

(二)坚持"责任同担",推动党建赋能"一体化",讲好"勤勉敬业"故事

一是压实各级人员责任。认真落实国资委要求,制订提质增效专项方案,分解目标任务,强化激励考核机制,推动各项任务高质量完成。理顺岗位序列和薪酬等级,坚持收入分配向一线人员倾斜,最大限度激发职工积极性。围绕重点难点,建立清单台账,并每周进行调度,及时掌握工作进展。二是着力汇聚智慧合力。聚焦安全生产、商务公关、经营创效、电价传导、燃料成本、节支增收、国际化建设等重点领域,组织"我为降本增效献一策"合理化建议征集,发动中巴员工凝聚集体智慧,解决好制约高质量发展的痛点难点堵点问题。三是发挥骨干示范作用。组织开展"喜迎二十大、奋进新征程""党建引领+"等主题实践活动,实施"三亮"(干部亮作风、党员亮形象、员工亮业绩)行动,先后成立了4支突击队、15个攻坚组、18个责任区、10个示范岗,激励党员干部履职尽责、攻坚克难,守护巴基斯坦万家灯火。

（三）坚持"业绩同创"，推动精益运营"立体化"，讲好"担当奉献"故事

一是着力强化境外安全保障。电站与驻巴基斯坦使领馆、驻地军警强化风险研判，推动安全设施升级，扩大外围监控、安保范围和巡逻频次，组织反恐培训演练，努力拒风险于围墙之外。面对世纪疫情，电站上下勇于担当、团结奉献、顶压前行，做到疫情防控和生产经营"两手抓""两手硬"，保持疫情"零输入""零输出"，保障了生产经营稳定和员工身体健康。二是努力拓展提质增效空间。不断优化检修、维护项目设置，与在巴中资企业开展物资联储联备，努力减少成本支出。加强巴基斯坦国内煤炭市场调研，探索阿富汗煤卢比结算，加快当地塔尔煤掺烧可研，努力创造效益价值，推动海外国有资产保值增值。三是全力防范化解经营风险。加大与巴基斯坦能源部、央行等协调力度，保障物资清关和经营需求，努力避免汇兑损失。着力推动企业评级，做好伊斯兰债发行准备。着眼海外风险防范，加大采购招标等领域监督，保持企业风清气正。

（四）坚持"成果同享"，着眼项目运维"长期化"，讲好"文化融合"故事

一是加大国际化人才队伍建设。编制人力资源长期规划和轮换方案，培养了一批具有国际化视野、业务精湛、英语娴熟的中方技术及管理人员。电站 102 人次入选华能集团国际化人才库。二是实施素质提升工程。坚持走"本土化、属地化"道路，为巴基斯坦培养了近 200 名熟悉煤电管理的高技术人才。通过师带徒、英语角、仿真机、顶岗锻炼等方式，加快巴籍员工成长，6 人被聘为部门主管及以上管理岗位，1 人提升为值长，7 人提升为机组长。建设职业技术培训学校，

免费提供焊工、电工等培训，促进当地人就业能力提升。三是积极履行社会责任。坚持以思想政治工作引领社会责任履行，聘用 3000 多名巴基斯坦人员参加工程建设，吸收 900 余名巴基斯坦务工人员参与项目运营，帮助他们脱贫致富。修筑了 2.3 公里的混凝土马路方便当地民众出行，多次捐款支援当地疫情防控和洪灾救援，以实际行动努力回报"第二故乡"。

（五）坚持"和谐同育"，推动人文关怀"多元化"，讲好"暖心关爱"故事

一是推进跨文化融合传播。组织参加拉合尔国际环保展览会，开展中巴文化交流会、"建功新时代、巴萨好声音"线上歌咏比赛、趣味运动会、"迎新春"系列活动等，搭建中巴文化交流平台。二是抓好内质外形建设。加强对外舆论引导，创新内部宣传载体，在中巴主流媒体发稿 200 余篇，开设"你工作的样子最美""爱岗敬业故事汇"等系列宣传专栏，讲好华能海外创业故事，促进队伍凝心聚力。三是及时精准解决问题。建立直达一线基层的"直通车"，主动了解员工思想、工作、学习、生活等情况，全心全意为职工排忧解难。深化"我为群众办实事"活动，建设"健康小屋"，相继解决了网络信号差、异地体检难等职工关心关切问题，不断增强员工归属感获得感安全感。

三、工作成效

"五同五化"思想政治工作法，为抓好海外项目安全高效运营提供了坚强的组织保证和思想保证，打造了中巴经济走廊建设运营的"华能样本"，在共建"一带一路"中展现了中国企业的良好形象。

（一）生产经营取得丰硕成果

电站成为巴基斯坦历史上首个采用预设电价政策核准、首个保险电价补偿、首个离境服务类销售税成功传导和首个采用预估燃料电价进行调度排名的煤电项目。连续 5 次被授予"可持续发展""道德宣传"等社会责任大奖，连续 3 年荣获巴基斯坦"国家消防安全奖"，连续 4 年荣获巴基斯坦"环保卓越奖"和巴基斯坦国家电网"最稳定可靠电厂"等称号。截至目前，电站累计实现连续安全生产 2100 多天，完成发电量 423 亿千瓦时，向巴基斯坦缴纳税款 6 亿多美元。

（二）组织力不断提升

电站职工干事创业热情蓬勃高涨。典型做法在《新华社内参》刊载，连续 5 年荣获华能集团"先进企业"，获得山东省五一劳动奖状等称号，2 名巴基斯坦员工获评 CPEC 项目优秀员工。

（三）职工队伍保持稳定

职工满意度显著提升，队伍持续保持稳定。先后荣获了华能集团精神文明单位、华能集团"四强"党组织、驻巴基斯坦大使馆落实"包机接返工作"先进集体等荣誉。

（四）企业形象有力彰显

电站事迹多次被中央电视台、《人民日报》、《光明日报》等报道，新华社《万家灯火明　环保得人心——探访巴基斯坦萨希瓦尔电站》报道被全球 94 家媒体转载。在庆祝中国共产党成立一百周年、世界政党领导人峰会、中巴元首会晤等重要活动中，电站多次出镜，中国驻巴基斯坦大使馆、外交部发言人等多次对电站进行点赞。

以"铁心文化"打造雄安建设铁军

一、基本情况

中国雄安集团（以下简称"雄安集团"）伴随雄安新区而生，于2017年7月18日注册成立，是由河北省政府出资设立的省属重点骨干企业，也是党的十八大以来唯一冠以"中国"字头的省级国有企业。雄安集团牢记"以疏解北京非首都功能为'牛鼻子'推动京津冀协同发展，高起点规划、高标准建设'雄安新区'"的初心使命，坚持投资、融资、开发、建设、经营五位一体的运行模式，统筹推进新区基础设施、公共服务、生态环境和数字城市建设，形成开发建设、城市运营、金融服务、产业投资四大业务集群，成为坚守政治站位、落实任务有力、管理科学高效、经营业绩优秀，具有世界眼光、国内一流的创新型城市综合运营商。

雄安集团党委落实全面从严治党主体责任，坚持党组织与公司法人治理结构有机结合，推动党建与中心工作深度融合，逐步形成"1+2+6"思想政治工作体系，探索出一条具有雄安集团特色的思想政治工作道路，有力保障了企业高质量发展。

中国雄安集团 2023 年高质量建设发展暨"创新主题年"动员大会

二、主要做法

（一）坚持党建引领，以习近平总书记提出的"四铁四心"要求为核心，构建思想政治工作总框架

雄安集团把加强党的领导和党的建设作为引领集团高质量发展的红色引擎，坚决贯彻落实习近平总书记提出的"四铁干部队伍"标准和"四心青年干部"要求，形成"铁心忠诚跟党走、铁心感恩为人民、铁心进取干事业、铁心敬畏守纪律"的"四铁四心"企业文化。以对党的忠诚之心，坚决贯彻习近平总书记关于规划建设雄安新区的系列重要讲话和重要指示批示精神；以对人民的感恩心，把人民群众的满意度作为一切工作的评价标准，不断增强新区人民的获得感、幸福感和安全感；以对事业的进取心，把新区建设的重大责任扛在肩头，敢字当头干字托底，

高质量推动中国式现代化雄安场景的落地实现;以对法纪的敬畏之心,慎独慎初慎微慎友,构建亲清政商关系,打造一支忠诚干净担当的雄安铁军队伍。

雄安集团始终践行、传播、发展"四铁四心",拓展形成了"质量第一、效益优先"的经营观,"刀在石上磨、人在事上练"的人才观,"生态优先、绿色发展"的生态观以及"清风护航、廉洁筑基"的廉洁观……切实通过企业文化建设,使集团思想政治工作和中心工作在"人"这一关键要素上实现有机融合。

(二)坚持目标导向,以"创造雄安质量""建设廉洁雄安"两大主题,找准思想政治工作切入点

雄安集团在"四铁四心"核心理念的基础上把质量作为集团生存和发展的生命线,建立以"三实三优"为核心的管理体系,弘扬"劳模精神""工匠精神""铁军精神",将"雄安质量"贯穿于项目建设全过程,落实到新区建设发展的每一个工程和每一道环节,确保每个工程项目经得起历史和人民检验,努力创造新时代高质量发展的标杆。

雄安集团坚持从增强"四个意识"、做到"两个维护"的政治高度,全面落实习近平总书记关于建设"廉洁雄安"的重要指示,坚决贯彻党中央决策部署和省委、新区党工委工作要求,持续深化细化全面从严治党"四责协同"机制,确保干部职工经得住诱惑,经得起考验,做到一尘不染、一身正气,杜绝"高楼大厦立起来,党员干部倒下去"的问题。

(三)坚持知行合一,以政治、思想、组织、作风、纪律、制度六大建设,把握思想政治工作关键点

一是以政治建设为核心,筑牢铁心文化的初心之基。坚持以

习近平新时代中国特色社会主义思想为指导，切实发挥集团党委领导作用，不忘初心、牢记使命，以每周政治理论学习为抓手，通过线上线下相结合的方式，重点学习党的二十大精神，深入学习习近平总书记重要讲话精神，学习贯彻党中央关于新区建设发展的工作部署，累计开展集团理论中心组学习 136 期，做到以党的创新理论武装头脑、指导实践、推动工作，不断提升集团党员干部队伍政治素养。

二是以思想建设为抓手，坚定铁心文化的理念之基。建立完善"五新实战大讲堂""精神谱系大讲堂""青年学习营""能量加油站"等学习平台，累计组织活动 143 期。高度重视宣传思想阵地建设，利用集团官网官微，讲好雄安故事，唱响集团旋律，目前集团官微粉丝数已突破 9 万。创办融媒体内刊杂志"四铁四心文化快报"，制作发布 43 期，深挖 200 多名先进人物及其优秀事迹。

三是以组织建设为突破，锤炼铁心文化的队伍之基。组织关键岗位的干部职工前往邢台、承德等地学习李保国、塞罕坝精神，前往上海、深圳、无锡等先进地区学习管理经验，推动集团内部进一步统一思想、统一步调、统一行动。在干部考核方面，坚持以"四铁四心"为准则多维度评价、综合化考核，充分调动干部主动担当、奋力作为的积极性。围绕中心工作，先后成立了工程师研修班、项目经理研修班、运营管理研修班、合同管理研修班等团队，通过"培训—实战—复盘—再实战"，让干部职工在事上磨、在事上练。

四是以作风建设为引领，锻造铁心文化的事业之基。提出"两抓五保""三情融合""四个穿透""五到一线"的"2345"工作法，推动集团广大党员干部以转思想促转作风，以转作风促破难题，以破难题促见实效。开展"百日攻坚""十月突破""三年聚变"等系列攻坚活动，集团领导班子率先垂范，深入一线帮助参建单位纾难解困，解决质量安全、交叉施工、物资调配等问题 170 余项,形成了集团与参建单位相互助力、相互协调、相互补台的良好氛围。

五是以制度建设为保障,夯实铁心文化的成长之基。聚焦国有企业改革、制度建设等方向,结合雄安新区及集团实际,成立雄安集团深化改革暨制度建设领导小组,选派各部门经验丰富的同志共同参与集团制度制定工作。小组自成立以来,共研究制定优化制度 823 项(含二级公司制度),逐渐形成了全方位、专业化、可视化、可操作的集团制度管理规范,保障集团规范、平稳、安全运行。

六是以廉洁建设为防线,严守铁心文化的纪律之基。构建"1+5"监督体系和风险防控"四道防线",打造智能监督平台。坚持政企共建,利用联席会、座谈会等形式,开展互动交流、经验介绍、合作对接,引导干部职工从讲政治的高度防范化解风险。每年组织召开党风廉政建设和反腐败工作会议,常态化开展职工廉洁家风共建、政治性警示教育、关键节点廉洁提醒等活动,逐步实现"三不"一体推进。

三、工作成效

成立 6 年来,雄安集团已发展成为拥有 11 家全资二级公司、21 家全资或参控股三级公司,干部职工过千人,资产总额逾千亿元的大型国有企业。累计承担雄安新区各类建设项目 550 个,总投资 6372 亿元,完成固定资产投资 3100 亿元。雄安集团用近 3 年年均过千亿的实际投资额,在一张白纸上建立起一座现代化城市雏形,用一件件的精品工程、示范项目、优质服务,赢得省委省政府和新区党工委管委会的信任,赢得新区人民的满意。

四、经验启示

（一）以使命教育坚定理想树信心

思想政治工作要始终坚持党的领导，狠抓党组织建设，坚定每一个人把个人理想与时代大势结合起来的决心和信心，尊重和呵护每一名建设者的家国情怀，最大限度达成个人与企业的使命共识。

（二）以成风化人凝心聚力促奋进

思想政治工作要重视企业文化建设，以"此心安处是吾乡"稳定干部职工队伍，充分整合各种资源、各方力量，多声部唱响主旋律、讲好雄安故事，形成强大干事创业合力。

（三）以守正创新提质增效保发展

思想政治工作要不断创新工作思路、工作方法，通过吸引人的形式、动人心的语言，为思想交流、心灵沟通、能力升级提供良好条件，推动干部职工在企业高质量发展上同频共振、同向发力。

"四项工程"：筑牢国有企业思政工作"生命线"

一、基本情况

内蒙古电力（集团）有限责任公司乌海供电分公司（以下简称"乌海供电公司"）主要负责建设、经营、管理乌海地区电网，供电区域1754平方公里，承担着乌海55.7万人口的生活用电和一市三区四个工业园区的工农业生产供电任务，服务32万电力客户。公司共有职工1395人，下设各类机构45个，公司所属35千伏及以上变电站45座，总变电容量8177.55兆伏安，35千伏及以上输电线路146条，总长度1642.18公里。

乌海供电公司党委坚持以习近平新时代中国特色社会主义思想为指导，遵循"打基础、利长远"的工作思路，大力推进团队建设、"三爱两不"精神文明建设、人才培养、家庭家教家风建设"四项工程"，强信心、聚民心，暖人心、筑同心，不断提升基层思想政治工作的组织效能、教育效能、聚合效能与服务效能，以高质量的基层思想政治工作助推企业高质量发展。

"四项工程"构建国有企业思想政治工作同心圆示意图

二、主要做法

乌海供电公司的"四项工程"以"团队建设"为目标,"三爱两不"为基础,"人才培养"为支撑,"家庭家教家风"为外延,相融交促、协同发力,共同构筑了国有企业思想政治工作的同心圆。

(一)团队建设聚民心,全心全意组织职工凝聚奋斗共识

推进团队建设工程,明确"以人为本,推进社会主义核心价值观有效落地,把团队文化建设渗透到基层单位生产管理全过程,用团队文化提升核心竞争力,塑造高效团队"的创建思路,按照"成熟一个、总结一个"的原则,通过"聚力""塑魂""正气""铸形"四步走("聚力"阶段打造团结班子、营造和谐团队、夯实工作业绩、塑造榜样引领持

续深化团队建设；"塑魂"阶段通过"征求意见、整理归纳、提炼整合"三步骤，梳理单位历史优秀文化基因，提炼团队核心理念，塑造形成共识；"正气"阶段通过"信、精、行、扬"四步工作法引导团队文化向班组文化延伸；"铸形"阶段通过及时跟进宣传，加速理念渗透，内聚合力外展形象），讲好团队故事、选好团队典型、凝练好团队精神，逐步建立健全具有公司特色的团队建设工程体系，指导和规范职工行为，推动文化反哺团队，最终实现文化团结人、激励人的目的，更好地指导实践、推动工作。

（二）"三爱两不"强信心，虚功实做引领职工向上向善向好

推进"爱党爱国爱企、不发牢骚不抱怨"的"三爱两不"精神文明建设工程，其精神核心为教育引导职工将"爱党爱国爱企"作为立业立行之本，以"不发牢骚不抱怨"作为修身养德之基，树立"注重个人健康、注重阳光成长、注重为社会做贡献"的乌海电力价值观。一是加强学习宣讲。建立公司党委学习中心组"双推进、四形式、五步走"学习模式，打造基层党支部"三学三进三结合"学习体系，着力抓好政治理论学习。创新"学理论""读故事""小人书""听广播""看电影"的"1+N"工作法，打造线下"三色"宣讲团，着力加强宣传思想教育。二是培育社会主义核心价值观。深入挖掘先进事迹，组织榜样评选表彰，着力强化核心价值观教育。打造"蒙电爱心光明行"新时代文明实践志愿服务品牌，突出行业特色，着力做好"我帮你"志愿服务。三是激发职工主动性。把思政工作与协会活动结合起来，用最大限度的包容心引导会员通过参加文体活动的方式舒缓压力、增强自信，着力发挥文体协会作用。坚持民主集中制，基于职工所思所想所盼制定制度，同时公平公正公开地贯彻落实制度，着力保障规章制度公平公正。

（三）人才培养筑同心，关注关心关爱职工注入成长动能

推进人才培养工程，从人才引进、跟踪、培养和使用 4 个环节出发，先后制定人才体系建设方案、人才评价工作细则等，使人才培养规范化。一是突出思想引领在人才培养过程中的核心作用，通过"价值引领、典型示范、情怀教育"等方式方法，努力提高企业人才的思想政治素质和职业道德素养。二是坚持分类施教、按需培训，区分不同层次，突出侧重内容，采取"基础培养—专业提升—应用提高"的阶梯式培养方式，增强职工业务技能，助力职工实现自我价值，从而增强对企业的认同感、归属感。三是按照分级培养的原则，立足职工学习能力、性格特点等，帮助职工找准个人定位，明确职业规划，跟踪督导职工学习工作情况，做到关注关心关爱职工。四是突出廉政建设在人才培养过程中的保障性作用，不仅培养职工更要保护职工，通过压紧压实各级党组织主体责任，营造廉洁文化氛围等，激励职工勤廉敬业，促进公司科学发展和职工成长进步同频共振。

（四）家教家风暖人心，真情实感服务职工建设"幸福蒙电"

推进家庭家教家风建设，按照"提高认识—学习方法—具体实践"三步走的工作思路，使职工感受到子女教育的重要性，认识到做好家庭教育最有效的办法是以身作则，促使职工为了孩子和家庭完善自己、提高自己、成就自己。一是大力营造注重家庭家教家风建设的浓厚氛围。运用"专家权威讲、职工贴心讲、青工体验讲"等形式，为职工普及家庭教育科学理念和正确方法。结合实际打造"四式"实践家风教育、"吾爱五家"等特色品牌，开展"当好廉内助　守好幸福门""我和父母做同行""《傅雷家书》日日读"等活动，动员职工广

泛参与家庭家教家风建设。二是坚持将思想政治工作做到职工家属身上。在安全月来临之际，以短信的形式给公司 1300 多位一线职工家属发送"安全家书"，嘱托大家培育家庭安全文化。开展"工作现场开放日"，邀请家属代表走进生产现场、办公环境、餐厅宿舍等，感受电力生产一线的工作氛围，让职工家属真正成为职工的有力后盾。三是坚持将思想政治工作延伸到生产工作的八小时之外。公司领导干部带头做好年度读书计划，工作之余强化个人读书学习与子女成长成才相容并进。强化酒驾醉驾整治，通过签订承诺书、家企联动等措施引导职工减少应酬，回归家庭。鼓励职工工作之余积极参加公司各类文体协会，聘请专业教练对职工进行辅导，以实际行动帮助职工健康生活。

三、工作成效

（一）团队建设作用凸显

逐步打造出海勃湾供电公司"阳光海供，点亮全城"等第二批 4 家团队文化体系，推出配电带电作业处"虎胆匠心，光明永续"等第三批 11 家基层单位特色团队文化，做到团队建设全覆盖。公司优秀团队不断涌现，输电管理处党支部荣获"全国先进基层党组织"称号，各基层单位接连获得"自治区民族团结进步单位""自治区国资委先进基层党组织"等荣誉。另外，党支部、党员先进性不断凸显，成立党员突击队 20 支，有力支撑了企业的安全生产、营销服务、电网发展等各个方面，实现用户平均停电时间由 8.83 小时 / 户下降至 4.7 小时 / 户，综合电压合格率由 99.11％提升为 99.81％，"获得电力"水平由自治区第 11 名提升为第 2 名。

（二）人才队伍发展壮大

2022年，公司公开竞聘3名旗县公司级青年干部，实现14个机关实职岗位竞争上岗，公司管理人员竞争上岗比例达到44.16%、末等调整和不胜任退出比例为4.55%，同时建立了覆盖各专业领域、以"90后"为主体的公司人才库。从2020年至今，53名职工通过"双向选择"走上基层班组长岗位，实现管理岗位正常更替。同时，职工QC创新成果、技能大赛佳绩频出，培养出"全国电力行业优秀技能选手""全国优秀共青团干部""自治区五一劳动奖章""自治区劳动模范"等一大批青年才俊，为公司高质量发展厚积人才力量。

（三）精神文明焕然一新

荣获"全国文明单位"并顺利通过复查，累计获得乌海市级及以上精神文明类荣誉六十余项。最新的调研问卷显示，职工"爱党爱国爱企"达标率为98.91%，"不发牢骚不抱怨"达标率为97.89%，呈现出积极有为、朝气蓬勃的良好精神风貌。

（四）"幸福蒙电"深入人心

公司售电量、营业额逐年递增，公司发展持续向好，职工收入逐年递增，有效实现职工物质基础与精神文明的双向促进，实现职工与企业的共同发展。挖掘出"全国最美家庭张爱玲一家""学霸家庭成就冠军夫妻"等一批鲜活、典型的家风家教故事，多名职工家庭荣获全国、自治区、乌海市"五好家庭""最美家庭""身边好人"等荣誉，切实提升职工的归属感、成就感、幸福感。

四、工作启示

（一）基层思想政治工作立足点是"新"

企业思想政治工作观念要更新、内容要刷新、形式要创新，要由被动式变为主动式，由灌输式变为吸引式，紧跟国际国内形势的变化、行业社会的难点热点，以职工喜闻乐见的方式做好思想政治工作。

（二）基层思想政治工作切入点是"情"

做好企业思想政治工作要学会换位思考，倾听意见，只有设身处地、以心换心，才能真正地理解职工、帮助职工、教育职工。

（三）基层思想政治工作着力点是"细"

企业思想政治工作要因地、因人、因事、因时制宜，要讲究春风化雨、润物无声、耐心细致、潜移默化，力求做到分层施教、喜闻乐见，不断提高思想政治工作的感召力和渗透力。

（四）基层思想政治工作突破点是"融"

企业思想政治工作要与企业各项中心任务、与企业发展效益深度融合，特别是要有机融入企业生产经营，实现相融互促。

"3×3" 项目矩阵：把航空文化融入 爱国主义教育

一、基本情况

中国航空工业集团公司沈阳飞机工业集团（以下简称"沈飞"）航空博览园是全国首家系统介绍我国歼击机发展历程和航空科普知识的大型专业性展馆，是全国爱国主义教育示范基地、科学家精神教育基地、国家 4A 级旅游景区、全国科普教育基地、全国中小学生研学实践教育基地，被誉为"战斗机主题公园"。航空博览园占地 2.5 万平方米。主展馆 4600 多平方米，共分为序馆、蓝天梦圆、航空报国、振翅高飞、创新超越、功炳天疆、展翅翱翔和罗阳先进事迹展区 8 个展馆，精选 1950 多幅珍贵的历史图片、1200 多件实物，系统展示爱国主义教育、科学家精神和国防军工文化教育等内容。

沈飞党委以习近平新时代中国特色社会主义思想为指导，就如何立足于以航空报国精神为主线开展爱国主义教育、如何将航空科普研学和爱国主义教育融为一体、形成合力，在寓教于乐中如何增强党政干部、行业员工、广大群众特别是青少年的爱国之情、报国之志等亟待解决的问题，进行了顶层设计和系统思考，针对航空博览园建设，持续开发适

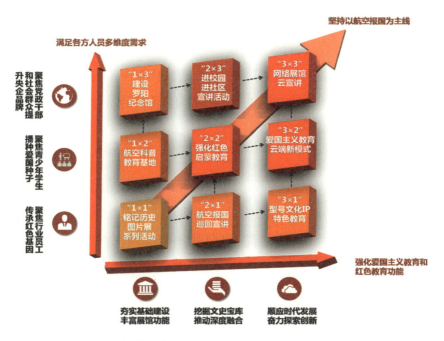

沈飞航空博览园航空特色爱国主义教育"3×3"项目矩阵

用于航空特色爱国主义教育的"3×3"项目矩阵，取得显著效果。

二、主要做法

"3×3"项目矩阵将"强化爱国主义教育和红色教育功能"和"满足各方人员多维度需求"作为横纵两个维度。在强化爱国主义教育和红色教育功能的维度上，由基础到提升，分为三个重要节点：一是夯实基础建设，丰富展馆功能；二是挖掘文史宝库，推动深度融合；三是顺应时代发展，奋力探索创新。在满足各方人员多维度需求的维度上，从参观者多元化角度，也分为三个重要节点：一是聚焦行业员工，传承红色基因；二是聚焦青少年学生，播撒爱国种子；三是聚焦党政干部和社会群众，提升央企品牌。沈飞航空博览园持续开展工作实践，开发适用于航空特色爱国主义教育的项目矩阵，由最初面向行业员工的大型图片展到面向广大青少年的研学系列活动，再到面向社会各界的"网上展馆""航空报国云宣讲"等，不断迭代精进，每一步都秉承"坚持立德树人，传承红色基因，弘扬航空报国精神"的初心使命。

（一）"1×1"打造"铭记历史图片展"教育工程

基于"夯实基础建设，丰富展馆功能"和"聚焦行业员工，传承红色基因"双维度需求，沈飞航空博览园打造了"铭记历史图片展"教育工程。深入总结提炼在航空武器装备研制中体现出来的爱国主义精神和型号文化，在千万份档案中甄选2000多张珍贵的历史图片和30余万字史料，先后推出了"歼8飞机首飞50年图片展""歼15飞机首飞10年图片展""春天的故事图片展"，面向社会公众和行业内员工开展具有航空特色的爱国主义主题宣讲活动，使爱国主义教育有抓手、接地气，取得了良好的宣传教育效果。

（二）"1×2"打造航空科普教育基地

基于"夯实基础建设，丰富展馆功能"和"聚焦青少年学生，播撒爱国种子"双维度需求，沈飞航空博览园大力探索面向青少年学生的航空科普教育工程。通过升级改造，增设包括立体纸飞机探秘、飞鲨战机VR互动体验、伯努利原理试验、气流投篮、飞机静力试验、DIY彩画、手拼飞机模型等青少年研学所需设施，被教育部和中国科协分别授予"全国中小学生研学实践教育基地"和"全国科普教育基地"，已经成为广大青少年学生开展课外实践、学习航空知识、了解航空发展史的首选之地，被誉为"战斗机主题公园"。

（三）"1×3"建设罗阳先进事迹展区

为深入贯彻落实习近平总书记关于罗阳同志的重要批示精神，基于"夯实基础建设，丰富展馆功能"和"聚焦社会群众，提升央企品牌"双维度需求，沈飞分别于2019年、2022年在博览园三层新建和改扩建了"罗阳先进事迹展区"，系统展示了罗阳从立志航空、学习航空到献身航空的报国情怀，并在展馆参观路线最后设置了重温入党誓词环节，让参观者在学习罗阳航空报国先进事迹的同时，面对党旗、重温誓词，激励广大党员干部"不忘初心、牢记使命"，为党的事业奋斗终生。2023年，沈飞组织开展"学习贯彻落实党的二十大精神牢记总书记嘱托大力弘扬罗阳精神奋力建设航空强国"学习罗阳同志先进事迹展主题教育活动，截至目前活动共接待近300家机关团体7000余人次，其中公司各直属党组织76家，3000余人次参与。

（四）"2×1"开展"航空报国精神"巡回宣讲

基于"挖掘文史宝库，推动深度融合"和"聚焦行业员工，传承红色基因"双维度需求，沈飞航空博览园紧紧围绕"爱党爱国爱航空"主题，组建"航空报国故事"宣讲团，走进公司生产一线以及校园、部队、社区等，围绕航空报国精神、罗阳精神、航空百问等内容进行宣讲，目前共计260余场，3万余人次参加。组织开展8期员工家属开放日活动，近千名员工家属参与活动，聆听罗阳同志、姚志成同志的先进事迹，学习航空报国精神、罗阳精神。策划开展"重走英雄路"爱国主义主题参观打卡活动，紧紧围绕"讲述罗阳同志先进事迹，弘扬罗阳航空报国精神"进行宣教，目前共接待120家机关团体近万人次参观，红色航空报国故事成为传承红色基因的生动教材。

（五）"2×2"强化红色启蒙教育

基于"挖掘文史宝库，推动深度融合"和"聚焦青少年学生，播撒爱国种子"双维度需求，沈飞航空博览园把加强青少年爱国主义教育放在重要位置，创办航空科普大讲堂，向中小学生讲述冯如、顾诵芬、罗阳等航空英模先进事迹，介绍航空科普知识等。开展沈飞小小讲解员研学项目，300 余名中小学生先后参加培训并讲解 2000 余场，多位小小讲解员先后接受中央电视台、辽宁卫视等媒体采访，受到社会各界的一致好评。开设沈飞小小飞行员航空科普小课堂，共举办 300 余期培训班，2000 余人接受培训教育，有效提升了孩子们的科学素养和对航空的兴趣。

（六）"2×3"塑造航空科普进校园、罗阳精神进社区系列宣讲教育品牌

基于"挖掘文史宝库，推动深度融合"和"聚焦社会群众，提升央企品牌"双维度需求，沈飞航空博览园与沈阳市第十一中学、航空实验小学等沈阳市 30 所中小学签订共建协议，开展航空科普进校园，重点宣讲罗阳、徐舜寿、黄志千等老一辈航空人的丰功伟绩和宝贵精神，约 5 万余名中小学生受益。走进夕阳美老年养护中心，给老人们送去最温暖、最真挚的祝福。与沈阳市孤残儿童特殊教育学校共建，为那里的孩子们送去了一堂堂形式新颖、别具特色、活泼生动的红色爱国主义教育课。

（七）"3×1"推动系列型号文化 IP 项目特色教育

基于"顺应时代发展，奋力探索创新"和"聚焦行业员工，传承红色基因"双维度需求，沈飞航空博览园充分挖掘重大型号纪念日、重大

历史事件等蕴含爱国主义教育资源的文化 IP 项目，组织开展系列庆祝或纪念活动和群众性主题教育。比如，组织开展"国企开放日——走进大国顶梁柱之沈阳"活动，推出"歼 8 飞机首飞"50 周年和"歼 15 飞机首飞"10 周年文化 IP 项目，推出"一代名机功炳天疆·歼 6 飞机"等文化 IP 图片展等。利用航空工业特有资源，引导参观者进一步了解历史、了解航空工业，从不同型号战机研制的背后故事切身感受航空报国精神。

(八)"3×2"拓展爱国主义教育"云端"新模式

基于"顺应时代发展，奋力探索创新"和"聚焦青少年学生，播撒爱国种子"双维度需求，沈飞航空博览园进行了"云端"教学课程的大胆探索，相继推出了"沈飞小小讲解员云端研学""沈飞小小飞行员云直播""我爱祖国的蓝天云答题""'中国歼击机摇篮'航空报国精神云宣讲"等系列"云端"教学课程以及"云端"宣讲、展览、直播等，深受广大游客喜爱。疫情期间，沈飞小小讲解员研学从线下转为线上，共探索完成 10 项"云端研学"活动，共有 1700 余人次参与；开设《飞机为什么会飞？》《勇闯飞机静力试验关》等多场直播，为航空博览园后续开展更多形式的"云端"爱国主义教育进行了有益探索，积累了宝贵经验。

(九)"3×3"探索创建网络展馆，开展航空报国"云宣讲"

沈飞航空博览园以罗阳先进事迹展区为蓝本，通过 PC 版、VR 版、小程序平台进行网络展馆的大胆探索，打破传统展馆的时空限制，以虚拟现实和 Web3d、广域网通信技术为基础，通过高精度三维建模、720 全景图片或三维立体扫描、720 环拍等技术，实现展馆数字化，做到让参观人员可以通过电脑网络、手机网络或佩戴 VR

眼镜，身临其境地参观包含文字、图片、视频、语音等内容的数字化展厅，并通过实时互动等个性化功能，为参观者打造沉浸式观展体验。

三、成效启示

通过开发航空特色爱国主义教育的"3×3"项目矩阵，沈飞航空博览园目前已荣获了全国爱国主义教育示范基地、科学家精神教育基地、全国中小学生研学实践教育基地、全国科普教育基地、全国首批工业旅游示范点、国家 4A 级旅游景区、国防科技工业军工文化教育基地、中央企业爱国主义教育基地、航空工业爱国主义教育示范基地、辽宁省职工思想政治教育基地、辽宁省关心下一代教育基地先进单位、辽宁省国防教育基地等多项荣誉，沈飞航空博览园已然成为记录我国航空事业发展的一张亮丽名片。

（一）多元联合，构建强大合力

爱国主义教育要采取多元化、多渠道、多形式的央企高效教育模式，实现政、企、校、民多方面合作与共赢，致力于爱国主义教育效果的最大化、最优化。

（二）拓展仪式，提升教育实效

爱国主义教育基地要更加重视活动仪式的创设、开发与运用，在入党入团入队仪式、公开宣誓、重温誓词等形式的基础上不断创新。

（三）拓宽思路，实现共同发力

爱国主义教育要建立一个"请进来"与"走出去"相结合的双向渠道，

共同发力。"请进来"可以引进其他基地或是相近企业的优秀爱国主义成果，进行临时展出，丰富自身内容，互通有无、达到共赢。"走出去"要主动增强与中小学特别是高校的合作，成为高校思想政治理论课的实践基地、学生的"第二课堂"。

（四）注重创新，展现自身特色

爱国主义教育基地要不断创新与发展，形式与内容都要与时俱进，打破原来的束缚和条条框框，充分利用展馆资源，通过不断丰富馆藏、推出特色文创周边，不断提升爱国主义教育新境界。

践行"两邻"理念　凝聚爱城如家合力

一、基本情况

国家电网辽宁省电力有限公司沈阳供电公司(以下简称"沈电公司")是国家电网有限公司34家大型供电企业之一,以建设和运营电网为核心业务,致力于为沈阳经济社会发展和人民美好生活提供清洁低碳、安全可靠的电力能源供应。沈电公司营业区覆盖10区1市2县和2个国家级开发区,供电面积1.3万平方公里,服务客户580余万户。现有全民职工4629人,在职党员3427名,占比74%。沈电公司党委所属基层党组织304个,其中二级党委18个,党总支10个,党支部3个;所属三级党委1个,党支部256个,四级党支部16个。

"与邻为善、以邻为伴"是习近平总书记2013年考察沈阳市多福社区时提出的重要理念,也是沈电公司全力践行"人民电业为人民"企业宗旨的根本遵循。近年来,沈电公司党委全面加强党的建设,持续推进旗帜领航工程,以"两邻"理念为思想之基、服务之本、强企之钥,持续探索建立"两邻"理念思想政治工作实践体系,在推动能源转型、保障电力安全可靠供应、满足人民美好生活需要等方面成果显著,团结凝

沈电公司"两邻"雷锋共产党员服务队队员向居民介绍安全用电知识

聚起广大干部职工以更加昂扬的斗志、更加务实的作风、更加有力的举措，奋力谱写高质量发展新篇章，真正践行了"忠诚担当、求实创新、追求卓越、奉献光明"的中国电力精神。

二、主要做法

（一）党建聚邻，打造沈电思政品牌

沈电公司持续深化党建引领作用，组织实施"党建＋"、亮旗夺标、"两个提升"、善邻、伴邻等五大工程，开展"我为群众办实事""营商建设我先行""旗帜领航·电靓沈河""践行两邻理念·争做发展先锋""串百家门、知百家事、解百家难、暖百家心、结百家情"等 5 个专项行动，

实现党建工作和"两邻"建设融合互促。充分发挥党组织战斗堡垒作用和党员模范带头作用，创建"两邻"雷锋共产党员服务队，建立 6 个共产党员责任区，开展"暖家助邻"活动 236 次，实施"建立供电服务网格化示范社区""优化营商环境专项行动"等善邻十件大事。开展"两邻"主题红色思想教育，打造 5 条"两邻·光明之路"红色教育路线，聘任专家开展"两邻·光明讲师"现场教学活动，开设"两邻·光明学堂"云平台，常态化组织"两邻·光明实践"分享会，营造出思想同心、目标同向、行动同步的"干群三同"氛围。

（二）安家睦邻，传扬沈电奉献担当

沈电公司同步开展四大行动，全力保障供电稳定。一是"建沈城，电先行"安业行动，对标国家 5A 级景区供电标准，改造承德路、盛京路等沈阳皇城内道路的电力设施，打造出沈阳的"不夜皇城"。配合市委市政府开展"十横十纵"街路改造工程，助力沈阳城市面貌焕新升级。二是"守城有我，电佑沈河"安城行动，采取"三级管控"保电工作模式，圆满完成各类特级保电任务 59 项、重要保电任务 217 项。三是"点亮万盏灯，心系千家情"安民行动，为多福、红星等弃管社区安装更换老旧、故障楼道灯，解决 8 万余户居民"回家难"问题。四是"服务美好生活，璀璨万家灯火"安居行动，积极响应习近平总书记两次来辽考察时对老旧小区问题的殷切关注，将供电服务区内 375 个老旧小区全部列入改造计划，改善了 24 万户居民的生活环境。

（三）立行暖邻，见证沈电服务初心

沈电公司以满足人民美好生活需要为己任，坚持"人民电业为人民"的企业宗旨，将"便民利民惠民"的服务文化深植进职工的思想中，落实到为人民服务的具体行动上。一是深植便民思想，"行在百姓间"，构建"一网通办，双向协同，三级管理，四网共治"的网格电力服务模式，与 78 个社区建立 200 余个线上沟通渠道，实现客户诉求的全方位、全天候响应。二是深植利民思想，"行在新业态"，落实"加服务、减开支、乘效益、除繁杂"政策，推广线上办电、不停电作业等利民举措，让客户"用上电，用好电，不停电"。三是深植惠民思想，"行在云端上"，落实"一键式"线上办电、智能采集远程数据、自主查询用电信息、超前分析用电异常、实现不停电抢修等 5 项惠民服务举措，开启"零接触，无感知"服务模式，切实将思政品牌软实力转化为服务品质提升的硬实力。

（四）结情助邻，坚守沈电奉献情怀

沈电公司以"两邻"雷锋共产党员服务队为主体，积极拓展延伸服务，情系企业、社区和民生，为不同类型客户提供差异化电能替代服务，打通服务群众"最后一公里"。一是以企业文化架起服务企业桥梁，开展"营商建设先行·助力小微企业"专项行动，疫情期间助力企业快速复工复产。二是以企业文化拓宽服务社区渠道，主动问询社区需求，制定"电力应急"服务菜单，提供"电力健康体检"服务，为百姓的急事、难事提供快速解决通道。三是以企业文化深化服务民生举措，打造"买车—装桩—充电"一站式全流程服务的"联网通办"运营模式，倡导绿色出行。组织开展"纾困帮扶"专项活动，帮助贫困儿童改善生活处境，让沈电思政品牌在温暖人心处焕发光彩。

（五）文化亲邻，陪伴融入沈电温情

沈电公司承建"抗日战争起始地""沈阳现代化都市圈"企业文化联合体，以"家、伴、善、福"为主线搭建思政工作示范矩阵，建成系统内首个"新时代文明实践点"。一是打造"家文化"，实施"寻足迹，忆党史，思家国，建两邻"专项行动，制定沈电"两邻·家风"和"两邻·家训"。二是打造"伴文化"，选拔扎根一线、履职尽责的"伴邻"先锋，召开经验分享会，扩大榜样效应。三是打造"善文化"，秉承"以善为本"的宗旨，走进阳光家园福利院、润馨惠怡养老中心开展义工"善"服务。四是打造"福文化"，开展"共建幸福梦"行动，切实将沈电思政品牌转化为引领党员群众同向同行的价值追求。

（六）基地促邻，赋能沈电提升活力

作为"党建+"工程落地的一次探索和实践，沈电公司建成"两邻"理念实践基地，以实际场景展现"两邻"电力服务模式成效，实现党的建设与生产经营深度融合。"两邻"实践基地既是沈阳市沈河区供电服务指挥分中心，也是沈电网格化供电服务创新示范基地、企业文化联合体承建示范点，更好助力"两邻"工作落在实处，提升企业发展活力。

三、工作成效

（一）推进了党的建设与"两邻"理念相融合，有效提升了人心凝聚力

一是理想信念更加坚定。通过开展"增进民生福祉""打造百姓'幸福梦'"等各类学习活动 32 次，促进全体党员深刻领悟"两邻"理念思想内涵，形成了上下统一、坚定不移的"'两邻'服务"价值观。二是党的建设更加有力。通过将党建工作与"两邻"建设同谋划、同部署、同落实、同考核，充分发挥公司党委领导作用，促推"党建+两邻"工程顺利完成，"五型一化"党建工作体系不断完善。三是党员作用更加彰显。通过创建"两邻"雷锋共产党员服务队，有效解决群众急难愁盼

问题，为广大党员践行信仰、锻炼能力、实现价值提供了有力平台，涌现出了一批心系百姓、履职尽责的优秀党员，榜样模范作用充分发挥。

（二）实现了"两邻"理念与生产营销深度融合，有效提升了业务硬实力

一是建设保供更加坚实。通过"以电安家·和谐睦邻"四大行动，全面夯实了生产专业基础，促使员工保供责任更加深化，流程掌握更加清晰，技术水平更加精进。目前已累计实现安全生产6770天，抢修平均到达现场时间、处理时间同比降低10%，运维、电缆精益化管理和配网工程精准立项工作有序推进。二是营销服务更加优质。通过人工智能网格化站所建设、优化营商环境建设等"两邻"综合性专项行动，引导党员群众全员参与，实现业务衔接更加紧密，配合更加顺畅，开展更加高效，促进线损治理、电费回收、业扩报装等工作水平整体提升。

（三）加强"两邻"理念与经营管理深度融合，有效提升了全局掌控力

一是工作秩序更加规范。通过制定"两邻"电力服务模式主方案、子方案、标准、职责等各类规章办法，进一步规范责任落实、人员分工、衔接程序等细节内容，促进公司管理向制度化、精益化、规范化方向迈进，各项工作水平大幅提升。二是考核评价更加全面。通过将23项"两邻"电力服务行动成效作为量化指标融入绩效考核体系，实现综合业绩考核与优化营商环境建设、重大保电项目、重点工程建设的协同推进，为评优评先、薪酬奖励、人才任用等工作提供更多判断依据，有效推动公司公平公正发展。三是政企协作更加紧密。通过共建沈阳"两邻"服务体系，促使公司与市政府加大合作力度、拓宽合作领域，培养出相互信任、相互理解、相互支持的友好关系。

"情绪智能预警管理"：运用大数据技术提升思政工作实效

一、基本情况

国家电网江苏省电力有限公司淮安供电分公司（以下简称"淮安公司"）主要从事淮安境内电网建设、运行、管理，电力销售以及综合能源服务、电动汽车服务等业务，服务 295 万户用电客户。淮安公司连续三届蝉联全国文明单位，获评全国"安康杯"竞赛优胜单位、全国用户满意企业，是全省供电系统"四好"领导班子、安全生产先进单位、纪检工作先进单位，所属金湖电力飞虎共产党员服务队获评江苏时代楷模、全国学雷锋示范点。

近年来，淮安公司党委把情绪分析作为职工思想动态的"晴雨表"，依托大数据、互联网、人工智能等新技术，开发运用员工情绪智能预警管理系统，将思想政治工作融入生产经营工作场景，构建了量化识别、暖心提醒、分级反馈、跟踪关爱等全链条工作机制，激发了企业思想政治工作的生机活力，推动形成了"心齐气顺想干事"的良好氛围，为企业高质量发展提供了坚强的思想保证和精神动力。

淮安公司开展生产一线人员情绪调适培训

二、主要做法

（一）匹配应用场景，无感采集分析情绪，把准员工思想脉搏

1.开发情绪管理系统。思想政治工作是做人的工作，情绪作为人最基本的心理过程之一，深度影响着专注度水平、动机水平、态度倾向等思想动态，对企业的安全生产、服务质量、管理水平等方面产生重要影响。基于此，淮安公司开发了情绪智能预警管理系统。该系统集成面部动作识别算法、深度学习算法、人工神经网络算法等数字技术，设置了情绪数据采集端、分析端、反馈端和管理端，形成了情绪自动识别、大数据分析、暖心话术推送、智能分级预警等四大功能模块。通过近4年的迭代应用，实现了对职工思想动态的实时量化精准识别，分层分类分级反馈，以及多维智能协同处置。

2.定位重点人群。基于企业业务特征和员工结构特性，将生产一线、服务一线、青年职工、管理者四类人员作为重点关注对象，运用人力资源的面部打卡系统、安全生产现场监测系统、营销服务系统、手机摄像头等图像视频采集设备，在职工上下班、开收工等时间节点精准捕捉面部表情数据，结合不同岗位对情绪稳定程度、注意力集中水平的要求，给不同人群匹配差异化、专题化的情绪数据采集分析策略。

3.以服务换数据。运用手机端"情绪魔镜"App，使职工在音乐体验、故事阅读中快速完成情绪数据采集，即刻识别自己当前的情绪状态，并实时为职工提供带有岗位属性的"魔法提示"，分析当前的情绪状态对岗位工作可能产生的影响，有针对性地提供腹式呼吸、正念冥想等可操作的情绪调适策略，让身处不同工作场景下的员工能够选择适合自己的方法积极地进行情绪调适。许多职工感言，这个"魔镜"在照见自己的同时，也提醒自己如何调节、如何处理，帮助自己及时化解负面情绪。

（二）精准定向反馈，智能开展走访家访，动态引领员工思想

1.动态实时反馈，保证及时性。班组是企业思想政治工作的最前沿。淮安公司设置班组长为职工思想动态观察员和疏导员，并把机器测评的专业术语转化为班组长看得懂的状态描述语言。班组长结合员工日常的言行表现和当下的情绪状态，快速对员工思想动态进行分析判断。建立职工情绪台账，实现对每一位职工短时情绪状态和长期情绪特征的"精准记录"，防止短时情绪问题升级为长期思想问题或引发实际问题。

2.开展"暖心叮嘱"，保证有效性。开发了"暖心谈话"工具包，从如何共情、如何营造谈话氛围、如何开展情绪疏导等方面，为班组长提供沟通方法、语言话术，提高沟通质量和效率。工具包已成为基层班组长及时化解负面情绪、做好人心工作的"利器"。根据工具包的使用，

编辑了《异常情绪问询十法》《暖心关怀的表达艺术》《情绪疏导技巧及注意事项》等案例小册子，并及时表彰优秀情绪观察员和疏导员。

3.开展"必谈必访"活动，保证全面性。发挥党支部的主体责任，建立了支部书记做思想政治工作谈心谈话工作清单，坚持在职工入党、入队（共产党员服务队）、提干、受表彰时必谈，在长时情绪预警、工作有变动、家庭有变故时必访。必谈必访活动采取面对面谈话的形式，以正向引导、正面激励为主，及时了解职工的心理顾虑、生活困难和工作难点，既解决思想问题，又解决实际问题。

（三）分级预警处置，因势而为开展思想政治工作，最大汇聚前行力量

1.分级预警机制，按需施策。根据数据分析结果，建立四类人员思想动态红黄蓝"三色预警"机制，根据不同场景、不同等级实施智能分析、差异管理，将预警管理纳入班组长、分管负责人、支部书记"一岗双责"考核范围。建立长期关注机制，从职工本人、身边同事、家庭成员、服务对象等多个维度了解其心理状况及工作状态。对于深受心理问题困扰的职工，邀请心理专家跟进辅导，根据实际情况及时进行岗位调整。对于日常有情绪困扰并具有潜在风险因素的职工，及时跟进疏导，绝不引发安全隐忧。对于暂时性情绪波动的职工，安排休息、换班、串休等。对于无预警信息的职工，则不做额外关注，做好常态化引导，激励职工立足岗位建功。

2.协同联动机制，逐题破解。通过智能预警和支部上报，对暂时解决不了的问题进行记录归类，协同办公室、人力资源、工会、后勤等部门想办法，力争做到件件有着落、事事有回音。通过协商合作，共解决职工急难愁盼、冷暖安危的大事小事102件。

3.常态工作机制，服务发展。定期生成四类人员思想动态调研分析

报告，包括情绪状态、压力状态等多个维度问题及对策建议。目前已完成 3000 余人次的分析，形成上百万条的数据库，为企业生产经营、人岗匹配提供了有益参考。将上级方针政策、心理调试小工具、安全好习惯养成策略、高效服务技巧等职工关注的内容，以多种方式及时传递到管理末端，营造公平公正、轻松愉快的工作环境。把情绪管理、沟通艺术、行为养成纳入班组长管理培训和支部书记轮训，开发《支部书记谈心谈话工作法》《人心凝聚工作法》《情绪疏导工作法》等相关课程，以提前预防"治未病"的形式做深做实思想政治工作。

三、工作成效

（一）数字赋能，实现了职工思想动态调研的即时精准

淮安公司把思想政治工作与数字思维、数字技术深度融合，以职工情绪为观测点，开发并应用了数据智能采集端、分析端、自动预警端和报告一键导出功能，推动基层班组长和支部书记实时关注职工思想动态，实现了从传统思想动态调研沿用定性方法、依赖管理者主观经验和能力的模式，转变为利用现代科学技术进行数据采集与分析的模式，有效提升了科学性、及时性和准确度，为思想政治工作"靶向"发力奠定了基础。

（二）数字赋智，推动了思想政治工作提质增效

淮安公司根据不同的工作场景实施精准识别、精准分析、精准干预，实现了职工与基层管理者的"线上 + 线下"互联互动，为掌握职工的思想状态、情绪反应模式和变化规律提供了数据支撑。建立即时反馈机制，匹配了"暖心谈话"工具包，使基层管理者能根据动态调研结

果及时纾难解困、化解风险，提升了思想政治工作的实效性。

（三）数字赋值，汇聚了企业高质量发展的磅礴力量

淮安公司通过数字化手段，将思想政治工作与企业生产经营相结合，围绕保供电、保安全、保稳定、防风险等中心工作，消除专业壁垒，简化业务流程，优化工作模式，减少了沟通成本，形成了攻坚合力，各项业务协调运转，管理质效明显提升。2022年完成深化改革任务66项，多专业会商保障151个重大项目接电投运，展示了央企良好的社会形象。

四、工作启示

（一）找准工作"切入点"，思想政治工作才能有的放矢

企业思想政治工作要始终以习近平新时代中国特色社会主义思想为指导，坚持服务大局，聚焦主责主业，遵循思想政治工作基本规律，找准"发力点"和"切入点"，将思想动态分析融入职工不同工作情境，才能凝聚全员力量、促进全面提升，推动思想政治工作优势转化为企业高质量发展的竞争优势。

（二）把握工作"关键点"，思想政治工作才能事半功倍

企业思想政治工作要强化精益化管理思维，梳理好工作对象、工作情境等关键环节，把握好工作内容、工作进度等关键节点，落实好工作策略、工作反馈等关键要求，才能切合职工需求、切合工作实际，让职工在正常情况下不被打扰、在需要关爱时又能及时获得组织帮助，不断提升工作的针对性和实效性。

（三）寻求工作"突破点"，才能持续引领推动各项工作创新提升

企业思想政治工作要始终心怀"国之大者"，找准创新突破点，推动数字技术与思想政治工作有效结合，推动数字技术与生产经营深度融合，才能增强全员数字素养，提升其应用数字工具的能力，更好助力新时代企业高质量发展。

"星级现场"：增强班组思政工作活力

一、基本情况

浙江省海港集团、宁波舟山港集团所属北仑第二集装箱码头分公司（以下简称"北二集司"）桥吊维修班是公司的龙头班组，由浙江省劳动模范、浙江省杰出工匠夏天担任大班长，以机械和电气技师及高级技师为主力军，主要为公司 17 台超巴拿马型集装箱桥吊提供日常维保和应急抢修服务。

北二集司桥吊维修班在始终贯彻"一心二效三节"班组建设理念的基础上，切实增强班组思想政治工作的针对性和实效性，从补缺口、促引领、谋合作等多个维度持续优化质量管理，点燃了整个海港集团"星级现场"建设的星星之火，形成了全员充分发挥工作积极性、主动性和创造性，为企业中心工作赋能聚力的燎原之势。

桥吊维修班先后获得"全国工人先锋号""全国青年安全生产示范岗""全国优秀质量管理小组""全国交通行业优秀质量管理小组"等荣誉。2022 年 1 月，北二集司桥吊维修班成功获评 2021 年度全国交通运输行业"五星级现场"，成为全国首家以班组为单位获评的"五星级现场"。

北二集司桥吊维修班"夏天小分队"

二、主要做法

桥吊维修班切实增强班组思想政治工作的针对性和实效性，落实做细"夏天小讲堂""班前十分钟"等宣教载体，将思想政治教育引导始终贯穿于职工的日常工作，融入班组与团队建设的各项实践，大力推进班组夯基础、提能力、战极限、求精益，并在实现自身纵深发展的同时，将成功的试点经验扩大推广，以点带面，带领公司其他班组共同营造向善氛围，提高团队质效，提升公司竞争力。

（一）党建搭台，引领促进班组思想政治建设

北二集司党委形成"党政主导、工会牵头、部门协同、多方参与"的建设格局，为星级现场创建提供了坚实支撑。北二集司工程技术部党支部坚持以思想政治工作为重要切入点，指导桥吊维修班广泛开展政治理论学习。班组建立党员帮学机制，带领职工共同学习习近平新时代中国特色社会主义思想和党的二十大精神，积极响应浙江省第十五次党代

会提出的"两个先行"奋斗目标，将党史学习教育成效作为衡量班组建设工作的重要标准。

桥吊维修班以"夏天小讲堂"为主要载体，广泛开展"守好红色根脉，班前十分钟"活动，不断激励引导班组职工练本领、学楷模、传匠心。深入推进网格化党建，充分发挥网格管理员、网格员的关键作用，动态掌握班组职工的思想诉求，为可能影响生产安全、身心健康、家庭和谐等的各种因素把脉问诊，将风险化解在源头。

（二）匠心筑梦，思想点燃技术改造源动力

桥吊维修班践行北二集司"进无止境"的企业文化理念，并提炼出"务实于岗追求卓越，精技于业勇攀高峰"十六字口号，精益求精，止于至善，班组整体维修水平在设备更新和试错中不断精进。

桥吊维修班在 5S 现场管理法的基础上，经过广泛细化讨论，创新提出 7S 现场管理法，即整理、整顿、清扫、清洁、素养、安全、节约。7S 管理标准实施 8 年以来，已然成为班组的"一盏灯"——从引导改变职工习惯着手不断改善班组现状；"一条绳"——将职工与职工、职工与班组紧密联系起来，团结协作，使班容班貌迅速提升；"一面镜"——让职工通过实施前后对比，认识到班容班貌对整合资源、提升反应速度、加强现场管理等都具有非常重要的作用。

桥吊维修班以"夏天工作室"为平台，鼓励班组职工立足岗位刻苦钻研，提升维保水平和工作本领。大班长夏天总是在班组例会上强调，一线技术工人必须要摒弃"过得去就行"的观念，养成"精益求精"的习惯，这才是工匠精神的体现。而他本人也身先士卒，成为了刻苦钻研的领头人。在扎根港口设备维保一线的 20 多年里，夏天解决了一个又一个难题，迈过了一个又一个难关。夏天的经历也时刻影响着桥吊维修班的每一名职工，大家都以统一的思想站位和追求目标，共同建设星级班组。

（三）人才强企，思想助建班组成才平台

桥吊维修班精细化实施"123 创新孵化"模式和"四个鹰"梯队人才培养方案，持续推进"一专多能、机电融合"型人才培养。注重思维碰撞，借助"夏天小讲堂""点亮青春"创新小讲堂等平台，以"工匠"带"工匠"，不断提升青年职工的专业技术水平和自主创新能力。优化员工"金点子""合理化建议""五小"创新项目等提案的激励机制，做到物质奖励与精神表彰双提升，充分激发员工参与公司改革与发展的激情与斗志，畅通其成长成才的快车道。

桥吊维修班创新培训理念，推出讲维修案例、讲工作心得、讲安全事故、上机演练的"三讲一练"模式，讲课的主体不再是师傅一人，而是把话筒递给了新员工。讲课内容跳出纯理论，以"身边人讲自己事、身边事教身边人"为主来解读知识点，将学政治、听宣讲、看短片、班组成员点评等形式融入其中，不仅提升班员的整体技能水平，班组的思想政治工作也在讲练中持续夯实。

桥吊维修班积极在公司内部寻求合作，协同开展 QC 课题、创新项目、合作挑战赛等活动，采用"线上 + 线下"模式学习集团下属兄弟公司乃至国内同行业港口的先进经验及做法，并积极对标交通运输行业中其他五星级现场的绩效指标，强优势、补短板，全面加快发展步伐。

（四）多头并重，思政提升班组质效水平

桥吊维修班运用 PDCA 循环管理法，持续加大和完善维修服务过程管控，逐步引导团队从"品质是维护出来的"向"品质是制造出来的"转变。大力开展寻找故障发生源及寻求控制故障发生对策的群体活动，并以编制通俗易懂的"说明书"（《实操培训手册》）、班组结对研讨等方式将日常的简单维护逐步落实到每一位设备操作使用者的身上，力求从源头上实现"制造"品质。

桥吊维修班遵循"做有品质的事、干实用的活"两大原则，将7S现场管理法从"形式化"推行至"行事化"并最终推行至"习惯化"，用整理、整顿、清扫来提升车间、候工楼、设备设施等硬件的品质，用清洁来强化巩固效果，通过规范员工行为，改变员工的工作态度，形成"有素养、重安全、讲节约"的行为习惯。

桥吊维修班积极从"人"上做文章。一是注重降本增效。制定了人员成本管理三要诀：定编配人，统筹考虑故障的类别和人员的技术能力，按需制订每日维修计划；效率到人，制定班组人均维修效率标准；成果惠人，定期召开故障分析会，针对当前一段时间内设备故障进行逐项分析，个性化记录每次故障维修的效率，参照维修效率标准，自查自纠，问题共担，成果共享。二是加强关心关爱。畅通班组建言献策及诉求渠道，推进为职工办实事的速度和力度，丰富职工文化生活。组织开展班组小型化、多样化的"健身＋健心"文体活动，助力职工缓解压力，释放情绪，真正实现了从"人造环境"到"环境造人"的转变。

三、工作成效

（一）班组现场管理方面

候工楼、车间持续翻新扩建使得班组的工作环境进一步改善，7S现场管理法的深入实施使得班风班貌实现精益化提升，班组连续11年未发生一起重大安全责任事故。2022年4月，班组获评"全国工人先

锋号"称号。

（二）班组绩效指标方面

2022 年桥吊作业期间完好率达到了 99.66%，同比上升 0.02%；设备故障间隔箱量为 3170 箱，同比稳步上升；影响船期故障次数仅为 1 次，同比下降 8 次；2022 年桥吊总故障次数 570 次，同比下降 34 次。

（三）班组成本管控方面

桥吊维修班持续开展"自主修理""国产化改造"等活动，共完成 17 台桥吊捆扎杆固定架安装、17 台桥吊大车车轮积油盘安装、50 组桥吊接触器自主更换、4 台桥吊 45 组桥吊功率单元自主检修更新等工作，并完成 4 台桥吊大车电机制动器国产化改造和 1 台桥吊吊具电源国产化改造。截至目前，合计节约成本超 500 万元。

（四）班组人才培养方面

班长夏天获评"浙江杰出工匠"，班员李彦飞获评新时代"浙江工匠"及"海港工匠"荣誉称号，路伟伟获评"海港标兵"荣誉称号。桥吊维修班的创新与改进项目《精耕现场质量管理，创建全国星级现场》和《降低桥吊挂舱机构挂舱故障次数》在第七届亚洲质量功能展开与创新研讨会上获改进优秀案例类三等奖。

"6S 思想导航体系"：提高企业
思政工作实效性

一、基本情况

浙江省能源集团有限公司（以下简称"浙能集团"）始终心怀"国之大者"，以高度的政治站位承担能源保供重任，以强烈的使命担当推进能源绿色低碳转型，在深入实施"八八战略"、强力推进改革攻坚进程中彰显"顶梁柱""压舱石"的浙能力量。2022年，浙能集团发电量、天然气、煤炭供应分别占全省的47%、83%、44%，各项保供指标创历史新高，同时向社会让利173亿元，充分发挥了浙江省能源安全保供的主力军作用。

浙能集团党委深入学习宣传贯彻习近平新时代中国特色社会主义思想和党的二十大精神，贯彻落实中共中央、国务院《关于新时代加强和改进思想政治工作的意见》，全面实施浙江省"红色根脉强基工程"和"全企一体、双融共促"工程，从政治建设、阵地建设、舆情管理、文化建设、队伍建设、责任落实六个方面着力，以"六站共建"为抓手，全面构建形成具有浙能特色的国企6S思想导航体系（S：取"站"Station英文首字母，理解为"六种思想政治工作管理方法"），引导全体党员干部

浙能集团开展每年一次"励企日"和"主题学习周"活动

职工深刻领悟"两个确立"的决定性意义，不断增强"四个意识"、坚定"四个自信"、做到"两个维护"，在企业改革创新发展新征程上凝聚磅礴力量、激发旺盛活力。

二、主要做法

"6S思想导航体系"突出守好"红色根脉"的政治自觉、聚焦"四个革命、一个合作"能源安全新战略。"六站共建"做法来源于基层、扎根于基层、产生实效于基层，成为不断筑牢国企思想政治工作根基的有力抓手。

（一）聚焦政治建设，打造"理论加油站"

切实抓好党员干部专题培训、党员全覆盖轮训、普通职工全员培训，以"训"提质，以"赛"促学，开展"赛学习面貌、赛宣传氛围、赛贯彻成效"活动，以"三训三赛"推进"六学六进六争先"，将党的创新理论内化于心、外化于行。发挥"8090"浙能宣讲团和政治宣传员优势，创新开展"沿着总书记的足迹"主题宣讲，构建理论宣讲、特色宣讲、基层宣讲、延展宣讲"四维联讲"，以及理论学堂、党史讲堂、红色殿堂、云上课堂"四堂联学"宣讲模式，实施"宣讲百千万"行动，开展基层宣讲超 11890 场次，结合"守好红色根脉·班前十分钟"等活动，实现党的创新理论进企业、进部门、进班组、进船舶、进站点、进项目、进头脑，促改革、促转型、促发展、促创新、促融合、促提质、促增效的"七进七促"目标，筑牢思想根基，打响国资国企大宣讲品牌。

（二）聚焦阵地引路，打造"特色工作站"

完善"新浙能"企业文化展厅，打造独具特色的党群服务中心"红咖啡馆"，新建"溯源新思想"浙江浙能嘉华发电、浙江浙能北海发电、浙江浙能长兴发电等现场教育点，以及"清茶馆"廉政建设标杆点和劳模工匠长廊，进一步打造形成具有浙能特色的"1+X"思想政治教育阵地集群——浙能集团"能源安全新战略"实践教育基地，目前已累计接待超 3.5 万人次。

（三）聚焦网情安全，打造"舆情瞭望站"

迭代升级浙能数字党建系统，深化支部"堡垒指数"和党员"先锋指数"，完善舆情分析预控机制，发挥舆情监测室24小时360度全景"网络瞭望哨"作用，实行日报、周报、月报和突发舆情专报制度，筑牢网络舆情安全防护网。出台《进一步加强基层职工思想政治工作四十条实施举措》，创新提出了"网"要强、"库"要全、"谋"要早、"措"要实的总体要求，培植积极进取的奋斗姿态。健全定期思想动态研判、针对性谈心谈话和基层党组织访民情、企情、政情"三访"等机制，及时掌

握基层职工思想动态。

（四）聚焦文化强企，打造"文化传播站"

坚持思想政治工作和企业改革发展"一体推进"，发挥文化先导作用，开展"浙能印记"系列活动，近 200 件"浙能印记·老物件"、68 组"浙能印记·时光留影"今昔对比图片，激发员工荣誉感归属感。走进基层企业开展"能"源发展看"浙"里——浙能故事宣讲会，传播"让事业精彩、让生命闪光"的浙能精神，激发干事创业斗志。建立"浙能心悦俱乐部"，关注员工身心健康，推出"线上＋线下"娘家人式心理关爱服务，疏导员工不良情绪，培育健康向上心态。

（五）聚焦队伍建设，打造"人才培育站"

成立全国优秀党务工作者领衔的"浙能红"理论宣讲名师工作室，创新设立班组政治宣传员，开展"百班百员"建设，培育建强 1827 人的"基层政治宣传员"队伍，发挥宣传员、引导员、信息员、服务员、监督员等"一员多能"作用，实现传精神、悉民情、办实事全覆盖。同时把这一岗位作为培养锻炼干部成长的重要平台，持续开展有针对性的培训教育和考核，推进"双进入、双培养、双提升"，在全员培训中开设"思想政治引领一堂课"，形成《留学背景青工意识形态"五维"管理工作法》等 23 项具有各自辨识度的思想政治工作特色案例。

（六）聚焦责任落实，打造"责任质检站"

坚持将思想政治工作作为国企党建"一线工程"，坚持"一把手"亲自抓，制定《进一步推动党建工作高质量发展实施举措》和《基层党建"三强"建设工作方案》，全面实施浙江省"红色根脉强基工程""全企一体、双融共促"工程。总结提炼意识形态"1+3+N"工作制度体系，全覆盖、清单化层层压实各级党组织意识形态工作责任，激发了工作创新意识，树立了国企党建工作新标杆。

三、工作成效

（一）实现了"六个一"目标

通过打造 6S 思想导航体系，浙能集团探索"一种实践方法"、完善"一套工作体系"、打造"一个阵地集群"、建立"一套防控机制"、成熟"一支工作队伍"、形成"一种精神风貌"。其中，"1+X 思想政治教育阵地集群"被列为首批浙江省习近平新时代中国特色社会主义思想研究中心调研基地，"基层政治宣传队"被评为浙江省基层理论宣讲成绩突出集体，浙能滨海热电获"全国五一劳动奖状"，1 名员工当选全国人大代表，两名员工分别获评全国优秀党务工作者和全国先进会计工作者。

（二）涌现了一批特色经验做法

通过 6S 思想导航体系的宣传引导，浙能集团各级党组织抓好思想政治工作的意识持续增强，涌现出一批具有各自企业特色的思想政治工作法。如：浙能长兴发电 3C 工作法，即从意识（Consciousness）、行为（Conduct）和结果（Consequence）三个层面入手，解决意识形态工作和企业改革发展"两张皮"现象，实现"思维决定行为，行为决定结果"的良性循环；浙能台州发电以"红色初心课堂""绿色清风讲堂""金色匠心学堂"为载体积极探索打造"三色导学"思政教育体系，激活了企业发展强大的内生动力；浙能嘉兴海上风电创新"凝心工程"意识形态工作法，凝聚锤炼了"一支海上风电铁军队伍"，推动"嘉兴 1 号"等海上风电项目如期全容量并网发电。

（三）展现了国企更大的担当作为

2022 年，浙能集团燃煤发电和天然气业务合计承担资源涨价成本 173 亿元，充分发挥了浙江省能源安全保供的主力军和压舱石作用。全力推进"双碳"工作和新能源项目建设，牵头组建成立白马湖实验室（能源与碳中和浙江省实验室），承担国家重点研发计划项目 3 项，揭榜浙江省"尖兵""领雁"研发计划 9 项。连续 19 年获浙江省省属企业安全生产优秀企业，被评为浙江省"消薄"工作成绩突出集体、山区 26 县结对帮扶考评优秀单位，"以能赋能共享共赢——打造企地合作双赢国企样板"入选 2022 年浙江国资国企服务共同富裕最佳实践名单。

加强"融合化、嵌入式"管理
打造思政工作"高速路"

一、基本情况

海南省交通投资控股有限公司（以下简称"海南交投"）于 2011 年 8 月成立，是海南省交通行业国有独资企业。2012 年 3 月经中共海南省委批准成立公司党委，现有党支部 7 个，党员 131 名。海南交投承担着海南省重点交通项目的投资建设、整合盘活交通运输资源、拓宽交通投融资渠道等重点任务，肩负着将海南环岛旅游公路建设成为自贸港"传世之作"的重要使命，负责管养高速公路 680 公里，运营 22 个服务区和 18 个综合能源补给站。截至目前，合并总资产 275 亿元、净资产 203 亿元，国有资产保值增值率 118%，信用评级 3A。

海南交投党委将思想政治工作作为一切工作的生命线，紧扣"1+2+4+N"党建体系，不断深化拓展"三强三化三提升"工作机制，将成熟先进的"公路工程建设管理"模式嵌入思想政治工作全过程、各环节，创新提出"融合化、嵌入式"管理理念，推动思想政治工作与生产经营、项目建设、干部管理、企业文化等重点工作深度融合，着力为干部职工思想解惑、精神解忧、文化解渴、心理解压，切实凝聚起海南

海南交投开展干部职工教育培训

交投改革创新、高质量发展的强大动力。

二、主要做法

（一）强调"制度＋温度"，搭好体系"路基"，责任落实
更加快速有力

一是构筑大格局，让思政工作有力度。贯彻落实中共中央、国务院
《关于新时代加强和改进思想政治工作的意见》，强化党委主体责任，注
重顶层设计，进一步制定方案、明确任务、严明责任，实施清单式推
进、台账化管理，并将落实情况纳入"周跟踪、季督导"重要任务、各
党支部"星级评定"重要指标、年度党支部书记述职评议重要内容，真
正形成公司党委统一领导、组织部门牵头协调、各个单位齐抓共管、干

部职工共同参与的思想政治工作格局。二是坚持暖人心，让思政工作有温度。切实把职工关心操心的事，当成公司大事要事来办好，定期开展谈心谈话，研究制定"基层接待月"制度，建立职工人才服务中心，持续开展"我为群众办实事"活动，将收集的问题及诉求，制定清单、限期督办。

（二）注重"理论＋实践"，抓好教育"填筑"，队伍素质更加过硬全面

一是打造"精准化理论课堂"。精心安排党委理论学习中心组学习计划，严格落实党委会"第一议题"等制度，并赴中共海南省委党校开设党的二十大精神专题培训班。组织"交投大讲堂"，邀请专家学者传经送宝、专题授课，推动党的创新理论入心入脑、走深走实。二是打造"定制化情景课堂"。组织党员过"政治生日"，通过开设一批党性教育公开课、举办一轮党的理论知识竞赛等"七个一"系列活动，不断坚定党员干部理想信念。实施沉浸式、情景式教学，先后组织党员干部赴福建古田红色教育基地、陕西延安干部学院、海南定安母瑞山干部学院等开展红色教育，现场感受党的百年征程和思想伟力。三是打造"实用化创新课堂"。从公司管理干部、业务骨干中招募50名"内训师"，创新推出"干部讲堂""骨干讲堂""青年讲堂"等课程36期。同时，加强实战练兵，搭建"赛比争"技能擂台，积极承办海南省重点公路建设项目劳动竞赛、"安康杯"技能竞赛等活动，引导干部职工赛技能、比业绩、争先进。四是打造"个性化帮带课堂"。突破层级壁垒、部门界限，建立"导师带徒"机制，业务能手对岗位新兵实施"一对一""手把手"精准帮带，并将思想政治教育作为"第一课"，扎实推进理论学习、职业规划等"5件实事"，做到教育培养从"大水漫灌"到"精准滴灌"。

（三）加强"宣传＋引导"，树好舆论"标识"，前行路线更加笃定坚毅

一是加强舆论宣传引导。搭建以《交投内刊》、《交投简报》、微信公众号和公司官网为载体的"一刊一报一微一网"宣传矩阵，精心策划党的二十大等重大主题宣传。同时，注重典型激励，深入开展优秀共产党员、"最美养路人"评比等活动，大力宣扬身边典型，激励广大干部职工奋发进取、争创一流。二是加强企业文化建设。大力弘扬"责任、创新、发展，诚信、坚毅、卓越"的交投精神，建设红色文化长廊、企业文化长廊、廉政文化长廊、笃学书苑等"三廊一苑"文化阵地，打造省内首个高速公路党建示范点——定安养护管理站以及冯家湾服务区"红色侨乡"特色党建示范馆等企业文化载体。同时，结合重要节日节点，组织开展"庆祝建党 100 周年""不忘初心、牢记使命"等主题文艺会演，举办"学习之星"党史知识竞赛、"环岛杯"足球赛等形式多样的文体活动，全体职工展现出了蓬勃向上、斗志昂扬的精神风貌。

（四）实施"融合＋渗透"，做好业务"经营"，发展势头更加迅猛强劲

一是打造品牌，提质领航。打造公路运营板块"怡路橙锋·车轮上党小组"、工程建设板块"党建联盟"等组成的"金字塔型"党建品牌矩阵，有效激发工作活力。例如，在推进环岛旅游公路项目上，海南交投党委联合 25 个参建单位和沿线村镇 22 个基层组织，组建项目"党建联盟"，实施对策共商、大事共议、难题共解、实事共办、成果共享"五联五共"机制，实现各方力量统筹调度、存在问题合力攻坚、建设任务压茬推进。二是开展活动，攻坚赋能。深化"查堵点、破难题、促发展"活

动，全面排查梳理工作中存在的堵点难点，集结力量、集中攻坚。开展"揭榜挂帅""改革创新发展年"活动，围绕交通投融资体制改革、重大项目建设、乡村振兴定点帮扶等重点工作，公布"任务榜"、广发"英雄帖"，鼓励想干事、能干事、干成事的人才挂帅出征。

三、工作成效

（一）公司业务发展日益壮大

海南交投先后荣获"海南省诚信示范企业""海南省优秀企业""全省交通运输系统应急保通先进单位"等荣誉称号。G9811屯琼段等4条高速公路、全省交通扶贫六大工程以及莺歌海盐场100MW光伏等重点项目顺利竣工，环岛旅游公路项目创下6个月完成502公里征拆、60亿年度投资的"自贸港速度"，累计完成投资106亿元，为2023年全线贯通、打赢"收官之战"奠定坚实基础。博鳌东屿岛车联网项目在全国首次实现1.2公里隧道自动驾驶，荣获中国智能交通行业"创新解决方案"等多个国家级奖项。

（二）党建工作质效有力提升

海南交投获评"海南省文明单位"，海南交投党委被评为"海南省先进基层党组织"，"怡路橙锋·车轮上党小组"入选首批"海南自贸港国企十大党建品牌"。海南交投主动对标乡村振兴战略目标任务，累计投入300余万元，推动定点帮扶村番新村集体经济壮大、人居环境改善、基础设施建设和精神文化塑造，与番新村双双获评"海南省民族团结进步模范集体"，驻村工作队获评"海南省脱贫攻坚先进集体"。

（三）干部队伍活力充分释放

海南交投先后引进各类专业人才 329 人，选拔任用中层干部 31 人，目前公司中层干部中"80 后"占比 70%，干部队伍年轻活力、激情满满。选派双向挂职、乡村振兴、跟班学习 55 人，让干部经风雨、见世面、壮筋骨，切实增强斗争精神和斗争本领。先后培树"全国交通运输脱贫攻坚成绩突出个人""全国交通建设工匠"各 1 人、"最美农民工"4 人。选派 49 名党员干部奔赴三亚、陵水等疫区支援"0801"抗疫工作，获评全省抗击疫情志愿服务工作表现突出集体，1 人荣获全省志愿服务先进个人。

四、工作启示

（一）做好"学深悟透"文章，坚定政治方向

思想政治工作要坚持以习近平新时代中国特色社会主义思想为指导，通过学深悟透、学以致用，不断校准方向、凝聚共识、强化举措，不断提高政治判断力、政治领悟力、政治执行力，推动各项决策部署落地生根、开花结果，促进改革创新、经济建设朝着正确方向势如破竹、迅猛发展。

（二）做好"用心用情"文章，解决思想难题

思想政治工作要坚持以人民为中心的工作导向，牢记干部职工思想"无小事"，加强研判职业成长、薪酬激励等职工最关注的问题，定期开展谈心谈话、接待基层来访，并注重从制度上更完善、行动上更务实，切实给予关心关怀，做到件件有落实、事事有回音，让干部职工群众真

正卸下思想包袱、释放工作激情。

（三）做好"融合互促"文章，促进业务发展

思想政治工作要抓实工作考核和结果运用，将"软指标"转化为"硬约束"。要结合单位行业特点和工作岗位特性，找准结合点、切入点、突破点，抓实抓细工作举措，在融合互促上下大力气、做足功夫，推动思想政治工作与企业生产经营深度融合，充分调动干部职工积极参与、开拓创新的主观能动性，不断开创思想政治工作新局面。

厦航"学习室"：以"红色引擎"驱动企业高质量发展

一、基本情况

厦门航空有限公司（以下简称"厦航"）"学习室"位于厦航总部大厦，是集党委理论学习中心组学习、党员教育培训、党组织活动共建、党建实践探索、企业文化展览、员工书屋等六大功能于一体的综合性教育基地。"学习室"通过实物、图文、多媒体等方式，生动展现了习近平总书记亲自参与组建并关心支持厦航改革发展的历史故事，教育厦航干部员工学以致用、深学笃行。

二、主要做法

（一）把握"场景思维"，打造深切感悟领袖思想的前沿阵地

一是聚焦历史记忆场景，砥砺初心使命。厦航党委邀请曾见证厦航早期发展历程的老领导、老干部、老员工，开展"当事人说"系列活动。通过视频采访或举办主题座谈会的形式，从内外部视角向厦航员工

厦航"学习室"入门场景图

讲述习近平总书记关心支持厦航组建和发展的历史故事。同时，厦航党委积极挖掘能体现企业发展重要历史节点和重大历史事件的老物件、老书刊、老照片、老文件等实物，在"学习室"展陈区展出，组织编写实物背后的历史故事，身临其境体悟领袖思想，感同身受砥砺初心使命。

二是聚焦现场教学场景，传递奋进精神。厦航党委精心拍摄了《殷殷嘱托领航程》《薪火》《大厦之基》《向阳绽放》等系列优质学习视频，生动展现习近平总书记对厦航的系列重要指示批示精神的科学内涵、新时代党的重要理论方针政策，以及厦航人牢记习近平总书记嘱托、推动高质量发展的丰硕成果。厦航党委精心选拔高素质、爱学习、擅表达的"新时代宣讲师"，成立"白鹭党史讲习团"，举办"百年征途·鹭说党史"党史学习教育宣讲比赛，持续开展"走进基层讲党史"系列主题活动，把习近平总书记参与厦航组建并关心支持厦航改革发展的历史，同党史、新中国史、改革开放史、社会主义发展史紧密结合，积极推动

"党史中的厦航"入脑入心。

三是聚焦理论教研场景，汲取思想伟力。厦航党委以"学习室"为主阵地，设立新时代党建实践中心，主动对接中央党校、国资委大连高级经理学院（国资委党校）、中国民航干部管理学院（民航局党校）、厦门市委党校等学术研究机构，深入开展习近平新时代中国特色社会主义思想在厦航的探源工程等专项课题，先后在《人民日报》《学习时报》等新闻媒体发表理论文章，联合开发《党的事业：照耀新时代厦航前进的红色灯塔》《高质量党建引领保障高质量发展的厦航实践》等主题课程，并充分运用理论研究成果，适时更新丰富完善展陈、讲解内容。

（二）坚持"共享理念"，建设研学参访互动交流的重要窗口

一是建立"1+N"研学圈。厦航党委统筹自身资源，把"学习室"作为中心教学点，厦航培训中心、厦航飞鹭训练基地、厦航空勤文化展厅等功能化培训基地，以及厦航北方总部"学习室"、福州分公司"学习室"等分子公司"学习室"作为辐射教学点，系统构建"1+N"研学圈。中心教学点坚持系统化展示和理论阐释研究并进，充分发挥典型引路、示范带动作用。辐射教学点结合行业特性和区位因素等多样化展示厦航在牢记总书记嘱托、砥砺奋进过程中取得的实践实效，在资源共享、多地共建中不断完善研学体系的系统性、专业性。

二是搭建"开放式"活动室。厦航党委"学习室"全年365天向员工开放，引导各基层党组织积极利用"学习室"常态化开展党史学习教育、主题党日、"三会一课"等学习教育活动。"学习室"展览区设置"扫码自学"功能，学习区设立触屏交互的"党建学习"系统，厦航员工通过数字化方式即可进行自助学习。基层党组织、群团组织在"学习室"内策划举办"一小时静读""主题沙龙"等特色活动，开展与中商飞、中航材、建发集团等的共建活动，进一步凝聚共识、增进交流，积极营

造开放共享、交流学习的浓厚氛围。

三是实现"报台网"齐联动。厦航党委坚持通过全媒体渠道学习宣传习近平总书记对厦航的系列重要指示批示精神，持续推出具有时代精神、行业特点、自身特色的理论文章、音视作品等学习产品，展现厦航形象、讲好厦航故事、传播厦航声音。

（三）推动"知行合一"，为企业高质量发展提供不竭动力

一是积极推动理论成果融入战略实践。厦航党委将习近平总书记对厦航的系列重要指示批示精神融入企业发展战略，形成企业使命、企业愿景、企业宗旨、企业精神，制定"十四五"战略规划，为公司应对重大挑战、抵御重大风险、解决重大问题、抓住重大机遇奠定了坚强的思想根基，明确了科学的战略方向，切实把理论优势、政治优势转化为企业发展的核心实力。

二是积极推动理论成果融入党建实践。厦航党委始终以习近平总书记对厦航的系列重要指示批示精神为根本遵循，坚定不移加强党的领导，系统构建起以"12332"为总体思路的新时代党建体系，以高质量党建引领保障高质量发展。厦航党委深入剖析"基本组织、基本队伍、基本制度"的党建三基与"抓基层、打基础、苦练基本功"民航三基之间的辩证统一关系，在各基层党组织中大力开展"双三基"实践探索，构建起党建引领安全、党建推动发展、党建激发活力的"双三基"工作体系。发布《厦航党委关于全面深化"双三基"建设工作的指导意见》，汇编《"双三基"优秀党建实践案例集萃》，召开"双三基"实践总结提升大会，不断深化党建引领，推动党建工作与中心工作深度融合。厦航党委"双三基"建设的典型做法成功入选福建省先进基层党组织工作案例，荣获中国民用航空局"征集百条经验·献礼百年华诞"特等奖。

三是积极推动理论成果融入经营实践。厦航党委全面升级安全管理理念，同联合国开展可持续发展目标项目合作，架设两岸经济文化交流桥梁，在深化实践科学理论中破解经营难题，提升服务水平，推动安全发展。近年来，厦航斩获 APEX"世界级航空公司"大奖，跻身"世界八强"，获评民航"飞行安全五星奖"，荣获全国抗击新冠肺炎疫情先进集体，成为全球唯一实现连续 36 年持续盈利的航空公司。厦航党委荣获全国先进基层党组织。

三、工作启示

（一）紧紧抓住"政治引领"的根本遵循，打牢国有企业思想政治建设的坚强阵地

政治功能是国有企业党组织最核心、最本质的功能。国有企业党组织要发挥领导核心和政治核心作用，必须做优建强思想政治建设的坚强阵地，积极主动地利用自有特色，整合学习资源，发挥综合优势，通过阵地内生动鲜活的理论宣讲和实践成果展示，引导广大党员干部不断增强政治自觉、思想自觉、行动自觉。

（二）始终秉持"实事求是"的务实精神，切实深化理论研究与实践创新的良性互动

要聚焦企业发展过程中出现的突出困难、顽固矛盾，切实以辩证统一思维深化理论创新和实践创新的良性互动，在实践中进一步证明思想理论的先进性和科学性，并将其作为优化理论、建强体系的指导依据，确保为全面推进企业高质量发展定向、立心、固本。

（三）健全完善"学在平常"的长效机制，全面推动干部员工思政教育走深走实走远

要以特色鲜明、形式多样的学习教育形式，促使"学而时习"成为广大干部员工的自觉行动和日常习惯，不断提高干部员工的政治能力、业务本领和解决实际问题的能力。通过健全完善长效学习机制，推动党员干部自觉主动、高标准高质量开展学习教育各项工作，切实达到清洗"思想灰尘"，补充"精神之钙"，激发干事创业热情的良好效果。

"346"思政工作法：为企业发展凝心气添动力

一、基本情况

当前，随着煤矿企业改革步伐的不断加快，职工的价值取向更加多元化，思想更加活跃。通过强有力的思想政治工作，确保职工思想不乱、信心不减、队伍和谐稳定，成为了煤矿企业思想政治工作的主要任务和研究重点。近年来，河南平顶山天安煤业股份有限公司十一矿党委（以下简称"十一矿党委"）结合工作实际，总结提炼了"346"思想政治工作法，使职工思想政治工作更富有针对性、更具实效性、更有时代性。

二、主要做法

（一）坚持"三个深入人心"，推动思想政治工作走深走实

一是深入实际稳人心。坚持把思想政治工作渗透到企业各项工作的全过程，找准思想政治工作的结合点和着力点，推动思想政治工作与安全生产、经营管理深度融合，持续开展党支部书记"三进"（进班组、进

党的十九大代表王羊娃在千米井下宣讲党的十九大精神

宿舍、进心里）、"党员包保职工"、"六必访七必谈"等活动，增强职工工作的亲和力和感染力。在工业广场、办公楼安装高清 LED 大屏，矿区新闻、好人好事成为职工关注焦点。各级领导干部严格落实"一岗双责"制度，经常深入基层，及时掌握职工思想动态。组织机关、基层"结对帮扶"，党委领导每月到联系单位开展形势任务政策宣讲不少于 1 次，副总以上矿领导包保区队，每季度到基层单位开展宣讲不少于 1 次。全面实行党员安全岗、干部联系职工制度，通过"一对一""一对多"的责任包保，落实到安全生产、经营管理的各个环节，确保全覆盖、无盲点。

二是深入生活感人心。坚持把思想政治工作与企业文化建设、精神文明创建活动紧密结合，引导职工学有目标、赶有方向。坚持榜样指路，大力弘扬劳模精神、工匠精神，深入开展"出彩十一矿人""最美共产党员""年度十大新闻"等评选活动，注重发现、培养、宣传各层次、各方面的先进典型，使职工学有榜样，赶有目标。以创建省级文明单位为抓手，通过举办道德讲堂、知识竞赛、演讲比赛和建矿 50 周年文艺晚会等，引导职工树立正确的思想道德观念。大力弘扬传统文化，叫响"书画艺术、舞龙舞狮、戏迷擂台赛、消夏活动"四大品牌，进一步提升矿井软实力。积极创建"职工文化书屋"，让职工学有场所，"工作学习化，学习工作化"等理念深入人心，实现了学习与工作的深入融合。

三是深入职工暖人心。坚持把思想政治工作与解决职工实际问题紧密结合，为职工多办好事、多做实事。建立以职工代表大会为基本形式的民主管理制度，尊重职工主体地位，进一步推进矿务、科务、班务三级公开，围绕矿井发展、工资收入、奖金发放、劳动用品质量等职工关心的现实利益问题，采取多种形式公开，切实维护职工的知情权、参与权和监督权。践行"企业发展，职工共享"理念，投用"井下空调"，集中办好宿舍楼改造、过节发福利等民生实事，新增停车位 1000 余个，历史性地解决了职工停车难问题。常态化做好夏送清凉、金秋助学、冬送温暖、大病保险等帮扶工作，切实为困难职工办实事、解难事。同时，用好工会"EAP 心理疏导"，定期开展心理健康教育及"三违"帮教活动，增强职工群众自我教育、自我管理能力，培育积极向上的阳光心态。

（二）突出"四个融入"，为企业高质量发展赋能增值

一是融入安全生产各个环节。完善安全生产经营各环节的组织设置，使思想政治工作无盲区。完善安全生产经营思想政治工作机制，使思想政治工作不可少。完善安全生产经营融合模式，使思想政治工作有保障。

二是融入提质增效中心任务。坚持目标导向，创新形势任务教育方式，围绕质量效益这个中心，构建职工与企业命运共同体、责任共同体、利益共同体，做到"五个结合"，即"重宣教"与"真沟通"相结合，"有声势"与"润无声"相结合，"面对面"与"键对键"相结合，"大众化"与"个性化"相结合，"说教式"与"帮扶式"相结合，全面增强思想

政治工作的感染力。

三是融入重点项目克难攻坚。宣贯新理念、新思路、新举措，聚焦效益提升工程、安全攻坚行动、绿色低碳发展、产品结构调整、智慧矿山建设，引导职工坚持向管理要效益，用好全面对标管理工具，更加注重生产降本，更加注重综合挖潜，更加注重改革创效。

四是融入全员素质能力提升。通过学习能力训练，不断提高思想政治教育的亲和力和针对性。扎实推进"人人持证、技能矿山"建设，实施"薪火计划"，举办青年大学生座谈会、职工职业技能竞赛、导师带徒等活动，使全体职工特别是青年职工主动融入岗位、融入企业，成长成才。

（三）发挥"六个作用"，全面提升思想政治工作战斗力

一是发挥政工部门包保服务作用。建立党群"包保服务"工作机制。政工人员以科室为单位分包战线、区队，以参加班前会、组织生活会、主题活动、周期检查等方式，进行全方位、全覆盖、全过程包保，做到"包保服务"工作思想认识到位、宣传发动到位、推动落实到位、帮促指导到位、跟进问责到位，使"包保服务"工作更加务实有效。

二是发挥基层支部唱"主角"作用。以党支部为单位，建立"一人一事"职工思想档案，将思想政治工作触觉延伸到职工岗位与家庭，形成"一人一事"职工信息点、班组信息源，构成思想"大数据"信息链条。

三是发挥党小组纽带作用。坚持把党小组建在班组上，设立班组宣传员，优先发展班组长和生产技术骨干入党，以党员责任区实现党员对班组对各工作区域的全覆盖。以"小组座谈""现场宣讲"为抓手，创新开展带思想、带安全、带技能、带稳定、创效益"四带一创"活动，确保党建工作重心下移、思想政治工作到位。

四是发挥班组源头把控作用。开展季度"双明星"班组评选、班组讲堂系列活动，通过班前会排查"五种不放心人员"（有病人员、当天

喝酒人员、情绪不稳定精神状态差的人员、探亲休假返岗人员、未经培训人员），理清职工安全信息源、安全思想认识源、安全行为危险源、工作现场风险源，实行"订单式""靶向式"全覆盖培训，提高入井上岗职工的安全素质和安全工作质量。发挥班组长日排查、分析、报告作用，利用与职工近距离接触的优势，把思想政治工作做到井上下每个班次、每个岗点、每名职工。

五是发挥网格联合联动作用。建立网格化管理模式。以专业部门、区队、班组为管理单位，明确层级、岗位、人员责任，让每个干部职工都成为思想政治工作网格员，形成一级抓一级、大格管小格、下情上达的"网兜式"思想政治工作格局。构建走访连心全覆盖、问题诉求全收集、分级分类全处理、服务过程全评价"四全"工作机制，实行动态预警管理。

六是发挥舆情监控队伍作用。组建一支政治素养高、业务能力强、掌握矿情民意、知网懂网且善于用网的网络评论员、舆情信息员队伍。实行"嵌入式"管理，建立联动处置与监测预警机制，所在部门负责人、党支部书记加入本单位职工的微信群，落实教育管理责任，并把微信、抖音等发布纳入党小组长、班组长及党员责任区包保内容，作为党员积分考核项目。

三、工作成效

十一矿党委通过"346"构架推进思想政治工作与生产经营深度融合，切实解放思想、提升境界、化解矛盾，不断汇聚矿井改革发展正能量，确保各项工作顺利开展。

（一）实现了从"被动上"到"主动进"的转变

过去，职工思想政治工作较为被动，企业思想政治工作者很少深入一线生产班组和职工中了解真实情况。现在，强调主动了解职工现实诉求，一改被动局面，思想政治工作更加超前主动，十一矿党委"1361"党建工作机制被评为集团党建特色品牌。同时，安全管理基础更加牢固，年度工伤事故同比减少65%以上。

（二）实现了由"自上而下的灌输式"向"多向互动的穿透式"的转变

传统的职工思想政治工作缺乏事前超前引导，仅以宣贯说教为主要手段，多是自上而下的"大水漫灌"，思想政治工作效果并不理想。现在，通过信访接待日、班前会、组织生活会等渠道，为职工与企业之间平等沟通交流、表达各自真实意愿，搭建了交流互动平台，营造了人心齐、干劲足的良好氛围。近三年，矿井累计实现销售收入69.7亿元，利润10.7亿元，连续两年跻身集团经营业绩"AA"行列。

（三）实现了由"说服式教育"向"个性化引导"的转变

新时代职工的思想观念、思维模式、价值观念更加多元化、更具差异性，传统职工思想政治工作针对性弱、效果欠佳等不足日益凸显。十一矿党委围绕日常工作中职工关注的热点难点问题，建立健全信访制度，更加关注职工的个性问题，加强职工思想心理疏导，进一步提高了思想政治工作的精准度和实效性。

（四）实现了从"分割"到"融入"的转变

过去企业普遍把职工思想政治工作当作是政工部门的事，当作政工干部的专职工作，刻意与生产经营业务工作分割开。现在企业更加注重融入，将思想政治工作与安全管理、生产经营等工作相互融合，形成党委统一领导、党政工共同负责、齐抓共管，职工群众广泛参与的思想政治工作格局。

四、工作启示

（一）加强理论学习，增强统一性、系统性

认真学习贯彻习近平总书记关于思想政治工作的重要论述，继续用好"传家宝"、守好"生命线"，把思想和行动统一到党中央决策部署上来，进一步统一思想、凝聚共识、鼓舞士气、团结奋斗。

（二）提升思想认识，增强责任感、使命感

加强和改进思想政治工作是时代的需要，是强信心、聚民心、暖人心、筑同心的需要，是保证企业各项事业始终沿着正确方向前进的需要。各级党组织要牢牢掌握工作的领导权和主动权，把思想政治工作贯穿于生产经营各方面各环节，使广大干部职工方向明、士气旺、心气足，自觉把企业的各项目标任务转化为实际行动。

（三）紧密结合实际，增强主动性、创造性

新形势下，企业思想政治工作必须与时俱进、不断创新，切实做到在思想上解惑、精神上解忧、文化上解渴、心理上解压。要紧密结合企业中心工作和干部职工思想实际，多用"群众语言"讲"大道理"，有的放矢、对症下药，避免"一刀切""两张皮"，让大家知大事、晓大势、明大理，真正把思想政治工作做新、做活、做深、做实，为促进企业高质量发展提供坚强的思想和政治保障。

"幸福工程"：让员工与企业同成长共发展

一、基本情况

中交第四航务工程勘察设计院有限公司（以下简称"中交四航院"）创建于 1964 年，是世界 500 强中国交通建设股份有限公司的全资子公司。党的十八大以来，中交四航院高举习近平新时代中国特色社会主义思想伟大旗帜，锚定航向、奋勇前进，坚决把政治责任摆在首位，把经济责任扛在肩上，深入贯彻新时期国有企业党的建设总要求，始终保持国内水运设计行业领先地位。

二、主要做法

作为中交四航院企业文化品牌，"幸福工程"的建设已经走过了 11 年的发展与探索之路，成为中交四航院不断加强和改进思想政治工作的强有力载体。

"幸福笑脸　向阳而开"——中交四航院 2023 年暑期爱心托管班开班啦

（一）加强人文关怀，关注心灵幸福

2011 年，随着承建被誉为"交通工程界的珠穆朗玛峰"和"新世界七大奇迹"的港珠澳大桥工程，中交四航院也迎来了企业跨越式发展阶段。随之而来的是员工们的工作压力越来越大，"白加黑"成为工作常态。"如何培养员工的阳光心态和工作的积极性"成为当时中交四航院党委亟待解决的问题，中交四航院从加强人文关怀入手，实施"精神按摩"，设立员工论坛，关注员工的思想状态和精神需求，积极为员工实现自我价值创造和提供机会，维护员工合理诉求和合法权益，切实为员工解决各种问题和困难，从而为广大员工构筑心灵幸福。

（二）实施五项关爱，构建幸福企业

中交四航院提出"实施幸福党建，构建幸福企业"这一新时期党建文化工作目标，出台"五项关爱"方案，即"燃烧激情、一路随行"的员工工作、成长关爱；"阳光普照、知恩图报"的员工思想、情感关爱；

"健康是福、平安无价"的员工健康、安全关爱；"快乐人生、你我见证"的员工生活、兴趣关爱；"冷暖相知、真情与共"的员工特需、困难关爱。在"健康是福、平安无价"的员工健康、安全关爱中，其中的登山俱乐部每月组织1—2次登山或绿岛单车行活动，中交旗帜一路飘扬，如今中交四航院已形成了登山、瑜伽、武术、读书、羽毛球、篮球、乒乓球等数十个职工俱乐部，百花开放满园春。

（三）建设三方幸福，营造协同生态圈

党的十九大召开后，针对公司可持续发展能力不足与企业高质量发展需求之间的矛盾，以及员工日益增长的对美好生活的新期待和新诉求，中交四航院出台中交四航院行政职务与技术职务晋升双通道办法，畅通物质薪酬与精神薪酬兼得的双通道。制定青年人才三年发展纲要，创建"众师学堂"，营造人人可以为师的氛围。开展"幸福+家"建设，打造让员工满意的"幸福小家"。用心搭建帮助业主实现目标的平台，真诚搭建帮助合作伙伴实现愿望的平台，积极营造企业与各方"共同发展、合作共赢、共享幸福"的协同生态圈。

（四）顺应时代迭代升级，向幸福要绩效

1. 顶层设计上，引入先进管理工具。中交四航院联合上海经和幸福研究院正式启动"幸福工程"项目升维建设，以"员工体验"理论为指导，创新性导入"幸福指数"这一先进管理工具，选取和员工幸福指数模型密切相关的七个一级维度52个管理要素，开展面向全体员工的幸福指数线上测评，并随后开展现场调研访谈、高层领导班子汇报研讨会、中层管理干部数据解读会议以及"幸福公约"员工共创等系列活动，透过幸福指数全面了解员工幸福现状，找到新时代幸福企业建设的最优对策。

2. 内涵丰富上，提出"奋斗幸福观"。在广大员工中开展"让我们一起来定义幸福"的"奋斗幸福观与幸福行为"共创活动，收到员工自创定义 300 余条。明确提炼出"会奋斗、能出彩、共发展"的"奋斗幸福观"，并进一步释义：员工是奋斗的主体，企业要创造条件让员工有持续奋斗的动力；出彩是员工奋斗后价值实现的明证，企业搭建舞台让员工的价值得以彰显；员工通过奋斗为企业创造价值、赢得发展，企业将发展价值与员工共享，让员工与企业同成长共幸福。

3. 创建路径上，深化"五项行动"。以"会奋斗、能出彩、共发展"奋斗幸福观为引领，聚焦关键问题，进一步明晰明确幸福企业赋能管理建设的升级路径，以数据分析解读、品牌标杆孵化为驱动，深化幸福管理提升、团队幸福发展、幸福能力培育、幸福关爱、幸福文化"五项行动"。

三、工作成效

（一）精神塑造有高度

在中交四航院近 60 年的发展历程中，铸就了"从无到有、敢为人先"的大建港精神、"丝路先锋、民心相通"的海外援建精神、"逢山开路、遇水架桥"的港珠澳大桥精神以及"特别能战斗、特别能吃苦"的勘察铁军精神。这些精神文化的塑造激励了一代又一代中交四航院人奋勇争先，投身于世界一流企业建设的大潮中。

（二）文化扶持有态度

中交四航院党委研究制定员工文化产品创作扶持办法，给予一定资金的扶持，鼓励员工进行个人或团队创作。近 3 年来，扶持出版书籍

《词脆墨香》《唐踪宋影》，拍摄微电影《使命如山》、《百香花开》和微纪录片《瓜港丰碑》，创作《建者无疆》《向蔚蓝出发》《百年梦圆》《勘察铁军》等企业歌曲，广大员工自觉成为幸福企业的传承者、发布者和代言人。

（三）融媒体管理有温度

建立完善中交四航院"一微一抖一视频，一网一刊一展厅"六大传播平台，持续打造出企业文化讲师、微党课讲师、骨干通讯员、青年理论研究员、新媒体小编、展厅解说员等多支骨干队伍，企业融媒体管理水平持续提升。

（四）榜样塑造有力度

培育和树立了如"岛隧画师"全国劳模冯颖慧，"丝路先锋"全国五一劳动奖章获得者宋建东，"全国水运大师"广东省劳动模范卢永昌，"最美港航人"央企劳模覃杰等一批先进典型，建立了"劳模创新工作室""廖建航建言献策工作室"，让标杆走在前、干在先，让榜样可亲可学。

用好"三聚三凝"工作法
争当思政工作"火车头"

一、基本情况

"毛泽东号"机车诞生于 1946 年 10 月 30 日，是唯一一台用毛主席名字命名的机车。"毛泽东号"诞生以来，历经 5 次机车换型，13 任司机长，184 名机车乘务员，是铁路系统组建时间最长、安全成绩最好、完成任务量最大的一线班组，至今保持着全路机车安全走行最高纪录。近年来，随着铁路事业高质量发展，"毛泽东号"班组党支部以服务经济社会发展为目标，通过"三聚三凝"思想政治工作法，进一步统一思想、提高认识、凝聚共识，围绕中心工作发挥作用，竭尽全力让旅客货主体验更美好，为铁路高质量发展和国家经济建设贡献力量。

二、主要做法

（一）聚焦理论武装，凝聚思想共识

1.着力抓好理论学习。深入学习习近平新时代中国特色社会主义思

"毛泽东号"机车组

想和党的二十大精神，以"学习习近平总书记在考察北京冬奥会筹办工作期间对铁路工作的重要指示精神""习近平总书记在党史学习教育动员大会上的重要讲话"等为主题，2022年进行专题学习交流5次。以党史学习教育为契机，认真学习《中国共产党简史》、习近平《论中国共产党历史》等指定书籍，集体收看全国党史学习教育宣讲团宣讲报告3期。每月制定班组党员职工政治理论学习安排，组织全体党员干部职工深入学习习近平总书记系列重要讲话精神，利用支部微信群组织学习"理论微课365"、京铁系列党课。在全国两会、春运调图等重点时期，开展"理论学习大家谈"活动，组织党员交流学习感悟，2022年以来，形成心得体会169篇，班组的学习氛围越来越浓厚。

2.着力创新学习方式。班组党支部结合机务行车岗位"倒班制"作业特点，采取灵活机动的方式组织党员职工真正学进去、有收获。在时间安排上，整合出勤前半小时、驻班点休息等碎片化时间，组织党员积极开展自学。在资料供给上，建立郑州、长沙公寓"党史读书角"，提供《中国共产党简史》《习近平新时代中国特色社会主义思想学习问答》等书籍。在组织方式上，结合轮乘班制，划小学习单元，发挥党员先进性，带动身边群众学起来。在学习内容上，针对性节选《习近平新时代中国特色社会主义思想学习问答》等相关文章，积极推送集团公司"京铁小红课"新媒体作品，引导党员学有所思、学有所悟。在形式创新上，利用党小组会、党员大会等集中学习时机，开展"你问我答"党史知识竞赛，在班组微信群分享交流"党史学习心得感悟"，不断增强学习趣味性和吸引力。

3.着力发挥政治优势。班组党支部注重发挥自身政治优势，开展"旗帜飘扬不褪色　车轮滚滚永向前"系列专题党课。邀请 85 岁高龄的第 7 任司机长陈福汉老前辈，到"毛泽东号"机车展室为党员职工讲述"特级英雄郭树德""顶着平板车冒险排雷打通线路""支援唐山大地震"等英雄人物、英雄事迹。邀请党的十九大代表、第 12 任司机长刘钰峰讲述党的十八大以来，"毛泽东号"机车乘着新时代的东风，收获"货改客""乘务体制改革""实现安全走行一千一百万公里"等骄人成绩。由党的二十大代表、现任司机长王振强讲述在党的领导下，党的十九大以来取得的巨大成就，讲述"毛泽东号"机车的光辉历程和"毛泽东号"精神的丰富内涵，引导党员职工将学习党史与学习车史结合起来，进一步深刻感悟党的初心使命。

（二）聚焦融入中心，凝聚工作合力

1.传承红色基因。"毛泽东号"机车组在各个历史时期不仅发挥了火车头作用，更形成了优秀的先进经验，总结了"报效祖国、忠于职守、艰苦奋斗、永当先锋"的新时代"毛泽东号"精神。通过与实际工作结合，又相继提出了"开领袖车、做领军人"的核心价值观，以及"做思想政治的合格人、安全行车的规矩人、运输生产的带头人"的"三人"合格标准。组织党员在"毛泽东号"机车展室、香山革命纪念馆重温入党誓词，到毛主席纪念堂开展主题党日缅怀革命先辈，邀请担任过司机长的老前辈讲述"毛泽东号"光荣历史，用"毛泽东号"老一代乘务员留下的"乌拉草""万宝箱""节油桶"上好专题党课，把"锹锹数、两两算，点滴节约汇大川"的理念融入生产作业全过程，让"毛泽东号"的红色基因代代相传，使"毛泽东号"的红色文化真正成为想干事的精神动力和干成事的有利武器。

2.打造育人熔炉。发挥"毛泽东号"典型引领作用，增强"毛泽东号"班组人才培养工作的规范性、制度性，制定《"毛泽东号"五年人才培养规划》，建立专门人才库，为培养人建档立卡，通过学习"毛泽东号"车史、练习平稳节能操纵技术、积极参加比武竞技等措施，锤炼"毛泽东号"机车组新人过硬的基本功。要求"毛泽东号"机车组成员在完成运输任务的基础上，不断适应新形势、新任务，广泛参与支部党建、班组管理、科技创新等工作，建立《刘钰峰创新工作室管理办法》《组织管理制度》《会议制度》等8项制度，围绕运输安全、机车质量等重点难点，开展党内立项攻关，先后研发了机车操纵台脚踏板增高装置、防止折角塞门非正常移动装置和防止误碰监控装置新型开关，形成了《故障处理电子书》等52项创新成果，其中《机车抬头显示器》等6项成果获得国家专利，用行动践行了"开领袖车、做领军人"的铮铮誓言。

3.促进岗位立功。与"党旗在基层一线高高飘扬"等活动相结合，大力开展"三无竞赛""岗位练兵""创岗建区"等创先争优活动，引导党员在重点任务中冲锋在前、攻坚克难、展示风采。以"我为群众办实事"为落脚点，与京原、京九线客车指导组开展联建活动，利用休息时间跟乘客运机车，现场讲解机车组"稳准明精省"五字平稳节能操纵法，得到职工群众的一致好评。针对提升列车平稳度，为旅客提供优质服务，组织党员每月在模拟驾驶室练习操纵技术 5 小时，使每名党员都做到挂车时"钩响车不动"，每月评选"操纵之星"，共同交流经验方法，力求达到"高铁、动车级的平稳度"。面对突如其来的新冠疫情，班组党支部制定 12 项措施，组成 5 个党员突击班，3 个月不回家，43 次穿越湖北疫区，2 次运送抗疫救援队，搭建起永不停歇的钢铁运输线，用实际行动践行"人民铁路为人民"的庄严承诺。

（三）聚焦人文关怀，凝聚团结力量

1. 精准掌握思想动态。围绕职工意见建议、形势任务变化和苗头性、倾向性问题，每月定期开展职工思想动态分析，着力提高掌控职工思想动态的精准度。聚焦全国"两会"、暑运调图、"七一"庆祝大会、党的二十大召开等关键节点，提前排查班组人员思想情况，进行心理疏导。结合每名成员的日常表现、学习情况、家庭状况等因素，深入分析思想动态和工作状态，全力做好一人一事思想工作。每月做好职工思想整体评估，制定针对性措施，在班组会上进行通报，并积极拓展职工思想动态收集渠道，鼓励职工积极建言献策，协调解决集中反映的困难问题 21 件，班组职工思想越来越稳定、工作越来越积极。

2. 持续加强慰问包保。班组党支部始终坚持"四必到"思想政治工作法，做到婚丧嫁娶家访必到、家庭遇困难关心必到、思想有波动谈心必到、工作出成绩鼓励必到，还定期开展职工家属联谊和出行活动，利用休班时间组织职工及家属召开座谈会，赢得了家属对乘务工作的理解与支持，筑牢了安全生产第二道防线。班组党支部把重点人员包保落实到人，每月分析思想有波动、业务待提升、执行制度有偏差的重点人员，由支委联系包保，根据具体问题制定帮扶措施，做到思想症结有人解、技术业务有人教、落实制度有人盯，确保人员始终保持良好精神面貌。

3.坚持关心关爱职工。从思想、政治、工作、生活上关心爱护职工，做到"惑时有人解、平时有人访、难时有人帮、病时有人探"。春运前组织年会，以形式多样的游戏、个人才艺表演等活动，使大家放松心情、缓解压力，增进感情备战春运。每月组织党员召开一次座谈会，让大家敞开心扉、畅所欲言，为支部工作建言献策。同时，通过开展谈心走访、节日慰问、结对帮扶、患病探望等工作，有效提升党支部的凝聚力，营造了"一家人、大家亲"的良好氛围。

三、工作启示

（一）必须以习近平新时代中国特色社会主义思想为指导

习近平新时代中国特色社会主义思想是当代中国马克思主义、二十一世纪马克思主义，是中华文化和中国精神的时代精华。做好基层思想政治工作，必须以习近平新时代中国特色社会主义思想为指导，全面准确把握其核心要义、精神实质、丰富内涵、实践要求，深刻领悟"两个确立"的决定性意义，增强做到"两个维护"的思想自觉、政治自觉、行动自觉，在新时代新征程上团结奋斗、勇毅前行。

（二）必须紧扣中心，紧密结合实际开展思想政治工作

基层工作千丝万缕，任务繁重，做好基层思想政治工作要紧密结合企业日常安全运输、设备质量、创新创效等中心工作，要密切关注和职工生产生活息息相关的重要工作、重点项目、重大决策，合理合情地开展好干部职工的思想政治教育，不断提高班组成员的思想认识，共同为企业的安全生产贡献力量。

（三）必须关心关爱职工，时刻关注职工的思想动态变化

做好基层思想政治工作要紧密结合日常的生活，了解干部职工生活中的思想动态，掌握职工家庭方面的变化情况，及时根据这些变化，积极开展谈心谈话、家访慰问等工作，着力解决好职工急难愁盼问题，用心用情用力服务好职工，凝聚起勇当服务和支撑中国式现代化建设的"火车头"的强大合力。

"日行一善·德润江城"：武汉公交让城市充满温馨

一、基本情况

近年来，武汉公交集团公司（以下简称"武汉公交"）以打造人民满意公交为目标，大力培育和践行社会主义核心价值观，始终坚持"公交进步，城市文明"发展理念，深入开展"日行一善·德润江城"主题实践活动，号召3万公交员工从点滴小事、点滴善举做起，优化服务，关爱乘客，日行一善，积善成德，让服务无高度，城市有温度。武汉公交"日行一善"服务品牌被交通运输部授予全国"十大运输服务榜样品牌"，荣获全国公交行业"时代先锋"优秀文化品牌。

二、主要做法

（一）实施文化涵育，厚植道德沃土

倡导"守规则、重礼仪、孝长辈、讲诚信、有责任、做好事"的良好道德风尚，着力培养和引导员工立好公德、修好私德，着力培养和引

"日行一善·德润江城"武汉公交 2017 年度"总经理特别奖"颁奖大会

导员工从中国传统文化中寻找善念，发现善源，使员工拥有爱心、富有同情心、怀有责任心，让爱岗敬业、诚实守信的公交道德文化深入人心。

一是针对公交员工分散、不易集中的特点，充分利用"道德讲堂"、劳模创新工作室、班前会、生产例会、小队（班组）活动等多种载体，重点引导员工通过阅读向善从善的名人名言、诗词歌赋和善人善举的故事，加深对"善"的认识与理解，从而激发"知善、向善"意识，使"日行一善"入心入脑。

二是紧密联系公交员工实际，把抽象的价值观念转化为日常生活中的行为指引，将社会主义核心价值观转化成适应现代生活的"日行一善"小倡议。408 路专门制定了《日行一善的 100 种方式》，"善举不仅是指归还车厢里捡到的钱包、搀扶老人上下车，更应是给路边无盖的窨井插个醒目标志、每天坚持不说一句粗话等日常生活中的一言一行"。

三是深入推进社会主义核心价值观进车厢、进站点活动。运用站头宣传栏、公交报、公交网把核心价值观宣传到一线，在车载 LED 屏、车载电视上不间断刊播"讲文明树新风""中国梦"等公益广告，激励员工立足岗位践行核心价值观，践行"服务群众、奉献社会"的行业宗旨，创作《公交之歌》，在全集团推广、传唱，并通过车载视频向社会传播，把公交为民服务的情怀扩展到基层一线，落实到公交人为民服务的每一个环节、每一个岗位。

（二）发挥引领作用，展现精神感召

武汉公交加强典型引领，着力培养和引导员工养成"做善事"行为习惯，共同营造文明和谐的公交出行氛围。

在全国道德模范提名奖获得者王静、张兵的带动下，武汉公交先后涌现出了中国好人、全国"十大最美公交司机"李福斌、"抗疫英雄"聂三华、"礼让哥"驾驶员梁海斌、516路爱心车组、"熊猫大侠"孙建等一批在全省乃至全国引起反响的先进典型。在武汉公交基层工作中践行"小善大爱"的优秀员工中，有的爱岗敬业，恪尽职守，为提升服务质量推陈出新，在平凡的工作岗位上无私奉献；有的诚实守信，拾金不昧，急乘客之所急，积极帮助乘客寻找遗失财物；有的助人为乐，在市民乘客有急难困苦的时候施以援手，勇献热血，收获赞誉连连；有的见义勇为，危急时刻当机立断，喝退小偷、救火救人，挽回了市民的生命财产损失。他们不仅在服务乘客的过程中做到以小善来感动每一名乘客，还在市民需要帮助的时候挺身而出，让市民乘客感受到了公交人的善心和爱心。

"折翅天使"求学路上的守护神——516路爱心车组。516路爱心车组是护送江岸辅读学校40余名残障学生上下学的爱心公交车及工作人员的合称。因其十年奉献的感人事迹，获评"武汉市助残先进集体"等多项荣誉。十年来，每天清晨在解放大道西马路车站接孩子上学，下午送孩子回家，全程往返30公里，至今累计行驶10万公里。十年间，因工作需要，516 路所属分公司换了 5 个，经历了 4 位线长、5 位爱心专车驾驶员，但 516 路爱心专车的义举却从未间断过，它在传递中继续坚守着这份爱心与责任。十年坚持，架起了一座公交人与孩子们的沟通桥梁；十年坚持，让更多的人关注和关心弱势群体的生存现状；十年坚持，展现了公交人勇于担当社会责任的情怀。

"时代楷模——武汉精神践行者"、义献熊猫血 10 余年的"熊猫大侠"孙建，是公交站务公司洗车机操作员。他从部队复员到武汉公交工作，十多年来立足本职岗位，弘扬志愿者精神、爱岗敬业、助人为乐，在平凡的岗位上作出了不平凡的业绩。多年来，他义务献 Rh 阴性 AB 型稀有血（又称"熊猫血"）6400 毫升，献血总量相当于一名 50 公斤成年人全身血量的 1.5 倍。孙建说："我是一名党员，每次帮助他人，尽一份社会责任，仿佛自己也得到一次升华。"

（三）体现人文关怀，建立激励机制

武汉公交以人文关怀为出发点，采取精神奖励与物质奖励相结合的手段，不断增强公交员工主人翁意识、荣誉感和自豪感，激发广大员工"立足岗位，日行一善"的积极性。

2016 年 9 月 12 日，集团公司董事会通过了《总经理特别奖管理办法》，按照全员参评、注重一线等五项原则，奖励公交人的凡人善举。许多公交司机因为帮助一位乘客或做了一件好事、善事，就获得一定奖励和表扬，为善之心得到极大鼓舞，行善之举在员工队伍中不断发酵，广大公交员工热爱公交、建设公交，积极展示公交窗口文明形象。武汉公交召开"日行一善·德润江城"总经理特别奖颁奖会，获奖员工登上舞台，集体领受"总经理特别奖"，收获鲜花、奖章、证书与掌声，感受"日行一善"的荣耀。武汉公交领导还分赴站点，送奖上线，在线路、站台为员工颁奖，使一线员工深受触动和激励。

截至 2022 年底，武汉公交共有 11470 人次获得"日行一善·德润江城"总经理特别奖，不少员工曾多次获奖。事实表明，各种激励政策的执行，使一线员工深受鼓舞，员工做好事、行义举的热情被充分激发。每年武汉公交人在公交车上救助患急病的乘客、扶助行动不便的老人、帮助乘客找回失物等善举达数万件。

（四）加强舆论引导，构建向善生态

武汉公交坚持正确的舆论导向，构建良好的向善生态，利用多种传播平台和宣传形式，大力宣扬凡人善举，启迪思想，激发热情，弘扬新风尚，传播正能量。

武汉公交员工各种拾金不昧、助人为乐或见义勇为的好人好事经常见诸各主流媒体。据统计，平均每年中央、省市新闻媒体报道武汉公交员工行善之举多达 1000 余次，武汉公交涌现的多位"网红"还引发全国数以百万计网友的盛情点赞。

2017 年 10 月，武汉街头最帅"跑男"、武汉公交 790 路司机周杰热心助老的故事，登上新浪微博热搜榜首位，故事视频播放量超 800 万次。2018 年 9 月，"鹰眼司机"、武汉公交 541 路司机雷振华路见不平三声"吼"震住小偷的智勇故事爆红网络。2019 年，中央电视台《新闻直播间》《共同关注》《东方时空》等三个栏目，一天三次聚焦武汉公交司机"胡大强"挺身而出抓小偷的事迹，引发社会广泛关注和全国网友盛情点赞。2020 年，抗击新冠疫情中，武汉公交承担了交通应急运输、医护人员和商超员工通勤保障、医疗物资仓储转运、病患者转运、社区团购集中配送、下沉社区、参与全市攻坚等任务，充分展现了公交人的使命与担当。

三、工作成效

活动开展以来，3 万武汉公交人积极响应，不断优化公交服务，以武汉公交人的实际行动践行社会主义核心价值观，努力参与"武汉以我为荣"文明实践活动，武汉公交在集团范围内广泛开展了以"倡导日行一善，提升服务质量"为主题的优质服务竞赛活动，实现营运秩序好、安全规范好、文明服务好的"三好"目标，始终坚持"公交进步、城市文明"理念，以"日行一善"促公交发展、促社会和谐，在不断做优公交文明服务的同时，积极向社会传递公交正能量。公交善行义举层出不穷，先进人物、模范群体不断涌现，取得了丰硕成果和良好成效。

开展"强国"主题思想政治教育
履行"大国船队"使命担当

一、基本情况

中国远洋海运集团有限公司（以下简称"中远海运集团"）与共和国同龄，承载振兴航运、图强报国使命，70多年来风雨兼程、为国远航，形成全球化网络服务优势与品牌优势，经营国际航线覆盖160个国家1500多个港口，年度货运量突破13亿吨，用全球1/18运力承运全球1/10海运贸易量，成为世界最大综合性航运物流企业和营业收入世界第一的航运企业。党的十八大以来，中远海运集团将深入贯彻落实习近平总书记关于交通运输工作、海洋强国建设的一系列重要论述作为加强和改进思想政治工作的方向指引和理论遵循，不断探索以"强国"思维统一意志、鼓舞干劲、创造价值的思想政治工作模式和路径，构建全维度"强国"主题思想政治工作大格局，在集团上下凝聚起"强国有我"的澎湃力量。

"一带一路"合作典范——中远海运集团比雷埃夫斯港

二、主要做法

（一）构建教育体系，强化强国思维

中远海运集团坚持以思想为舵，以学习为帆，以实践为桨，聚焦"党建领航"，树立"三做三力"（党建工作做实了就是生产力，做细了就是凝聚力，做强了就是竞争力）党建理念，构建多形式、分层次、全覆盖的学习教育体系，致力于将思维和行动有机统一，将拥护"两个确立"转变为更加自觉的"两个维护"。以航运强国、交通强国建设为使命，聚焦学习宣传贯彻党的二十大精神这个首要政治任务，结合贯彻落实习近平总书记重要指示批示精神，联系企业改革发展实际，严格落实"第一议题"制度，编印《思想领航》教材，拓展"海上课堂"，逐步形

成跟进式、组合型、系统化、全覆盖、可转化、强落实的学习教育模式，培育兼具系统思维、战略思维、历史思维、辩证思维、创新思维、法治思维、底线思维的"强国"思维，引领干部职工全面认识、系统把握集团建设交通强国、航运强国的本质要求，从而统一思想共识，凝聚强国智慧和力量。

（二）夯实基层力量，根植强国信念

中远海运集团树立大抓基层的鲜明导向，以协同有力的基层党群组织结构织密企业思想政治工作网络，将强国信念烙印成全体职工共同的思想钢印。明确党政融合的抓手和路径，夯实基层专职党务干部队伍，大兴调查研究之风，常态化开展"办实事"主题实践活动，将思想政治工作延伸到战略决策、船舶运营、项目操作、船员生活等各个环节，确保党的路线方针政策和决策部署、集团围绕"强国"建设的各项深化改革举措在机关和基层、陆岸和船舶、车间和班组都能得到迅速有效落实，使集团每一位干部职工常怀"天将降大任于是人也"的使命感，从基层"毛细血管"注入"强国有我"的信念感。

（三）讲好航运故事，创新强国话语

中远海运集团聚焦基层视角、客户视角、海外视角，将讲述和传播新时代新征程上中国航运企业的奋斗故事作为"强国"主题思想政治工作的重要支点。服务支撑博鳌亚洲论坛年会等具有国际影响力的重大会议，持续提升集团文化软实力、品牌引领力和国际影响力。创新"强国"主题航运故事传播载体和渠道，开展访谈、举办展览、出版书籍、开辟专栏、拍摄影视作品等活动，聚焦航运强国故事内容和视角创新，注重中外文化的"结合"与"嫁接"，不断挖掘中国传统文化、航海文化与所在国之间的文化契合点，将更多蕴含中国形象、中国精神的元素注入传播过程，依托互联网媒体技术和海外社交媒体平台精准投放，逐步构建中国话语和中国叙事体系，进一步弘扬中华优秀传统文化、社会主义先进文化和航海文化，在世界舞台奏响集团品牌最强音。

（四）传承航海精神，培育强国文化

中远海运集团聚焦传承和弘扬"同舟共济"航海精神，深入挖掘中国近代以来百年航海史中的红色历史文化资源，整理编纂以杨怀远小扁担精神、贝汉廷航海家精神、严力宾舍身护船精神等为代表的航海精神谱系，以红色记忆立心铸魂。坚持用文化感召人心、用精神凝聚力量，结合集团进入高质量发展新时期的战略转变和文化迭代，研究制定更贴合航运强国使命任务的企业文化建设规划，调动集团专业团队力量，大力推动以航海文化、航海精神为支撑的文化精品创作，充分表达航运业的行业特色和航海人的精神特质，促进航运强国文化生动化、社会化传播，在强国文化热土上强化向海而兴、为国远航的使命感和荣誉感。

（五）立足"浮动国土"，牢筑强国根基

中远海运集团牢记习近平总书记对船员"一帆风顺"的殷切嘱托，聚焦关心关爱船员，致力于提高船员地位和职业荣誉感，挺直"强国有我"的精神脊梁。以"海上课堂"为载体，让党的创新理论"飞越沧海"，在船舶落地生根。以"金牌船舶三长""海上十杰"等荣誉评选为手段，引领船员群体奋发向上。疫情期间，集团创新手段、想方设法推动船员疫苗接种和换班休假，制定一系列行动计划和应急预案，开通船员心理咨询热线，建立"云医生"远程医疗平台，培养"海上健康管理师"，排除船员心理"恐慌"。大力推进"红色堡垒＋蓝色港湾"工程，加强海员家属站建设，发挥海嫂"第二政委"作用，化解船员后顾之忧。一支思想稳定、团结奋进的船员队伍在稳定航线、保障出口的工作中出色发挥"稳定器"作用，助力集团在一路乘风破浪中汇聚领航全球的精神力量。

三、工作成效

（一）明确了高质量发展的目标方向

中远海运集团坚定不移高举习近平新时代中国特色社会主义思想伟大旗帜，认真学习贯彻党的二十大精神和中央各项决策部署，形成 20 项重点改革任务，推出建设现代化产业体系、着力推动高质量发展、破解深层次体制机制障碍、适应绿色低碳智能航运业发展趋势等重大发展课题，凝聚集体智慧，将高质量发展作为未来牵引集团持续前进的动力，为加快建设世界一流企业奠定了坚实基础。

（二）形成了务实高效的工作作风

中远海运集团形成总部职能部门按照中央重大决策部署制定贯彻分解表、各单位结合实际落实的学习闭环管理体系。例如，第一时间结合集团改革发展实际，逐条逐项研究党的二十大报告中关乎国资国企、本行业本企业发展的重大决策部署，设置研究议题，提出任务举措，形成计划"大表"，并从严从细从实、逐项逐条逐句对标贯彻到集团各项具体工作中，形成作战图和进度单等"小表"，系统化推进贯彻落实。

（三）激发了奋进世界一流的"精气神"

中远海运集团通过理想信念教育和形势任务教育，引导全体员工把握"国之大者"。近三年，集团聚焦中国外贸企业出口之忧、国家战略运输拥堵之困、人民生活物资供应燃眉之急，经营船舶日夜穿梭、风雨

兼程，用全球 1/18 运力承运全球 1/10 海运贸易量，全力促畅通、稳外贸、保民生，充分体现国资央企的"顶梁柱""压舱石"作用，展现了企业奋进世界一流的精气神。

"安芯学堂"：推动思想政治教育与金融业务工作相融合

一、基本情况

近年来，浙江安吉农村商业银行（以下简称"安吉农商银行"）以习近平新时代中国特色社会主义思想为指导，以新时代党的建设总要求和新时代党的组织路线为基本遵循，积极探索加强和改进思想政治工作的新思路新举措，充分发挥党组织作用，把思想政治工作同生产经营管理紧密结合起来，打造"安芯学堂"基层思想政治工作品牌，营造"以奋斗者为本"文化，擎旗护航金融事业行稳致远，在助力地方经济社会发展中更好发挥金融标杆作用。

二、主要做法

（一）提升办学能力，从思想上解惑

1.科学构建培训体系。"安芯学堂"管理委员会围绕本行重点工作和发展目标，搭建教育培训学习交流平台，制定本行教育培训工作中

安吉农商银行组织员工深入基层一线开展普惠大走访

长期目标和规划，设计教育培训体系，加强与浙江金融职业学院、浙江农信学院、"两山"理念发源地余村等合作，整合内外部专家教授师资、教学基地与课程资源，提升内训师专业水平，持续推动业务高质量发展。在培养项目的设计和人才队伍的建设上，坚持"三色"系统化培养，即红色系列——塑造政治立场坚定，忠诚干净，有理想有激情的农信人；绿色系列——培养专业技能突出，思维活跃，愿意主动探索学习，在某一个或多个领域专精的岗位专家；金色系列——培育具有农信情怀，敢作为有担当，具有系统化思维的管理者。

2.强化中层思想引领。"安芯学堂"持续开展"安芯人"红色修养项目，项目分 6 期实施，跨度 6 个月，总授课时长超 60 小时，参与学员 56 人。项目以党史理论学习、"安芯"文化领悟、合规意识提升为落脚点，讲政治、强作风、守规纪、聚合力，为实现浙江农商联合银行"两大转型"，打造"绿色普惠标杆银行"积聚能量。

3.凝聚青年思想认同。在特聘顾问、邀请专家教授、外聘专业人士的基础上，培养一批优秀内训师，组建以"80、90、00 后"为主要宣讲成员的"安芯金融"宣讲团，针对青年员工有激情、有活力但社会经验少、易受挫折的特点，从统一员工思想、凝聚职工之心、汇聚企业之力的角度出发，开展"爱行守纪教育年"活动，增进干部职工政治认同、思想认同、理论认同、情感认同，教育引导干部职工深刻理解当前形势任务，为推进各项工作高标准高质量完成作出新的贡献。

4. 学习形式丰富多样。坚持线上线下结合，充分运用好企业微信、"安芯学堂"App 等载体，上好党课、讲好党史红色故事、传承浙江农信"三水"精神。成立退休职工"彩霞艺术团"，联合安吉农商银行"惠民大舞台"开展线下现场教学、理论宣讲、金融知识送下乡、文艺送下乡等活动。

5. 注重培训成果转化。实行学员学习、测试积分制考核，将学分纳入行政管理、专业技术"双序列"晋升管理。"安芯学堂"共研发内训课程 40 门，推进 21 项次培训项目，开展线下培训 294 小时，参训人数 5421 人次，共产出标准化宣讲稿件 18 个，统筹微课制作 57 门，开展 5 场直播累计 440 分钟，系统内输送学习 182 人次，全员收获 26543 学分。

（二）创设项目载体，从业务上解渴

1. 提升一线人员业务能力。"安芯学堂"以"安芯人"绿色专业项目提升安吉农商银行业务一线人员的各方面专业技能，项目分 5 期实施，跨度 5 个月，学员对象主要为客户经理、柜员、大堂经理、大堂引领，总授课时长超 30 小时，参与学员合计 289 人。项目以客户维护、服务礼仪、风险防控、产品营销等重点方面开展，区分学员不同能力区间，进行现场授课。

2. 提高管理人员管理水平。"安芯学堂"策划启动"青年创新人才发展项目"，项目分 6 期，时间跨度 6 个月，参与学员 24 人，行领导班子及各条线部门负责人作为导师与顾问参与此项目，力求在思想层面提升参训人员的政治站位、全局思维、宏观战略视野，解决"为什么干""干什么"的问题；力求在业务层面，通过具体问题的解决，提升参训人员精细化经营管理水平。

3.建立健全机制强化保障。安吉农商银行注重"安芯学堂"结果运用，通过强化机制保障，制定奖励办法，实行"双序列"岗位管理（管理岗位与专业技术岗位），进一步畅通员工职业成长通道。每年组织"双选双聘"，鼓励员工参加继续教育、职业资格、专业技术职称等考试，提升综合素质，遵守职业道德规范，积极营造"以奋斗者为本"的文化氛围。

（三）坚持一线练兵，从实践中解题

1.劳动竞赛让员工有方向。参加浙江省农商银行系统"开门红"劳动竞赛，精心策划"厅堂送福""开工助力""集中攻坚""收官冲刺"4个营销活动，通过营造氛围，把全员的思想统一到劳动竞赛上来，让员工向上有了目标有了参照。近几年获得"开门红"劳动竞赛二等奖一次，三等奖两次，业务规模实现翻一番目标，质量效益保持领先，连续 2 年荣获全省农商银行系统考核一级（优胜）单位，综合考核位居前列。

2.最美评选让员工学榜样。开展最美奋斗者、最美青年员工、最美家人等"最美"系列评选，以榜样力量激发青年员工争优创先工作热情，不做"混日躺平族"，争当青年担当者。选树"最美"系列身边榜样，目前已经开展 2 届"最美奋斗者"、3 届"最美青年员工"和 2 届"最美家人"评选。

3.激发骨干学员创新活力。"安芯学堂"成立由行党委班子成员为组长的 6 个课题调研小组，开展各类创新项目课题调研，组建以业务骨干为学员的"创新班"，开发"青年创新人才发展项目"，激励青年笃行不息、奋力前行，力求打破固有思维，获取全新认知，不断在学习中成长，在实践中创新，做走在新时代前列的奋进者、改革创新的开拓者、不计个人得失的奉献者。

三、工作成效

（一）锤炼了党员干部忠诚干净担当的政治品格

"安芯学堂"不断强化理论武装，持续深入学习百年党史、新中国史，拓宽外宣渠道，丰富内宣形式，内外兼修打造"安芯党建"品牌文化，内容上突出新闻性、可读性，讲好小人物的大故事，在取材上更接地气，以身边标杆的故事激发干劲，团结凝聚奋进力量，让党的创新理论在党员干部职工心里扎根，不断强化党性修养，筑牢理想信念，锤炼了党员干部忠诚干净担当的政治品格。

（二）夯实了基层党组织建设

"安芯学堂"发挥各党务部门职能，领悟上级党组织思想政治工作要点，实施党建工作细则，按月梳理下发党建工作重点，将党建责任制考核纳入薪酬考核，施行激励与约束并行的考评体系，强化督导层层压实压紧片区党总支、党支部责任，不断夯实基层党建工作基础，推动了基层党建工作能力全面提升，更好发挥战斗堡垒作用。

（三）人才队伍建设全面推进

"安芯学堂"通过思想赋能传递企业文化和农信价值观，安吉农商银行干部队伍年轻化、中高级持证情况位于全省农商银行系统前列，"党群服务中心"被确定为"浙江省金融宣传教育基地"，行党委获得浙江国资国企系统"先进基层党组织"，1名党员干部获得浙江省属企业

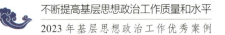
杰出党建工作人才，成功打造一支政治立场坚定、忠诚干净能奉献，业务能力专精、乐于探索爱学习、管理能力强、敢作敢为有担当的农信队伍。

"职工夜谈会"：
搭起企业和职工之间的"连心桥"

一、基本情况

中国邮政集团有限公司莆田市分公司（以下简称"莆田市分公司"）是中国邮政集团有限公司福建省分公司的下属分支机构，下辖 5 个县区分公司（仙游县、城厢区、荔城区、涵江区和秀屿区）。近年来，莆田市分公司党委坚持以习近平新时代中国特色社会主义为指导，把思想政治工作贯穿于企业党的建设和改革发展全过程各环节，坚持守正创新，践行群众路线，探索打造"职工座谈会"思想政治工作品牌，通过实施"六个一"（一个出发点、一个固定周期、一个鲜明主题、一份议程安排、一次接待环节、一次答复反馈）工作法，倾听职工心声、解决职工难题、拉近干群关系、集中干群智慧，推动从严治党主体责任落地落实和企业中心工作全面发展。

莆田市分公司召开第三期"职工夜谈会"

二、主要做法

（一）以"六个一"贯穿"职工夜谈会"全过程，推动职工思想政治工作常态化制度化

1."一个出发点"。"职工夜谈会"工作法以畅通职工反映意见诉求渠道、解决好职工实际问题为出发点，莆田市分公司党委班子成员通过夜间专题座谈、入户访谈等形式，拉近与职工群众的距离，融洽与职工群众的感情，深入宣讲企业形势和政策，广泛听取职工意见和建议，切实为职工解难题、办实事、做好事。

2."一个固定周期"。莆田市分公司党委班子成员利用职工夜晚班余时间，每 2 个月召开一次"职工夜谈会"，如有重大事项随时召开。通过固定周期使"职工夜谈会"成为密切联系职工群众的有效载体、解决职工群众身边小事的具体抓手和职工群众信赖的服务平台。

3."一个鲜明主题"。会议主题是会议的灵魂，提前动议确定会议主题是高效开展"职工夜谈会"的保证。莆田市分公司党委结合阶段性重点工作和实际需要，集体研究确定每期"职工夜谈会"主题，并根据主题合理确定参会对象范围，在夜谈会前向基层单位（部门）预告。引导参会人员聚焦主题积极建言献策，提出意见诉求。如第一期主题为"青年员工职业成长需求"，组织部分30周岁以下青年职工参加。第二期主题为"喜迎二十大　信心满怀向未来"，组织邮务、金融、寄递三大板块部分一线职工参加。

4."一份议程安排"。党建部根据党委集体研究结果，认真制定每期《"职工夜谈会"工作安排表》，明确会议时间、地点、对象，以及会前、会中、会后相关工作安排，每场会议指定一名联络员对接。党委班子成员按照会议安排，带队分赴相关单位（部门），重点做好政策宣讲、答疑解惑、诉求收集等，打通服务职工"最后一公里"。

5."一个接待环节"。夜谈会前设立"领导接待职工"环节，由市分公司党委领导班子成员在会议召开地"临时接待室"公开接待来访职工（不限于参会对象）。让每位职工都有与公司领导交流对话、反映问题、陈述主张的机会，在公司内部营造民主、团结、和谐的氛围。

6."一次答复反馈"。会后一周内各组联络员要汇总整理当期收集到的员工诉求，经带队领导审核后报送党建部，由党建部汇总转相关部门办理。针对职工提出的诉求，各主办部门要认真研究提出办理意见，明确办理时限，切实帮助职工解决具体问题和实际困难，并将落实情况通过一定渠道向职工反馈。

（二）以"三化"知职工之意，鼓励职工敞开心扉谈实情、提诉求

1.人性化选择时间、地点、对象。针对大部分职工"白天上班、傍晚回家"的特点，选择职工居住生活集中、夜间往返便利的场所召开"职工夜谈会"。同时，每场夜谈人数确定在 10—16 人，营造相对舒缓放松的氛围。

2.人性化做好会前筹备。会议召开地单位（部门）至少在夜谈会前 3 天将领导接待职工的时间和地点通过内部渠道广而告之，确保本单位（部门）职工人人知晓。同时根据夜谈会有关要求选取符合相关条件的职工参加夜谈，提前告知他们会议主题和议程安排，方便参会人员提前做好准备。

3.人性化设计座谈模式。夜谈会以"聊天"式交流为主，干部职工"同照一盏灯，同围一张桌，同谈一席话"，面对面零距离开展谈心谈话。通过"聊天"式互动引导参会人员围绕主题各抒己见、畅所欲言。

（三）以"三办"解职工之忧，确保职工诉求建议落实处、出实效

1.即知即办。对"职工夜谈会"反映的问题，能现场答复解决的现场答复解决，做到简单问题立即提出解决方案，马上办理。

2.部门联办。对"职工夜谈会"反映的问题，无法当场解决的，会后一周内交由党建部汇总形成问题清单，转交相关部门办理。各主办部门迅速核实情况，在规定期限内予以答复或承诺解决时限。对一时难以解决的重大问题，需莆田市分公司党委集体决策的，主办部门及时提出解决方案提交党委研究，形成"一场夜谈受理、多方联动处置"的良好氛围。

3. 跟进督办。要求相关责任部门主动落实"一次答复反馈"制度，即对办结的个人事项采取微信、电话等形式向当事人反馈，集体事项通过相关单位公示栏、微信工作群等公开公示。对期限内未办结的问题，需说明原因并反馈工作进展，争取职工的理解支持，确保职工每一项意见诉求落实处、出实效。党建部按期跟进夜谈会受理的诉求事项办理情况，对未完成办理的事项及时进行协调促办。莆田市分公司纪委定期跟进"职工夜谈会"反映问题的办理情况和反馈情况，监督推动有关部门履职尽责，担当作为。

三、工作成效

（一）"职工夜谈会"长效工作机制初步形成

自 2022 年 7 月推出"职工夜谈会"工作法以来，莆田市分公司党委已分专题组织开展 4 期职工夜谈会，5 位党委班子成员分赴各县区分公司，合计召开 20 场接待会，覆盖职工 239 人次，初步形成了每两月召开一次的长效工作机制。

（二）机关服务基层的能力水平不断提升

根据"职工夜谈会"上反映的薪酬分配、员工福利、职业规划、学习培训、系统设备、企业经营管理等方面的问题，机关职能部门主动沟通协调基层单位，切实解决员工最关心、最直接、最现实的问题。例如，第二期职工夜谈会上，多名职工提出"办公及营业设备如 PC 机、电脑系统、业务办理系统老旧，影响业务办理速度，上报维修和更新设备程序冗长、时间久，希望能够多更新营业设备或者减少上报程序和等待时间"诉求，渠道部牵头收集全公司 PC 机的配置情况，同时根据每部 PC 机的具体硬件配置，筛选出需要更新的设备，上报给公司列入投资计划，目前部分网点设备已换到位。

（三）职工群众归属感、获得感和幸福感明显增强

职工群众是企业最大财富，造福职工群众是企业"最大政绩"。莆田市分公司将职工群众有归属感、获得感和幸福感作为检验"职工夜谈会"工作成效的重要标尺，让职工群众共享企业高质量发展成果。截至目前，2022 年 3 期夜谈会累计收集员工意见 213 条，其中现场答疑解惑 106 条，带回需相关部门协调解决问题 107 个，目前 107 个问题相关责任部门均已作出答复，并按办理意见推进落实，做到件件有回音。部分市分公司权限以外的业务问题也按规定程序逐级向上反映。例如，针对"缩短制服分发周期"的诉求，莆田市分公司下发《中国邮政莆田市分公司关于加强邮政制服管理工作的通知》（莆邮分〔2022〕204 号），对服装置装周期和标配方案做了适当调整，制服按周期发放到位。针对职工提出"传统节假日适当发放小礼品，提高节日仪式感"的建议，2022 年在原有节日礼品基础上，新增中秋佳节为工会会员提供市场售价 148 元荣城月饼花月夕礼一份。

（四）全心全意依靠职工，企业发展后劲更加充足

通过"职工夜谈会"，莆田市分公司主动靠前精准服务，深入了解职工所思所需所盼，用心用情帮助解决实际困难，有效激励职工在企业高质量发展过程中展现新作为、作出新贡献。2022 年，在全体干部职工的共同努力下，莆田市分公司超额完成"双收"目标，多项经营指标完成情况名列全省前茅。

四、工作启示

"职工夜谈会"工作法是莆田市分公司党委创新开展职工思想政治工作的有益尝试，并在推行过程中不断优化、完善闭环管理，使"职工夜谈会"成为密切联系职工群众的有效载体、解决职工群众身边小事的具体抓手和职工群众信赖的服务平台。通过对前四期"职工夜谈会"的总结分析，我们有以下三点启示。

（一）做好职工思想政治工作，必须把初心落到实处

我们要时刻铭记"民之所忧，我必念之；民之所盼，我必行之"，从"国之大者"定位自身肩负的责任，深入基层、融洽感情、宣传政策、倾听诉求。要不务虚功，真抓实干，为职工办实事、做好事、解难事，切实把矛盾纠纷化解在基层、化解在萌芽状态，筑牢和谐企业的基石。

（二）做好职工思想政治工作，必须从职工中汲取智慧

走群众路线的"职工夜谈会"是一种集思广益的"头脑风暴法"。我们要通过每一次的"智慧大碰撞"，更大程度地聚合干群智慧，找准工作"金点子"，通过情况互通、信息共享、经验互鉴，推进企业各项工作在不断探索中全面发展。

（三）做好职工思想政治工作，必须做好资源整合文章

我们要坚持以党的二十大精神为指导，围绕"企业增效、员工增收"中心工作，充分发挥党委牵头抓总作用，着力整合党建、人力、财务、渠道和工会等各部门力量，紧密结合企业党建、文化建设和精神文明建设等工作，通过开展系列特色服务，使职工思想政治工作更有情感、更有温度、更有力量。

以"大讨论"集智攻坚
汇聚企业发展合力

一、基本情况

中国机械工业集团有限公司中国一拖集团有限公司（以下简称"中国一拖"）是具有完整产业链体系的现代农业装备制造企业，前身为第一拖拉机制造厂，始建于 1955 年，是我国"一五"时期 156 个重点建设项目之一。建厂以来，中国一拖已累计向社会提供了 372 万台拖拉机和 327 万台动力机械，大中型拖拉机的市场占有率和社会保有量居行业首位，是一家拥有"A+H"上市平台的大型国有农机企业。

随着国内外环境的不断变化，企业发展面临新挑战，迫切需要凝聚士气、攻坚破局。作为大型国有企业，中国一拖职工基数较大，如何统一思想、凝聚共识是重点也是难点。为此，中国一拖集智攻坚，把"大讨论"作为凝聚共识、形成发展合力的有效载体，一方面强化理论学习，坚持用习近平新时代中国特色社会主义思想武装头脑；另一方面强调躬身力行，做到学用结合，用理论指导实践并推动解决实际工作中的困难和问题，从而助推企业高质量发展。

中国一拖党委开展"育新机　开新局"形势任务宣讲

二、主要做法

中国一拖党委聚焦企业在扭亏脱困、振兴发展、开拓进取、巩固提升等不同阶段的奋斗目标，结合当前职工思想特点，进行精准策划，开展"大讨论"活动，实施集智攻坚，营造了拼搏进取的良好氛围，有效凝聚了职工共识、汇聚了企业发展的强大合力。

（一）精准策划主题，直击要点

中国一拖党委以企业发展方向为基本定位，一是聚焦生产经营中的重点难点，确定大讨论活动主题，统筹把握活动节奏和力度，循序渐进，确保活动推进的实效性和成果的延续性。二是通过座谈调研、交流研讨等形式，动态掌握职工思想状况，确保活动载体灵活长新。三是从企业和职工需求出发，策划安排活动各个阶段的目标和预期成果，实现靶向引导，直击要点，有效推动企业突破当期发展瓶颈，精准助力企业高质量发展。

(二)"本土化"宣讲，更接地气

在持续推进的"大讨论"活动中，中国一拖党委将形势任务宣讲作为明晰企业形势、凝聚职工合力的有效形式，在传统宣讲中引入身边的、熟悉的元素，职工更加愿意去听、听得进去。这样"唠嗑式"的宣讲引发了大家的共鸣，在全公司范围内持续掀起了宣讲热潮。

1. 身边的"讲师"，更真实更亲近。结合企业发展形势，中国一拖党委每年选拔优秀职工代表组建形势任务宣讲团，组织宣讲员从讲稿确定到讲前集训、从现场辅导到实践提升，全过程统筹推进，让"讲师们"在台上用最自然的状态传达最真挚的感情。

2. 情景式"故事"，极富感染力。为加强宣讲效果，中国一拖党委充分酝酿宣讲稿件，从职工视角出发，以宣讲员自身经历为素材，聚焦梦想、奋斗、能力、责任、创新和担当等主题，围绕"第一"的精神实质、"凡墙都是门"的创新思维、艰苦中求变的成功经历、创造条件也要上的不服输精神和拥抱变化的成长感悟等内容，讲述发生在宣讲员自己工作岗位上的真实故事，用朴实无华、真挚温暖的语言感染职工，带给他们突破瓶颈、不断前进的力量。

3. 现场型"发言"，引发广泛热潮。从 2019 年起，中国一拖开展各层级形势任务宣讲共计百余场，足迹遍布各单位的生产车间和班组。累计已有数万人次职工现场聆听，有效凝聚了思想共识，增强了广大职工对企业发展的信心。

(三) 群策群力，紧密联系群众

经过广泛的宣传动员和扎实深入的系统推进，"大讨论"活动在很大程度上统一了广大职工的思想共识，凝结了大家的智慧与力量，有效推进了企业的良性发展。

1. 群策群力兴文化。广大职工通过谏言"大家谈"、献策"金点子"等形式，全员性出谋划策，为企业摆脱瓶颈"做件事"。通过座谈讨论、主题征文等方式，自下而上征集、提炼当代一拖人心目中的"三个第一"新内涵，至此明确了工作标准，形成了新版企业文化理念的雏形。通过文化分享会、先进典型评选等活动，转变思维方式、打破舒适区、打造学习型组织，用更加进取的态度和行为践行先进理念。同时，以"进取型"文化为导向，完善绩效薪酬管理办法，激励核心骨干人员持续不断地挑战目标、实现目标，有效推进了具有进取特质企业文化的深植落地。

2. 选树典型立标杆。在"大讨论"活动深入推进过程中，职工中脱颖而出的典型人物和发生在他们身上的典型事迹频频涌现。中国一拖党委通过优秀职业化员工评选、企业文化典型案例发布、"最美一拖人"事迹征集等形式，选树富有进取精神的优秀职工，宣传发生在一拖人身上最美的事。通过以点带面，感染更多职工积极进取，提升自身能力素养，有效激发内生力量，形成拼搏进取的良好氛围。

3. 集智攻坚务实效。在"大讨论"活动中，广大职工围绕消除无效劳动和浪费现象，通过查短板、找不足、抓提升、提效能，提出"金点子"项目8000余个，立项6100多个，实施完成5800多个。广大职工立足岗位，聚焦"用户需求、创新发展、岗位职责、学习提升"四个维度，认清自身岗位价值所在。通过梳理问题清单，查找个人和团队的不足及弱项，制定整改措施并推进落实完成，从而明晰创造更大价值的方法路径，有效解决当期生产经营痛点，助推企业发展。

三、工作成效

（一）守正创新，先进理念引领企业发展

基于"大讨论"活动开展的长效性与广泛性，其成果也逐渐凸显。以"三个第一"为代表的企业文化理念新内涵得到充实，有效推进了企业文化理念的全面升级，形成了中国一拖当前的企业文化理念体系，包含企业愿景、企业使命、核心价值观等 3 个核心理念，企业宗旨、企业训词、斗争精神、人才理念、质量理念、服务理念等 6 个特色理念。升级后的文化理念更加适应企业发展战略需要和外部环境变化，语言精简、富有冲击力、感受性强，既符合时代特点，又能突出一拖特色。

（二）凝心聚力，加快企业振兴步伐

近年来，职工对企业价值观认知认同度不断提升，并有效转化为推动企业高质量发展的行动力和战斗力，使企业经营管理水平发生了显著变化。纵向来看，企业发展只争朝夕、破浪前行。2020 年以来，面对原材料价格快速上涨、疫情防控形势不容乐观等诸多困难和挑战，企业经营业绩持续攀升，2022 年更是再创历史新高，2023 年第一季度也如期实现了"开门红"。在此期间，企业不断提高职工福利，广大职工充分享受到了企业发展的成果，进一步实现了职工与企业互促互进、共创共赢的良好局面。横向比较，"东方红"核心产品市场占有率稳居行业之首，多款国产智能拖拉机产品自主化率达 80%以上。在解决"无机可用""无好机用""卡脖子"技术等方面加大攻关，实现关键核心技术自主可控。着力开展高端智能农机装备和农机化薄弱环节产品研发制造，并聚焦丘陵山区、特色作物农机化短板弱项，开展相关产品研发攻关，持续保持中国一拖技术领先和市场领先优势，在加快农机装备补短

板和原创技术"策源地"方面发挥了积极作用。与此同时，多项国家级重点科研项目取得突破性进展，在助力国家乡村振兴战略、护航粮食安全等方面展现了央企担当。

四、工作启示

（一）开展"大讨论"活动，必须紧密联系职工群众

思想大讨论不是闭门造车，也不是自说自话，必须打开门来，认真仔细倾听职工心声、了解群众心意，以职工群众为师，向职工群众请教。同时，随着活动成效的持续深入，"职工视角"将更具审时度势性，"职工内心"也更聚进取之力。

（二）开展"大讨论"活动，必须敢于自我批评

所谓"工欲善其事，必先利其器"，思想大讨论的目的在于"知不足"，在于内观与自省后的自我明晰。因此，开展思想大讨论，要有敢于自我批评、发现不足和短板的勇气。

（三）开展"大讨论"活动，必须理论与实践相结合

思想大讨论的成果最终要体现在企业的经营发展上，就是要让"思想成果"行动化。当"大讨论"成效与企业运营管理有机融合时，在内部降本增效、工作标准提升、经营业绩改善等方面的实践成果也不断凸显。因此，一切活动的核心都必须从企业实际出发，务求实效。

"五大工程"拓宽青年与企业共发展新路径

一、基本情况

党的十八大以来，中国兵器工业集团江南工业集团有限公司党委坚决贯彻落实习近平总书记关于青年工作的重要思想，高度重视青年思想政治工作，在政治保障、制度保障、成长激励上向青年倾斜，围绕"坚持一个引领（即坚持党建引领）、建强三支队伍（即青年科技人才、青年技能人才、青年管理人才三支队伍）"的青年思想政治工作目标，通过实施"五大工程"（即政治领航工程、青春建功工程、青年发展工程、强基锻造工程、活力提升工程），构建青年大思政格局，有效提升青年精神素养，凝聚青年为实现国防和军队现代化贡献青春力量。

二、主要做法

（一）着力实施"政治领航工程"，提升青年思想政治工作引领力

1.坚持思想引领，凝聚青年坚定不移听党话、跟党走。制定实施青

中国兵器江南工业集团开展主题团日活动

年精神素养提升工程。深入开展"学习二十大、永远跟党走、奋进新征程""学习寄语精神　展现青春担当"主题教育实践活动，组织团员青年深入学习习近平新时代中国特色社会主义思想，系统学习党的二十大精神。召开优秀青年代表座谈会 3 次、专题学习会 113 次，征集学习微感悟 700 余条，举办重温入团誓词仪式 68 次、主题团日活动 45 次。为团员青年配发精神素养提升书籍并开展系列学习，邀请公司党委书记、先进模范讲授青年精神素养提升主题团课。

2. 坚持传统教育，感悟和弘扬人民兵工精神。组织青年深入学习党史、新中国史、改革开放史、社会主义发展史，深入学习人民兵工史和企业发展史，巩固党史学习教育成果。举办"知史爱党、知史爱国、知史兴企"党史知识抢答赛，在团员青年中掀起党史学习热潮。组织观看《吴运铎》《人民兵工》等影片，参观人民兵工楷模先进事迹，开展"云游官田"活动，引导青年深刻感悟"把一切献给党"的人民兵工精神。

在江南广场开设青年红色大课堂，营造良好学习氛围。举办"红色基因代代传，革命后代话初心"专题讲座，邀请抗美援朝功勋、开国少将袁彬之子袁晓刚师长来公司为青年授课，增强青年使命感。

3.坚持丰富载体，积极强化青年政治意识教育。一是通过"三会两制一课"、学习研讨、青年大讲堂、演讲宣讲和青年马克思主义者培养工程等多种形式，增强青年政治性、先进性、群众性。二是利用"五四""七一""十一"等时间节点，就便开展"江南兵工青年跟党走"主题团日活动，前往韶山毛泽东同志故居、花明楼刘少奇同志故居等地开展爱国主义教育。三是为纪念五四运动 100 周年、庆祝新中国成立 70 周年、共青团成立 100 周年，分别开展"青春心向党·建功新时代""我与祖国齐奋进——国旗下的演讲""喜迎二十大、永远跟党走、奋进新征程"主题团日活动，组织团员青年重温入团誓词、齐唱国歌团歌、学习微团课、缅怀革命先烈等，增强团员青年的时代责任感。四是组织青年拍摄"向上的江南青年""党，我想对您说"等 MV，展现蓬勃向上的精神面貌。五是开展"青年大学习"积分赛，按季度评选"学习之星"，提高团员青年参学率。

（二）深入实施"青春建功工程"，提升青年思想政治工作贡献力

1.组织青年在建功立业中走在前列。开展"青春建功'十四五'，践行党的二十大"等青年岗位建功竞赛，凝聚青年开展生产突击、技术攻关、岗位创优等工作，为公司高质量发展作出了积极贡献。

2.组织青年在创新创效中贡献智慧。开展"喜迎党的二十大，我为公司献良策"等青年创新创效竞赛，组织青年围绕公司科研生产、管理改善、工艺改进等方面建言献策，凝聚青年创新智慧，共征集创新创效项目 236 项，节创价值达 300 余万元。

3.组织青年在服务生产中争创一流。大力开展"号、手、岗、队"

创建活动。以打造"服务一流、管理一流、人才一流、文化一流、效益一流"的先进集体为目标，开展青年文明号创建。深化青年安全生产示范岗创建，全面落实四级安全监管制度，开展安全技能培训、隐患排查整改、安全合理化建议、应急体验、安全演讲比赛、青年学习实践等活动，形成全方位、多层次、立体化的青年安全生产监管教育体系，公司4个集体获评"全国青年安全生产示范岗"。

（三）大力实施"青年发展工程"，提升青年思想政治工作服务力

1.提技能，扎实推进青年技能振兴计划。组织动员青年参加"振兴杯"全国青年职业技能大赛、公司"智源杯"及各类技能大赛，注重赛前训练，达到以赛促学、以赛促练的目的，帮助更多青年人才脱颖而出。对竞赛中获佳绩的青年，破格晋升职业技能等级，并进行重奖和推优激励。广泛开展青工"拜师学技"活动，组织青工与技能技术骨干结为"传帮带"对子，进行大范围的青年人才培育工作。

2.搭平台，大力开展青年推优荐才工作。一是深化"双推优"机制。积极开展推优入党、推优荐才工作，组织"两红两优"、江南杰出青年等评选表彰活动，选树一批青年先进，每年推荐20余名团员青年入党，10多个青年员工或集体获得上级荣誉，高标准高质量向党推荐输送优秀人才。二是注重培养优秀年轻干部。选拔47名优秀年轻干部，作为中层干部的后备力量，制定教育培训方案，开展思想政治、发展规划、履职能力、党的建设等培训，促进年轻干部强化思想政治教育，提高履职效能。

3.办实事，全面推进青年贴心暖心工程。常态化开展"我为青年办实事"实践活动，各级团组织为青年办实事58件。选派9名青年参加长株潭"振翅100"青年工匠培育项目，近五年组织67名青年参加社会化学历提升教育。解决了青年骨干子女入学、单身职工公寓改造、单

身职工吃饭难等问题。组织"青春有约缘聚江南""转角遇到你""湘亲湘爱"等十余次单身青年联谊活动，为单身青年拓展交友圈，帮助解决婚恋问题。

（四）全面实施"强基锻造工程"，提升青年思想政治工作组织力

1. 坚持制度强团，强化基层团组织建设。制定公司共青团委员会工作规则、共青团推优入党、团费收缴使用管理、评选表彰工作等制度，全面提升共青团工作规范化水平。设计印制并推行《团总支（团支部）工作手册》，从严执行"三会两制一课"、组织生活会、主题团日等制度。

2. 坚持思想立团，不断增强团员先进性建设。对照"五个模范、五个带头"政治标准，严肃团内组织生活，规范团员教育评议，开展团内仪式教育。把牢新时代共青团员的政治条件和先进性标准，教育引导团员青年在政治历练中坚定信仰，在重大任务考验中增长才干，在一线岗位中磨砺意志。选举推荐 6 名团员青年当选市团代会代表，1 名团干部当选省团代会代表，1 名青年当选省委委员。

3. 坚持提素强团，加强团干部队伍建设。积极开展团干部培训，邀请省市专家教授来公司授课，通过建党 100 周年大会参会代表、省市党代会代表分享参会体会，中央团校进修班学员进行学习汇报等，全面提升团干部综合素质。组织团干部与三一重工、北汽福田等单位开展工作交流，开拓工作思路。开展团干部实践拓展训练，培养创新思维和团队意识。

（五）创新实施"活力提升工程"，提升青年思想政治工作凝聚力

1. 加强志愿活动策划，形成江南品牌公益。坚持 60 年开展江南学雷锋系列活动，组织开展大规模的广场便民服务、清扫社区公园、植绿护绿、岗位学雷锋等活动，每年服务群众达 3000 人。助力脱贫攻坚，

赴位于公司驻点帮扶村的塘湾小学开展捐赠物资活动,改善学校基础条件。组织"点亮微心愿"活动,为100名留守学生实现微心愿。坚持开展无偿献血、庆"六一"、"希望工程一元捐"、"共享阳光·携手同行"等活动,提升青年道德修养。

2.活跃青年文化氛围,文体活动精彩纷呈。在"五四"期间,开展青年趣味运动会、诗词大会、江南好声音K歌大赛等活动,营造了浓厚的青年节日文化氛围。为引导青年健康生活,举办了游泳、羽毛球、篮球、声乐、瑜伽等青年文体培训班,丰富业余生活。通过开展"把一切献给党·劳动创造幸福"读书分享会、演讲、最美阅读照征集等活动,传承人民兵工精神。举办"青春悦读"主题阅读活动,通过红色经典、分享生活、人生哲理、青春如歌四个篇章,33名青年进行阅读分享,在青年中掀起好读书、爱学习的热潮。

三、工作成效

(一)党建带团建成果不断巩固

在兵器工业党组、公司党委和上级团组织的正确领导下,公司各级团组织把加强青年思想政治工作的各项举措运用到实际中,共青团工作和青年工作全面加强,党建带团建工作迈上新台阶。建立了共青团工作在公司党群工作月度例会上安排布置、在共青团工作月度例会上进行推进的联动机制,共青团工作被纳入党建工作考核中,工作力度和效果明显增强,得到上级团组织和公司党委的高度认可和团员青年的一致好评。公司先后荣获"湖南省五四红旗团委""中国兵器工业集团五四红旗团委"称号,连续获评"湘潭市共青团工作先进单位"。

（二）青年骨干人才不断涌现

通过实施"五大工程"加强青年思想政治工作，近年来，公司各层各类职业技能竞赛涌现出一批优秀青年人才，目前有中国兵器青年科技带头人 6 名。其中朱佑强参加第十六届"振兴杯"全国青年职业技能大赛获得银奖，获评"全国青年岗位能手"。多层次、形式多样竞赛活动的开展，为青年成长成才搭平台、展风采、畅通道，使青年员工在学习培训、比赛实践中增长了见识，提高了技能水平。

（三）企业人才结构不断优化

公司持续加强青年先进性建设，引导青年提升政治素质、业务素质、综合能力，培养一批坚定的青年马克思主义者。建立了从新员工—星级团员—优秀共青团员—青年岗位能手—江南杰出青年—上级青年先进个人的阶梯式发展通道。近年来，36 个青年员工或集体获得省部级以上荣誉，74 个青年员工或集体获得市级荣誉，多名青年骨干被提拔为车间科室负责人或中层领导，担负重任。47 名优秀年轻干部中，"80后"占 98%，35 岁以下青年占 58.3%，一年内已有 12 人走上中层领导岗位。公司人才队伍结构得到优化，骨干人才队伍更加年轻化。

（四）青年幸福指数不断提升

因公司地处独立工矿区，距市中心 30 多公里，难以满足青年多元化生活和子女教育医疗等配套需要，难以引进和留住高层次人才。2011—2018 年，青年员工引入流失比例达 1∶1.2。近年来，公司高度重视青年思想政治工作，实施薪酬留人、事业留人、情感留人等系列举措，极大提高了青年的归属感、获得感、幸福感。

练好"四项基本功"
为大油气田建设保驾护航

一、基本情况

2018年，习近平总书记深刻审视我国能源供给形势，做出加大勘探开发力度，保障我国能源安全的重要批示。面对总书记的殷切期望，面对集团公司党组的部署要求，中国石油塔里木油田党工委牢记嘱托、勇担使命，以坚定的理想信念和强烈的责任担当，从思想引领、精神传承、岗位实践、人文关怀四个环节入手，练好思想政治工作"四项基本功"，激发干部员工责任感使命感，为高质量建成3000万吨大油气田和300亿方大气区提供了坚强的思想政治保障。

二、主要做法

（一）做实思想引领，充分凝聚"保障国家能源安全、助力端牢能源饭碗"的精神合力

人心齐，泰山移。塔里木盆地是我国最大的含油气盆地，尚处在勘

中国石油塔里木油田党员领导干部在马兰军博园重温入党誓词

探开发早中期，上产潜力巨大，关键是抓好思想引领，提高全员为党工作、为国找油的思想认识，凝聚齐心协力推动塔里木油气事业大发展的精神合力。

在坚定全员理想信念上下功夫，塔里木油田党工委组织党员干部深入学习习近平新时代中国特色社会主义思想，学习习近平总书记关于国有企业和能源行业重要讲话和指示批示精神，举办读书班、研讨班、培训班，邀请中央党校、国防科技大学等专家学者到油田开展宣讲辅导，组织干部员工前往马兰军博园感悟"两弹一星"精神，增强塔里木石油人听从党的指挥、为国寻油找气的责任感和使命感。

在树立全员共同目标上下功夫，用好用活形势目标任务责任教育，坚持一年一主题，组织全员围绕建设 3000 万吨大油气田、落实勘探开发"3+2"战略部署等中心工作，深入开展大学习、大宣讲、大讨论、大实践，让率先建成世界一流现代化大油气田战略目标深入人心。特别是在冲刺 3000 万吨目标的关键时期，塔里木油田主要领导带头开展党课宣讲、会议宣贯、基层宣介，系统回答了 3000 万吨大油气田为何要建、有没有条件建、怎样去建等问题，解开了个别员工思想疑虑，坚定全员信心，凝聚同舟共济、勠力同心奋进 3000 万吨的强大精神合力。

在全面建成 3000 万吨大油气田后，对甲乙方干部员工思想状况进行了一次调研，结果显示，97%的被调研者以是塔里木油田一员而自豪，93%的被调研者认为本单位员工队伍总体状态积极进取，油田员工思想状态空前良好、空前积极、空前团结。

（二）做深精神传承，大力弘扬"只有荒凉的沙漠、没有荒凉的人生"的豪情壮志

精神是企业的灵魂。一代代塔里木石油人像胡杨一样扎根戈壁荒漠，战风沙、斗酷暑，建成我国陆上第三大油气田，靠的就是精神。今天的塔里木石油人不再住地窝子，不再吃夹沙饭，不再喝苦咸水，但困难和挑战丝毫不亚于艰苦创业时期，传承弘扬伟大精神的需求和呼唤一如既往。

大力弘扬石油精神和大庆精神、铁人精神，积极倡导"艰苦奋斗、真抓实干、求实创新、五湖四海"的塔里木精神和"只有荒凉的沙漠，没有荒凉的人生"的人生观，培育壮大"克拉 2 精神""山地精神"等特色基层文化，大力选拔培养表彰宣传先进典型，广泛开展系列图片展、书法展、集邮展和征文活动，让优秀精神文化融入血液、变成基因。推动伟大精神创造性转化，创新提出"五个不让步"工作原则、"六心工作要求"，不断增强干部员工事业心、责任心和执行力、战斗力。

集团公司劳动模范陈新伟，坚守沙漠腹地 20 多年，始终保持无穷的干劲，笑称"如果为了干一番事业，你就注意不到荒凉；如果混日子，那肯定看啥都荒凉"。川庆钻探 90002 钻井队平台经理刘泽明，扎根塔里木 30 年，高质量打井 50 余口，没有报废一米进尺，没有发生一起安全生产事故，让"他乡成故乡，故乡变远方"。在 3000 万吨夺油上产赛中，像陈新伟、刘泽明这样的先进典型还有很多，他们以铁的作风、铁的纪律、铁的意志奋战在塔里木各条战线，把精神的旗帜插满塔里木千里探区。

（三）做强岗位实践，广泛搭建"挑战世界级难题，推动高质量发展"的建功舞台

成事之要，关键在人。3000 万吨大油气田建设时间紧、任务重、困难多，特别是随着油田勘探开发不断向超深层迈进，一系列地质油藏、工程技术、开发管理难题亟待攻克，这也给广大员工展示自我、实现自我创造了千载难逢的机遇。

为充分调动全员攻坚克难、岗位建功的积极性和主动性，塔里木油田党工委想方设法搭台子、铺路子、压担子，围绕重点工程、重点项目、重点工作广泛开展劳动竞赛、岗位练兵、技术比武，大力开展"金点子"、"金哨子"、创新创效、全员隐患排查整改等活动，积极构建有利于激发科技创新的体制机制和科研环境，创新实施揭榜挂帅、赛马制、"三总师"会审，重奖重用科技功臣，全面调动员工参与改革管理、勇于创新创造的积极性和主动性，形成比质量、比进度、比水平、比奉献的火热氛围。

三年时间里，油田上下万众一心、众志成城，大胆挑战世界级勘探开发难题，不断突破超深层油气勘探开发理论禁锢和"卡脖子"技术，成功开辟秋里塔格、寒武系盐下两个战略接替区，落实博孜—大北、富满油田两个集中建产区，找到一批超深油气藏，老油气田开发重回合理秩序，推动油气产量三年净增 542 万吨，把 3000 万吨从规划数字变成了实打实的产量。同时，通过深化改革管理，实现油田体制

从生产型向生产经营型转变，为率先建成世界一流现代化大油气田打下坚实基础。

（四）做细人文关怀，积极践行"一切为了大发展，一切为了老百姓"的发展理念

塔里木油田地处南疆，长期在荒漠戈壁工作生活，部分干部员工特别是工作不久的大学生，难免羡慕大城市的丰富资源和多彩生活，逐渐产生心理落差、负面情绪甚至辞职想法。为此，塔里木油田党工委创新提出"一切为了大发展，一切为了老百姓"的理念，想方设法解决子女入学、生病就医、员工住房等难题，改进提升工作生活质量，确保队伍团结稳定、积极向上。

推进库尔勒和泽普石油基地基础设施改造，实施果木入园、健身步道建设、幼儿园扩建、充电车棚安装等一大批民生工程。每年组织集体婚礼、联谊交友活动，解决青年员工婚恋交友难题。及时开展重点工程、重大发现、重要任务、重大节日走访慰问，让科研生产人员在忙碌中感受到组织的关怀。广泛组织大合唱比赛、篮球赛、慰问演出等各类文体赛事和文化惠民活动，丰富员工生活，干部员工心气顺了、腰包鼓了，团结奋进、干事创业氛围也更浓了。

新冠疫情期间，油田在基地小区成立千余人志愿服务队，帮助隔离员工家属买菜送饭、购药送医，开展心理辅导疏导，最大限度降低了疫情对群众生活影响，让"人心"成为油田高质量发展的坚实堡垒。哈得油气开发部大力推进"家"文化建设，给员工过集体生日，经常性组织各类文体比赛，在沙漠边缘建起一片片员工果园菜园，推行柔性管理、自主管理，凝聚起夺油上产的强大合力，推动年产量从不足 100 万吨直接冲上 200 万吨。

三、工作成效

通过四年的持续发力，塔里木油田思想政治工作取得良好成效。一是干部员工爱党爱国、兴油报国的政治立场更加坚定，扎根沙海、为油拼搏的思想认识更加深刻。二是干部员工工作作风更加严实，业务水平更加精湛，在戈壁大漠锻造出一支战无不胜、攻无不克，不断挑战深地极限的石油铁军。三是企业发展气势如虹，2020 年如期高质量建成3000 万吨大油气田，2021 年产量达到 3182 万吨，多项生产经营指标名列集团公司上游板块第一，荣获全国脱贫攻坚先进集体、全国民族团结示范企业等荣誉。

四、工作启示

在实践过程中，取得以下四点认识。一是必须始终坚持党的领导，坚持用习近平新时代中国特色社会主义思想武装干部员工头脑，筑牢全员共同奋进的政治基础和思想基础。二是必须传承弘扬石油精神和大庆精神、铁人精神，加强特色企业文化建设，用信念提升境界，用精神激励斗志，用典型指引方向。三是必须重视和发挥产业工人的主力军作用，广泛搭建建功立业平台，焕发广大员工劳动热情、释放广大员工创造潜能。四是必须始终践行以人民为中心的发展思想，坚持全心全意依靠员工办企业，汇聚改革发展稳定合力。

"调运急先锋"：铸造大湾区红色战斗堡垒

一、基本情况

中国海洋石油集团有限公司中海炼化华南销售出厂调运中心（以下简称"出厂调运中心"）以习近平总书记关于建设海洋强国，加快深海油气资源勘探开发的重要指示精神为指引，以"能源保供，确保能源供应链不中断"为出厂调运中心的政治任务，抓好思想政治工作载体，与打造党建品牌深度融合，培育出"调运急先锋"工作品牌，铸造了讲政治、抓思想、业务优、作风好的红色战斗堡垒。十年间，出厂调运中心累计调运中国海油清洁能源产品超 1.5 亿吨，为粤港澳大湾区高质量发展贡献了蓝色力量。

二、主要做法

（一）"调运急先锋"凝聚思想共识，铸造红色堡垒的政治之魂

围绕如何破解组织生活走过场、思想业务"两张皮"问题，"调运

中海油华南销售公司出厂调运中心党支部开展团队文化活动

急先锋"在学习教育上因需施策、因类施教，以三个维度创新思想政治载体，凝聚思想共识。

1. 书记讲，大家议。改变传统的"一人讲，众人听"党课模式，打造"支部书记开讲啦"专区，由书记或支委自主开展备课，围绕"抓生产从思想入手"这一基本经验，增加思政党课与业务工作的融合性。书记讲课时间缩短，课堂互动交流研讨时间拉长。近两年来，"调运急先锋"已累计开讲党课 15 次，学习覆盖率达 400 余人次，其中《马上就办》《实事求是》等党课及时为职工思想续航。

2. 党员轮值授微课。党小组会上党员轮值讲授党员微党课，每节微党课的时长为 10—15 分钟，有优秀党员分享入党初心，有青年骨干党员分享成长感悟，已累计开展了形式多样的微党课 37 人次，有效激发了全员学习先进，向先进看齐的意识。

3. 全员讲故事。主题党日上全员讲"四史"故事，围绕职工各自家乡红色党史故事、老一辈的革命故事、家乡新农村建设发展变迁以及身边的抗疫小故事等题材累计讲述达 100 余人次。"调运急先锋"为加大党史、党章、党的二十大学习、海洋石油工业史等应知应会的思想传导力度，每日发放党的二十大学习应知应会卡，每周推送党史上的今天小知识，每月发放"先锋学习园地"口袋读本，把理论学习融入日常，每月开展2次全员测试、每半年开展一次党建知识竞赛，以赛促学，营造了"比、学、赶、超"的思想新风。

（二）"调运急先锋"夯实队伍根基，激活红色堡垒的活力之源

1.开展思想大讨论。支部每位党员紧紧围绕"调运急先锋"党建品牌回答三个问题：你热爱调运工作吗？你认同"调运急先锋"党建品牌的核心价值吗？你愿意为了调运保供而牺牲自己的时间和精力吗？通过回答好以上"调运三问"，在不惜一切代价保供应上，队伍思想达到了空前的统一。

2.打造"三支队伍"。"调运急先锋"着力打造支委班子、党员干部和职工群众"三支队伍"，培养"大党建"工作格局，在筑强红色战斗堡垒，发挥"传、帮、带"作用方面不断激发红色堡垒的创新活力。一是党员领办揭榜挂帅。2021年搜集汇总了来自学习教育、基础管理、创新创效等各类问题60余项，分门别类整理形成22项具体工作任务清单，实施党员领办揭榜挂帅，承诺践诺，有效激发了"人人参与党建工作"的思想动力。二是推行网格化帮扶。为精准对接职工群众需求，办好群众身边实事，"调运急先锋"推行了网格化帮扶机制，每月定期开展"书记主任接待日"，做好日常"谈心谈话七必谈"等职工思想工作。近三年来，通过"书记主任接待日"累计接待来访职工400余人次，"我为群众办实事"22项，先后解决了职工在岗位调整、家庭困难、职场困惑、青年成才等各个方面遇到的急难愁盼问题90余项。三是精准施策做好"一人一思想"工作。"生产不停，调运不停"，为全力畅通能源保供"最后一公里"，针对班组职工每逢节假日与亲人聚少离多、年轻

员工思乡情切的情况，"调运急先锋"自发购买过节物资到班组慰问，打造党员温暖小饭桌，过年过节与职工一起包饺子、话家常，给予职工精神层面的人文关怀，以实际行动做到不让员工带着情绪上班，带着情绪下班。通过打造"三支队伍"，"调运急先锋"将服务链条主动延伸至社会层面，组建志愿服务队，定期开展海洋环保、无偿献血、社区义工、安全下乡等热心公益活动，参与人数达 700 余人次，以春风化雨的实际行动为身边群众送去温暖。

（三）"调运急先锋"融合基础管理，建强红色堡垒的立身之本

1."1+1+T"班组管理模式。"调运急先锋"群策群力，牢牢抓住调运工作"急"这个要害，大抓基础管理，实施"1+1+T"班组管理模式，即 1 名党员干部 +1 名白班党员 +1 个调运班组，以管理模式创新思想政治工作方式。

2.四类型班组搭建育才"舞台"。按照班组轮班划分，搭建"安全、服务、管理、技能"四种类型的专业型班组提升员工创新创效活力。安全型班组重点保障调运安全平稳运行，日常开展危化品车辆安全检查，提货司机安全培训，员工安全技能比武以及化工品公路承运商考核等安全体系建设。服务型班组负责"青年文明号"常态化建设，以"文明服务有保障、窗口服务有提升、服务能力有进步、社会服务有贡献"为目标，用高效率创造大效益，多年来保持客户满意度在 99% 以上。管理型班组聚焦化工、物流、供应链、产品等开展"我的岗位我来讲"活动，2022 年以岗位经验内化打造岗位学习培训近 20 次，修订完成 20 余万字的新版《出厂调运中心岗位操作手册》，提升惠州东联码头泊位利用率5%。技能型班组自主研发的调运知识随机抽题考试系统，内含单选题、多选题、填空题、简答题等题型，共有 800 道题目且可随时更新，提高考核效率，在调运管理中强化"以考促训"不断夯实调运管理人员基本功。

（四）"调运急先锋"融入作风建设，激发红色堡垒的奋进之力

1."客户思维"体现价值。"调运急先锋"品牌的核心价值在"急"字，因此出厂调运中心将品牌定位宣言确定为"以科学的调运服务为公司和客户创造最大价值"。为练好"急"字功，出厂调运中心把兄弟单位、对接部门与合作伙伴都当作客户一样对待，急炼厂之所急，急客户之所急，急销售之所急。

2.团队文化引领行动。思想是行动的先导，出厂调运中心充分调动"急先锋"智慧合力，培育"党旗飘扬 安全领航 科学调运 服务至上"的团队文化，实现品牌核心价值，先后征集"调运急先锋"奋斗理念十条，牵引出"保调运就是保民生""主动做被需要的人"等体现品牌核心价值的生动实践。

3.积分细则抓好思想作风。制定出"党旗飘扬 党徽闪亮"党员积分细则，主要围绕基本义务、先锋作用、攻坚作用、特色奖励四个方面，设计了思想政治、组织生活、工作业绩、服务群众、攻坚克难、技能提升等15大类指标共24项激励措施。其中，攻坚克难保调运稳定是核心指标，是激励与约束的重点，成为党内评先评优的重要依据。党员积分细则充分激发"调运急先锋"效能，抓好思想作风建设。2023年春节，疫情政策调整，返乡潮增加，航泊运力不足，党员先锋主动放弃休息，进炼厂、跑码头、上船舶，助力惠州石化炼厂安全外输液化石油天然气共24船次，保障了华南等地700多万户居民春节"餐桌"用气平稳。

三、工作成效

"调运急先锋"以品牌凝聚力量，以思想政治工作助力产品销量，

2021 年甲苯类在原有基础上提升了 30%，东方石化码头船检通过率提升 10%，船舶待检时间由 81 小时 / 月下降到 16 小时 / 月，连续 2 年实现船舶滞期费为零的最好纪录。出厂调运中心党支部先后获得"中央企业先进集体"等集体荣誉，思想政治工作创新实践成果初步显现。

从党的十九大到党的二十大期间，"调运急先锋"以能源保供为己任，坚定不移将海油精神融入工作实际，安全运行 5110 天事故，助力"深海一号"等海上平台用油保供，航煤保供白云机场 130 万吨打赢"蓝天保卫战"，以卓越的服务成为中国海油增储上产、提质增效目标实现的参与者和贡献者。仅 2022 年一年就为公司累计节省物流成本 341 万元，创收物流收益 1434 万元。

奋进新征程，建功新时代。出厂调运中心党支部将一如既往恪守"央企姓党、国企为国"的政治本色，不断提升"调运急先锋"品牌效能，充分发挥大湾区红色堡垒的示范优势，为促进中国海油高质量发展、保障国家能源安全、建设海洋强国作出新的更大贡献。

"情境式" 谈心谈话法：提升企业思政工作质效

一、基本情况

国网安徽省电力有限公司（以下简称"国网安徽电力"）作为国家电网有限公司全资子公司，负责建设运营安徽省电网，管理员工 6.5 万人，服务电力客户 3500 余万户。近年来，国网安徽电力紧跟新时代职工思想动态和价值取向差异化、多元化特点，聚焦"人"这个关键因素，构建一套内容完备、举措可行的"情境式"谈心谈话工作法，不断提升职工思想政治工作的针对性、实效性，为公司高质量发展提供坚强思想保障和强大精神动力。

二、主要做法

国网安徽电力着眼提升谈心谈话科学性和实操性，聚焦对象、资料、方法、形式、效果等 5 个维度，通过做"画像"、强"技艺"、定"情境"备足"谈资"，设定 3 类谈话情境、制定《要点提示》《实操指引》练好"谈术"，用活 6 种谈话方式选对"谈场"，强化 4 项闭环举措抓实

国网安徽电力基层单位党支部开展一对一、面对面的"情境式"谈心谈话

"谈效",构建"情境式"谈心谈话法,不断推动基层思想政治工作实起来强起来。

(一) 备足"谈资",确保有话可说

兵马未动,粮草先行。开展谈心谈话前,充分了解谈话对象"底数"、锤炼谈话主体"口才",确定谈话典型"情境",确保谈心谈话有的放矢、有备无患。

1.建档立册做"画像"。联合职工所在部门(工区或班组)、组织人事、纪检监察等部门,在符合保密要求前提下共享职工信息,采集职工政治面貌、学习工作经历、家庭情况、爱好特长等信息,做到"三个清楚",即工作状况清楚、家庭情况清楚、性格特点清楚,实现"三个明白",即明白职工在想什么,有什么疑虑;明白职工在干什么,有什么不足;明白职工需要什么,有什么困难,建立起每位职工的"全息画像"，确保谈话能够做到因人而异、"精准滴灌"。

2.专题培训强"技艺"。建立"皖美"思想政策宣讲员队伍，成员主要由党务干部（包括专兼职政工部门人员、党建经验丰富的老干部、党支部书记带头人和骨干支部委员等），以及生产、营销、法律等业务条线骨干组成，纳入公司专兼职思政队伍统一管理。开设《基于STAC情境——谈心谈话》《落实基层党组织思想文化工作职责》《沟通交流与宣讲技巧》等思政理论课、模拟演练课，不断提升思政队伍的"真功夫"。

3.调研走访定"情境"。调查研究是谈心谈话的基础，既要"身入"群众，更要"心到"基层。线下开展"形势任务大宣讲、基层一线大走访"等活动，通过基层调研走访，广泛听取基层问题建议。线上坚持每季度开展1次问卷调研，2022年先后围绕"职工幸福指数""保供电、促稳定""缘来皖电是你"等主题开展调研。针对线上线下调研结果，结合能源行业特征和电网企业生产经营特点，召开专题会议集体研究，设定"重点工作开展时、突发事件来临时、涉及职工利益时"3类重点谈话情境。

（二）练好"谈术"，确保有条有理

针对每类谈话"情境"，聚焦谈话原则、内容、技巧、流程等内容，创新编制谈心谈话《要点提示》《实操指引》，让思政工作者开展谈心谈话有章可循、有据可依。

1.针对"重点工作开展时"这一情境。发布"保安全、爱家人"、迎峰度夏电力保供等要点提示，对安全生产、电力保供等大忙季节的谈话方式、谈话内容、谈后实践进行了规范，形成"检、释、引、帮"一套完整谈话流程。

2.针对"突发事件来临时"这一情境。发布疫情防控期间、防汛抗洪期间谈心谈话等实操指引，明确了在应对重大突发性公共事件时，基层党组织需要关注的重点群体，列出了在"事前、事中、事后"三个阶段开展谈心谈话的重点内容，并用"问、听、疏、解"四个字对谈心谈话程序和流程进行提炼概括。

3. 针对"涉及职工利益时"这一情境。发布单身青年婚恋交友、岗位绩效工资制度修订等谈心谈话提示，聚焦青年职工、利益变动群体的特点，针对性细化谈前准备、谈话步骤、引导疏导、闭环跟踪等要点内容，形成"望、闻、问、切"的谈心谈话流程及规范。

（三）选对"谈场"，确保走进心灵

遵循职工思想活动规律和个性特点，对照谈话"情境"合理选择场所方式，使思想政治工作如"盐"入味一般情景交融、触发共情，确保谈心谈话有情有义、有声有色。

1. "科普式"讲谈。针对新时代党的创新理论、国情省情企情等形势任务，以及行业专业政策方向等内容，建立"专家讲理论、书记讲政策、典型讲乡风、党员讲党史、青年讲成长、骨干讲科普"的"六讲"模式，推广宣讲会、大讲堂、直通车、微课堂、开放日等典型做法，讲清讲透上级决策部署，引导干部职工知大势、明大局、识大体。

2. "倾听式"座谈。针对企业改革改制、组织机构调整、绩效考核和工资制度修订等关系职工职业生涯、切身利益的政策性调整，组织开展座谈会、讨论会，设身处地、将心比心地倾听职工态度、关注焦点以及所念所盼，推动解疑释惑、增进共识。

3. "平等式"面谈。把一对一、面对面的谈心谈话作为各基层党支部书记的常态性工作任务，固化每月"书记谈心日"机制，根据每位职工的实际情况，采取平视化、朋友式方式开展一人一事面谈，实现真谈心、谈真心。

4. "聊天式"云谈。针对长期外派出差、重大工程建设或设备检修临时抽调人员、重大突发事件保供人员，以及不善于当面沟通的"社恐式"职工等，灵活运用电话、短信、微信等方式，引导职工在"非接触""云聊天"的谈话中打开心门，对一些思想"疙瘩"、问题困难深入交流，做到思想交锋、感情交融。

5."上门式"访谈。开展"家风助廉""亲情助安""支部送暖"等主题家庭走访，全面了解职工的思想状况和家庭生活，争取家庭对职工工作的理解支持，让家属成为思想政治工作的"辅助员"，力所能及帮助解决职工实际困难，增强职工获得感、归属感。

6."提醒式"约谈。针对职工群众思想上存在的苗头性、倾向性问题，坚持实事求是、客观公正，刚柔并济进行约谈提醒。对受到处分处罚的职工，把握谈话方式的灵活性，鼓励职工敞开心扉，把问题谈开谈透，有针对性地做好情绪疏导、精神解忧，同时提出改进要求。

（四）抓实"谈效"，确保解决问题

一个行动胜过一打纲领，无论谈什么、怎么谈，归根到底都是要发现和解决问题，确保谈心谈话收到实效。

1."大思政"格局为闭环落实保驾护航。制定公司加强和改进思想政治工作实施方案，具化18项具体任务、5类组织保障措施，逐一明确任务内容、牵头部门、协同部门，比如纳入工会职工诉求服务体系建设、生产"安全文化"建设、营销"皖美连心"行动等专业工作，全面推动思政责任落实，完善党委统一领导、党政工团齐抓共管、有关部门分工负责、干部职工共同参与的思想政治工作体系，确保谈话问题可转办、能解决、快见效。

2."必谈访"机制为常态长效添砖加瓦。建立"六必谈六必访"常态化机制，"六必谈"重在思想引导和解惑，包括：公司重大决策实施前后相关人员必谈，职工入职或岗位变动必谈，发现有苗头性、倾向性问题必谈，收到群众反映问题必谈，职工之间发生矛盾必谈，职工受到处罚必谈；"六必访"重在精神关怀和解忧，包括：职工非正常连续请假必访，职工生病住院必访，职工家庭困难必访，职工家庭变故必访，职工结婚必访，职工退休必访。坚持"情境＋常态"结合，持之以恒用心、久久为功用力，保证谈心谈话时效性和实效性。

3."党建＋"工程为融入中心赋能聚心。聚焦电力保供、疫情防控、优质服务等重大任务，分专业制定"党建＋"实施方案，创新构建"（7项）组织生活＋（N类）典型载体"工具箱和"典型场景应用库"，提供"动员令""倡议书""工作信条"等谈话闭环实践载体，推动思想政治工作同生产经营深度融合，彰显思想政治工作的价值创造力。

4."分布式"阵地为身心关怀打造港湾。综合运用党员教育基地、劳模创新工作室、青年之家、职工书屋、职工文体活动中心等场所，建成减压室、动力氧吧等职工"心灵驿站"63个。健全职工心理健康服务机制，在职工中培养兼职心理咨询师，提供咨询、就诊等服务项目。2022年开通"5880"等心理咨询热线87条，举办职工婚恋、子女教育、职业发展等心理健康讲座、咨询活动503场次，为1.6万名职工提供心理疏导、预防科普、危机干预等服务。

三、成效启示

国网安徽电力通过"情境式"谈心谈话法，高质量做好思想政治工作，构建了和谐企业劳动关系，使职工群众的幸福指数得到了极大提升，团结奋进推动高质量发展的价值成效进一步显现。

（一）"谈"之有方，形成了一套有章有法的工作模式

建立了"定期调研—会商分析—设定情境—编制提示—开展谈话—

完善修订"的工作机制，推动谈心谈话从传统的"经验活"向"技术活"转变，把"只可意会"的工作具象化、规范化、精益化，让基层党组织开展思想政治工作更加得心应手，政治功能和组织功能显著增强。2022年基层党支部平均每月开展谈心谈话 6.5 次，同比提升 50%，谈心谈话频次、质量显著提升。

(二)"谈"之有情，营造了一派向上向好的干事氛围

通过"情境式"谈心谈话精准发现问题，持续深化"为职工办实事"，彻底解决职工小区办证等历史难题，职工收入稳步增长、食堂改革让职工更满意，青年公寓完成改造、办公环境改善让职工更舒心。2022年切实解决职工工作、生活的问题建议 1.2 万余个，整改落实率超过95%，办实事满意率 100%，职工与企业命运共同体意识和归属感幸福感持续提升，听党话、跟党走的思想行动更加自觉，营造了人心齐、人心稳、人思进、干劲足的良好氛围。

(三)"谈"之有力，注入了一股争先争优的强劲动能

把思想政治工作成效做到职工心坎上，引领公司上下成功应对"史所罕见"迎峰度夏电力保供、守牢安全底线红线、创新破解改革难题等艰巨挑战，多项工作实现了从"并跑"到"领跑"，利润总额、企业负责人考核连续两年位居国家电网系统前列。2022 年工作得到国家电网公司、安徽省委省政府主要领导的高度评价、批示肯定 40 余次，公司高质量跨越发展良好势头得到持续巩固。

"四航" 工程：增强国企思政工作活力

一、基本情况

中铁宝桥集团（以下简称"中铁宝桥"）作为世界 500 强中国中铁旗下的工业制造板块骨干企业，已发展成为国内最大的钢梁钢结构、铁路道岔、高锰钢辙叉生产企业和国内产品最先进、品类最齐全的城轨交通产品研制基地。中铁宝桥以企业发展与文明创建共抓，通过利用"五四三二"工作法，实施思政"四航"工程，释放新时代企业思想政治工作生机活力，努力探索一条富有宝桥特色的思想政治工作新路径。

二、主要做法

（一）建设"领航"工程：坚持"五不变、五到位"原则

一是形成统一工作基调。将文明创建工作与生产经营相融合，职工群众生产生活紧密联系，形成"目标不变、标准不降、机构不撤、力量

中铁宝桥开展"最美宝桥人"表彰会暨道德讲堂活动

不减、镜头不换，确保认识到位、责任到位、措施到位、工作到位、考核到位"的"五不变、五到位"工作总基调。二是构建统一测评体系。中铁宝桥认真对照《全国文明单位测评体系》，成立以公司主要领导为组长，领导班子、基层单位协同参与的文明创建工作领导小组，通过党政工团齐抓共管，各基层单位协同作战，广大职工踊跃参与，规范化、制度化、常态化开展单位文明创建工作。三是探索统一量化标准。制定《中铁宝桥全国文明单位工作任务分解表》，从理想信念教育、培育和践行社会主义核心价值观、岗位创建呈现等方面确保思想政治工作融入文明创建工作各个环节，明确思想政治工作责任清单，明确落实措施和推进步骤。

（二）建设"引航"工程：做优"四进入、四实现"服务

一是进入一线岗位、实现多载体宣传。中铁宝桥注重在生产一线开展思想政治工作，实现职工思想教育进分公司、进车间、进部室、进班组、进岗位。连续20年刊发《中铁宝桥报》共891期，结合中铁宝桥

官网、中铁宝桥微信平台、中铁宝桥"彩虹党建"App，以及社区文化墙廊、车间阅报栏、办公室立墙等载体，实现了思想政治宣传教育全方位、全覆盖。二是进入主题课堂，实现多情景教育。通过开展敬业道德讲堂、文明过节宣讲、瞻仰革命烈士、红色主题实践活动等，实现了爱党、爱国、爱企业、爱工作、爱生活的良好风尚。制定《中铁宝桥贯彻落实新时代公民道德建设实施纲要实施方案》，每年开展各类道德讲堂活动 40 余场，多个道德讲堂荣获中国中铁"示范讲堂"称号。三是进入职工生活，实现多方面评比。通过举办四德实践、文明礼貌月、爱国卫生月、各级先进推评、十大最美家庭评选、最美宝桥人评选、青年志愿者服务、"树新风、扬美德、传家风"等活动，有力推动了好企风相互学习、好学风比学赶帮、好家风代代相传。公司获"2·21"道路交通事故应急救援处置先进集体，王汝运、王英锋分别当选"全国岗位学雷锋标兵""全国青年岗位能手"，何良君荣获"陕西好人"称号，王鹏荣获"陕西好青年"称号。四是进入广大群众，实现多渠道落实。通过进入传统节日、进入脱贫攻坚、进入为民办实事活动，每年开展 40 余次形式多样的民俗文化娱乐、经典诵读和志愿服务等活动；在陕西省扶风县法门镇杜城村开展驻村帮扶，每年不少于 220 天助力乡村振兴工作，以落实"三会一课"为抓手，带领全村党员开展学习实践活动。

（三）建设"护航"工程：实现"三面向、三提升"目标

一是面向领导班子，提升能力担当。以"四好领导班子"建设为基础，深入学习贯彻习近平新时代中国特色社会主义思想和党的二十大精神，扎实开展历次党内学习教育，持续推动民主决策落地，严格落实"两个责任"，全面提升领导班子政治素质和作风形象，被中国中铁、中铁工业多次授予"四好领导班子"称号。二是面向基层党员，提升服务

本领。筑牢"先锋堡垒工程"，通过大力开展党内学习教育工作、党内主题劳动竞赛活动等，涌现出一批"政治引领力强、推动发展力强、改革创新力强、凝聚保障力强"的先进基层党组织，一批"政治素质优、岗位技能优、工作业绩优、群众评价优"的优秀共产党员。三是面向广大职工，提升业务水平。通过强化干部职工学习教育工作，推进职工网络大学再教育，全面提升干部职工的理想信念、业务素质、廉洁作风、奉献精神。涌现出焊接大师王汝运、全国十大桥梁人物李军平、铁路道岔研发者张莉等一大批"全国劳动模范""优秀企业家""大国工匠""时代楷模"。

（四）建设"远航"工程：形成"两建设、双创新"路径

一是实施文化建设，推动理念创新。中铁宝桥牢牢把握"品质铸未来，诚信赢天下"的核心理念，深入开展党情国情世情教育、思想政治教育、党风廉政教育、市场形势教育、员工终身学习，通过网络大学、集中宣讲、名家解读、重点培训、专题研讨、知识竞赛等形式，努力引导职工守纪律、做主人、正三观、提素质、强本领。通过举办各种"质量专题讲座""质量问卷""质量现场会""技术交底""质量体系培训班"等专题教育活动，牢固树立"质量至上"的思想，自觉把"生产现场就是市场，产品质量就是企业生命"的理念贯穿全过程。坚持进行爱企教育、纪律教育和"四德"教育，出台《中铁宝桥员工行为规范》《宝桥居民守则》《职工奖惩实施办法》等规章制度，使职工行为与团队价值观相统一。二是实施品牌建设，推动手段创新。以建设"文明宝桥"为奋斗方向，打造了以"品质宝桥、国际宝桥"为母品牌，"彩虹党建""诚文化""玉兰质量奖""六廉文化"为子品牌的"一母四子"品牌矩阵，实现了"以党建品牌引领、以文化品牌铸魂、以质量品牌立基、以廉洁品牌筑基"。公司连续五年开展品牌日暨媒体开放日活动，成立"践行

三个转变、打造品质宝桥"宣讲团，面向基层单位、车间、项目开展品牌宣讲进基层活动，深入宣传了践行"三个转变"的重要意义和重大举措，深刻解读了践行"三个转变"、建设"六型宝桥"行动路线，提高了企业品牌含金量。

三、工作成效

（一）企业发展迈上新台阶

中铁宝桥严抓依法治企，抢抓市场机遇，狠抓科技创新，扎实推进各项工作蹄疾步稳、行稳致远。2022 年，公司生产经营三大主要指标再创历史新高，新签合同连续突破 100 亿元大关，创造了自改革开放以来 44 年持续盈利的经营佳绩。

（二）产业结构形成新格局

坚持主业突出、相关多元，中铁宝桥目前已形成了"四大主业"优势互补、协同发展的经营格局，发展成为国内最大的钢梁钢结构、铁路道岔、高锰钢辙叉生产企业，国内产品最先进、品类最齐全的城轨交通产品研制基地。

（三）科技研发取得新成果

公司坚持走自主创新发展之路，通过加速"自动化、信息化、智能化"建设，加快推进"老字号"产品转型升级，加快推进"原字号"产品掌控核心，加快推进"新字号"产品培育壮大，实现了由"宝桥制造"向"宝桥创造"转变、"宝桥速度"向"宝桥质量"转变、"宝桥产品"向"宝桥品牌"转变。

（四）职工收入连创新高

公司坚持"依靠职工发展，发展造福职工"，实施"民心工程、聚力工程"，在企业生产经营实现逐年稳步递增的同时，职工人均年收入实现了连年递增，职工对企业的满意度、幸福度、忠诚度不断提升。

四、工作启示

（一）发挥组织优势，提升思想政治工作组织力是根本

公司党委统筹谋划思想政治工作和精神文明创建工作，建立一把手亲自抓、分管领导牵头抓、班子成员配合抓、支部具体抓的工作机制，形成有统有分、专兼结合，人人有责、人人参与创建的良好氛围，形成了制度化、规范化、科学化的工作机制。

（二）发挥阵地优势，提升思想政治工作向心力是关键

找准思想政治工作和文明创建工作切入点，扎实打造并利用志愿者服务岗、各级道德讲堂、创新工作室、彩虹党建平台、六廉工作室等阵地的桥梁纽带和窗口作用，积极推进思想政治工作。

（三）发挥队伍优势，提升思想政治工作凝聚力是重点

各级党组织充分发挥组织的战斗堡垒作用和党员模范的先锋模范作用，以党员的先进性、模范性和示范性辐射带动群众参与文明创建工作，激发群众创建热情，凝聚创建合力。

"家"文化建设助推海外企业
思政工作走深走实

一、基本情况

中国铁建国际集团（以下简称"铁建国际"）是世界 500 强企业中国铁建的专业外经平台。伴随"一带一路"建设倡议，铁建国际于 2012 年 12 月 5 日揭牌，其定位为面向海外工程承包的组织、实施者，依托国家海外战略和布局的策划、对接者，开拓以资本为驱动和引领的发展者，面向国家战略、业主、市场的全链条资源整合者和解决方案提供者。目前市场覆盖 50 多个国别，先后承揽 2022 年卡塔尔世界杯主场馆——卢塞尔体育场、莫斯科地铁、马来西亚吉隆坡四季酒店等 150 多个海外项目。

铁建国际作为中国国际工程承包企业代表力量，在"一带一路"建设以及后疫情时代背景下，积极探索国际工程承包企业海外"家文化"建设，坚持与时俱进、与海外职工切实需求相结合，创造性地开展企业员工思想政治工作，真正想海外员工之所想，急海外员工之所急，把"1+N"家文化建设转化为海外业务成长、发展的重要保障和推手。

铁建国际"缘定新丝路，最美中国红"——海外员工集体婚礼现场

二、主要做法

（一）汇聚"1"个亲情服务中心点

推进亲情服务体系建设，制定《海外员工亲情服务体系暂行办法》，搭建"一体两翼三重"（"一体"即服务海外员工工作体系，"两翼"即激励和保障两项机制，"三重"即健全工会委员、工会组长、总部员工三个层面服务海外员工机制）服务体系。梳理特别关怀、重点帮助和一般关怀三类服务对象，建立亲情档案、亲情联络员和亲情调解员三项服务制度。

近年来，铁建国际坚持开展重点家庭重点关怀，发挥爱心女工和工会组长作用，先后对 500 余名海外员工及家属明确了联络员，通过定期沟通、主动服务，推动和谐家庭、和谐企业建设，增强企业向心力和凝聚力。

（二）开展"N"项品牌工程

铁建国际结合"我为群众办实事"活动，丰富和发展海外"家文化"，开列惠及职工切身利益的润心工程清单，用"心"做工作，用"爱"出实招，营造内和外顺发展环境。

一是安心乐业工程。在推行京外调干、高层次人才引进、应届大学毕业生接收、国外留学生招聘、北京市积分落户、解决两地分居"六位一体"进京落户政策的基础上，与北京市人社局积极沟通，争取到非京籍员工北京市工作居住证的办理指标，为帮助员工定居北京生活等扫清了后顾之忧，提供了闭环保障。

二是员工成长工程。着眼境外业务多元化发展的需求，大力推行外语能力评定、职业等级评定和海外工作经历认定，拿出薪酬的 20% 作为奖励工资，调动了员工尚学强能的主动性。每年组织 9 大类专业技能培训，超 3000 人次参加，有效提升员工业务素质。重视提升员工国际商务礼仪素养，参加北京市文明礼仪大赛，囊括"特等奖""最佳组织奖""卓越礼仪之星"三项最高奖。

三是福利保障工程。在为员工缴纳"五险一金"的基础上，个性化定制补充医疗保险、人身意外险、企业年金和补充住房公积金，同步推行更加全面的补充重疾险。形成"八险三金"职工福利保障体系，让广大员工享有更全的保障待遇，员工获得感、安全感进一步提升。

四是安全保障工程。疫情期间，坚持把疫情防控作为群众最关心的实事持续抓好，在国内疫情初起之时，紧急从国外筹集 12 万多只口罩，寄发 1100 多名员工家中。海外疫情暴发后，斥资近千万元，向境外发运防疫物资 66 批次，覆盖 45 个国家和 80 多个境外机构。指导境外机构全部建立应急预案；协调解决 54 个检测机构、87 家收治医院、1100

个隔离房间；邀请防疫专家常驻集团总部，在线接诊、答疑、辅导上万次。为境外员工筑起抗疫"防火墙"，守住了"两稳、两争、两保"目标，得到国资委境外疫情防控领导小组的表扬。

五是心理健康工程。因境外工作特殊性，启动员工心理健康 EAP 项目，为 1000 多名员工购买心理健康智慧服务，组织全员心理健康检测，举办管理者培训和员工心理讲堂，平台会员首月活跃超 12000 人次，建设了一支覆盖全球市场心理咨询队伍。

六是婚恋服务工程。针对境外青年员工婚恋交友难题，创建"我的后半生"婚恋平台，开发"丝路有约"手机客户端，与新华社、中国航天等系统内外 60 余家在京单位建立共享机制，累计注册会员 2000 余人，定期组织交友活动，促成了 50 多对平台会员喜结良缘。连续在海外为当年结婚的员工举办集体婚礼，让员工尽享人生幸福时刻。

七是家庭关爱工程。把员工家庭纳入关怀视野，把员工家庭作为重点帮扶对象，把巩固境外员工后院作为家文化建设的重要部分，进而形成家企共谋发展的大局，营造企业、家庭双和谐的发展氛围。隔年组织员工亲属座谈会和子女夏令营。常态化举办员工"七彩生日会"，累计覆盖境外员工 10000 多人次；为退休员工举办退休欢送会，送去企业温暖关怀。

八是爱家兴家工程。扎实做好海内外员工思想政治工作，厚植爱国爱党、为国争光的家国情怀。全体员工以争当"一带一路文明之师"的使命意识，带动中国方案、中国技术、中国智慧走向海外，共建文明"一带一路"，助推企业高质量发展。获评"全国文明单位"，开设中国铁建系统内首个海外劳动竞赛试点、斩获首个海外工程詹天佑奖等。

（三）"家文化"的丰富与尝试

一是拓展海外"职工之家"。国际工程承包企业员工来自全球各地，不同国家、不同种族的员工生活工作在一起。铁建国际团结各国别员工，积极构筑"家文化"氛围。每逢中国春节、中秋节、穆斯林古尔邦节、开斋节等中外民族节日，全体员工一同吃月饼、包饺子、写对联，一同举行会礼、吃开斋饭等，构筑起"同一个家"的文化氛围，有效拉近中外员工心理距离，促进中外文化相互融合。

二是共建美丽"地球家园"。坚持融入属地、扎根属地，与属地共同发展。在特立尼达和多巴哥，建设者们累计加班上万个工时，建成首个特多版"火神山医院"，赢得该国总理"为特多人民提供了最高级别防护"的真诚点赞；在安哥拉，卡宾达供水项目让 60 万安哥拉人用上干净的自来水，施工中为绕开当地"灵树"类的大型植被，把管道多铺设了 60 公里……铁建国际始终与驻在国合作伙伴及民众手挽着手，在融入当地、扎根当地、建设当地的过程中，收获了友谊、赢得了尊重、推动了企业健康有序发展。

三、成效启示

针对海外特殊情况，铁建国际在实践中逐步探索形成了"1+N"家文化建设品牌，以实实在在的"建家"保障，通过"大家"与"小家"、企业与职工的联动，有效缓解了海外员工面临的种种精神思想压力，提升了员工安全感、幸福感和获得感，稳定了员工队伍，增强了企业向心力和核心竞争力，熔铸了胸怀全球、志存高远的坚定信念，具体工作启示如下。

（一）坚持"三个原则"

1.因地制宜、因国施策。"家文化"建设应立足属地实际，根据属地政策、地区形势、员工规模、企业特点等具体情况，鼓励所属不同国别地区的公司相互借鉴有益经验，但不能照抄照搬。同时，要立足详细的属地及文化调查研究基础，制定因地制宜的建设举措，提升活动成效。

2.因时制宜，因事制宜。"家文化"建设应根据不同时期、不同发展阶段的具体情况，灵活调整或采取适当的措施，注重整体与细节辩证统一。2015年"马里事件"的发生，进一步强化了中国铁建全系统境内外员工安全意识，海外安全教育行动被逐步纳入"家文化"建设管理体系。

3.因人而异，因势利导。"家文化"建设应充分发挥各属地国驻外机构、中外员工主体作用，充分了解员工需求，调动员工内在动力，精心策划谋划计划方案，确保活动取得实效。

（二）推进"两化"建设

1.推进标准化建设。"家文化"建设需以标准化规范化建设为抓手，明确家文化建设目标、制度、流程、载体、方法。铁建国际相继出台《关于开展海外员工集体生日会的通知》和《境外员工亲情服务体系暂行办法》，通过规章制度固化员工子女夏令营、亲属座谈会隔年交叉举办等安排，形成"家文化"建设标准体系。

2.推进定制化建设。"家文化"建设应与时俱进，创新开展定制化建设及服务。铁建国际为平台全球单身会员量身定制"零时差环球恋爱之旅"活动，为"一带一路"9对新人精心策划集体婚礼等取得良好反响的实践成果，是"家文化"定制化服务的具体实践。

铸造红色引擎　赋能高质量发展

一、基本情况

中信银行福州分行为中信银行一级分行，成立于 1999 年 4 月，是最早入驻福建的股份制商业银行之一。下辖 7 家二级分行，共设有 52 个经营网点、105 个党组织；现有员工 1494 人，其中党员 694 人、占比 46.45%。近年来，中信银行福州分行在本部办公大楼建设占地 1100 多平方米的党建馆，打造员工思想政治教育平台阵地，充分发挥思想政治工作统一思想、凝聚共识、鼓舞斗志、团结奋斗的重要作用。

二、主要做法

（一）以思想伟力启发人，找准强化理论武装切入点

坚持把党建馆作为强化理论武装的重要载体平台，配套出台《中信银行福州分行党委关于建立学习贯彻习近平新时代中国特色社会主义思想长效机制的实施意见》，明确 10 项具体要求，细化考核指标，引导党

中信银行福州分行员工加强理论学习

员干部职工把学习贯彻习近平新时代中国特色社会主义思想与学习传承习近平总书记在福建工作期间的科学理念、宝贵经验和优良作风结合起来，并转化为工作思路方法、成效。坚持每月组织同城党支部和青年理论学习小组、每季组织各二级分行党委、每年组织异地党支部和各级团组织到馆参观学习。以"第一议题"、分行党委理论学习中心组、党课辅导、主题宣讲、党建共建等方式推动党的创新理论学习走深走实。常态化组织各级党组织书记专题学习《习近平在福建》系列采访实录，结合实际工作分享学习体会。邀请中央宣讲团成员、省委党校、省委讲师团的专家学者为全辖宣讲，解读党的二十大精神。近三年累计在党建馆开展各类主题学习活动1000多场次，与社会各界开展联学共建900多场次。

（二）以"滴水精神"塑造人，打造高质量发展"硬支柱"

充分发挥党建馆学习载体作用，组织引导干部员工深入学习习近平总书记在福建工作期间留下的精神思想财富和重大实践成果，汲取智慧力量。特别是大力传承弘扬习近平同志在宁德工作期间提出的"弱鸟先飞"理念、倡导的"滴水穿石"精神，在福州工作期间大力倡导践行的"马上就办、真抓实干"工作作风，有效提振员工精气神，激发了不甘落后、改变面貌的斗志和干事创业的热情。中信银行福州分行连续三年召开"滴水精神"表彰大会，累计授予 32 个优秀团队和个人践行"滴水精神"特别贡献奖，并组织开展"我是一滴水"主题宣讲，汇编《我是一滴水》先进事迹并下发全辖员工学习，通过常态化、全方位、全覆盖式宣贯，引导教育干部职工深刻理解中信集团创始人荣毅仁"我们要为国家发挥'一滴水'的作用"的教诲，自觉把个人的努力和职业追求融入集体事业当中，使"我是一滴水"成为全辖上下共同的身份认同和价值追求。同时，深入开展"树标对标夺标"高质量发展活动以及"人人争先进、事事要一流、项项夺冠军、处处有亮点"争先创优活动，广泛开展党员示范岗、党员责任区、党员突击队、团员先锋岗等"亮身份，当先锋"活动，强化典型示范引领，营造学习榜样、崇尚榜样、争做榜样的浓厚氛围，使"弱鸟先飞、滴水穿石""马上就办、真抓实干"成为员工的自觉行动。

（三）以"红色基因"感召人，赓续实业报国的初心使命

坚持把党史学习教育、形势政策教育与银行经营管理工作、企业文化建设结合起来，引导党员干部群众牢牢把握中信集团"践行国家战略、助力民族复兴"的发展使命，传承红色基因，胸怀国之大者。中信银行福州分行将学习习近平总书记关于金融工作的重要论述与"四史"学习结合起来，与学习中信集团和中信银行的发展历程结合起来，通过组织党员干部群众到馆参观学习、观看教育短片、座谈交流，以及聆听集团、总行领导、专家授课等形式，引导教育党员干

部群众深刻感悟中信集团光荣传统、家国情怀，赓续实业报国的初心使命。

同时，坚持回归本源，全面提升服务实体经济能力，在助力新福建建设中彰显使命担当。中信银行福州分行携手中信建投证券协助晋江市政府对当地分散的国企资源进行整合，助力拓宽融资渠道，降低融资成本，成功打造出"晋江发债模式"，目前已累计发行融资124亿元，可节约资金成本6亿元，并在福建加快应用推广。服务实体经济质效监测评价2019年至2021年连续三年居可比同业前三；连续三年在福建省金融办、省财政厅、人民银行福州中心支行、省银保监局等四部门服务民营企业和中小微企业发展激励评价中获奖。截至2022年末，中信银行福州分行制造业贷款规模、战略新兴产业贷款规模、民营企业贷款规模较2018年末分别增幅58%、223%、19%；乡村振兴贷款规模较2021年增幅121%。

（四）以群众路线凝聚人，广泛汇聚员工智慧和力量

出台《密切联系员工工作制度》《各级党委领导班子成员联系基层党支部工作制度》《党委班子成员加强自身建设，密切基层行联系"1+3"工作制度》等文件，持续改进作风，推动管理部门向基层一线赋能，进一步密切党群关系、干群关系。每年开展"党委班子成员蹲点暨百名管理干部下支行"行动，每次选派百余名管理干部深入分支机构，与基层员工想在一起，干在一起，为分支机构累计解决困难问题1200余件。积极开展员工家访，依托"行长信箱""分行听你说"以及每季度意识形态问卷调查，广泛收集员工意见建议，及时回应员工关心关切，加强人文关怀和心理疏导。深入开展"我为群众办实事"实践活动，帮助职工解决医疗、用餐、子女入学等方面的困难，用心做好困难职工帮扶及职工结婚、生育慰问工作。积极开展"十个一"（开通一条心理辅导热

线，开辟一条网上问诊、线上挂号的服务专线，建立一个职工意见反馈平台，建设一个分行"职工之家"，每月举办一场集体生日会，每季组织一场退休职工座谈交流会，每年组织一次对困难职工的家访，每年举办一场鹊桥活动，每年组织一场职工趣味运动会，每年组织一次春节异地在榕职工集体年夜饭）职工关爱活动，不断增强员工归属感、获得感、幸福感。

（五）以伟大梦想激励人，淬炼思想升华境界锻造过硬队伍

每月在党建馆举办党员集体政治生日会，重温入党誓词，增强党员身份意识。通过在馆举办"一月一主题"党课、青年党员讲党史，开展主题党日，观看爱国主义教育电影、庆祝建党 100 周年"七一"大会实况直播、党的二十大开幕会实况直播，举办"红歌献给党"合唱比赛，承办"喜迎二十大奋进新征程"驻闽中央单位朗诵比赛、福建金融系统青年干部学习贯彻党的二十大精神宣讲会等形式，深刻感悟中国共产党为中国人民谋幸福、为中华民族谋复兴的初心和使命，激发爱党、爱国、爱社会主义情怀。每年组织新员工赴党建馆开展为期 2 周的入职教育培训，引导大家"扣好人生第一粒扣子"。组织青年员工学习习近平总书记在厦门工作时与厦门大学学生张宏樑交往交流、关心青年成长的故事，并邀请张宏樑来行与青年骨干座谈，引导教育青年"志存高远、行循自然"。邀请"全国优秀共产党员"、党的二十大代表、《习近平在福建》采访实录受访者林占熺教授，"全国脱贫攻坚先进个人"、《习近平在宁德》采访实录受访者王绍据，"七一勋章"获得者林丹等为全辖上党课、开展专题讲座 60 余场次，引导教育青年树立正确的人生观、事业观、价值观，不断提升综合素质和专业水平。

三、成效启示

（一）政治优势转化为发展优势

通过深入开展思想政治教育，强化党的创新理论武装，全辖上下更自觉地以习近平新时代中国特色社会主义思想指导实践、推动工作，积极践行金融工作政治性、人民性，不断增强专业性。党的领导全面加强，党建与业务有效融合，服务实体经济质效持续提升，风险防范化解能力不断增强，各项监管评价全面跃升。

（二）党建品牌汇聚红色动能

中信银行福州分行通过依托党建馆广泛开展联学共建，目前已与800家单位达成党建共建关系，并促成一大批业务合作。党建馆在用于内部员工学习教育的同时，至今累计接待社会各界参观学习6万人次，成为福建党员群众的红色打卡地，有效提升了分行口碑声誉和社会形象。

（三）夯基固本才能行稳致远

通过抓实抓细思想政治工作，员工队伍精神面貌焕然一新，工作作风持续改进，能力本领显著增强，业务发展由"全行垫底"到"奋起直追"再到"跻身中游"，成功实现从连续D类行到连续三年B类行的跨越。2019年以来先后荣获中国银行业文明规范服务百佳单位、"全国金融先锋号"、福建省"青年文明号"、福建省五一劳动奖状等国家、省级以及中信集团、中信银行授予（集体）荣誉40余个。

"四心促创芯"：凝心聚力促进企业发展

一、基本情况

上海贝岭股份有限公司（以下简称"上海贝岭"）隶属中国电子信息产业集团有限公司（以下简称"中国电子"）所属华大半导体有限公司。上海贝岭成立于 1988 年，是国内集成电路行业最早的中外合资企业，也是改革开放初期成功吸引外资和引进国外先进技术的标志性企业，经过三十多年发展，如今的上海贝岭已经发展成为一家拥有 4 家子公司，6 个党支部，在岗职工 603 人，在册党员 118 人的央企下属国有控股上市企业。上海贝岭党委坚持把抓实思想政治工作作为常态化任务融入企业改革发展实践，教育引导广大党员领导干部和职工群众，积极推动上海贝岭转型换挡高质量发展，切实践行"用'芯'创造美好生活"的企业使命。

二、主要做法

上海贝岭党委贯彻落实"一二五五九"党建工作法，践行"四芯促

上海贝岭组织员工开展团建活动

创芯"工程，坚持凝心聚力促发展，围绕中心工作开展思想政治工作，促使广大干部职工自觉把企业发展任务转化为共同努力目标，推动企业高质量发展。

（一）聚人心，增进企业高质量发展共识

公司党委通过"第一议题"、"首要议题"、知识答题、专题讲座等多种途径，组织党员干部和职工群众深入学习贯彻习近平总书记关于网信事业和半导体行业的系列重要讲话和指示批示精神，结合公司经营实际认真学习领会习近平新时代中国特色社会主义思想，引领干部职工坚定不移听党话、跟党走。近年来，共开展"第一议题"学习27次，"首要议题"学习53次。以开展主题教育和学习实践为契机，覆盖党员干部职工群众约1万人次，把"讲政治"贯穿于党性锻炼全过程，促进全体党员尤其是党员领导干部不断提高思想认识水平、锤炼党性修养。引导党员干部清醒认识、准确把握"两个大局"深刻内涵，不断提高"政治三力"，坚决贯彻落实党中央和上级组织决策部署，以更强的使命感、责任感应对日益复杂的半导体行业发展形势。

公司党委充分发挥"把方向"作用，直面公司设计主业成长上的短板，以中心组"谈芯谋发展"专题读书班为载体，推动制定"十四五"时期的发展规划，组织经营班子成员、各事业部和产品线负责人等，重点聚焦各业务板块的五年发展规划、三年技术发展路线以及一年产品研发计划开展深入研讨。所属党支部围绕经营中心工作，举办"履职践初心，勇毅显担当"系列交流活动，分享"立足本职岗位做贡献、能力提升计划、先进理论知识、优秀工作经验"等内容，有效促进支部建设、党员党性锤炼与业务工作相融合，为推动企业高质量发展凝聚广泛共识。

（二）暖人心，建立企业职工命运共同体

不断完善以职代会为基本形式的企业民主管理制度，组织职工依法进行民主管理。建立健全司务公开制度，定期举办合理化建议活动，保障职工的知情权、参与权、表达权、监督权，使企业领导班子自觉接受党内监督、群众监督，确保权力在监督下有效运行。充分畅通公司经营班子和广大员工之间的沟通渠道，定期组织员工沟通会 10 余场次，累计收到合理化建议 500 余条并逐项进行研究反馈。每年定期组织员工开展健康体检，保障员工身心健康，组织春秋游、团建等文体活动，开展传统节日慰问和生日慰问。制定完善人才公寓制度，为来沪员工解决住宿问题。定期开展困难员工帮扶工作，及时解决职工工作、生活中的实际困难。在三年抗击疫情中，上海贝岭坚持"人民至上、生命至上"，第一时间关注受困员工生活情况，研究落实纾困方案，通过成立"物资保障党员突击队"，先后 4 次组织渠道协调运力，配发果蔬菜肉等物资，有力保障了 280 余名在沪员工的基本生活，增强了员工的向心力和凝聚力。

（三）稳人心，夯实企业发展的队伍根基

公司党委针对半导体行业经营环境的新变化和芯片设计企业职工队伍结构特点，深入基层一线开展调研，通过谈心谈话，掌握员工思想，做好释疑解惑、排忧解难、稳定人心工作，实施人才保障措施和相关激励机制，为公司后续健康发展打好基础。面向核心骨干和设计研发人员，组织实施限制性股票激励计划，首期向 100 名激励对象授予 500 万股，第二期向 200 名激励对象授予 900 万股，使员工与企业形成利益共同体，提升员工主人翁意识，提高工作主动性和自觉性。同时，落实"传帮带"导师制度，加快员工培养，定期举办"工程师论坛"和"职工技术讲座"，组织各专精特长技术人员分享芯片设计过程中的实战经验，有效盘活设计人员的"知识库存"，促进积累增值。

（四）得人心，激发广大员工的爱企情怀

组织动员各岗位专家能手积极参与上海市"智慧工匠"大赛、"张江康桥杯"长三角集成电路技能大赛之国产 EDA 实战赛，开展"抗疫先进分子"评选、劳模讲座等活动，深入传承劳模精神、劳动精神，激发员工爱岗敬业意识。积极培育"工程师文化"，立足企业转型发展实际，坚持"以人为本"核心理念，把员工发展作为企业战略目标的重要内容之一，不断拓展员工发展平台和个人价值实现途径。在推动公司转型高质量发展的进程中，通过组织各业务单元制定规划—定期检阅—跟踪问效—滚动修订的方式，突出"担当""提效""突破"的导向，引导全体员工凝心聚力，不断谱写高质量发展新篇章。

三、成效启示

上海贝岭贯彻落实"一二五五九"党建工作法，践行"四芯促创芯"工程，围绕中心工作开展思想政治工作，进一步凝聚了企业高质量发展共识，夯实了企业发展的队伍根基，具体工作启示如下。

（一）员工担当精神有效激发

责任担当意识体现着党员干部的胸怀和勇气，有大担当才有大格局，才会有大成就。上海贝岭党委始终贯彻落实中国电子"责任、创新、务实、团结"作风和"诚信、创新、责任、公平"企业价值观，把责任担当扛在肩上，通过思想政治工作提升党员干部责任意识，有效激发敢于担当责任、勇于直面矛盾的政治品格。近年来，当面对生产经营、抗疫保产中的急难险重任务时，通过组织党员突击队、党组织攻坚项目等，啃下经营发展的"硬骨头"，顺利完成 20 余项攻坚任务，有力展现了贝岭人的奋斗精神和担当意识。

（二）队伍创新意识有效提升

加强思想政治工作，必须坚持理论学习和实践发展相结合。既要勤于学习新知识、掌握新知识，也要善于在实践中运用新知识；既要学习党的理论，也要提升专业技能，做到以知促行、以行促知、知行合一。既要善于根据新形势新任务，制定新标准、明确新要求，更要坚持不断提升创新能力，勇于向改革发展中的难点痛点发起挑战，敢于突破常规，把事情干成、干实、干好。目前，上海贝岭已形成高速 ADC 和高精度 ADC 两个产品系列，相关技术达到国内领先，在核磁共振、电网保护、工业控制等领域实现规模应用；电源管理芯片进入汽车前装市场，功率器件业务完成特高压 MOSFET、SGT、IGBT 等平台产品开发及客户导入，新一代单相和三相智能计量芯 SoC 已经成功导入国内主要电表企业。

（三）企业发展合力有效汇聚

上海贝岭加强人才队伍建设力度，深化"双培养"工作，多渠道培养、全方位用好人才，把人才"第一资源"与发展"第一要务"紧密对接，为公司高质量发展储备了一大批人才。通过抓实思想政治教育，以高度的政治自觉和责任担当，团结和带领广大干部职工迎难而上、踔厉奋发，实现了各项经营数据稳步提升。至"十三五"末，公司营收从 5 亿元增长至 20 亿元，利润从 3000 万元增长至 4 亿元，总资产从 21 亿元增长至近 50 亿元，几项主要指标均创下历史新高，较好实现了国有资产的保值增值，在高质量发展的征程上迈出了坚实一步。

"院子里"物业破解城市小区治理难题

一、基本情况

重庆助友创美物业管理有限公司（以下简称"助友创美"）成立于 2003 年，服务类型涵盖酒店、学校、医院、公园、机场、住宅、商业、机关办公楼等，现有职工 4000 多名，服务面积超 4000 万平方米，在管服务项目 174 个。物业服务业是现代服务业的重要组成部分，物业管理连接着居民生活服务的"最后一公里"，是满足人民群众美好生活最直接的抓手和城乡基层治理的重要支撑。近年来，助友创美坚持以党的建设为统领，发挥思想政治工作在社区治理中的重要作用，持续擦亮"院子里"物业思想政治工作品牌，走出了一条城市小区社会治理创新之路。

二、主要做法

（一）形成联动机制，凝聚多方工作合力

一是组织延伸到楼栋。依托小区党群服务中心成立党支部，由社区

助友创美举办"院子里"邻家故事会

副书记担任书记，公司选派党员骨干任副书记，遴选优秀业主党员任委员，凝聚街道社区、物业企业、小区业主多方力量。以楼栋为单位划分党小组，选拔居民认可度高的业主代表作为楼栋长、楼层长，将基层党组织的战斗堡垒延伸到楼栋里，实现"党建抓起来、民心聚起来、和谐促出来"目标。二是资源下沉到小区。加强与住建、城管、公安、民政等职能部门以及各类社工机构、志愿服务组织等社会力量的工作联动，以党建引领赋能基层治理，推动服务资源下沉小区。邀请人大代表、政协委员、社会贤达等不定期深入小区、深入群众，广泛收集意见建议，有针对性地答疑解惑，把问题化解在萌芽状态，年均解决问题 1000 余个。三是平台搭建到门口。推进物业客户中心向党群服务中心转化，打造集党员教育、居民议事、纠纷调解、学习充电等多功能于一体的小区"红色议事厅"，并以此为主阵地，主动对接群众需求，搭建民主协商平台，全面推行自治阵地"众筹"、小区事务"众议"、公益服务"众行"、小区文化"众享"的"四众"互助自治模式，形成"家"人共商、共办、共享的良好局面。

（二）突出共治共享，做优做实暖人服务

一是信息服务畅通"民情线"。坚持问题导向、紧跟时代步伐，以数字化赋能物业管理，提升服务质效。邀请软件设计公司开发"群蜜"门禁管理系统，设置"业主大会堂""小区党支部""小区互助群"等端口，嵌入信息发布、学习交流、交友互助等多项功能。有效联动住建、应急等部门信息平台，及时上报群众反映的物业管理、邻里纠纷等问题，确保"件件有着落，事事有回音"。二是专项服务攻坚"梗阻点"。聚焦居民反映最突出的停车难、环境差等痛点难点问题，开展基础设施改造、公共服务优化、人居环境美化、管理机制完善、文明素养提升"五大"专项行动，推行盯处理过程、盯办结时限、盯解决成效"三盯"工作法，集中解决占用消防通道、高空抛物、乱扔垃圾杂物等突出问题 1150 余个，小区路更畅、房更美、景更靓，居民的"心气"也更顺了。三是志愿服务传递"人间爱"。在各服务小区成立纠纷调解、爱心义工、质量监督、文体活动 4 支"红色先锋"志愿服务队，每年常态开展文明创建、帮扶救助、环境整治等志愿服务 700 余场次，奉献、友爱、互助、进步的志愿精神在小区邻里间接续传递。全面推行志愿服务积分制，按照"一次一记录、一月一审核、一季一公示"原则，根据志愿服务类别、事项、时长、频次等确定积分。科学制定积分管理制度、奖励兑换制度，积分可用于兑换日用品、减免物业费等，从而激发居民参与小区治理的积极性，增强志愿者的获得感、荣誉感，变"要我参与"为"我要参与"。

（三）注重引领带动，打造强劲有力引擎

一是红色教育润心田。结合形势政策宣传，依托小区党群服务中心，组建"红色图书角""地方党史驿站"等平台，开展"红色文化""党史教育""孝廉文化"等主题宣传教育活动300余场。利用小区宣传栏、公示栏、文化墙、物业客户端等，广泛宣传党委政府的方针政策，让党的创新理论"飞入寻常百姓家"。二是多彩活动树新风。结合"端午""中秋"等传统节日和"七一""十一"等重大节日，开展诗词诵、音乐汇、舞蹈赛等喜闻乐见的文娱活动和运动会、拔河赛、故事会等丰富多彩的传统项目，弘扬中华优秀传统文化，丰富居民精神文化生活，传播文明理念，践行文明新风。三是身边榜样做示范。以"邻家榜样"品牌为总抓手，坚持公平、公正、公开，采取重点推荐与公开评选相结合，经党员、居民代表不记名投票、公开唱票，以及社区"两委"确认和资格审查，每年评选出"模范党员""最美志愿者""孝善之星""感动人物""文明家庭"等与居民生活息息相关的先进榜样100余人，掀起人人学楷模、户户争榜样的热潮。以学习宣传贯彻党的二十大精神为契机，遴选先进典型22人组成"榜样面对面"宣讲团，在各小区开展巡回宣讲60余场，将党的二十大精神送到居民心坎上。

三、成效启示

助友创美"院子里"物业以思想政治工作成功破解城市小区治理难题，实现从"单打独斗"到"整体作战"、从"封闭独立"到"共商共议"，从"条块分治"到"协同共治"，为相关物业企业提供了有益启示。

（一）坚持党建引领才能"把好舵"

加强党对一切工作的领导，这一要求不是空洞的、抽象的，而是要落实到各领域各方面各环节。物业管理是城市社区治理的"最后一公里"，应积极探索党建引领物业管理等新举措，推动构建共建共治共享的基层治理新格局。助友创美物业公司坚持党建引领，把党组织延伸到基层治理最末梢，充分发挥党组织的政治优势和组织优势，把党员组织起来、把人才凝聚起来、把群众动员起来，在做好物业管理服务的同时，传递党的声音、理顺社情民意、调解矛盾纠纷、共建幸福家园。

（二）打破资源壁垒才能"扬好帆"

单一物业企业力量薄弱，打破小区治理僵局关键要统筹好社会资源，发挥居委会、业委会和物业服务企业多元主体群策群力、群智群治的作用。助友创美物业公司推行"小区党支部＋业委会＋物业企业"小区治理模式，实施党建联席会、居民议事会、物业服务联席会等多会联动，畅通信息渠道、下沉治理重心、汇聚条块合力，打破原来各自为政的管理"硬壁垒"，解决了小区治理中力量不足、效率低下等问题，实现社会资源整合互补、平台共享共用。

（三）聚焦群众需求才能"行好船"

群众满意度是衡量物业服务的唯一标准。不管是物业管理还是小区治理，面对的往往是居民群众身边最操心、最关注的事。助友创美物业公司着力解决群众身边最关心、最直接、最现实的问题，真正将以人民为中心的发展思想落实到具体人、具体事、具体工作上，做到群众需求在哪里，工作就跟进到哪里，让物业服务成为传递党的温暖、巩固党的执政基础的重要途径。

不断提高基层思想政治工作质量和水平

2023年基层思想政治工作优秀案例

下　册

中国政研会秘书处　编

人民出版社

CONTENTS

（下册）

1

创新实施"2345"工作法
抓出思想政治工作"生产力"

一、基本情况

宜宾天原集团股份有限公司（以下简称"天原集团"）由著名爱国实业家、中国氯碱化工创始人吴蕴初先生于 1944 年创办，是我国最早的氯碱化工企业之一，现有员工 5300 余人，在册党员 500 余人。天原集团党委积极探索思想政治工作的新路子，在深入推进"党建 685 系统工程"的进程中，全面实施"政治思想引领工程"，创新探索"2345"工作法，即实施"双联双带"、抓好"三个贴近"、创新"四个转变"、抓实"五式教育"，助推天原集团建设世界一流企业。

二、主要做法

（一）实施"双联双带"，实现思想政治工作"双向贯通"

探索构建"双联双带"工作机制，实现管理人员与员工的"双向贯通"，切实为员工在思想上解惑、精神上解忧、工作上解难。

天原集团开展"青原读书会"活动

一是领导联系进基层，自上而下带"精神"。实践五个一"一线工作法"，推行《党委委员党建工作联系点制度》《领导干部联系指导基层工作实施办法》等机制，领导干部自上而下深入分管领域讲政策、讲形势、听意见、抓指导，让思想政治工作触角延伸到生产和项目一线，全面引领广大干部职工在推动公司高质量发展中思想一致、行动一致。

二是组织联谊增情谊，自下而上带"需求"。推行员工思想预警机制，依托工会组织网络体系，每周自下而上收集员工思想动态，形成"收集—分析—处理—反馈"信息链。实施"员工百分百督导管理"，建立"五必谈五必访"及"一帮一"机制，当好职工群众的贴心人，实现管理人员与员工之间的"真爱、真严、真帮"，有效理顺、疏解不利于改革发展的消极心理和不良心态，确保了员工队伍稳定健康。

（二）抓好"三个贴近"，打通思想政治工作"最后一公里"

坚持"用心、用情、用力"的工作理念，让思想政治工作更加贴近实际、贴近生活、贴近员工。

一是贴近实际稳人心。建立"领导＋课题"机制，开展"开门问计"活动和"大学习、大讨论、大调研"活动，多层次了解员工意见，掌握员工思想动态，为公司科学决策提供依据，真正解决员工"急难愁盼"问题。

二是贴近生活感人心。以亲情管理创新载体，走进员工生活，为思想政治工作注入更多的人文情怀。发动广大员工及其家属参与"清廉家庭""安全家书""最美家庭"评选等，营造"三不腐"和人人关心安全的氛围，扎实推行文化建设、廉洁教育、安全生产亲情化管理。

三是贴近员工暖人心。坚持把"全心全意依靠员工，热心诚意服务员工，真心实意帮助员工"作为开展思想政治工作的宗旨，常态化做好"夏送凉、冬送暖"工程，建立职工帮扶基金，开展"我为群众办实事""普惠特惠"、金秋助学等活动。公司还特意为物流货车司机群体打造了"三心微家"文化服务阵地，解决了常年在路上、吃住在车上、待装待卸时间长等现实问题，真正把工作做到了员工心坎上。

（三）创新"四个转变"，推动思想政治工作"四力提升"

注重转变思维观念、改进方法手段，创新"四个转变"，不断提升思想政治工作的引领力、驱动力、创造力、凝聚力。

一是由"纸上谈兵"向"实训演练"转变，提升思想政治工作引领力。采取内外部"双轨道"实训机制，对内严格落实第一议题、"三会一课"等基本制度，结合企业文化"大比拼"、政治理论"大PK"、"党课开讲了"等特色活动，全面夯实干部职工思想根基；对外充分运用文化资源，依托周边红色教育基地、实践创新基地等现场教学课堂，将"情境"向"实境"推进，引领员工坚定不移听党话、跟党走。

二是由"碎片化"向"体系化"转变，提升思想政治工作驱动力。建立健全工作机制、组织保障、激励机制、考评机制等"四个体系"，推动思想政治工作朝着系统化方向发展。充分发挥党委思政主阵地作用，依托实施工会"三大工程"、开展青年筑梦"五大行动"、打造"同心'原'梦"统战品牌，构建起党委领导、行政支持、工会联动、团委助力"四方协同"的"大政工"格局；建立"集团党委—基层党组织—党小组—车间（班组）—员工"的五级组织保障体系，推动形成"管理者主动、基层推动、员工自动"的思政工作新格局；建立健全思想政治工作责任制，分级分类制定思想政治工作责任清单，把思想政治工作纳入党建工作目标考核，由"软指标"变为"硬约束"，推动考评机制体系化。

三是由"单一守旧"向"多元创新"转变，提升思想政治工作创造力。重视培养员工主人翁意识，着力打造企业与职工的利益共同体、事业共同体、命运共同体，结合公司入选"天府综改企业"优势，探索中长期激励机制，实现企业和员工效益共创、利益共享。坚持载体平台创新。结合打造"数字化"党建，构建起"互联网 + 思想政治工作"的新平台，建立"天原先锋"公众号、党建门户、《天原》报电子媒介等，同步完善网络舆情管理机制，推行宣传网络联动机制，让新媒体技术赋能思想政治工作。

四是由"单打独斗"向"联合作战"转变，提升思想政治工作凝聚力。统筹打造以专职骨干、兼职人员、思政专家、先进典型、志愿队伍为主的五支思想政治工作力量，先后组建天原"内训师"队伍、"天原先锋"宣讲队、"青说天原"青年宣讲队等，通过专兼结合的多方力量联合，解决员工思政教育"谁来教"的问题，保证"教得好"的现实需求。

建立党群工作专兼职人员"划片包干"责任制,在车间、工序、班组构建起"网格化"管理的基层思想政治工作格局,解决"谁来管"的问题。

(四)抓实"五式教育",促进思想政治工作"增进五度"

创新以"平台式、互动式、分享式、实践式、示范式"五式教育管理模式为抓手,提升了思想政治工作针对性和实效性,解决了员工思想政治教育"怎么教""怎么管"的问题。

一是"平台式"教育管理增宽度。通过"比肩行"职称沙龙、"天原大讲堂""青原读书会"等,为员工搭建起互学互促互助的"学习平台"。通过建立"微表彰"机制,"创岗设区建队立室"先锋行动、党员创新创效工作室等,打造更多"创先争优平台",使党员干部工作有目标、有压力、有空间,形成一种"干多干少不一样、干好干坏两个样"的比赶超的氛围。

二是"互动式"教育管理增力度。以"互动式"教育模式在形式上让单向灌输转向双向交流。通过主题论坛、知识竞赛、经典诵读等方式,提高党员群众参与感。建立起"建言献策直通车",开辟合理化建议线上线下"双通道",有效激发职工在建言献策上用真力、下真功,每年搜集合理化建议近 1500 条,充分发挥员工在管理创新、技术攻关等方面的"智囊团"作用。

三是"分享式"教育管理增厚度。采取读书分享会、微党课、微宣讲等"分享式"教育模式,策划专家人才"微领学"、先锋典型"微课堂"、青述二十大"微宣讲"等系列活动,有效增强广大党员思想和情感共鸣,推动党的二十大精神入脑入心、走深走实。

四是"实践式"教育管理增深度。以实施"凝心聚力工程""五型班组""提质提能工程"为抓手,深入推进"五小"创新活动、挖潜增效"十二篇文章"、QC 活动等群众性经济技术创新活动，大大提升职工干事创业活力。建立"微课题＋微调研""两微机制"，有效激发员工首创精神，不断聚集员工在小改小革中的"金点子"，充分实践"思想政治工作也是生产力"。

五是"示范式"教育管理增情度。建立"四分类四升级"党员考评管理机制，形成一级帮带一级，模范引领先进、先进引领骨干、骨干引领合格的示范式教育梯队。建立党员先锋示范岗、党员"揭榜挂帅"攻关等机制，引导党员创先争优，以"头雁"示范去激活组织体系的每一个细胞，有效激发员工创新、创先、创优精神。

三、成效启示

天原集团党委不断探索新形势下思想政治工作新方法、新路径，创新实施"2345"工作法，做到了党政工团系统发力，有效发挥了统一思想、凝聚共识、鼓舞斗志、团结奋斗的重要作用，切实为公司改革发展鸣锣开道、扫清思想障碍，实现了思想政治工作与生产经营"两个指标一起要、两个成果一起抓"，提升了员工队伍稳定的凝聚力，增强了企业高质量发展的软实力。

（一）扩大了思想政治工作的影响力

通过不断探索新形势下思想政治工作新方法、新路径，有效发挥了统一思想、凝聚共识、鼓舞斗志、团结奋斗的重要作用，切实为公司改革发展鸣锣开道、扫清思想障碍，实现了思想政治工作与生产经营"两个指标一起要、两个成果一起抓"。公司被确定为四川省思想政治工作调研示范点，被中国化工政研会评为思想政治工作研究先进集体，近些年的营业收入、利润总额等经营业绩连创新高。

（二）提升了员工队伍稳定的凝聚力

天原集团党委紧紧围绕公司改革发展稳定和职工思想政治工作实际，牢牢把握思想政治工作的主导权，通过实施"双联双带"、抓好"三个贴近"、创新"四个转变"、抓实"五式教育"，充分发挥了基层党组织、群团组织"观测站""减压阀"的作用，多措并举解决了职工所思、所想、所盼，有效打造起凝聚人心的"强磁场"。近年来，员工队伍流失率大大降低，劳动生产率大大提高，为公司稳定健康发展提供了坚强组织保障。

（三）增强了企业高质量发展的软实力

通过高质量推进思想政治工作，提升了员工对企业的思想认同、文化认同、行动认同，在公司上下传承和弘扬了激情创业的"拼命三郎"文化、追求卓越的"创新创业"精神、具有"四永品质"的企业家精神等优良企业文化，推动公司竞争能力不断提升。

"诚信村、厚德果、幸福人": 使社会主义核心价值观深入人心

一、基本情况

北京市平谷区是全国著名的大桃之乡。刘家店镇位于平谷区的西北部，总面积 35.6 平方公里，下辖 14 个行政村，总人口 8777 人，大桃种植面积 1.44 万亩，有毛桃、油桃、蟠桃、黄桃四大系列，其中蟠桃 8000 亩，素有"中国蟠桃第一镇"之美誉，连续三年培育出国宴桃。作为平谷区的大桃主产区之一，大桃产业既是全镇的支柱产业，也是桃农们的主要收入来源。几年前，一边倒的卖方市场让个别桃农念起了生意上的"歪经"——卖"盖帽儿"桃，好桃摆上面、次桃藏下面，鱼目混珠搭售着卖。"盖帽儿"桃买卖的做法，造成了失信于客户、失信于市场的恶果，客商们纷纷离去，大桃产业逐渐滑落至历史低谷，利润同比降低近四成。

自 2012 年以来，刘家店镇党委和政府从桃农们面临的现实困境、主要问题和实际需求等方面考量，试点开展"诚信村、厚德果、幸福人"创建活动，把服务群众同教育引导群众结合起来，把满足需求同提高素养结合起来。在平谷区委宣传部的支持下，构建起区内外媒体推广、百

北京市平谷区刘家店镇"诚信之星"察看大桃长势

姓宣讲、选树典型等全方位、立体化的宣传格局，村民诚信意识、文明意识和道德水平明显提升。"吃了亏"的桃农由不重视诚信、违背诚信，变为人人讲诚信、反对和制止不诚信，最终使难点变成了亮点，"诚信桃"成为平谷大桃产业的亮丽名片，诚信精神也渗透到了刘家店镇发展和建设的方方面面。

二、主要做法

刘家店镇十年磨一"金"，通过建立"一规四线五把金钥匙"诚信体系，探索出一条行之有效的诚信建设路径，不仅打造了"诚信"品牌，还收获了如金子般珍贵的"诚信桃农"和他们用汗水浇灌出的"诚信桃"。其中，"一规四线五把金钥匙"，一规是诚信建设十年规划，四线即"诚信公约"、"诚信之星评选细则"、"诚信互助组"规则、"诚信联盟"章程，五把金钥匙是评选"诚信之星"、组建诚信互助组和诚信联盟体、打造诚信之星宣讲团和"互联网+"诚信。

（一）个位、十位、百位，逐年次推进

一是培育诚信意识。创建之初最大的问题，是桃农们并不情愿把桃卖不出去、收入减少的原因归结为自身的失信。区、镇两级宣传部门专门组织人员深入各村召开村民代表恳谈会，通过深入分析，逐步让村民意识到个别人的不诚信行为会扰乱全镇大桃销售市场、带来恶劣影响。二是讲述诚信故事。通过组建百姓宣讲团，让普通桃农成为宣讲舞台的主角，深入辖区 14 个村宣讲《桃核是心做的》《不能让诚信打折》等诚信种桃卖桃的故事，用身边人身边事教育引导身边人。三是制定诚信公约。为更好地引导桃农开展诚信种植和经营，广泛征求客商意见，组织村民共同商讨，自编创作《果农诚信公约》，以"客商与果农，约定比金重；分量给的足，厚道记心中"等内容的百字公约，涵盖了大桃生产和销售环节，约束更多桃农坚持"品质为先、诚信为本、厚德为基"。四是树立诚信典型。2014 年，全镇开始评选第一届"诚信之星"，选出胡殿文、李向林两位身边榜样、诚信典型。当大家看到胡殿文家的大桃年收入由 6 万元增至 14 万元、李向林家的大桃年收入由 12 万元增至19 万元，都竞相加入到诚信队伍中。2022 年，全镇"诚信之星"由最初的 2 名发展到如今的 159 名，从在 2 个村试点评选到 14 个村的桃农勇争先进，诚信队伍逐年壮大，诚信品牌建设受到普遍认可。

（二）星、互助组、联盟，分层级建设

一是培育"诚信之星"。从"为人做事要厚道、种良心桃要仁义、用信卖桃要诚信"等方面设置"诚信之星"评选标准，内容除涉及大桃生产、管理、销售全过程外，还从为人处世等方方面面对"诚信之星"

进行约束。同时，设置负面清单、一票否决，再通过各村"两委"推荐、村民代表评议、镇相关部门联审、镇党委审批等流程严格评选，真正让"诚信之星"成为先锋和模范。二是组建"诚信互助组"。为发挥"诚信之星"的示范作用和党员的先锋模范作用，影响带动身边桃农增进诚信意识、提升文明素养，由村"两委"和评选出的"诚信之星"或党员作为发起人，可组建"诚信互助组"，每组 20 户。符合加入"诚信互助组"桃农要严格遵守《果农"诚信互助组"规则》并签署承诺书。三是打造"诚信联盟"。对 95% 以上桃农不使用除草剂的村，可申请成立"诚信联盟"，每年对已加入"诚信联盟"的桃农进行实地审查，不合格的予以剔除，未入盟且符合条件的桃农经村"两委"审核、联盟大会同意的可以加入。截至目前，已在行宫村和松棚村建立了"四位一体"的诚信联盟体系，通过制定不同的标准，分层级进行诚信评选，调动桃农和各村积极性，吸引更多人参与到诚信队伍中，在全镇营造了人人讲诚信、户户守诚信的氛围，逐步建立起符合本镇特色，适合产业发展的诚信体系。

（三）精神、物质，多方面引导

十年来，刘家店镇以高标准、严准入的态度在全镇范围内开展诚信建设，从精神、物质等多层面进行引导，让诚信桃农不光得到实惠更收获尊重。在精神层面上，每年举行的丫髻山"蟠桃会"品牌活动中，会对当年评选出的"诚信村"和"诚信之星"进行现场表彰，颁发证书、奖牌，增强"诚信之星"的仪式感、自豪感和荣誉感。同时，除在镇域主要路口、景区周边等线下人流量较大区域对"诚信之星"进行立榜宣传外，还将他们的联系方式、种植大桃品种产量等信息在微信公众号、融媒体等平台上宣传报道，让其既感到光荣和自豪，又能给他们带来销量。在物质层面上，镇党委政府将诚信体系建设纳入财政部农村综合性改革试点试验项目，创新鼓励及奖励措施，引导桃农使用物理手段防虫、诚信种植。通过实施免费为"诚信村"安装杀虫灯、为"诚信村"的全部诚信桃农提供打草机，为"诚信之星"及其带动的诚信桃农发放绿色生物防治产品，发放印有"诚信之星"字样的专属包装箱等一系列措施，促进了诚信体系的推广与品牌化建设。同时，精心打造的"天工丫髻"自主品牌，免费授权给全镇"诚信之星"使用，让诚信有政府公信力保驾护航。

三、成效启示

（一）诚信建设展现刘家店镇新形象

刘家店镇把"诚信之星"选树作为培育和践行社会主义核心价值观的有效抓手，充分发挥模范的示范引领作用，多渠道宣传报道诚信体系建设，桃农们自觉践行"劳动致富""诚信经营""淳朴守信"等核心价值的新形象。2014 年，"诚信村、厚德果、幸福人"创建工作经验入选中宣部"全国核心价值观百家经验"；刘家店镇"诚信村、厚德果、幸福人"典型事迹及《果农诚信公约》在中央文明办相关简报刊登。诚信创建活动曾在中央电视台、北京电视台等百余家中央、市属、区属媒体重要版面作为典型进行宣传，打造了刘家店镇的诚信金字招牌。

（二）诚信建设实现桃农收益再提升

刘家店镇桃农靠诚信拉回了"客户"、确立了"声誉"、赢得了市场，诚信创建开始仅 2 年，全镇已经有 360 多户桃农年收入突破 10 万元，全镇户均增收近万元，提前实现了盛果期亩效益和人均收入双两万元的目标。自 2016 年起，刘家店镇成全区大桃销售价格高地，单价平均比周边市场高 0.3 元至 0.5 元，镇域内电商销售的精品大桃，平均单价比市场高 1 倍。2022 年，东方甄选首场户外直播为刘家店镇"诚信桃"开设专场，创造 7 分钟秒杀 10868 箱的销售纪录，桃农用微信、淘宝等网络销售的成交量也比往年多出两成左右。

（三）诚信建设擦亮文明村镇金名片

通过多年的诚信体系建设，诚信桃农、诚信公园、诚信文化墙等诚信"身影"在刘家店镇随处可见，诚信成了大家的思维习惯。"一点开花"延展"处处花香"，不仅使大桃插上了"诚信"的翅膀，全镇村民文明素养、法律意识和道德水平明显提升，形成了诚实守信、遵纪守法、尊老爱幼、礼让宽容的良好社会氛围和文明风尚。先后有江米洞村被评为"全国文明村"，刘家店镇被评为"首都文明镇"，松棚、行宫等 4 个村被评为"首都文明村"，"好桃农"胡殿文被评为"中国好人"等，在全镇营造出了学先进、赶先进、当先进的社会新风尚，有效地促进了乡风文明建设。

"红绿"融合奔共富 乡村蝶变焕生机

一、基本情况

安徽省金寨县花石乡大湾村地处大别山腹地，有着深厚的红色文化底蕴和丰富的绿色生态资源。近年来，大湾村深入开展思想政治工作，充分发挥本土红色文化资源优势，结合当地丰富的绿色资源优势，以红色党建引领绿色发展。昔日交通不便、信息闭塞、经济发展滞后的小山村，如今实现了环境优美、乡风文明、村民安居乐业的幸福蝶变，走出了一条"山上种茶，家中迎客，红绿结合"的绿色脱贫新路。

二、主要做法

（一）坚持思政引领，凝心聚力铸魂

大湾村成立村党总支第一书记、书记为双组长，村"两委"班子成员、驻村工作队员为成员的思想政治工作领导小组组织机构，明确了村党总支第一书记、书记第一责任和班子其他成员的"一岗双责"，为思

2023 年大湾村春节联欢会

政工作开展汇聚力量、保驾护航。健全完善了思想政治工作制度，制定了思想政治工作年度计划，将思想政治工作纳入党建工作全过程各方面，确保开展工作有章可循、有据可依。实施"四联四帮"工程，吸纳党员、积极分子、能人大户等 118 名联帮主体，不断汇聚村党支部领导、社会多方参与的强大合力，打通村组联动关键节点，联系帮扶全村 97 户脱贫户，做到政策直达群众、措施有效衔接，在带动群众发展生产、增加收入的同时，也激发了广大群众听党话、感党恩、跟党走的热情。

（二）活用红色资源，传承红色基因

大湾村作为金寨县的一块红色拼图，着力建设全国知名的红色教育基地。通过对中共安徽省工委、鄂豫皖区党委旧址，六安六区十四乡苏维埃政府旧址和苏维埃卫生所旧址等红色资源的保护性开发，结合实际建设了大别山农耕民俗文化展览馆，实现保护红色遗址、留住历史记忆。实施红色氛围提升工程，在乡村道入口、休闲广场、旅游景点等重要节点建设红色雕塑小品，竖立红色标识，全面营造浓厚红色文化氛围。用数字化赋能红色资源传播互动，建设红色基因库数字展厅，打造红色智慧平台。与金寨干部学院合作，开发红色教育精品课程和精品教学线路，做强做精红色主题培训，提升红色教育教学水平。建成"追梦路上的大湾村"展馆、大湾红色书店、大湾红色讲堂等阵地载体，开展红色文化演出、红色电影展映等活动，推进红色文化进村入户，树立崇尚红色、传承红色的新风正气。

（三）倡导移风易俗，丰富群众生活

大湾村充分发挥"一约四会"在思想引领、道德教化、行为规范方面的积极作用，积极倡导婚事新办、丧事简办、其他事一律不办，引导村民养成勤俭节约、厚养薄葬的新民俗。积极创建信用村、信用户，结合"振风超市"开展红黑榜评比，评选出一批移风易俗文明户，营造见贤思齐、崇德向善的比学赶超氛围。整合民间文艺资源，组建大湾文艺演出队，举办"皖"若春风、大湾春晚等文艺演出活动，充分调动群众的参与积极性，让他们为自己的幸福生活点赞。积极组织参与"中国好人""安徽好人""安徽省道德模范"评选活动，余静、何家枝、周端彬3 人先后被评为"中国好人"，用最鲜明、最生动、最可敬的凡人善举深化"家风＋易俗"建设，用"家风家训"倡时代新风。

（四）推进融合发展，奏响幸福乐章

产业发展是脱贫攻坚的核心，更是乡村振兴的关键。地处国家级自然保护区马鬃岭脚下，大湾村结合红色基因传承，依托青山绿水和红色文化加快补齐民生短板，实施茶旅融合项目，真正让群众得到实惠。积极发展生态茶业，形成规模较大的茶产业，不断擦亮茶叶这张亮丽名片，采取"公司＋农户＋基地"模式，带动村民种茶增收，构筑稳定的农户务工、企业营销产业链。积极发展特色种养业，天麻、灵芝、黄牛、山羊等产品成为农户增收的重要渠道。发挥六安六区十四乡苏维埃政府旧址、追梦路上的大湾村展馆等红色旅游资源，汪家大湾古民居、大王庙、大别山农耕民俗文化展览馆等民俗文化资源，以及大湾十里漂流、十二檀古树群、中国红岭公路、露营基地等绿色生态资源的优势，用好大别山区独具特色的乡村旅游资源，实现绿色发展深度融合。

三、工作启示

大湾村以红色文化为引领，深入开展思想政治工作，全面推进乡村振兴，用心用情用力为民办实事，人民群众的幸福感、获得感得到有效提升，取得了良好的社会效果。

（一）政风更加清朗

有力提升了党员思想政治素质，营造了全村上下干事创业谋发展的浓厚氛围，极大地提升了村党支部的凝聚力和战斗力。2022 年，大湾村党总支荣获"全国先进基层党组织"称号。

（二）乡风更加文明

通过开展各类创建评比活动，村民参与村级事务的积极性、主动性提高了，生活、行为习惯和精神风貌发生了根本性转变，文明乡风逐步形成。

（三）产业更加兴旺

坚持茶旅融合发展，实现群众年户均增收 2000 元，先后获得"中国美丽休闲乡村"和"安徽最美茶村"。四是环境更加优美。依托红色文化和绿水青山，因地制宜发展旅游业等支柱产业，成功创建国家级 4A 景区，并先后获得"全国乡村旅游重点村""中国美丽休闲乡村"等荣誉称号。

四、经验启示

大湾村近年来取得了翻天覆地的变化，为做好农村思想政治工作提供了有益的启示。

（一）充分发挥党员干部先锋模范作用

做好群众的思想政治工作，党员干部必须带头做好示范，切实从一言一行、一点一滴做起，让群众看得见、摸得着、感受得到，自觉为群众树立良好榜样。

（二）充分发挥广大群众的主体作用

在开展基层思想政治工作过程中，要深刻认识群众作为参与者、决策者、受益者、评价者的主体作用，充分调动广大农民群众的积极性，依靠思想政治工作引导人民群众教育和提高自己，使群众成为培育乡风文明、加强乡村治理的中坚力量。

（三）充分发挥地域文化特色

要因地制宜利用好地域文化资源，扎实做好红色文化资源保护挖掘，把红色传统发扬好、红色基因传承好，积极推进红色文化和旅游等产业的融合开发利用，为全面推进乡村振兴提供思想政治保证。

屋场"小天地" 群众"大舞台"

一、基本情况

张家界市地处武陵山区，山地面积占总面积的76%，总人口172万人，全市有1016个村居（社区），自然形成相对集中的居民聚集"屋场"2758个。因为地理区位、历史文化及家族户族等原因，"屋场"历来是湘西北农村村民习惯聚集地。为推动党的创新理论"飞入寻常百姓家"，更好地团结教育群众，张家界市创新农民思想政治工作方式，紧扣基层实际，紧盯群众需求，创新开展"屋场会"活动，通过"屋场小天地、群众大舞台"讲理论、促文明、传技术、化积怨，解决了民生问题，密切了干群关系，探索了基层社会治理新平台，激发了乡村振兴活力。

二、主要做法

（一）坚持统筹联动，以点带面梯次铺开

一是因地制宜因势利导。"屋场"历来是湘西北农村村民习惯聚集

张家界市慈利县南山坪乡梁山村屋场会

地，张家界市山地面积占比达 76％，因地理区位、交通条件、历史文化及家户习俗等原因，自然形成相对集中的居民聚集"屋场"2758 个。张家界市牢牢把握"屋场"这一载体，认真总结桑植县党员群众讲习所、武陵源新时代文明实践等"屋场会"经验，着眼便于组织、契合习惯，精心制定"屋场会"微宣讲试点工作方案，以点带面逐步铺开"屋场会"微宣讲工作。近两年来，张家界市累计组织"屋场会"41852 场次，参与人数超过 200 多万人次。

二是完善机制确保长效。建立了市级统筹、区县主体、乡镇督促、村居协调的"四级"联动机制，组织各级理论宣讲团、领导干部、农技专家等进屋场开展宣传宣讲，推动"屋场会"全覆盖；实行集中指导机制，由宣传部门统一指导，把上级要求与群众需求统一起来，确保宣讲党的创新理论到点到位；实施需求对接机制，制定《屋场会活动记录表》，及时收集反馈群众需求，做到宣讲内容由群众点单；实行督导考评机制,把"屋场会"作为城乡互助共建和脱贫攻坚内容纳入绩效考核,对开展情况专项督导,确保"屋场会"开得好、开得久、开出实效。

（二）强化问题导向,优化完善"345"模式

一是建立"三支队伍"解决谁来讲。由市区县理论宣讲团成员、乡镇宣讲小分队、组织部门宣讲人员、党校教师等把党的创新理论阐释好、宣传好;由领导干部、部门业务人员、科技特派员、先进模范等把涉农法规、惠民政策、实用技能、文明风尚讲解好、传播好;由"土专家""田秀才""五老"人员、创业人才等讲好群众身边的故事,让群众自己当"主角"。

二是坚持"四不原则"破解怎么讲。"屋场会"不拘形式、不定调子、不限时间、不限内容,利用群众晚上空闲时间或农闲时节,采用座谈会、篝火会、茶话会、观影会等形式,在村部、大屋场、空坪地等地方,积极鼓励群众自愿参会、踊跃发言,最大限度方便群众、激发群众参与积极性。在"屋场会"上,群众坐下当"听众",站起成"主讲",讲身边人、述身边事,榜样在眼前、变化看得见,理论武装基层群众取得扎实成效。

三是突出"五项内容"丰富讲什么。讲创新理论,把习近平新时代中国特色社会主义思想作为屋场会宣讲的核心内容,结合中央、省委部署,组织全市利用"屋场会"开展"战疫情看制度、强自信""党史学习教育""习近平七一讲话重要精神"等主题宣讲。讲形势发展,准确宣讲当前国际国内形势,宣讲好"两个大局"的深刻内涵和发展趋势等,引导基层干部群众努力在危机中育先机、在变局中开新局。讲政策法规,把与人民群众利益息息相关的政策法规讲透彻、讲明白。讲乡风文明,用身边事教育身边人,向群众传播传统美德、社会公德、优秀家风,促进家庭和睦、邻里和谐。讲生产技术,传授易学习、易掌握、快

致富的种养技术，指导群众开展农业生产。

（三）彰显活动实效，全面提升基层治理水平

一是推动党的政策理论入脑入心。将"屋场会"与志愿服务活动、送戏下乡、"文艺轻骑队"相结合，采取歌舞、小品、地方戏曲等形式，把党的创新理论、惠民政策用通俗易懂的语言、生动鲜活的事例呈现给群众，让群众听得进、记得住、用得上，不断推动党的创新理论和惠民政策深入基层、落地生根。

二是推动基层治理全面提升。积极推行"屋场会＋精神文明建设＋基层自治"形式，组织开展"张家界好人""文明家庭""最美家庭"等评选活动，公议公选身边好人，推动乡风文明向好向善。同时，"屋场会"聚焦群众"急难愁盼"问题，广泛听取、收集群众意见、建议，采取"现场解决一批、解释说明一批、协调处理一批、集中上报一批、反馈汇总一批"的方式分类解决群众诉求，推动形成共建共治共享的乡村社会治理新格局。

三是推动农村经济健康发展。利用"屋场会"举办茶叶、蔬菜、烟叶、大鲵等产业技术培训，讲解市场变化规律，发展特色产业，全市集体经济"空壳村"实现清零，投入产业扶贫资金累计达 12774.2 万元，有产业发展能力和意愿的贫困人口 155384 人全部得到了产业支持，通过产业带动贫困人口 248635 人脱贫。

三、成效启示

（一）坚持结合市情高位发力推进

通过印发《张家界市"屋场会"微宣讲试点工作方案》，对"屋场会"

的原则目标、组织形式、工作保障等统一明确要求，及时跟进指导、总结推介。省、市相关领导率先垂范在"屋场会"参加活动，并倾听民意、宣讲政策、解决问题。通过作示范、当表率，带动"屋场会"在张家界市全面铺开，打通教育群众、引导群众、服务群众"最后一公里"。

（二）着力强化保障探索了新机制

为确保"屋场会"开得好、开得久，张家界市探索了"四项机制"：建立"三级"联动机制，推动"屋场会"全覆盖；实行集中指导机制，由宣传部门统一指导，确保宣讲党的创新理论到点到位；实施需求对接机制，制定《屋场会活动记录表》，及时收集反馈群众需求；实行督导考评机制，明确各区县委宣传部牵头抓总，各乡镇党委、村居（社区）党支部负责具体事务，组织开展"屋场会"，相关情况纳入年度绩效考核。

（三）激发基层活力推出了新模式

充分激发群众的主人翁意识，在"屋场会"上让群众当"主角"，运用群众话语、方言土话，把党的创新理论用通俗易懂的语言、生动鲜活的事例呈现给群众，把"屋场会"与志愿服务活动、与"文艺轻骑队"相结合，通过歌舞、小品、戏曲、志愿服务等形式把理论政策讲得更形象生动，让群众听得进、记得住、用得上。"屋场会"充分利用群众空闲时间，结合群众生产生活状况随时进行调整，干部群众坐在一起共话变化、共谋发展、共解难题，极大鼓舞了群众参与基层自治的热情。

小服务撬动大民生
"议事堂"议出新风尚

一、基本情况

四川省达州市大竹县庙坝镇新桥社区下辖 4 个居民组，常住人口约 2900 户、5100 人，社区设立党小组 4 个、党员 42 名。近年来，该社区坚持以习近平新时代中国特色社会主义思想为指导，以加强思想政治教育为主线、提升社区便民服务效能为抓手，创新"133"工作模式，广泛引导党员群众、社会组织共建共治共享，推动基层思想政治工作在创新发展中提质增效，持续提升群众思想文化观念和生产生活水平。

二、主要做法

(一)坚持"1 个引领"，做实贴心服务

按照亲民化改造"三个三分之一"总体要求，聚焦"基本队伍、基本活动、基本阵地、基本制度、基本保障"五大重点内容，通过群众"议事堂"牵引作用，聚焦建设"办公区、议事区、阅览区、活动区、休闲

四川省达州市大竹县庙坝镇新桥社区便民共享平台："元芳　你怎么看"百姓议事厅

区"五大社会主义核心价值观宣传阵地，坚持"大联动、微治理、全覆盖"原则，推动形成"30分钟应急救援圈、15分钟党群服务圈、5分钟共建共享圈"宣传格局，实现社区精神文明建设大提升。

1.提升"安全指数"。打造"30分钟应急救援圈"，根据区位特点、辐射需求，设立村级应急服务站，规划建设应急物资储备点，配备必要应急物资34类、300件。统一编制应急响应手册，明确防汛减灾、地质灾害、森林灭火"三大类"应急处置流程，成立应急巡逻队伍2支，举办各类安全宣传教育培训活动，逐步提高应急处置能力，群众安全感明显增强。

2.提升"满意指数"。打造"15分钟党群服务圈"，实施党群服务中心亲民化改造行动，坚持因地制宜、特色突出，制定"一村一策"改造方案。设立党群服务站，鼓励党员、村（居）小组长担任站长，做到小事不出站、大事不出村，靠前解决民生保障、矛盾纠纷等问题125

个，群众满意度持续提升。

3.提升"幸福指数"。打造"5 分钟共建共享圈"，倡导"共享"服务理念，在党群服务中心打造共享空间，优化调整功能布局，开辟图书馆、乡贤堂、文艺活动室等共享空间 6 处，配置共享工具、图书、雨伞、充电宝等，引导辖区多个机关单位、企业、商户参与社区治理，形成基层治理合力。

（二）搭建"3 大平台"，凝聚思想动能

1.搭建公共文化平台。通过实施基层治理、美丽乡村建设等工程，硬化村级文化广场，配备健身器材，建设文化活动中心、农家书屋等一系列文化设施，全面补齐文化服务设施短板弱项。成立由文化站站长、民俗文化传承人、支部书记组成的文化人才培养工作小组，对从事舞龙表演、舞蹈、民间文艺等的优秀文化人才进行摸底、调查，建立健全文化人才库。组织专业干部和文化志愿者开展竹乡民歌、竹乐器、舞龙表演等全民艺术普及走基层"送单式"培训，让群众在家门口享受到更优质的公共文化服务。社区书屋全年向公众免费开放，开展义写春联、农民丰收节、群众书画作品展、全民阅读等一系列文化惠民活动，每年组织送戏进院坝 10 场次以上，惠及覆盖群众 4000 余人。

2.搭建便民共享平台。创新打造"元芳，你怎么看"百姓议事厅，采取"1+N"议事模式（"1"为固定议事成员，由社区"两委"干部、党小组长、居民小组长组成；"N"为议事代表，根据不同议事内容，针对性选取 5—10 名社区群众）明确"谁来议"，做到每个议题有人抓、有回应、有落实。线上通过建立群众微信群、设置咨询电话等方式收集群众重点反映问题，积极处理协调群众反映问题，做到件件实事有人抓、有回应、有落实。自 2021 年以来，通过"元芳，你怎么看"百姓议事厅，积极引导 200 余名社区居民参与社区治理，累计解决居民烦心

事、揪心事、操心事 80 余件，从"鸡毛蒜皮"的小事里面议出了社区居民的"大幸福"。

3. 搭建志愿服务平台。依托社区新时代文明实践站，建立"社区'两委'+ 先锋党员 + 志愿者"三方共治模式，组建志愿者服务队伍 4 支，设立理论政策宣讲、文化惠民服务、矛盾纠纷调解等服务岗位 6 个，引导多方参与就业指导、爱心义诊、法律咨询、应急救援等志愿服务，每月定期开展 2 次志愿服务活动，广泛引导党员群众、社会组织参与社区共建共治工作。围绕群众"点单"，实践所（站）"派单"，志愿者"接单"，群众"评单"，开展让群众"看得见、听得懂、有认同、真点赞、愿参与"的丰富多彩、群众喜闻乐见的志愿服务活动。

（三）构筑"3 级网格"，引领时代新风

1. 抓社区网格化宣传。组建"社区网格""小区（楼院）网格""楼栋网格"三级梯队，明确社区党支部书记为一级网格长，由党小组长担任片区网格长，同时配备 1 名社区干部、1 名驻社区干部、1 名民警，并按照党员优先、责任心强、品行优良的标尺，选配三级网格楼栋长 95 名，配齐配强网格治理队伍。完善"人盯人 +"社会宣传平台，积极参与"五治融合"乡村治理工作，发动群众性宣传，健全村民议事会、道德评议会、红白理事会等群众自治组织，动员群众积极参与乡风文明工作，实现自我管理、自我约束。

2. 抓小区常态化教育。完成《居民公约》修订，扎实开展"一约四会两榜三制度"移风易俗"1423"专项行动，以楼栋门牌号划片区，以社区内的小区（楼院）为单位，将辖区范围内住户纳入网格管理，建立"信息收集—问题分析—及时处置—结果反馈"工作机制，把党的建设、社区服务、宣传教育、隐患排查、治安管理、疫情防控等工作下沉到网格，实现靶向管理。联合派出所到各小区（院坝）开展"扫黄打非""扫黑除恶"等警示教育，社区各党小组和党员群众带头遏制婚丧嫁娶大操大办、厚葬薄养、人情攀比等陈规陋习，大力弘扬"孝""善"文化，引导群众自觉践行社会主义核心价值观。发挥红白理事会、居民议事会、道德评议会、业主委员会等自治组织作用，健全居民自治机制，修订完善居民公约、小区公约，开展居民议事会、道德评议会等，听取吸纳居民建议。

3. 抓群众典型化培养。广泛开展社会主义核心价值观宣传教育。通过身边好人推荐、道德红黑榜、星级文明户评选等，倡树文明家风、文明村风，树立身边好榜样。道德红黑榜均定期上墙公示，充分引导群众崇德向善，推动乡村文明建设深入发展。积极吸纳社区党员、热心居民、全职妈妈等不同人群充实宣传骨干队伍，每年组织开展"文明家庭""星级文明户""好媳妇""好公婆"等先进典型评选活动，示范引领社区群众规范日常行为、树立时代新风、维护社会公共秩序。

三、成效启示

（一）基层思想政治工作要明晰"怎么做"

基层思想政治工作首先必须坚持用党的创新理论指导实践，坚持守正创新，形成新思路、拿出新举措，运用特色资源，通过现代文化与传统文化融合互动，推动新时代党的创新理论落地落实，着力聚民心、化民众、淳民风。

（二）基层思想政治工作要明确"谁来做"

做好基层思想政治工作，要成立专职机构，配好思政"专人"、带好社区"能人"，充分挖掘本土农技农机人才和"乡贤"组织，运用分众化、对象化的方式讲群众话、办群众事，培养一批守诚信、崇正义的"宣传员"。

（三）基层思想政治工作要明白"为谁做"

"感人心者，莫先乎情"，要根据不同的人群特点制定不同的工作方案，在用好用活传统宣传方式的同时，充分利用信息化手段，推出群众喜闻乐见的小故事、小文艺和小视频，把解难题、惠民生、树新风结合起来，切实做好基层群众的思想政治工作。

台盘"村 BA"：打造乡村文明新符号

一、基本情况

2022 年夏天，贵州省台江县台盘"村 BA"火爆出圈、火遍全网、火出国门，网络传播量超过 15 亿人次，是物质文明与精神文明协调发展的生动体现。台江县主动谋划、全力保障，持续唱响"村 BA"文化品牌，持续扩大"村 BA"国内外传播力、引导力和影响力，成为享誉国内外乡村精神文明的新符号。

二、主要做法

（一）坚持党建引领，组织保障有力有效

台江县努力打造一支敢于担当、勇于创新、拼搏奋进的基层党组织，组建寨管委，制定村规民约，加强精神文明建设。以"村 BA"为依托，全面构建上下联动、左右协调的基层社会治理共建共享新格局，推进现代基层治理下构建良好比赛秩序。公安、交警、武警、民

贵州省台江县台盘"村BA"比赛现场

兵等力量常态巡逻值守，电力、通信、医疗、环卫等力量服务应急保障，县乡村三级 300 多名志愿者现场引导维护赛事活动秩序，不断提高基层公共安全治理水平，为赛事安全有序举办提供了坚强的组织保障。

（二）传承乡土习俗，保持纯粹的体育文化

村民们对篮球运动最纯粹的热爱，是"村 BA"最亮丽的底色。在台盘以及周边各村，打篮球具有浓厚的群众基础，流传"逢节必比赛，比赛先篮球"的民间说法。"村 BA"赛事始终保持原汁原味的篮球文化氛围，不要门票、自发组织、上来就打、奖品随意。群众用发自内心的热情塑造了"从天亮打到天黑，又从天黑打到天亮"的"天亮文化"，这种热火朝天的精神感染了天南地北的网友们，直接推动了"村 BA"的爆火。

（三）以群众为主体，坚持全过程民主自治

"村 BA"赛事坚持以群众为主体，由村民自发成立篮球协会，组建赛事组委会，充分激发村民的参与热情，真正让农民群众成为乡村振兴的创造者、参与者、受益者，不断激发乡村文化活力。通过"院坝会"群众集体商议解决场地改造、村集体未来规划、赛事后续发展等重大问题，让民主协商和基层自治体现在"村 BA"的组织策划和赛事举办全过程，让全体村民参与篮球赛事的积极性更强烈，进一步发挥篮球运动团结民心、凝聚力量的作用。

（四）政府协助支持，做好服务保障

地方政府高度关注"村 BA"赛事，各职能部门全力协助支持，为赛事活动提供全方位的服务保障，引导规范村民办好赛事，注重做好赛事活动拓展提升工作。由政府出面协调，将贵州省"美丽乡村"篮球联赛总决赛安排在台盘村，增强"村 BA"的吸引力和影响力，同时也进一步提升了地方服务保障大型赛事活动的能力水平。

（五）文体融合赋能，增强民族文化自信

体育赛事为民族文化提供了广阔的展示平台，民族文化为体育赛事增添了乡土气息。在"村 BA"赛事举办期间，台江县积极探索体育文化与民族文化深度融合发展，为"村 BA"爆火全网增添了文化动力。在篮球比赛前的暖场节目、中场休息时，将《盛装踩鼓舞》、蹦苗迪、反排木鼓舞等民族歌舞搬到篮球场上，让观众在观看比赛的同时享受到原汁原味的民族文化盛宴，弘扬了优秀传统民族文化。

（六）创新传播手段，推动村"BA"爆火出圈

"村BA"的现象级传播，离不开强有力的技术支撑和先进的传播手段。台江县创新传播手段，持续增加热度，积极策划活动赛事的创意亮点，全方位开启全网直播模式，跟进宣传造势。国家、省、州、县四级主流媒体和各级新媒体、自媒体视频号纷纷转载直播，持续加密加热传播流量，特别是央视频道连续报道"村BA"，给"村BA"炙手可热的现象级传播注入了重要力量，形成几何裂变的融媒传播矩阵，全面引发全网共鸣、点燃全民热情。

三、成效启示

（一）培育了乡村文明新风尚

"村BA"篮球运动，是台盘人民团结奋进、拼搏向上的精神传承，也蕴含着基层群众心中创造美好生活的底气和信心。"村BA"乡村篮球活动在乡村两级迅速发展，成为全民追求、全民热爱、全民参与的乡村体育文化活动，良好的文明乡风在乡村篮球中得到真切体现，"村BA"进一步丰富了农村广大群众的精神生活，群众精神面貌焕然一新，乡村治理有了新进步，村规民约深入人心，乡风文明蔚然成风，社会主义精神文明建设的实效性和感染力得以增强，群众的获得感、幸福感、安全感持续提升。

（二）借力增进民族团结进步

随着"村BA"篮球赛影响力不断扩大，台江县利用各村（社区）成立的青协、妇联、团委等基层群团组织对篮球等乡村体育项目进行推

广与普及。全县 9 个乡镇（街道）、71 个行政村实现了农民体育健身工程全覆盖，县内建成篮球场 202 个，156 个村寨组建了业余篮球队。"村BA"篮球赛在全网持续火爆，引起网民对乡村文化体育、民族文化、基层治理等话题的广泛讨论，来自全国的观赛群众齐聚台江县观赛，已成为各民族互动沟通、加深了解、促进友谊、增进团结的重要平台，有效增强了各族群众的凝聚力和向心力。

（三）推动群众文化体育高质量发展

"村 BA"是推进"十四五"农民体育高质量发展的一个缩影，是引领《全民健身运动计划纲要》全面实施的生动实践。台江苗族飞歌、多声部情歌、反排木鼓舞等艺术作品搬到篮球场上，民族歌舞表演者成为"篮球宝贝"，让观众现场体验体育竞技精神的同时，享受到台江原汁原味的民族文化盛宴，满足了老百姓对精神文化生活的需求，充盈了基层群众的精神生活。

（四）打造乡村治理新样板

球员和球迷观众是"村 BA"赛事的主角，体现了人民群众在体育运动中的主体地位。台江县坚持群众主办，政府引导服务，充分激发了农民群众的主人翁意识，既降低了文化体育赛事活动的举办成本，又提升了村民的积极性和内生动力，切实将基层治理效能转化为社会发展效能，带动村民增收致富，成为乡村治理的新样板。

乡村文化理事会：筑牢基层思想政治工作主阵地

一、基本情况

陕西省安康市位于陕西南部，地处秦巴山区腹地，北靠秦岭，南依巴山，与四川、重庆、湖北接壤，辖 1 区 8 县，代管 1 个县级市，另有 2 个经济功能区、1 个旅游功能区。有 139 个镇（办）、1673 个行政村，常住人口 247 万人，其中乡村人口约占 50%，是国家限制开发重点生态功能区、南水北调中线工程重要水源区、川陕革命老区和秦巴集中连片特困地区。安康市通过在县（市、区）行政村建立"乡村文化理事会"的方式，健全行政村党组织领导下的农村文化自治组织体系，着力解决乡村公共文化服务盲区问题，把乡村公共文化服务"最后一公里"变为"最前一公里"，不断筑牢基层思想政治工作主阵地。

二、主要做法

在试点阶段，安康市创建国家公共文化服务体系示范区工作领导小组办公室（以下简称"示范区创建办"）发布《关于开展"乡村文化理

陕西省安康市汉阴县城关镇三元村"乡村文化理事会"成立大会

事会"试点工作的通知》，统一部署试点建设工作。各县（市、区）全部进行了试点村（社区）的申报，最终选定条件较好的 32 个村（社区）率先开展试点，主要做法包括以下六个方面：

（一）制定章程确立规则

依托安康新民风建设中形成的组织体系、制度体系和"一约四会"治理体系，结合试点村实际科学制定"乡村文化理事会"章程，明确职能职责、权利义务、经费保障、活动开展等基本规则，经表决通过后作为"乡村文化理事会"开展工作的主要依据。

（二）组建机构充实人员

试点村依据本村实际，吸纳村干部、返乡能人、退休干部教师、文化志愿者等为理事会成员，并通过整合乡村读书会等若干下属分支机构进一步加强组织力量。理事会理事长原则上由试点村党支部书记担任，根据需要设 1—2 名副理事长和若干理事。

（三）完善制度形成体系

各试点村因地制宜探索理事会协商和管理的有效方式，完善农村公共文化服务议事决策、民主监督、安全管理等各类规章制度，形成制度保障体系。

（四）聚焦核心开展服务

"乡村文化理事会"紧紧围绕村"两委"领导下基层思想政治工作主阵地职能和乡村公共文化服务效能提升要求，统筹村级公共文化服务资源，挖掘和培养乡土文化能人、民间文化传承人等各类文化人才，开展以"成立一支文化社团、开展一项非遗传承、举办一项特色文化活动、配备一套应急广播系统、组建一支文化人才队伍"为内容的"五个一"公共文化服务，宣传党的方针政策，满足乡村群众基本文化需求，提升乡村公共文化服务效能。

（五）总结经验破解难题

各试点村不断总结试点工作经验，注重发现和解决试点中的难点，梳理总结建设特色与实践亮点，研究乡村公共文化服务改革创新的对策，形成典型经验材料。安康市示范区创建办根据试点工作情况，组织专家对试点村进行检查验收，推广试点经验。

（六）明确责任强化保障

安康市在工作中明确了各方责任，县（市、区）文旅广电局承担试点工作主导责任，县（市、区）文化馆、图书馆承担业务指导责任，试点村党支部、村委会承担试点实施责任。为加强保障，安康市下发了

《关于拨付"乡村文化理事会"试点补助资金的通知》，落实对每个试点村 5000 元补助并进行公示，同时强调了加强补助资金使用监管、引导试点村（社区）广泛开展社会捐赠活动等内容。

2021 年进入全面推广阶段后，主要有以下"四个强化"。

1. 强化工作统筹。进一步明确由各县（市、区）文旅广电局主导本辖区"乡村文化理事会"建设工作，加大村（社区）人才、资金、制度、设施保障力度，着力破解"乡村文化理事会"下沉资源不足、社团登记不畅、自治能力不强等重点难点问题。指导各县（市、区）科学研判梳理村容村情和文化建设工作实际，以前期试点成果为基础，串珠成链，先行推广建设同类条件村（社区）形成示范带，最终形成覆盖全域、特色鲜明、差异发展的"乡村文化理事会"建设格局。

2. 强化业务指导。各县（市、区）文化馆、图书馆切实发挥业务指导职责，指导村（社区）开展效能化公共文化服务，协助解决"乡村文化理事会"建设和村级公共文化服务面临的资源、人才、服务等方面的困难问题。组织本地文化人才为群众提供艺术辅导、文艺演出、展览展示、阅读推广等公共文化服务活动。指导"乡村文化理事会"挖掘本村特色传统文化，开展非物质文化遗产资源调查、整理、宣传推广和传承创新工作。充分利用"新民风讲习所"和总分馆制中的镇级分馆和村级服务点等平台，提升"乡村文化理事会"成员政策水平和业务工作能力。

3. 强化"盲区"服务。聚焦偏远乡村和易地搬迁社区公共文化服务"盲区"问题，按照"有标准、有网络、有内容、有人才"的要求，以组建"乡村文化理事会"为抓手，整合公共文化资源，满足易地搬迁群众公共文化需求，发挥文化在扶贫扶智上的作用，构建公共文化服务长效机制。

4. 强化经费保障。为满足全面推广阶段全市 1600 多个村的建设资金需求，安康市创新工作方法，引导各县（市、区）进一步优化"乡村文化理事会"基金制度，采取争取村级文化建设专项资金、村集体经济所得收益中提取公益金等措施统筹解决。同时，通过鼓励引导社会捐赠等方式不断壮大理事会基金，为乡村文化发展提供可持续性经费支撑。

三、工作成效

（一）党群干群关系更加融洽

"乡村文化理事会"建立后，制定完善了《村规民约》、《家风家训》守则，形成了一套涵盖政策宣讲、文化服务、村务管理、党员管理、村民管理等方面的制度体系，对农村繁杂的基层工作局面进行有效的统筹梳理，促进了传统文化乡贤管理手段和现代社会治理理念的融合，实现了更为精准精细的管理服务，建立并完善了民意表达机制，畅通村民充分参与村务的渠道，党群干群关系更加和谐。

（二）公共文化资源不断激活

推进建、管、用、育一体建设，积极整合各类文化资源，提高资源利用率，节约财政资金，把村级综合文化服务中心建设成为文化气息浓厚、内容内涵丰富、群众引以为傲的现代化农村文化活动场所。汉阴县三元村先后投入近400万元用于公共文化服务设施建设，动员理事会成员和广大村民共同参与，设计并修建了三元村综合文化服务中心。中心总占地面积约2400平方米，功能齐全、设施完备，常年免费对外开放，成为远近闻名的文化活动"打卡地"。

（三）群众主人翁意识逐渐凸显

在"乡村文化理事会"的组织下，广大乡村把公共文化阵地交给群众，群众通过自己"种"文化，将文化产品供给与需求有效对接，真正实现了"百姓舞台百姓乐"。旬阳市寨河社区在"乡村文化理事会"成立后，社区文化活动不断丰富，农民文化艺术节、乡村惠民演出、普法宣传演出、道德模范评选表彰等活动层出不穷，舞蹈民歌、唢呐器乐、民间小戏创作等文艺社团积极活跃，走出了一条融合互促的新路子。全市各村（社区）通过激发村民"自我组织、自我管理、自我服务、自我发展"热情，参与文化活动又组织文化活动，幸福感和获得感逐渐攀升，在实实在在的文化活动中凸显主人翁身份。

（四）村风民风社会影响持续提升

"乡村文化理事会"进一步发挥能人贤士在村民自治中的作用，积极参与民意纠纷矛盾调解，真正实现了"小事不出组，大事不出村"的目标，促进了乡村和谐发展。理事会通过推进"诚孝俭勤和"为主要内容的新民风建设，大力挖掘"好家风好家训"、制定村规民约，以树新风、崇美德、弃陋习为纲，推进移风易俗。同时，利用远程教育文化广场、电脑、电视、电影、农家书屋等媒介，将党员党性教育、群众扶贫扶智、优秀文化传播与社会新风尚"四位一体"有机结合，不断营造良好的社会风气，激发村民建功基层、回报家乡的思想动力。

四、工作启示

（一）始终坚持正确导向是筑牢基层思想政治工作主阵地的根本遵循

"乡村文化理事会"源于乡村振兴的现实需要，基于乡村公共文化服务体系建设实际，破解了有资源缺人挖掘、有阵地缺人管理、有需求缺人供给的难题，在新时代新征程上通过制度创新，系统推进公共文化服务提档升级。始终坚持正确导向，发挥基层思想政治工作一线阵地作用，把群众文化需求与本地文化资源连接起来，不断弘扬主旋律和社会正气，提高乡村社会文明程度，为乡村振兴持续注入强大精神动力。

（二）充分发挥能人贤士作用是"乡村文化理事会"扎根基层的有力举措

"乡村文化理事会"依据本村实际充分吸纳村干部、返乡能人、退休干部教师、文化志愿者等进入理事会，奠定了深厚的群众基础，能够迅速打开工作局面。以汉阴县三元村为例，村党支部书记为理事会会长，副会长由村长和副支书担任，村内能人贤士和返乡成功人士为主要成员。理事会下设道德评议协会、老年文体协会、关爱妇女儿童协会、红白喜事协会、禁毒禁赌协会、家训文化协会、书画协会、民间文艺协会8个群众协会，在"乡村文化理事会"的统筹下创新开展文化活动。通过广泛吸纳、委以重任的方法，将辖区内各类能人贤士凝聚在一起，最大限度调动群众中的骨干力量牵头共谋、共建、共治、共享美好幸福家园。

（三）深入挖掘"造血功能"是破解基层文化服务供需矛盾的有效路径

"乡村文化理事会"建设真正把群众的文化需求与本地文化资源连接起来，破解供需矛盾，不断提升基层公共文化服务水平。理事会充分发挥"会长善管理、会员能组织、协会能落实、群众能参与"这一组织制度优势，通过"拔尖子""树典型"，以点带面扩大和调动乡村群众积极性，开展形式多样的文化公益活动和乡风民风建设，以群众喜闻乐见的活动为有效载体，让群众真正成为文化活动主角。各村（社区）理事会有效统筹村级公共文化服务资源配置、乡土文化能人和民间文化传承人挖掘培养等重点工作，深入挖掘"造血功能"，使"乡村文化理事会"在基层思想政治工作中发挥更大作用。

（四）创新基层治理模式是实现文化管理到文化治理的生动实践

"乡村文化理事会"建设通过创新基层治理模式，破解了长期制约乡村公共文化发展的瓶颈问题，集中体现了文化治理思路中的"自治"思路，发挥管理对象的主观能动性，形成了"政府引导，群众主体，社会参与"的村级文化建设格局。同时，"乡村文化理事会"建设以群众"自我组织、自我管理、自我服务、自我发展"为原则，激发群众深度参与文化建设的积极性，为夯实基层思想政治工作阵地提供了有益参考。

一"晒"一"比"：蹚出农村思想政治工作新路子

一、基本情况

脱贫攻坚战全面胜利和乡村振兴战略深入实施，让农村面貌发生翻天覆地的变化，农民群众生活得到明显改善。随着务工人员增多、青年学生外出求学、乡村基础教育空间布局结构性调整，农村空心化问题带来的农村留守老人和孤寡老人日常生活照料和情感孤独等"急难愁盼"问题日益突出：有的子女忙于工作，对老人疏于关心照料；有的留守老人子女不在身边，遇到困难不能及时解决；有的孤寡老人情感缺失，需要心灵关怀……

甘肃省张掖市临泽县深化农村思想政治工作载体形式，引导广大群众深入落实习近平总书记关于家庭家教家风建设的系列重要论述精神。坚持县、镇、村三级贯通，积极组建"晒被子·比孝心"巾帼志愿服务队，常态化开展"晒被子·比孝心"活动，以提高农村留守老人生活品质为重点，创新关爱农村留守老人服务形式，弘扬孝道文化，培育厚养新风，确保老人期盼得到有效回应、困难得到及时帮助。为农村思想政治工作创新发展注入了新动能，蹚出了农村思想政治工作的新路子。

甘肃省张掖市临泽县常态化开展"晒被子·比孝心"志愿服务活动

二、主要做法

（一）"一家一晾晒"，晒出文明新风尚

临泽县把开展"晒被子·比孝心"活动作为关爱服务农村留守老人、孤寡老人等特困群众的一项重要举措，挨家挨户宣传习近平总书记关于家庭家教家风建设的系列重要论述，动员党员、村社干部、妇联执委带头把家里老人的被子"亮"出来，带头"请父母回家，请爹娘上楼"，对好典型在村里进行表彰奖励，充分激发群众参与"晒被子·比孝心"活动的积极性和主动性，带动全县家中有 60 岁以上老人的家庭 90% 以上都参与到了"晒被子·比孝心"活动中，村民们茶余饭后的谈资由原来的"家长里短"转变为"敬老爱亲"，儿女们也由原来的"比帽子比

孩子"转变为"晒被子比孝心"，全县上下孝老爱亲的氛围更加浓厚，留守老人等困难群体的居住环境和精神面貌也得到显著改善。

（二）"一月一评比"，比出敬老孝亲好思想

为真正把实事办好、好事办实，临泽县成立"晒被子·比孝心"巾帼志愿服务队，组织镇村妇联执委、巾帼志愿者、妇女群众组成评比小组，每月深入 60 岁以上老人家中，以"净、新、暖、软、馨、亲"为标准，采取"两看（是否干净、是否破旧）、两摸（薄厚如何、软硬如何）、一闻（有无气味）、一问（子女是否孝顺）"的方式，对老人被褥进行检查评比、"亮""晒"定级，并将评比结果与"巾帼家美积分超市"积分奖励兑换和"美丽庭院"创建等重点工作紧密结合起来，与"五星级文明户"创建、文明家庭评选表彰紧密结合起来，激励引导广大群众和家庭从自身做起，将好品质、好风尚代代传承下去。结合"晒被子·比孝心"活动，该县定期组织志愿者帮孤寡老人和儿女长期不在身边的老人打扫卫生、换洗被褥、洗头理发，并经常与老人及其家人谈心拉家常，从老人们居住环境脏乱差到居室被褥整洁、从精神欠佳到容光焕发的变化背后，是全县青年群体思想政治工作的大提升。"晒被子·比孝心"活动的深入开展，带动广大群众纷纷争着"比"、抢着"晒"，从晒被子到晒日常用度，从比物质生活到比精神关怀，不仅"晒"出了组织的温暖，也"晒"出了子女的"面子""里子"，真正实现了用身边的人和事教育引导身边群众，逐步形成从我做起、从家庭做起，争做崇德向善、孝老爱亲的向上向善之风。

（三）"一对一"帮扶，帮出老人幸福指数新高度

农村一些老人或无子女独自居住，或子女在外地平时无人照顾。他们的被子谁来洗、日常用药谁来送、遇到困难谁来帮？针对全县留守老

人人多面广的现状，临泽县探索建立留守老人和孤寡独居老人登记台账，广泛发动县镇村党员干部、妇联执委、巾帼志愿者、社会爱心人士，与留守老人和孤寡老人结成"一对一""一对多"等帮扶对子 574 个，每月定期走进老人家中开展一次被褥清洗，提供送药上门、聊天谈心、卫生保洁、电话随访等"敲门响铃"暖心服务，确保老人的期盼得到有效回应、困难得到及时解决，并参与到全村"晒被子·比孝心"活动中，把社会儿女的"孝心"拿出来比一比，以社会层面的"关爱指数"提高留守老人的"幸福指数"。

三、工作成效

甘肃省张掖市临泽县"晒被子·比孝心"活动常态化开展，在"一晒一比"中，推动习近平总书记关于家庭家教家风建设、思想政治工作的系列重要论述入脑入心、落实落地，晒出了好家风、比出了好思想，晒出了暖心好温度、比出了思想道德新高度。

随着"晒被子·比孝心"活动的持续深化，活动覆盖范围和开展成效实现从"盆景"到"风景"、由"树木"变"森林"的巩固提升。目前，临泽县 76 个村（社区）每年开展"晒被子·比孝心"活动 700 余场次。活动的全面开展，不仅解决了农村留守老人的"急难愁盼"，提升了他们的生活品质，让孝老敬老从一个人、一家人的事，变成了全社会的事，使得关心关注关爱农村"三留守"和特困群众的良好风尚在临泽大地蔚然成风，有效提升了农村老人的获得感幸福感安全感。同时，也让农村思想政治工作在守正创新中不断探索提升，促进了"党心""民心"更加贴近、思想政治工作更加亲民务实。

四、工作启示

提升基层思想政治工作质量和水平，推动思想政治工作守正创新，是新时代加强和改进思想政治工作的重中之重。推动农村思想政治工作走深走实走心，要坚持多轮驱动，重点下好"三步棋"。

（一）坚持常态长效，下好"思想引领棋"

判断农村思想政治工作成效如何的一个最重要标志，就是习近平新时代中国特色社会主义思想是否入脑入心、"飞入寻常百姓家"。要突出政治引领，在农村群众中经常性开展"面对面"的谈心谈话活动，通过"板凳会""炕头会""微党课""帐篷课堂""空中课堂""小马扎宣讲队""马背宣讲团""六角亭下传习语"等生动的理论宣讲实践，把大道理掰开了、揉碎了，用通俗生动的群众语言、灵活务实的宣讲方式，推动习近平新时代中国特色社会主义思想走深、走实、走心，着力打造群众身边的思想教育大课堂，更好承担起引导群众听党话、感党恩、跟党走的政治任务。

（二）坚持问题导向，下好"载体创新棋"

问题准不准、载体新不新、措施实不实，是加强和改进农村思想政治工作的关键一环。世界上不存在离开具体人、具体事的思想政治工作，思想政治工作"受不受欢迎"，根本上在于工作"接不接地气"。要围绕群众关心关注的问题、"急难愁盼"问题、基层亟须破解的难题，特别是加强老年人、残疾人、低收入人口、留守和困境儿童、失业人员等特殊群体的迫切需求，做到"目中有人、眼中有活、心中有数"，灵活创设"晒被子·比孝心"等活动载体，细化过程管理，切实加强人文关怀和心理疏导，通过群众喜闻乐见、便于参与的工作载体，实打实地帮助群众解决一批实际问题，让群众"得实惠"。在此过程中，注重做好一人一事的思想政治工作，才能树立新时代思想政治工作的威信，提升思想政治工作的感染力和影响力。

（三）坚持移风易俗，下好"文明实践棋"

深化文明实践，是加强和改进农村思想政治工作的重要抓手。要加强农村精神文明和思想道德建设，拓展新时代文明实践中心建设，不断壮大以文明实践志愿者为主体的志愿服务工作队伍，通过"晒被子·比孝心""敬比赛夸"等适销对路、群众欢迎的特色制度化常态化志愿服务活动，推动移风易俗，弘扬时代新风，培育文明乡风、良好家风、淳朴民风，着力形成适应新时代要求的思想观念、精神面貌、文明风尚、行为规范，让"好风尚"孕育"好思想"、"好环境"催生"好人好事"，为进一步推动农村思想政治工作创新发展奠定良好基础。

用好"十二字诀"
深化基层群众思想政治教育

一、基本情况

西藏自治区是边疆少数民族地区,在藏央企必须着眼这一特殊性,把党的思想政治工作摆在首要位置抓实抓好。作为中央企业基层示范党支部,华电驻村党支部通过念好"交心、强基、摸清、抓细、带头、做好"十二字诀,持续深化农村思想政治工作,不断铸牢中华民族共同体意识。华电西藏公司驻村点为西藏昌都市江达县波罗乡外冲村、八宿县同卡镇卡顶村,两村平均海拔 4100 米,共有 243 户、1378 人,党员 80 人,当地群众大都信奉藏传佛教。华电驻村党支部把思想政治工作作为推动乡村振兴的重要内容,助力西藏着力推进"四个创建",努力实现"四个走在前列",在巩固党的执政根基中展现央企担当。

华电驻村党支部以藏汉双语向当地群众宣讲党的二十大精神

二、主要做法

（一）念好"交心诀"，建立鱼水干群关系

干群关系好，群众思想政治工作就容易开展。华电驻村党支部党员和驻村队员全时驻在村委会，主动走入群众、真心帮助群众，和群众变成一家人，真正建立了鱼水情深的干群关系。一是克服困难与群众同吃同住同劳动。驻村党支部成立之初，所驻村道路条件差，主要依靠摩托、马匹、牛皮船出行，交通十分闭塞。群众饮水依靠山泉，冬季经常被冻，造成饮水困难。村里没有通电网，村上也基本没有通信信号，与外界几乎没有网络联系。支部党员克服无水、无电、无网"三无"困难，与群众吃住在一起，村里的大事小情村民们都习惯找支部党员协调解决。在水电网全通后，支部党员依旧吃住在村里，始终同当地群众生活

工作在一起，切实增进了同当地群众的感情。二是遇事设身处地为群众着想。支部党员把群众当亲人，处处为群众着想；把群众的事作为最紧要的事情来置顶办理，以群众的"满意度"来检验工作成效。牦牛和青稞是驻村群众的重要财产，以前遇到牦牛意外伤亡，保险理赔取证是个老大难，驻村支部党员了解后，每次都千方百计帮助取证，协调理赔，减少群众损失；村里孤寡老人行动不便，每年秋季驻村支部党员都会成立党员突击队，赶在青稞落穗前帮忙完成抢收工作，确保颗粒归仓。

（二）念好"强基诀"，激发村干内生动力

村"两委"班子政治能力强，群众思想政治工作就能够深入推进。华电驻村党支部从思想上引导村"两委"积极谋划乡村振兴工作，主动帮助建强村"两委"班子，不断激发村干部履职内生动力。一是发挥组织"熔炉"作用。支部党员驻村前，所驻村超过半数党员未接受过教育，村党员对党的组织生活制度不了解、"三会一课"流程不规范。驻村党支部发挥组织生活"熔炉"作用，仅 2022 年就与村党支部共同开展学习和组织生活 20 余次，发挥了组织生活学习习近平新时代中国特色社会主义思想、国家政策、议事讨论的阵地作用，重点宣传党的纪律和宗教政策，教育监督党员不得信仰宗教，强化了党员教育管理和监督工作。二是抓实人才队伍建设。协助乡党委加强村党员和干部队伍建设。2022 年，创新开设"乡村夜校"，先后组织国家通用语言文字、基层党组织建设、乡村振兴政策等培训 90 期，培训村"两委"和党员致富带头人 200 余人次。2022 年，积极组织村"两委"班子参加党的二十大精神专题培训，不断提升村"两委"政治素养和履职能力。组织 300 名群众开展木刻、驾驶、厨师等技能培训，提升群众就业技能。

（三）念好"摸清诀"，提升群众幸福指数

村情村貌摸准了，思想政治工作的路子就找对了。驻村党支部通过建立结对帮扶机制，定期走访了解群众思想状况，真正摸清群众诉求和困难，吃透国家政策，全力解决群众实际困难，不断提升群众幸福指数。一是建立返贫常态化监测机制。采取"月调度、季报告"制度，跟踪监测脱贫人群就业、收入情况，以及落实"两不愁三保障"情况，对易返贫致贫人口进行定期检查、动态管理。建立党员结对帮扶机制，每月走访调研，研究帮扶措施。二是定期研判群众思想动态。驻村党支部党员和村"两委"通过走村入户家访，田间地头与群众拉家常等方式，定期收集群众思想动态，对生活困难、重大变故家庭增加走访频次，及时召开党员大会分析研判是否有倾向性和苗头性问题。三是全力协调解决"急难愁盼"问题。协调政府投资 130 余万元建成污水处理厂，有效解决了当地生活污水处理难题。组织群众清理饮用水池、开展管道疏通等活动 10 次，解决了群众季节性供水难题。捐资 48.45 万元，完成 57 户农厕改建，改善了村居环境。协调完成 7 户危房改造工程，解决了群众住房安全问题。通过医疗报销、养老保险、生态补偿、残疾补贴、低保兜底、临时救助等方式针对性开展个性问题帮扶 10 余次，不断增强群众的获得感、幸福感和安全感。

（四）念好"抓细诀"，带动群众转变观念

牢固树立"群众工作无小事"理念是做实思想政治工作的基础。驻村党支部以"绣花"功夫抓实做好群众身边事，潜移默化带动群众逐渐转变了思想观念。一是在加强基层治理中带动群众转观念。捐资 18.2 万元，在驻村点建设"华电爱心积分超市"。党员带动群众积极参与疫情防控、维稳巡逻、帮残助幼等活动 30 余次，培育群众乡村振兴主人翁意识。二是在守护生态文明高地中带动群众转观念。发动群众定期清理生活区和河道内垃圾，进行环境大扫除，共建美丽乡村。建立分山管辖制度，组织 228 名生态岗位人员，常态化开展地质灾害、森林防火等排查工作，教育引导群众进一步树牢生态环保意识。三是在树立文明榜样中带动群众转观念。经常倡导健康生活习惯，根据村民表现进行表扬和批评，引导群众革除陋习、移风易俗。

（五）念好"带头诀"，凝聚群众思想共识

党员的一举一动都被群众看在眼里，党员先锋模范作用发挥得好，思想政治工作就开展得好。工作中，驻村党支部党员冲锋在前、率先垂范，树立了华电党员良好形象，凝聚了当地群众"藏汉一家亲"的思想共识。一是在学习贯彻党的创新理论上作表率。带头宣讲习近平新时代中国特色社会主义思想，特别是习近平总书记关于"三农"工作的重要论述精神。党的二十大召开后，第一时间成立"华电雪域先锋宣讲队"，通过"小板凳"集中会议、"酥油茶"走村入户、"突击队"田间地头等形式以藏汉双语宣讲党的二十大精神 8 次。二是在推动落实重大任务上作表率。2022 年，西藏疫情暴发期间，党员格列旺久带头在驻村卡点维护秩序，入户宣传防疫知识，并向 15 户困难家庭发放米面油菜等生活物资，带动群众参与卡点执勤、环境消杀，形成全民战疫、联防联控的良好局面。三是在交往交流交融上作表率。原驻村党支部书记罗太桂资助外冲村贫困学生泽仁拉姆到四川广安上小学，让她住在自己家里；党员黄际钢主动担任堰塞湖灾民安置点小孩临时老师，教他们唱国歌、说汉语；党员加央加措每月资助贫困学生江拥朗加生活费 1000 元，帮助他完成大学学业。

（六）念好"做好诀"，强化群众感恩意识

只有力求把每件事做好，以实效赢得群众认可，群众感党恩意识才容易形成，思想政治工作才会有成效。驻村党支部既注重改善民生，也注重凝聚人心，在帮助当地群众改善生产生活条件的同时，深入宣讲党的理论政策，教育引导当地群众感党恩、听党话、跟党走。一是注重改善当地条件。申请政府投资 1800 余万元，建成 9 公里水泥路，被群众喜称为外冲村"高速路"；申请政府增拨预算 100 余万元，解决了全村饮水安全问题；推动新建幼儿园、卫生室、文化广场等设施，协调覆盖了 4G 信号，并历史性地接通了动力电。二是全面加强"五史"教育。利用纪念西藏民主改革 60 周年、庆祝新中国成立 70 周年、庆祝中国共产党成立 100 周年等重大时间节点，以脱贫攻坚成果为生动教材，开展爱国主义、新旧西藏对比、反分裂斗争、民族团结等教育活动 14 次。组织党员到当地小学、中学开展爱国主义教育 5 次，参加 80 余人次，在青少年心中埋下了爱我中华的种子。三是逐步淡化宗教影响。把加强民族团结作为深化思想政治工作的着眼点和着力点，扎实推进"四讲四爱"教育，以及"三个意识"宣传性教育活动，强化群众的国家意识、公民意识、中华民族共同体意识。

三、工作成效

（一）党员干部强党建意识明显增强

在华电驻村党支部的影响下，所驻村干部有意识地强化支部政治功能和组织功能，着力夯实党建"三基"，常态化开展爱国主义教育，增强了对党员群众的教育效果。外冲村村"两委"把加强国家通用语言培

训作为夯实党建基础、深化思想政治工作的重要抓手，主动加强培训策划和组织，培训工作成果得到昌都市政府高度评价，帮助村党支部荣获"全区先进基层党组织"。

（二）群众感党恩意识明显增强

当地群众自发纯手工雕刻藏汉双语《我为祖国点赞》、绘画《我爱你，中国》唐卡，作品受到昌都市和江达县委组织部高度赞扬，并在政府办公区宣传展示。同时，群众对宗教认识更趋理性，更加深刻体会到没有共产党就没有今生幸福生活。尤其是在"七一"、国庆等重要时间节点，当地群众都会自发唱红歌、跳锅庄，并悬挂国旗、彩旗、宣传横幅等，表达对党的祝福。

（三）藏汉一家亲意识明显增强

通过宣传宣讲，当地群众对藏民族就是在各民族交往交流交融中发展起来的事实认识更加深刻，对子女到内地读书就业、汉族干部到当地工作生活的做法更加认同，对藏汉驻村队员的工作更加支持。群众发自肺腑地感谢党、点赞华电驻村党支部，由衷说出"党中央比父母还好、华电党员比亲人还亲；华电党员真正走进了群众，希望不要轮换"。

四、工作启示

（一）抓实基层党建，是深化农村思想政治工作的重要保证

思想政治工作是基层党建的重中之重。驻村党支部作为党在少数民族地区的基层党组织，是加强群众思想政治工作的主体，党建工作开展的实不实，主要体现在能否把党的创新理论讲到群众心窝里，能否把党

的惠民政策落实到群众心坎上，能否始终把群众凝聚在党的周围。实践证明，只有抓实基层党建工作，才能充分发挥思想政治工作"生命线"作用。

（二）坚定人民立场，是深化农村思想政治工作的发力方向

思想政治工作从根本上说是做人的工作。做好群众思想政治工作首先要理解群众、尊重群众、支持群众。实践证明，只有一切工作都从助力好乡村振兴、维护好群众利益出发，实实在在地为当地群众着想，充分发挥群众主体作用，才能把思想政治工作做深做实到驻村第一线。

（三）加强交流交融，是深化农村思想政治工作的根本前提

思想政治工作要引导各族群众看到民族的走向和未来，深刻认识到中华民族是命运共同体，促进各民族交往交流交融。实践证明，只有促进各民族交往交流交融，才能不断增强各族群众"五个认同"，才能进一步铸牢中华民族共同体意识，才能真正让党的执政根基更加稳固。

"美玉工作室"：将思政工作融入
未成年人司法保护

一、基本情况

宁夏回族自治区中卫市沙坡头区人民检察院高度重视青年干警思想政治引领工作和未成年人检察保护工作，牢固树立"检察机关首先是政治机关"这一理念，毫不动摇坚持和捍卫党对检察工作的绝对领导。通过以党建带队建、以队建促业务、以业务塑品牌、以品牌强思想的方式，因地制宜打造了党建与未成年人检察业务深度融合的"美玉工作室"检察文化品牌。通过"凝心、聚力、笃法、践行"思想政治工作理念，充分发挥思想政治引领带动作用，形成一支政治立场坚定、业务素质过硬、勇敢担当作为的青年未成年人检察队伍；进一步凝聚社会各方力量，共同参与到未成年人综合保护工作中来；将思想政治工作进一步融入到对未成年人的思想、品德、法治教育中去。用"思政＋党的建设""思政＋品牌建设""思政＋法治教育""三融合"模式，为新时代未成年人检察工作发展和未成年人司法保护提供了坚实的政治保障和精神动力。

宁夏回族自治区中卫市沙坡头区人民检察院开展法治进校园活动

二、主要做法

（一）思想政治工作与党的建设相融合，传承红色基因

始终牢固树立"检察机关首先是政治机关"这一理念，始终坚持党建引领、文化赋能。

1.以政治学习为先导。"美玉工作室"精心制订全覆盖教育培训计划，认真组织学习党的二十大和自治区第十三次党代会精神，深入贯彻落实习近平总书记就未成年人保护工作作出的重要指示精神，牢牢把握做好未成年人检察工作的正确方向，将党建与未成年人检察工作深度融合，着力打造"以党的建设为龙头，以思想引领为重点，以政治学习为基础，以业务提升为依归"的学习链条，锤炼干警坚强党性。

2.以党的建设为根基。坚持讲政治与抓业务有机统一，激发"美玉工作室"团队成员的内生动力、向心合力，大力推进未成年人检察阵地建设，激励党员干警走在前、作表率，把党的引领延伸到未成年人综合司法保护、司法办案一线，在办理涉未成年人重大刑事案件中成立临时党小组，充分发挥基层党组织的战斗堡垒作用。

3.以先进典型为引领。深入挖掘"美玉工作室"在司法办案、犯罪预防、法治宣传等工作中涌现出的先进典型，每季度选树一名优秀干警作为先进人物、一件"我为未成年人办实事"作为先进事例，通过组织开展先进事迹分享会、"两微一端"系列宣传报道等形式，不断扩大先进典型影响力，以"身边人身边事"带动"美玉工作室"团队干警干事创业的积极性，大力培塑检察职业精神。

4.以谈心谈话为抓手。坚持有的放矢、注重实效的原则，结合"美玉工作室"团队成员性格特点、岗位职责和工作实际，实时分析研判干警潜在的思想问题。在做好与干警日常谈心谈话的基础上，对岗位有变动的进行"叮嘱式"谈、对家庭有困难的进行"安慰式"谈、对群众有反映的进行"提醒式"谈、对工作不尽责的进行"激将式"谈，通过多换位思考、多听多看干警所思所诉，做到坦诚相见、真诚内心，以拉家常式谈话，望精神状态、闻诉求心声、问思想动态、切工作问题，全方位精准了解干警、为其排忧解难，让干警轻装上阵、提振精气神，全面增强干警归属感和团队凝聚力，使思想政治工作在潜移默化中直抵人心。

（二）思想政治工作与品牌建设相融合，提升履职能力

开拓"思政＋品牌"的新思路、新亮点，融入"凝心、聚力、笃法、践行"的思想政治工作理念，全力打造具有沙坡头区特色、未成年人检察事业发展特点的"美玉工作室"检察文化品牌。

1.以思政工作凝聚团队向心力，锻造高素质未成年人检察专业化队伍——"美玉工作室"团队。将"坚守司法为民的初心"植入大脑，将"最有利于未成年人"原则融入心中，以政治能力提升工程为契机，将思想淬炼、政治历练、实践锻炼、专业训练有机结合起来，借助"学习强国""中检网""美玉护航"App等平台，督促干警每日利用碎片化时间

"掌上学习"，形成碎片化时间、制度化安排、系统化学习的模式，不断提升未检干警思想政治素质和履职担当能力，以精诚的政治信仰、精深的职业素养提振队伍整体精气神，提高团队凝聚力、战斗力。

2.以思政工作汇聚共识，凝聚高质量发展合力。未成年人保护工作是一项系统工程，需要家庭、学校、社会、网络、政府、司法"六大保护"共同发力。"美玉工作室"始终坚持党的领导，把加强思想政治引领、广泛凝聚共识作为履职工作中心环节，努力发挥"重要阵地""重要平台""重要渠道"作用，聚合法院、公安、学校、企业、律师事务所、社会组织等共计 103 家单位联合保护力量，搭建未成年人联合保护机制和信息互通机制，构建"中心＋平台"智慧未检工作模式、"检察＋N"未检工作社会化支持体系。汇聚成向上向好、创业创新的浓厚服务氛围和强大保护合力，在罪错未成年人教育、感化、挽救和困境未成年人全方位综合救助工作中形成多点共振的新格局。

3.以思政工作坚持笃法理念，助力精准高效办案。在思政工作中注重未成年人检察工作方法的总结和提炼，在长期司法实践中根据对涉罪未成年人、严重不良行为人、困境未成年人、广大青少年及未成年人家长五大类不同群体所采取的个性化工作措施，创新提炼出"5 字 2 面 1 初心"未成年人检察工作法，并贯穿于未检工作始末，在实践中不断更新完善，形成了可复制、可推广的具有沙坡头区检察特色的工作模式，培树了一系列优秀案件与典型案例，并汇编成《沙坡头区人民检察院智慧未检典型案例集》，区内外多家职能部门纷纷到院观摩学习、交流经验，有力推进了沙坡头区未成年人检察事业的高质量发展。

4.以思政工作践行司法为民，展现新担当新作为。主动协调民政、红十字、社工组织等多方力量，重点加强对农村留守儿童、困境儿童、事实无人抚养儿童等特殊群体的多元综合救助；在偏远镇村设立"留守儿童关爱站"，有针对性、长效性地开展法治教育、自护教育和关爱救助活动，帮助他们摆脱困境；为保障疫情期间困境儿童正常学习，发起联合救助倡议，经社会各界大力支持捐赠电视、卫星接收设备、免费供网服务，搭建起"空中课堂"；牵头挂牌成立"美玉家庭教育指导工作总站"+"学校、社区家庭教育指导工作分站"，在全区率先启动涉案未成年人家庭教育指导工作，力促沙坡头区家庭教育指导工作全面长效实施。

（三）思想政治工作与未成年人法治理念教育相融合，谱写未成年人思想政治教育新篇章

以加强未成年人思想政治引领、培育和践行社会主义核心价值观、提升思想道德素质为主线，融入法治理念知识的普及，开展系列学习教育和主题实践活动。

1.“走出去”送学。组建"美玉护蕾讲师团"，在当地率先启动"法治进校园、进社区、进乡村"全覆盖活动，选任检察官担任法治副校长，组织广泛化、互动化、分众化、适龄化的宣讲，暖心"点餐"，按需送学，助力培养未成年人爱国理念和法治意识。

2.“掌上零距离”促学。发挥"美玉护航"App、微信公众号等"掌上"平台优势，开设"美玉护航·育见未来"线上法治课，推出"美玉FM"电台栏目，策划拍摄并展播《那年十三》系列微电影，通过 App 思政教育、小博士说法、美玉答题、检律答疑等模块面向 6.5 万平台用户推送爱国知识、思政知识、法律知识 200 余条，解答法律咨询 269 件，发布宣传信息 125 期，让未成年人思想政治与法治理念教育走新更"走心"。

3.“请进来”勤学。联合各有关职能部门每年开展以预防性侵、反校园暴力、禁毒、反诈等为主题的"美玉·护航杯"系列法治教育大赛，线上线下同步开展"检爱同行共护未来"、"依法之名保护少年的你"主

题党日、检察开放日活动，邀请家长、学生代表、小记者到未成年人办案区、未成年人综合保护平台运行中心、"美玉工作室"实地观摩学习。通过美玉直播间、模拟监狱、模拟法庭、情景剧表演、动漫视频等途径，构建集"实景展示、互动体验、寓教于乐、全面教育"四大功能于一体的思想政治与法治教育模式，帮助未成年人树好思想道德防线，谱写未成年人思想政治教育新篇章。

三、成效启示

（一）思想政治工作的牵引力增强

沙坡头区人民检察院"美玉工作室"以"全国双百政法英模"郭美玉同志为典型，"以点带线、以线带面"开展思想政治工作、指导检察业务工作，培育出了一支有灵魂、有本领、有担当、有温度的检察队伍。先后被最高人民检察院确定为首批"全国未成年人检察工作创新实践基地""法治进校园"全国巡讲活动突出单位，荣获全国青少年维权岗、全国维护妇女儿童权益先进集体，宁夏回族自治区关心下一代先进集体等 10 多项荣誉称号，被荣记集体二等功 2 次，集体三等功 1 次，集体嘉奖 1 次。"美玉工作室"未检工作经验先后在 3 次全国性未成年人检察工作会议上做交流，多次在自治区未成年人检察工作会议上被推广，各级人大代表、政协委员也多次参观调研"美玉工作室"，对创新建立的"中心＋平台"智慧未检工作模式给予高度肯定。

（二）思想政治工作的创新力提升

在"美玉工作室"品牌效应的带动下，沙坡头区人民检察院逐步建立起未成年人观护帮教中心、未成年人综合保护平台、未成年人"一站式"保护中心和家庭教育指导站，形成了微矩阵效应，使"未成年人的话有人倾听、困难有人关注、建议有人采纳"成为常态，未成年人检察工作在情理交融、真诚服务中起到了春风化雨、润物无声的效果。

（三）思想政治工作的推动力凸显

"美玉工作室"想干警发展之所需、急干警困难之所急，汇聚起"思政工作服务一线干警、一线干警助推检察工作发展"的正能量，从政治上关心、思想上关爱、工作上支持、生活上体恤，调动各年龄层次干警的工作热情，构建起单位与干警命运共同体，为全方位推动沙坡头区未成年人检察工作高质量发展作出了积极贡献。

"五心工作法"：推动机关物业服务思想政治工作落地见效

一、基本情况

江苏省南京市市级机关物业管理中心主要负责南京市委、市人大、市政府等市级机关 60 多个委办局办公楼的物业管理服务工作，下辖 10 余处项目点，横跨玄武、建邺、秦淮等 5 个区，保障团队 1000 多人。机关物业中心将思想政治工作贯穿建设管理全过程，探索出用"初心、精心、耐心、公心、真心"开展思想政治工作的"五心工作法"，创新"赋能学堂"培训机制、"四个知道，一个跟上"、"三必谈、五必访"、"一人一事"工作法、"六送"关爱活动等务实举措，主动占领员工思想阵地，下大力解决员工"急难愁盼"问题，以思想引领释放"新动能"，实现"育人"工作与高质量发展的有机统一。

二、主要做法

（一）以"初心"启迪，砥砺旗帜鲜明的政治信仰

牢牢把握政务物业特殊政治要求，坚持党建引领，将思想政治工作纳入重要议事日程，切实在党的领导下做思想政治工作，着力培养员工政治意识和崇高信念。

1.加强组织领导。成立由主要领导亲自挂帅，领导班子成员、科室负责人全员参加的思想政治工作领导小组，突出共产主义和中国特色社会主义思想教育，采取年初筹划部署、半年分析研判、每月例会汇报等方式，加大统筹力度，狠抓工作落实，推动形成领导班子统一领导、科室分工负责、员工积极参与的良性运行机制。

2.深化理论武装。聚焦习近平新时代中国特色社会主义思想和党的

机关物业管理中心会议服务班创建全国"工人先锋号"

二十大精神等学习重点，坚持主要领导亲自上党课，引导中层干部主动走上讲台，深入班组开展理论串讲，开办政务物业微信公众号，不断丰富教育内容载体，增进员工对习近平新时代中国特色社会主义思想的政治认同、思想认同、理论认同、情感认同。

3.强化示范引领。建强领导班子、普通党员、青年群体三支队伍，以建设"三好双满意"（支部班子作风好、党员干部示范好、政务服务质量好，上级机关满意、干部职工满意）支部班子、锻造"三个绝对"（绝对忠诚、绝对纯洁、绝对可靠）党员队伍、培塑"四个特别"（特别能吃苦、特别能战斗、特别能奉献、特别肯钻研）青年团体为目标，创建"宁物先锋"特色党建品牌，开展重温红色道路、"青年说"主题宣讲、"中国梦"大讨论等特色教育实践活动，发挥先进团体典型引领作用，把全体员工团结凝聚在中国特色社会主义伟大旗帜下。

（二）以"精心"培育，锻造全面过硬的人才队伍

坚持人本管理，倡导"人人皆可成才、人人尽可成才"理念，牢牢把握培养什么人、怎样培养人、为谁培养人这一根本问题，将思想政治工作与队伍建设有机结合、一体推进。

1.注重集体文化熏陶。大力弘扬中华民族优秀传统文化和政务物业优良传统，深挖中心文化内涵、建设党建文化中心、组织文化系列教育、开办网上"员工之家"、推出"差异化"文化套餐、创作物业主题歌曲……用美好的愿景鼓舞员工，用宏伟的事业凝聚员工，不断增强员工的主人翁意识和社会责任感。

2.创新教育培训模式。开办"赋能学堂"，采取职工讲堂、例会分享、分级培训、网络学习等方式，强化人才培养系统性建设，建立"教育培训—监督管理—评估检验"闭环学习培训流程。倡导"每天读书学

习"习惯，结合行业特点和员工实际，精心制作六类"学习包"（入职培训包、工资薪酬包、服务项目包、服务标准包、形象礼仪包、安全管理包），将教育培训贯穿员工职业生涯全周期，不断提升员工核心能力素养。

3. 探索管理制度改革。制定合同制员工"1+4+8"管理模式，以 1 套岗位设置体系、4 类薪酬标准表和 8 项配套制度，构建"选、育、管、用"全流程培养链，进一步拓宽人才引进渠道、规范人才管理模式、畅通人才晋升通道、搭建人才成长平台，筑牢合同制员工教育管理"四梁八柱"，成为南京首家将合同制员工纳入人社部门工勤岗位考工定级管理的事业单位。

（三）以"耐心"感化，打造全程呵护的成长平台

着眼新时代干部员工思想多元化、个性化的特点，不断改进创新"一人一事"思想政治工作，着重在"长"和"常"上下功夫，强调"不忽视任何一个岗位，不放弃任何一名员工"，充分发挥思想政治工作春风化雨的功效。

1. 压紧压实帮带责任。落实挂钩帮带责任制，逐人明确帮带责任人，主任帮科长、班长带徒弟，一级做给一级看，一级带着一级干，将帮带工作成效纳入绩效管理，把育人"软指标"变成考核"硬杠杠"，倡导耐心说服和积极引导相结合的思想教育方法，做到循循善诱、启发觉悟、形成共识，努力营造和谐融洽的内部氛围。

2. 精准掌握思想底数。明确"四个知道，一个跟上"（知道员工在哪里、干什么、想什么、有什么困难，教育引导要跟上）管理要求，通过组织恳谈会、设置主任信箱、开展"我向中心说句话"等活动，牢牢掌握思想政治工作主动权，教育主管以上人员深入一线放下"官架子"，引导广大员工平等对话打开"话匣子"，切实找到隐患苗头的"实根子"，

倒逼出解决问题的"金点子"。

3. 灵活开展随机教育。充分发挥随机教育因人而异、因事而异，灵活机动、形式多样的优势，以班组为单位，前移教育端口。利用晨会十分钟、工作间隙、就餐期间等碎片时间，"三五分钟不嫌短，三言两语不嫌少，站着走着都能讲"。将思想政治工作贯穿员工工作、生活的全过程，并向八小时以外拓展延伸。

（四）以"公心"激励，引导积极向上的价值取向

"公正无私，一言而万民齐"。公平公正的管理是最有说服力的思想政治工作。实践中，始终注重强化公平公正的感召力，让员工感受到被尊重，进而调动起员工的积极性，不断激发员工昂扬向上的工作劲头。

1. 坚持以上率下。坚持领导带头、以身作则，要求员工做到的，自己首先要做到，让"敢喊、敢做""看我的""跟我来"在中心上下成为风尚。严格班子议事原则，落实"三重一大"决策制度，各项政策、制度、举措制定实施后，一律做到一视同仁、坚持原则、严格执行，坚决不搞对人不对事，分亲疏、搞远近。

2. 优化考核机制。实施全方位监管考核评价机制，逐人建立考核档案，将年度考核、平时考核和大项任务考评结合起来，全方位评价职工德才表现和工作实绩。大力选拔、表彰那些政治过硬、历练扎实、业绩突出，特别是在急难险重任务中经受磨砺考验的优秀员工，让吃苦者吃香、优秀者优先、有为者有位。

3. 从严执纪问责。坚决把纪律规矩挺在前面，结合物业工作点多面广管理难、涉钱涉物风险多的特点，常态组织党纪法规教育，用深入细致的思想政治工作让有苗头性、倾向性问题的员工敬畏纪律规矩，把走偏的思想彻底扭转过来。

（五）以"真心"暖心，营造拴心留人的工作氛围

贯彻尊重人、理解人、关心人、引导人的原则，不断丰富思想政治工作的人情味，把员工的事当成自己的事，倾心帮助员工解决具体问题和实际困难。

1.开展暖心知心工程。坚持用真心关爱员工，用行动感化员工，开展"冬送温暖、夏送清凉、秋送助学、节送慰问、难送帮扶、病送关怀"为主题的"六送"关爱活动。落实"三必谈、五必访"（必谈：思想波动、受到批评、工作变动，必访：家庭矛盾、生病住院、家庭困难、缺勤旷工、重大变故）机制，通过常态化走访慰问、座谈交流，了解员工思想动态和实际需求，用心用情解决员工"急难愁盼"问题。

2.丰富员工业余生活。着眼新时代员工多样化精神文化需求，成立业余文化兴趣小组，结合传统民俗节日、特色纪念日、大型活动开展等时机，广泛开展主题教育活动、社会公益活动、评先创优活动、文化体育活动等，使他们在活动中放松心情、发挥才能、陶冶情操。

3.严格落实"两项制度"。完善表彰激励制度，加大典型选树力度，每季度开展"服务之星"交流分享活动，每年组织先进典型事迹宣讲，精心打造富有仪式感的表彰场景，邀请员工家属现场观看，不断提升员工荣誉感和获得感。落实容错纠错制度，把严管与厚爱结合起来，把容错与纠偏结合起来，激发员工解开思想扣子，轻装上阵、大胆工作。

三、工作成效

（一）铸牢了对党忠诚的政治信仰

始终将加强思想政治工作摆在重要位置，从百年党史中汲取丰富养

分，在新时代伟大实践中发掘育人富矿，通过一堂堂生动的"大思政课"，员工政治热情不断激发，对"两个确立"的政治认同不断增进，认真学习党的先进理论、传承党的光荣传统、发扬党的优良作风在全中心蔚然成风。

（二）健全了思想政治工作机制

通过出台思想政治工作相关文件制度，制定思想政治工作责任清单，明确落实措施、推进步骤和责任单位，形成了"建有标尺、干有方向、评有依据"的运行机制。坚持"大思政"的工作理念，把思想政治工作与业务工作同谋划、同部署、同推进、同检查、同考核，构建了思政工作崭新格局。

（三）培育了一支高素质人才队伍

始终坚持"以人为本、以德育人"工作方针，立足主责主业，提高员工文化素质，培育员工敬业精神，造就优秀"物业人"，实现"思政"和"育人"双促进，员工政治素养、核心能力、道德品质明显提高，先后成功创建省市级"青年文明号"、全国"五一巾帼标兵岗""工人先锋号"等荣誉称号。

（四）守牢了安全生产的红线底线

将思想政治工作贯穿安全生产"事前、事中、事后"全过程，坚持"预防为主、防治结合"的指导思想，及时掌握员工思想动态，根据员工的情绪变化，采取有针对性的思想政治工作来应对，"三个确保"（确保员工安全、确保保障有序、确保安全稳定）的安全稳定目标始终牢牢守住。

四、经验启示

（一）优化顶层设计，强化思想政治工作的系统性

要加强党对一切工作的领导，不断加强顶层设计，搞好分析研判和筹划部署，精准找到思想政治工作与单位发展目标、工作思路上的结合点，提升机制建设的匹配度，完善齐抓共管的具体举措，不断提高思想政治工作的系统性、预见性，奋力夺取意识形态领域主动权。

（二）坚持问题导向，强化思想政治工作的针对性

事物的发展都有其内在规律和源头，职工的思想情绪也如此。要从内心深处尊重员工、关爱员工，坚持面对面、心连心，从思想情绪的源头上深入了解"背后的故事"，多问一句、多想一层，弄清员工深层次的需求和难处，通过把脉问诊、找准心结、对症开方，实现"一把钥匙开一把锁"，才能确保思想政治工作精准发力、有的放矢。

（三）压实主体责任，强化思想政治工作的有效性

"一分部署，九分落实"。做好思想政治工作，行动是重点，落实是关键。思想政治工作不是纸上谈兵，不脱鞋下田深入一线，就了解不到带"露水"的新鲜思想，更研究不出针对性的"实举措"。各级党组织要坚决扛起思想政治工作的主责主业，细化工作要求，列出时间安排，定好责任分工，定期检查审视，切实打通落实的"最后一公里"，让思想政治工作结出丰硕成果。

（四）创新工作举措，强化思想政治工作的时代性

思想政治工作必须融入新时代、适应新特点、解决新问题，才能在

守正创新中不断推动思想政治工作入脑入心。要突出思想引领、强化服务意识、坚持以文化人、创新方法手段，坚定不移以党的创新理论武装员工，设身处地为员工办实事，大力培育健康积极的集体文化，积极发掘一线先进典型，努力建设富有时代气息的网上员工家园，才能确保新时代思想政治工作始终与时俱进、充满活力。

"四轮驱动"：构建学校思政育人新矩阵

一、基本情况

为贯彻落实习近平总书记关于教育的重要论述，优化首都教育支撑服务体系，北京市委教育工委、市教委于 2021 年 8 月成立北京市学校思想政治工作中心（以下简称"学校思政中心"），这是全国首家以学校思想政治工作命名的专门机构。学校思政中心肩负推进北京大中小学思政一体化建设的光荣使命，下设综合科、宣传科、活动科、研究科、培训科五个科室。学校思政中心贯彻落实北京市委、市政府关于学校党的建设和思想政治工作决策部署，在北京市委教育工委、市教委的有力支持和悉心指导下，抓好关键点、打好组合拳、形成一盘棋，为落实习近平总书记关于学校思政工作一系列重要讲话精神、推动学校思政一体化提供了"北京经验"。

学校思政中心开展 2022 年度北京市学校思政课题研究工作

二、主要做法

（一）抓好关键点：推进学校思政一体化

党的十八大以来，以习近平同志为核心的党中央高度重视学校思想政治工作。习近平总书记先后出席全国高校思想政治工作会议、全国教育大会、学校思想政治理论课教师座谈会，多次到学校考察指导、与师生座谈交流，并围绕培养什么人、怎样培养人、为谁培养人这个根本问题，发表一系列重要讲话、作出一系列重要指示批示，为学校思想政治工作指明了前进方向。

在谋划确定学校思政中心的职能定位时，北京市委教育工委、市教委始终把党中央关于学校思政工作的决策部署作为根本遵循和行动指南。党的二十大报告提出"用社会主义核心价值观铸魂育人，完善思想政治工作体系，推进大中小学思想政治教育一体化建设"的重大命题，学校思政中心将推进首都大中小学思政一体化作为核心任务，围绕这一核心打造专业化队伍、高质量品牌，取得了扎实成效。

（二）打好组合拳："四轮驱动"构建学校思政育人新矩阵

1.当好"发动机"，精心组织主题活动。开展首都高校师生服务"乡村振兴"行动计划，组织100支团队在暑期奔赴全国22个省、自治区、直辖市的119个乡村开展实践，引导广大师生走向田间地头、深入基层一线，在社会课堂中受教育、长才干、作贡献。活动得到新华网等权威媒体关注报道，社会反响热烈。协助开展"喜迎党的二十大"系列活动，组织首都高校1300名师生在10月1日当天赴天安门观看升旗。参与"讲述我（我们）的育人故事"展示交流活动，为大中小学思政一体化贡献力量。围绕贯彻落实党的二十大精神，开展"我眼中的二十大"首都教育系统学习党的二十大精神优秀网络作品展示、"奋斗是青春最靓丽的底色"首都大学生学习宣传党的二十大精神主题微电影、班主任辅导员"面对面"等主题活动，进一步强化实践育人，提升人才培养质量。

2.打造"枢纽港"，高质量开展项目研究。围绕亟待破解的新问题以及当前学生行为、心理的新特点，面向北京57所高校、1500余个中小学及幼儿园进行研究项目招标。2022年首次招标即申报项目519项，立项177项，其中20项纳入北京市社科联项目。筹建思政一体化专家工作室，带动大中小学专家资源集体攻关，推动优秀成果试点实施。通过打造项目研究的"枢纽港"，为学校思政工作提供创新成果和管用办法，助力破解首都大中小学思政难题。

3.充当"助推器",守正创新推进网络思政。开通官方微信公众号和视频号,开设"习近平新时代中国特色社会主义思想""学习党的二十大""党史教育""思政一体化"等专栏,打造高质量的思想库、宣传平台。以弘扬社会主义核心价值观为主题,通过"动漫＋思政"等创新模式制作宣传片,在抖音、快手、微博等平台发布,寓教于乐实现对青年学生的思想引领,推动党的二十大精神入脑入心。充分依托人工智能、大数据、云计算等信息领域前沿技术在思政工作中的优势,建设智慧思政实验室,努力打造集思想教育、项目管理、培训管理、舆情监测、学生行为预警、心理健康教育等为一体的智慧思政工作平台。探索开设"思政者·谈"栏目,邀请各学段思政工作者拍摄微视频,从小切口讲育人,分享经验做法,推动工作交流。

4.搭建"加油站",打造思政培训示范品牌。面向各级各类学校思政骨干举办北京教育系统思想政治工作骨干专题培训班,围绕应对当前思政工作热点难点痛点问题进行专题培训,受到一致好评。开展大中小学书记校长研讨班、高校教师思政骨干工作能力提升等示范培训,探索案例式、沉浸式、咨询式培训,丰富培训形式,提升培训实效。聘请党政机关干部、知名专家、业务骨干,分门别类组建师资库。通过走访调研、座谈调研、问卷调研等形式,将组织需求、培训需求与学员需求相结合,服务全市大中小幼德育一体化队伍建设,为学校思政队伍培训注入强大动能。

（三）形成一盘棋：学校思政工作同部署、同发力、同落实

通过成立学校思政中心,北京市委教育工委、市教委在推动全市学校思政工作同部署、同发力、同落实方面有了具体工作支撑。以学校思政中心为重要依托,北京教育系统"请党放心　强国有我"主题教育活动一体推进,与北京市学校德育研究会、北京教育系统关工委、北京

市大中小学思政课一体化共同体等相关组织和单位协同发力，共同研制《2023年全市大中小学思想政治教育一体化建设重点任务清单》，以长效化理念统筹推进全市大中小学思想政治教育一体化建设，整体工作系统谋划、一体推进、有力有序、同向同行，凝聚合力共建"育人共同体"，初步形成了学校思政工作理念、设计、队伍、资源、成效"一盘棋"的良好局面。

三、工作成效

（一）铸就品牌强引领

学校思政中心借势发力、聚焦中心，成立之初便开创了首都高校师生服务"乡村振兴"行动计划活动品牌，受到各高校热烈响应。2022年，共有187支团队进入全市复评、100支团队脱颖而出，他们积极发挥高校人才、科技、资源优势，将青春之花绽放在祖国最需要的地方。新华网、《人民日报》、"学习强国"、澎湃新闻、北京卫视等20余家媒体报道，北京各高校组织参观成果展和总结表彰大会。学校思政中心首次推出主题教育活动即取得良好成效，在引导高校师生服务国家现代化建设和新时代首都发展、努力成长为担当民族复兴大任的时代新人中作出了积极贡献。

（二）深化内涵促提升

通过组织专家力量开展项目研究，服务首都教育事业大局，聚焦思政课一体化设计、家校社协同育人、智慧智能思政建设、高校师生服务新时代首都发展等重难点问题，通过"揭榜挂帅"激活创新动力。强化全过程管理、设立黑名单制度、明确成果的指标性要求，在评审各环节突出项目研究的实用性、针对性、可行性，形成了一批高质量研究成果。通过编发工作内参、召开项目成果报告会、发布项目成果信息、制作成果简报等具体举措，推进项目成果转化，切实提升项目研究质量，解决学校思政工作实际问题。

（三）建强队伍聚合力

通过常态化开展专题培训，邀请来自教育部、市委教育工委、市公安局等相关部门负责同志及高校的专家学者，围绕"提高斗争本领"等主题，全面系统阐释教育系统的总体形势、风险挑战和任务要求，分享第一手、第一线的好做法好经验。坚持党建与业务相融合，全过程开展引领式、嵌入式党建，并以开展一次微党课、读深一本理论读物、向党说一句心里话等"八个一"行动计划和课堂分享、结构化研讨、微党课、小组讨论等交流活动，引导一线思政干部提升政治素质和专业能力。参加培训的近 400 名干部成为学校思政工作的骨干力量，在各自岗位上凝聚起推动学校思政一体化建设的强大合力。

四、工作启示

（一）必须始终坚持正确政治方向

"欲筑室者，先治其基。"学校思政中心以习近平新时代中国特色社会主义思想为指导，坚决贯彻党的基本理论、基本路线、基本方略，坚决落实党中央决策部署，增强"四个意识"、坚定"四个自信"、做到"两个维护"。实行党组织领导下的主任负责制，坚持党对教育的全面领导，把发挥政治功能作为中心的立身之本和鲜明特色。通过支部建设、理论学习、制度构建等，坚持思想政治工作党性原则，把政治建设作为中心开局起步关键阶段的首要任务，以高质量党建引领保障高质量发展，推进党建工作与业务发展深度融合、一体推进。

（二）必须始终坚持围绕中心服务大局

学校思政中心是北京市委教育工委、市教委直属事业单位，必须向中心聚焦、为大局聚力，把履行支撑职能作为中心的成事之要，让思政工作真正"统起来""活起来""强起来"，努力成长为市教育两委工作不可或缺的支撑力量。自成立以来，学校思政中心积极对标对表、主动作为，将市教育两委关于学校思政工作的有关部署作为业务工作开展的主要方向，打造人才聚集平台、互动学习平台、资源共享平台，引导学校思政工作者统一思想行动，成为市教育两委有效连接大中小学和幼儿园的桥梁纽带和服务场站。

（三）必须始终坚持立德树人根本任务

学校思政中心始终高扬主旋律，以习近平新时代中国特色社会主义思想铸魂育人，通过主题活动、新媒体产品开发、项目研究、专题培训等培育和弘扬社会主义核心价值观，各项业务工作实现了从无到有、从0到1的突破。通过在实践活动中融入"润物细无声"的精神指引，引导广大师生以实现中华民族伟大复兴为己任，把学习奋斗的人生目标融入民族复兴的伟大理想，更加坚定不移听党话、跟党走，努力成长为德智体美劳全面发展的社会主义合格建设者和接班人。

（四）必须始终坚持以学校思政战线为依托

北京市大中小学和幼儿园既是学校思政中心的工作对象，也是其事业不断向前发展的重要依托，必须牢牢把握思政工作规律、教书育人规律和学生成长规律，牢牢把握不同类型学校的运行特点，始终以学校现

有实际情况为基础进行工作谋划，发挥各区、各学校思政工作主动性和首创精神，强引领、搭平台、优组合、重服务，放眼全局谋一域，推动全市学校思想政治工作一体化推进、创新性发展。

实施"红色网络"工程
打造指尖上的"大思政"

一、基本情况

天津师范大学坚持以习近平新时代中国特色社会主义思想为指导，深刻把握新媒体格局下思想政治工作规律，围绕立德树人根本任务，抓好思想政治工作理念创新、手段创新、基层工作创新。在"互联网+"背景下，以互联网为平台基础和创新要素开辟思想政治工作的新赛道、新载体，实施"红色网络"工程，探索完善课上课下一体化、工作队伍一体化、项目育人一体化、线上线下一体化、校内校外一体化的"五个一体化"育人体系。学校先后获评全国优秀新媒体专业工作室、天津市首批思政教育新媒体建设示范校，连续六年获评"天津市大学生思想政治教育工作优秀单位"。

二、主要做法

（一）加强组织领导，引领网络思想政治工作新发展

1.构建管理高效的组织机制。将网络思政纳入学校思政工作总体框

天津师范大学官方微信"百年师范育英才"专栏

架，积极构建党委统一领导、党政齐抓共管、各单位上下联动、教师员工共同参与的网络思想政治工作大格局。切实落实属地管理原则和主管主办责任，强化各级党委主体责任和定向把关作用，把各单位、各部门的新媒体和师生自媒体纳入学校、学部（院）、班级（教研室）的三级管理体系，分级分类管好阵地、管好人员，促进形成分工协作、互联互通、严密高效的网络思政工作格局。

2.健全系统完备的育人体系。学校全力提升思想政治工作质量，积极构建课程、科研、实践、文化、网络、心理、管理、服务、资助、组织"十大"育人体系，特别注重网络思政工作新渠道新载体新体系建设，将网络思想政治工作融入教育教学各环节、人才培养各方面，坚持"三全育人"与"五育并举"，全面提升高校网络思政工作育人成效。

3.强化规范严密的工作纪律。学校在全校师生中深入开展《中华人民共和国网络安全法》宣传教育，加强和完善高校网络媒体管理制度建设，进一步落实新媒体建设管理办法、校园网站建设管理办法等有关规定，对网站、微博、微信等网络平台加强日常管理。近年来先后制定出台《师德负面清单》《学生日常行为规范》等规章制度，对师生文明上网、文明用网提出严格要求，确保高校各单位和全体师生的网络行为在法律和制度的框架下健康、有序发展。

（二）加强载体建设，注入网络思想政治工作新动能

1.打造媒体矩阵，增强网络思政凝聚力。学校深度整合校园"报、网、端、微、屏"等各种媒体资源优势，构建起以"两微一网"校级平台为核心，各二级单位新媒体平台为延展的网络媒体宣传矩阵。在加强媒体融合联动的基础上，支持和鼓励各级各类网站、微信、微博、视频号、抖音号平台错峰发展、个性化传播，形成板块内容丰富、信息及时权威、融媒触达的平台矩阵和全方位、多角度的宣传矩阵。

2.加强内容建设，增强网络思政引领力。学校通过设置正面议题、细分受众、个性化打造等途径，运用新闻报道、言论评论、典型宣传等形式，用好"网言网语"开展思想政治教育，找准与学生兴趣的结合点，把思政之"盐"融入网络"大餐"，充分彰显网络思政独特育人优势。通过设计、推送适合网络传播的音视频、H5、Vlog 等全媒体作品，运用图文、视频、海报、数据可视化等新媒体产品形态，让各类思想政治教育内容"浸润式"感召青年学生。

3.打造交互品牌，增强网络思政亲和力。学校不断优化服务理念，

引导学生参与到对网络思政内容的点赞、分享、评论的过程中来。精心打造深受学生喜爱和欢迎的特色网络思政品牌，通过率先在全市高校中开发官微 IP 形象应用、推出系列文化衍生品等方式，增强学生喜爱度和认可度。

（三）培养红色网军，激活网络思想政治工作新力量

1. 抓牢人才建设工程。学校积极引导理论专家、教学名家、优秀教师等群体参与网络思政工作，将"课程思政"工作理念延伸至学生的网络生活。一方面，发挥好全校新媒体名师工作室建设的示范带动作用，打造高校"网络航母"领航员。另一方面，充分发挥大学生的主体性作用，鼓励学生跨社团组建融媒体工作室，通过"沉浸式"锻炼"策、采、编、播、发、营"等综合技能，建设好大学生网络文化骨干队伍，实现从"要我看"到"我要干"的转变。

2. 完善考核激励机制。学校加强对网络思政队伍"网言网语"使用能力、网络教育能力、网络舆情引导能力、网络资源整合能力的系统化培训和考核，不断提升网络思政专业化水平。不断完善日常评价激励机制，将优秀网络文化成果纳入教职工科研成果统计、专业技术职务（职称）评定、人才称号评定（推荐）等范围，对有效运用网络平台取得成效的专任教师、思想政治工作者进行表彰和奖励，通过激励措施调动高校全员参与网络思政工作积极性。

（四）加强安全防范，筑牢网络思想政治工作新堡垒

1. 创新网络服务。学校充分挖掘智慧校园建设中的大数据优势，及时掌控学生动态，关注风险隐患，提早化解矛盾问题。充分抓住青年学生网络原住民的特点，发挥以实名制方式建立的"师生热线事事通"网上平台服务功能，不断完善"部门分工、专人负责、及时处置、参与评

价"运行模式,形成深受学生信赖的排忧解难、纾解情绪、加深理解的有效网络服务渠道。

2.严密网络监管。学校建立了由宣传、网信、教工、学工、教务、保卫、后勤等多部门组成的研判会商和预警处置机制,修订完善了网络与信息安全管理办法,通过"人防+技防"方式,对涉校信息全天候、全网络监测,全面研判学生思想状态,就苗头性、倾向性问题加强学生思想引导,阻断问题扩延,为构建和谐校园、平安校园发挥重要作用。

三、工作成效

(一) 做大做强媒体矩阵,助力网络思想政治教育全覆盖

学校积极整合校内各媒体优势资源,组建以学校主页、官方微博微信、"继之青年""天师学工"等校级平台为核心,50个二级单位新媒体平台为延展的网络媒体宣传矩阵,涉及微博、微信公众号、视频号、抖音等多个平台,有效覆盖全校2万余名学生。目前,学校各级各类网络媒体宣传平台总关注用户近30万,日均发送图文消息60余条、阅读量超过5万次,多个单条推送阅读量突破10万,入选首批高校思政类公众号重点建设名单、全国学校共青团优秀新媒体专业工作室等,受到师生广泛关注。

(二) 做优做特品牌活动,增进网络思想政治教育黏合度

学校不断打磨学生喜闻乐见的线上线下融合特色品牌。师大官微以"我的大学小薇相伴"为宣传语,设计制作卡通形象"师小薇",并在学生群体中遴选形象代言人,"师小薇"以其清新亮丽、健康向上的形象参与到线上线下的各类活动中,成为天津市首家推出真人形象代言人的

官微。学校共青团官微"继之青年"推出了"小桃之小李之"IP 形象，系列海报以及钥匙扣、文化衫、贴纸等文化衍生品陆续推出。学生工作部官微"天师学工"推出由 100 名辅导员精心打造的 100 节"党史微课"，讲身边故事、讲精神实例，青年学生们在传播中互动、在互动中参与、在参与中传播，不负时代、不负韶华，与祖国和时代同频共振。

(三) 做实做深服务平台，助力网络思想政治教育做实功

学校不断创新完善"网络化"管理。在推动共青团"第二课堂成绩单"建设过程中，搭建了集二课堂活动的发布与管理、学生参与活动的记录与评价、学生社团基本情况和运行规范等于一体的网络系统平台，充分利用移动手机载体，整合校内思政教育资源，提高学生参与课外实践活动的积极性和获得感。通过开设"师生热线事事通"信息沟通平台，将师生的急、难、愁、盼问题，及时纳入思想教育工作领域，通过手机端实时把脉，及时解决师生提出的意见建议。无论是食堂饭菜口味或是教室卫生状况，无论是教师课堂教学或是图书馆自习环境……师生们动动"指尖"，就能随时随地把所见所盼的大事小情进行反映并得到迅速解决。既畅通了校情民意的表达渠道，又通过实时信息反馈，精准关注师生思想和心理动态，将解决个性问题和共性问题有机结合，提升了思政工作针对性实效性。

四、经验启示

(一) 做好网络育人，必须坚持正确导向，增强网络思政引领力

"互联网 +"时代背景下，高校思想政治工作者要毫不动摇地坚持马克思主义在网络思想政治教育中的指导地位，用主流意识形态占据这

一新的育人阵地，充分利用互联网开放性、交互性等特点和优势，采取多种形式，积极开展网上正面思想教育引导工作，唱时代赞歌，与时代同行，壮大网上正能量，营造共建共享的网上精神家园。

（二）做好网络育人，必须坚持继承创新，增强网络思政感召力

大数据时代引发的变革虽然是全面的、深刻的，但它对于网络思想政治教育的发展而言是丰富和拓展，而非颠覆或取代。高校思想政治教育的内容和载体随着时代的发展不断丰富和进化，做好新时代思想政治工作既要继承发扬思想政治教育的传统经验，又要与时俱进发挥新媒体平台优势，在巩固中创新，在创新中发展。

（三）做好网络育人，必须坚持要素融合，增强网络思政生命力

融媒体时代给予思想政治工作更加丰富的表现形式，学校思想政治工作必须以新应新，促进思想政治工作组织架构、管理体系的调整完善，促进新媒体与传统媒体在人员、技术、内容、平台等生产要素的有效融合，以更多有趣、新颖的形式，让最有价值、最核心的教育内容以最恰当最生动的表现形式呈现在受众面前，产生聚合共振效应，更加有效地达到思政教育目的。

（四）做好网络育人，必须坚持全员参与，增强网络思政影响力

在网络育人建设过程中要加强各单位、各部门协调联动，充分发挥思想政治理论课教师、专业课教师、学生工作队伍、党员干部和共青团干部优势，调动全校教职员工育人工作的积极性、主动性和创造性，实现网络思政工作队伍育人"一体化"，形成全员共同参与、共担育人责任、共享文化发展成果的生动局面。

"三维拓展模式"：培育新时代青年马克思主义者

一、基本情况

东北师范大学马克思主义学部把思想政治工作贯穿人才培养全过程，不断完善思政工作体系，探索构建马克思主义理论常态化输入、学理性思考、多元化输出的"三维拓展模式"，培育新时代坚定的青年马克思主义者。实施"集成创新、协同育人"思想政治理论课教学改革，以"大思政"理念构筑合力育人格局，"大思政育人"的创新探索经验入选中央组织部典型案例。学部不断优化人才培养结构，开设"仿吾基地班"，深化"本硕博一体化"人才培养模式改革，获批国家级一流本科专业与国家一流课程，获首届全国教材建设先进集体，获国家级教学成果二等奖，获批国家留学基金委创新型人才国际合作培养项目，人才培养质量显著提升。

二、主要做法

依托教学资源筑牢专业基础，依托真理力量坚定理想信念，将思想

东北师范大学马克思主义学部本科生党支部开展"延安红色实践"活动

引领的要求与学生专业提升的需求相融合，将第二课堂与第一课堂、思政课成绩、本硕博基地班人才选拔紧密相连，使学生工作与教学工作互相助力、有效衔接，帮助学生对马克思主义理论实现从认知到认同、从知识到信念的转化，逐渐建构起第二课堂"常态化输入、学理性思考、多元化输出"的三维理论拓展模式。

（一）常态化输入

1. 理论输入。探索构建了马克思主义经典著作学习本硕博一体化模式，即本科生读经典，研究生讲经典，博士生论经典，使马克思主义理论宣传实践走向系统化、常态化。一是拓展课内资源，师生共读经典。马克思主义学部各专业20余名教师利用课余时间开办经典研习营，下设20个经典研习班。由教师精选经典书目，由学生选择研读班次，平均每年研读经典书目40余部，实现本硕博课外马恩经典著作研习全覆盖。二是拓展课外资源，全校共赛经典。不断升级优化品牌活动"马克思主义经典品读大赛"，以赛带学，组建专家顾问团队和题库研发团队，以智慧课堂和信息技术为依托，让学生在研习经典题库、全员学习打卡、全校赛事 PK、明星表演赛中感受经典魅力和真理力量。三是拓展朋辈资源，全员共讲经典。组建青马宣讲团，面向校内外开办大学生思想理论课堂，开展马克思主义经典理论及中国特色社会主义理论的普及宣讲；举办"青马论坛"，面向全校开展青年自学自讲马理论，聚焦专业特色举办硕博论坛，让有信仰的人讲信仰。

2. 实践输入。带领学生开展进阶式红色体验活动，引导大学生到人民群众中去，到新时代新天地中去，在实践中培育勇于担当的社会责任感和深厚的家国情怀。一是访基层一线，在感受中国国情中厚植家国情怀。组织开展"新时代新青年"主题教育实践，带领学生赴延吉、图们、珲春、梨树等地，在中朝俄三国边境发展对比中感受国家发展进程，在延边州发展历史中感受民族团结力量，在社会主义新农村发展变化中感受国家优厚政策，引导学生珍惜当下，勇担时代使命。二是访革命圣地，在感受红色文化中厚植家国情怀。在中国共产党建党百年华诞之际，组织学生们参观革命圣地延安和西柏坡、总书记知青岁月所在地梁家河等，让学生在中国共产党百年风华之际回顾党的历史，让学生在感受党的风雨征程中树爱国志、践报国行。三是访榜样典型，在感受精神力量中厚植家国情怀。学生寻访逆行英雄——吉林大学赴武汉一线抗疫医生、寻访抗战老兵——抗美援朝幸存战士、寻访师之楷模——全国时代楷模曲建武教授，引导学生在亲身感受榜样的深沉信仰和奉献人生中树牢信仰。四是访科技前沿，在感受中国力量中厚植家国情怀。带领学生到中车长春轨道客车集团、空军航空大学、长春市城市规划展览馆等地参观，了解国家先进科技力量，引导学生要永久奋斗，在攻坚克难中创造业绩。五是访祖国发展同行人，在感受接续奋斗中厚植家国情怀。

开展"为人治学大家谈"口述史访谈，组织本硕博学生对学部 30 余位老领导、老教授和优秀校友进行专访，通过回忆讲解学校学院创建史、学科发展史、教师治学史，引导学生认识到他们所处的一流学科平台是在一代又一代接续奋斗中实现的，要传承东师精神，弘扬东师文化。六是访海内外名校，在学术探讨和国际比较中厚植家国情怀。带领学生赴清华大学、北京师范大学、南开大学等名校游学交流。选拔学生赴越南、马来西亚交流学习，赴新加坡参加第十届世界大学生领袖研讨会，在中国特色与国际比较中坚定"四个自信"。

（二）学理性思考

通过搭建科研平台，引导学生掌握科学研究方法，树立问题意识，提升学术能力，启发创新思维。

1.设立学生科研专项经费。扶持本科生进行创新创业素养提升、研究生开展理论实践精学深研，年均投入经费 40 万元，培育科研项目 160 余项，覆盖面达 65% 以上，形成了具有专业特色的本硕博科研培育体系。

2.举办专题征文活动。在全校范围内，联合学校党委学生工作部举办"新时代新思想新青年"主题征文大赛，评选收录 70 篇优秀作品。目前，学生科研成果已形成 1 本访谈实录，1 本实践纪实，2 本学术论文集，共计 100 万余字，即将出版发行。

3.承办学校大型主题活动。受学校党委学生工作部委托，马克思主义学部承办"理想信仰、成长成才"主题辩论赛。活动历时两个多月，共有 22 个学院 140 余名选手参加了 19 场比赛，整理形成辩论文稿 20 余万字即将结集出版。

（三）多元化输出

以本科生讲好一个知识点，研究生讲好一堂思政课为短期目标，以培养学生由学习马克思主义理论转变为深刻理解并主动传播为长远设想，促进学生将头脑中的知识转变为信仰的践行。

1. 开展中国化马克思主义宣讲。组织学部田克勤、程舒伟、胡海波、冯绍武、张森林等教授组建"老教授报告团""马列学习导师团"，结合当前国内国际形势，为学生作《中国式现代化与人类文明新形态》《坚持以中国化时代化马克思主义的创新成果为科学指引》等报告，引导青年大学生领悟精神、坚定信念、培养情怀。

2. 组织党史学习活动。开展"百年党史百人讲，不忘初心竞自强"活动，组织 100 个学生团队录制 100 个党史学习视频，在学部抖音、微信公众号等平台传讲党史知识和故事。开展以"礼赞建党百年，奏响青春之歌"等形式多样的"学四史"教育理论研习活动。让学生深刻认识党的百年奋斗史，在自学自讲、传习传讲中真切体悟，做到入脑入心。

3. 搭建专业宣讲团队。成立硕博宣讲团，深入联系各兄弟院系、社区和学校，以学部优秀的硕博研究生为主力，充分发挥朋辈教育优势，讲好中国之事，讲亮中国之声，讲明中国之力，使之成为学生锻炼理论实践转化应用能力，提升综合素质的重要平台。

三、工作成效

（一）学生思想政治素质显著提升

通过教育各环节环环相扣、各层次层层递进，马克思主义学部已形成在课堂上接受理论、在生活中体会践行、在文化中滋养浸润、在实践中淬炼坚守的培养体系，学生理想信念愈发坚定，责任担当意识愈发增强，吃苦奋斗精神愈发提升，学习氛围愈发浓厚。2019 年，学部研究生党支部获评全国首批百个研究生样板党支部，是吉林省唯一获此殊荣的研究生党支部。2021 年，支部再次获评吉林省先进基层党组织，是我校唯一获此称号的研究生党支部。

（二）学生科研水平与创新能力显著提升

通过长期的科研训练和科学的激励机制，学部学生多次在国内外高水平期刊发表学术论文、参加国内外高水平学术会议并发言，屡屡在全国和吉林省大学生科研竞赛中获奖。曾多次荣获"挑战杯"中国大学生创业计划竞赛吉林省一等奖、吉林省"互联网＋"大学生创新创业大赛金奖、吉林省暑期"三下乡"活动一等奖、吉林省大学生讲思政课比赛一等奖等，多位学生获得宝钢奖学金、入选东北师范大学"理想与成才"报告团。

（三）思想政治工作队伍职业能力显著提升

在扎实做好人才培养的过程中，学部思想政治工作队伍职业化专业化发展收效显著。学部政工队伍获得吉林省和长春市优秀共青团干部、吉林省和长春市"三下乡"社会实践活动"先进个人""高校文明杯"竞赛"精神文明建设先进个人"等称号，并在全国高校网络教育优秀作品推选展示活动、教育部高校辅导员优秀案例评选、吉林省辅导员优秀网络文章评选、吉林省辅导员优秀网络文化作品评选中获奖。

四、经验启示

(一)坚定方向：以马克思主义为指导深刻把握中国发展大势

要坚持以马克思主义理论特别是马克思主义中国化最新成果为指导，自觉地把加强和改进高校思想政治工作作为一项长期战略任务，始终坚持党对高校的领导。在思想政治教育的体制机制设计中，牢牢坚持马克思主义理论的指导地位，贯彻和落实党的基本方针、路线和政策，使思想政治教育的制度设计始终与党和国家的发展方向相一致，和学生的自由全面发展相一致，确保思想政治教育方向不动摇。

(二)明确前提：思想政治教育目标与学生成长发展需求的一致性

将加强和改进大学生思想政治教育工作作为深化教学改革、推进素质教育、培养合格人才的一项重要任务，着力把思想引领融入课堂教育、文化建设和服务管理等各个方面，使思想政治教育更加贴近实际、贴近生活、贴近学生。目标设计、运行方式、评价标准和方式要观照学生成长发展需求，把思想政治素质等价值元素纳入一般性教育评价、人才核心素养等评价体系之中，做到同向同行、双向融合。

(三)实现路径：激发大学生思想政治教育创新发展的内生动力

面向学生成长发展需求，遵循思想政治工作规律和教书育人规律，引导大学生坚定理想信念，找准历史方位，明确成才方向。要进一步丰富教育内容，坚持德智体美劳"五育并举"，全面发展和个性发展并重，不断加强专业认知教育，培养专业兴趣，增强专业认同。

"江南燕"：在新时代传承好红色基因

一、基本情况

江苏省无锡市新吴区江溪小学始建于 1906 年，是一所具有红色文化底蕴的百年老校，中国共产党早期领导人瞿秋白同志曾在校任教。江溪小学以习近平新时代中国特色社会主义思想为指导，把秋白红色人文资源作为思政育人的特色资源，以瞿秋白名句"我是江南第一燕，为衔春色上云梢"中提及的"江南燕"作为儿童化表述的形象追求，并对红色基因做了更具时代特点的校本诠释和立体解读，凝练为"江南燕"应拥有的理想高远、忠诚不渝、无私奉献、自强不息的红色基因品格，开展"江南燕"红色基因的新时代传承行动，通过关键事件支撑、主题学习锤炼、研学活动衍生等运作策略和实施路径让红色基因融入血脉，帮助学生成为具有红色基因品格的新时代好少年。

江溪小学开展红色基因传承主题周活动

二、主要做法

（一）物型场域创设——红色基因的感知式涵养

从学校场馆建设、社会场域融合、虚拟空间打造三个板块拓展和丰富红色基因传承的场域内涵，形成可视可感可知的品格养成物型场域。

1. 建设学校场馆。学校不断完善秋白铜像、秋白读书亭、秋白文化广场、秋白精神体验园等主题场馆建设，帮助学生切实感受以瞿秋白为代表的革命英雄人物的事迹，感受红色基因的具象存在。比如，入校就能看到高大的瞿秋白铜像，入学仪式、入队仪式等主题活动都在秋白铜像前举行。秋白铜像成为认识瞿秋白、了解秋白精神的教育阵地。同时，学校在围墙、班级、走廊等的文化布置上凸显以"秋白精神"为内核的红色氛围，帮助学生切实感知英雄情怀，让红色基因的种子植根于学生心间。

2.融合社会场域。学校融合常州瞿秋白纪念馆、江南大学瞿秋白研究院、无锡市博物馆、秦邦宪故居、桑梅党建工作室等各类社会场域资源，构筑"校内为主，校外为辅"的场域空间，在"七一""八一"、建队节等特定日子前往进行党团队共建，如开展英雄足迹寻访、大学牵手小学、革命传统教育等活动，帮助学生拓展红色基因传承的感知领域。

3.打造虚拟空间。学校在网站上开辟专栏，链接常州瞿秋白纪念馆、西柏坡纪念馆、中央红军长征出发纪念园等红色教育基地的线上资源，通过班队活动课、革命纪念日等定期组织学生线上参观。在各主题场馆印制二维码，通过扫一扫的方式链接到网站专栏，了解主题场馆相关的图片、文字、活动等资料，帮助大家迅捷、全面、深度地感知红色基因文化。借助微信公众号等进行宣传和推广，方便家长们和社会各界了解最新动态，构筑以学校为中心的红色基因传承的同心圆。

（二）课程体系构建——红色基因的沉浸式触发

按照习近平总书记所擘画的"大思政课"一体化育人体系，采用项目和课程有机融合，以国家课程渗透、校本课程拓展相结合的方式，实现课程思政和思政课程的同向而行，帮助学生在课程学习中传承红色基因。

1.落实国家课程"学科嵌入"行动计划。学校对国家课程进行校本化研究，跨学科、多维度进行红色基因的渗透和传承。根据学科特点，挖掘教材中蕴含的红色基因，采用不同的表现方式，加强红色基因的教育。例如，语文学科《吃水不忘挖井人》《朱德的扁担》《十六年前的回忆》等课文，教师根据品格引领的目标，通过读一读、唱一唱、演一演等方式，让红色基因进入每个孩子的心田。同时，打破学科壁垒，进行学科间有机整合，采用丰富的表现方式和"串课"等创新的教学方式，进行红色基因的渗透，在红色基因的传承中培育学生品格。

2. 推行校本课程"主题延展"行动计划。学校围绕理想高远、忠诚不渝、无私奉献和自强不息四大核心品格，确立年段目标，分层落实，逐步构建燕斗寒潮、燕啄新泥、燕衔春色、燕上云梢"红色基因传承"校本课程体系，促进学生红色基因品格养成。例如，燕斗寒潮寓意秋白一生追求光明，是滋养学生品格的不竭源泉，课程分为"秋白故事会""秋白诗社""秋白剧社""秋白讲解员"四个主题单元，帮助学生在参与、感受、体验课程的过程中感悟秋白精神。

（三）主题活动开展——红色基因的具身式锤炼

坚持常规与特色并重，校内和校外相结合的方式，帮助学生于体验中传承，于寻访中提升，于实践中锤炼。

1. 整合演绎校内活动。组织学生童本理解"秋白精神"，把践行五育融合、弘扬传统文化作为教育原型，开展"秋白精神"LOGO 征集活动，设计出活泼可爱的"江南燕"卡通形象。创新开展"瞿秋白英雄中队"建设、"六好江南燕"评选、"江南燕"仪式活动等特色主题活动。设立"江南燕"红色基因传承主题周，结合"秋白精神体验园"的课程展示，帮助学生在讲英雄故事、诵英雄诗歌、演英雄剧本、访英雄足迹等红色主题活动中，自觉做好红色基因的传承者、实践者和开拓者。

2. 融合推进校外活动。学校有效整合校外资源，加强与革命传统教育场馆、区域性研学课堂等红色基地的共建，创意设计红色寻访活动任务卡，定制红色研学路线，定期走进名人故居、革命遗址等爱国主义教育基地，以及南湖、茅山、井冈山等红色革命圣地进行"红色基地打卡"。同时，与驻锡部队进行军地共建，开展军事夏令营、国防教育、少年军校等活动，锤炼学生红色基因品格。

（四）完善评价方式——红色基因的多维式激励

围绕四大核心品格构建与之相适应的品格育人评价机制——"江南燕成长护照"集星争章和"互联网＋"评价模式相结合，突出评价的时代性、过程性、多元性和多维性。

1.""江南燕成长护照""集星争章。学生一年级入学就会有一本"江南燕成长护照"，根据表现优秀、良好、一般的情况，分别获得5星、3星和1星的奖励，先自评、小组评，最后由班主任进行综合评价并发放星数。学校根据"江南燕成长护照"的集星数，结合各项主题活动的评价，开展"六好江南燕"评选，并颁发"江南燕勋章"。

2."互联网＋"评价模式。学校在智慧校园系统构架中，构建"互联网＋"评价模式。通过微信公众号推送、校园电视直播等方式介绍、展播"六好江南燕"事迹；采用"晓评价"打卡、腾讯在线收集表等方式，吸引家长参与线上评价，并将学生参加红色基因主题活动的图片、视频等发布到学校网站、微信公众号、班级晓成长，进行评价和互动，达到协同育人的效果。

三、工作成效

"江南燕"红色基因的新时代传承行动于2020年11月入选第四批江苏省中小学生品格提升工程项目，2022年10月顺利结项并作为精品项目学校代表在第五批江苏省中小学生品格提升工程培育大会上进行展示交流。项目推进过程中，学校基于学生立场聚焦项目核心不断深化对项目价值的认识理解，不断调整项目建设的实践范式，让品格提升工程真正成为学校教育的恒久课题和亮丽名片。

（一）项目助推，引领学校高位发展

项目实施以来，学校获评全国"家校共育"示范校、江苏省文明校园、无锡市德育先进学校、无锡市教育系统教书育人先锋党组织等，瞿秋白英雄中队获评全国优秀少先队集体，骄燕中队获评全国动感中队，"江南燕"社团获评江苏省优秀红领巾小社团，"秋白精神体验园"获评江苏省少先队文化建设品牌项目。

（二）协同共进，形成优势扩展效应

项目建设成效在省级思政育人展示活动、东西部协作交流活动、省委党史学习教育指导组下沉督导等省、市、区各级视察、交流、来访活动中，进行全方位、多角度的展示。同时，带动"同学联盟""春至江南"教育联盟的学校进行学生品格提升实践研究，共建共享，实现共同生长。

（三）范式推介，讲好思政育人故事

项目推进过程中，"学习强国"、《人民日报》、《中国教育报》、江苏教育电视台等中央和省级媒体对项目进行推介宣传。多篇与项目相关的论文在《江苏教育研究》《江南风》等省市级刊物发表，红色基因传承的"江溪范式"不断提炼推广，辐射影响较为深远。

四、经验启示

（一）机制创生，项目攻关有路径

项目以立德树人为根本任务，基于学生立场整体架构，进行"像、亭、场、园"四个主题场馆及校园氛围、社会场域、虚拟空间的物型场域构筑，师生共同建设传承"红色基因"的课程资源，创设"关键事件"，组织"主题活动"，构建品格养成的评价体系，形成一个学生能汲取、教师可利用的红色资源库，学生在项目的参与、开发、体验、建构中，逐步实现"理想高远、忠诚不渝、无私奉献、自强不息"等"江南燕"红色基因品格的养成，逐步形成具有校本特色的"343'江南燕'红色基因传承机制"。其中"3"是项目运作的指导思想，"4"是项目实施的方式，"3"是项目运作策略。即以项目为主导、学生为主体、活动为主线，采用参与、开发、体验、建构等方式，通过关键事件支撑、主题学习锤炼、研学活动衍生等运作策略让红色基因融入血脉，培养具有红色基因品格的"江南燕"好少年。

（二）课程融合，项目优化有策略

课程是项目推进的主要载体，项目的品质由课程品质决定。学校努力建构项目与课程融合实施的方式，以可视化的品格养成物型场域为依托，师生共同参与、共同建构、共同开发，实施国家课程学科嵌入行动计划和校本课程主题延展行动计划，以弘扬中华优秀传统文化、革命文化、社会主义先进文化为课程思政的首要内容，整合多领域学习要素，指向五育融合，构建红色基因传承课程体系，用鲜明正确的价值导向和积极向上的力量引导和激励学生在课程的参与、开发、体验、建构中逐步养成"理想高远、忠诚不渝、无私奉献、自强不息"四大核心品格，做一个具有"江南燕"红色基因品格的新时代好少年。

（三）团队建设，项目落地有保障

项目实施由校长亲自主持，分管校长主要负责，德育处成员、班主任全程参与。学校以江苏省"十三五"规划立项课题《瞿秋白精神引领下的教师文化发展研究》为引领，建设"秋白式教师成长学院"，通过

"秋白式"教师体验园、生长营、教研坊、学习场、风采秀和俱乐部六大平台，打造一支精力充沛、学历层次高、工作热情高、科研能力强和管理能力强的核心育人团队。在项目按时序进度不断推进的过程中，组建并逐步完善各年级的育人团队，以点带面，人人成为品格提升工程的践行者、研究者。学生的品格提升拥有了有力的抓手，拥有了可靠的路径，从而能合力推动学生品格提升工程项目建设，项目发展的动力势能更足，不断提升项目建设品质。

"丙辉漫谈"：真正走进学生心灵的思政课

一、基本情况

"丙辉漫谈"是安徽师范大学马克思主义学院路丙辉教授 1992 年起义务开设的师生思想交流平台，搭建了大学生思想政治教育辅助平台。目前有"现场版""网络版""实践版"三种模式。"现场版"与学生面对面，路丙辉担任主讲人，通过发放问题卡的形式面向全校学生征集话题，遴选出与青年大学生成长密切相关的主题 1000 余个，累计开展报告 360 余场，纾解学生问题 1 万余条，受众 20 余万人次。"网络版"与学生"键对键"，路丙辉主动拓展网络思政阵地，通过网文和线上交流等方式为学生答疑解惑，受众 3000 多万人次。"实践版"与学生肩并肩，不止于"谈"，更同于"行"，路丙辉教授连续 20 余年担任"三下乡"暑期社会实践指导教师，与学生同吃同住同实践同交流，使思政课成为深受学生欢迎的"信仰课""人生课"。相关事迹被主流媒体深度报道，路丙辉老师光荣当选党的二十大代表、全国优秀共产党员、全国最美思政课教师。

路丙辉在"丙辉漫谈"活动现场为学生解读党的二十大精神

二、主要做法

（一）漫谈讲理，关切学生思想实际

针对思想政治教育第一课堂没有涉及但学生又急需解决的思想问题，"丙辉漫谈"主攻学生思想上的"小障碍"，从学生的思想实际出发，针对不同学生的不同情况，因人而异，通过"点题说理"方式有效解决学生思想实际问题。

1. 坚持实事求是，紧贴学生思想实际。"丙辉漫谈"聚焦学生日常学习成长全过程，对学生在现实中遇到的问题进行调查研究。"现场版"丙辉漫谈每场都会收集并回答学生的提问卡，学生可以结合自身成长的思想困惑提问，如大学没有目标怎么办？人生信仰如何确立？"网络版"丙辉漫谈采用问题帖的形式收集问题，学生匿名写下问题帖，教师和同学们共同探讨。如怎样培养学习能力？入党动机是什么？由于提问形式的匿名性、开放性，学生可以畅所欲"问"，既走进学生的内心世界，也收集到与学生成长密切相关的思想实际问题。

2. 坚持因材施教，关注学生个体差异。一是坚持统一性与多样性相结合。始终坚持把立德树人作为根本任务，注重面对面的现场漫谈、心连心的网络互动和肩并肩的意志磨炼三者有机统一。二是坚持原则性和灵活性相结合。始终围绕思想政治教育的主题，同时针对不同类型、不同阶段、不同专业学生的性格特征采用灵活多样的教育方式，既注重表扬鼓励学生的进步和成绩，又及时鞭策矫正学生的不良思想倾向。三是坚持时效性和针对性相结合。选取的话题既有"谈改革进入深水区"等与时代发展密切相关的主题，也有围绕学生干部、师范生等群体的"如何做一名优秀学生干部""如何做一个温暖的老师"等主题，努力做到"一把钥匙开一把锁"。

3. 坚持有的放矢，满足学生思想需要。一是坚持创新形式，满足学生成长需要。既有现场围绕特定主题的深入交流，也有教师与学生一对一的情感互动；既有教室内的固定漫谈，也有生活场景的个性化问答；既有网络上文字的沟通，也有徒步时意志的碰撞。二是注重学生中心，满足学生发展需要。以学生为中心，推动学生全面发展，开展"漫谈手"选拔，培养优秀典型学生，激发学生参与的积极性和主动性。三是引发情感共鸣，满足学生情感需要。注重利用重大节日和重要时间节点面向学生开展主题教育，如母亲节当天举办"拿什么奉献给你，母亲"主题漫谈，让学生感悟母爱的伟大，在情感渗透中实现教育目的。

（二）模式多样，拓展课外实践空间

随着课外实践育人在学生培养中的作用愈发突出，"丙辉漫谈"通过"现场版""网络版""实践版"三种模式占领思想政治教育课外实践育人阵地，三者相辅相成、互为补充，为思想政治教育第一课堂的开展构建了有力的课外辅助体系。

1."面对面"启发学生思想。一是理论上让人信服。"丙辉漫谈"善于将大道理融入小故事，深入浅出地将理论说透彻、讲明白。二是认识上趋于认同。"丙辉漫谈"结合学生思想现状对学生进行引导，深入剖析社会热点问题，教育学生如何看清事件的发展脉络，学会认识问题、分析问题的立场、思路和方法。三是思想上实现升华。在与学生的互动中，师生处于相互尊重、相互启发的平等关系，在教师引导下，学生深入了解自己的内心世界，明确个人的方向目标，实现了愿意听、愿意信、愿意行。

2."键对键"拓展交流广度。"丙辉漫谈"主动占领新媒体领地，把握思想政治教育主动权，发挥漫谈育人的凝聚和导向作用。一是开辟育人新空间，开发网络平台。积极探索网络矩阵建设，打造网站专栏，开通微博和微信公众号，有针对性地选择教育内容，既有深刻教育含义，又贴近学生心理。二是占领思想新阵地，强化思想引领。在网络思政教育过程中潜移默化地融入社会主义核心价值观，以句式简短、相对灵活、现场感强的口语化语言，拉近与学生的心理距离，在轻松愉快的氛围中引导学生成长。

3."肩并肩"磨炼学生意志。"实践版"丙辉漫谈带领学生用脚步丈量中国大地，用眼睛观察百味人生，提升实践育人新境界。学生体会到思政学习的乐趣，破解思想政治教育的单一性，将学生带到美丽乡村、文化古迹、红色教育基地，边走边谈，边问边答，实现了文化传承、知识传播、情感交流的有机统一。同时，打造"行走的思政课堂"，让学生真正深入实践，精心规划徒步毅行路线，磨炼了学生意志，增强了学生对中国发展理念的认同度，实现了实践活动与教学目的的统一。

（三）方式灵活，优化思政教育氛围

"丙辉漫谈"适应当代大学生心理和性格特点，灵活运用思想政治教育方法，为思想政治教育第一课堂的顺利开展做了宣传和铺垫，优化了思想政治教育氛围。

1.巧施思想政治教育艺术。"丙辉漫谈"用生动的语言说服人、用高尚的品格感染人、用精彩的活动塑造人，巧施思想政治教育艺术。一是选择时机的艺术。精准切入学生需求点，善于选择教育对象，针对特定内容，在合适时机开展教育。如面向大一新生开展"师大，你进来了吗？"主题漫谈，给新生指引正确方向。二是运用语言的艺术。语言力求生动形象、准确幽默。如针对部分学生沉迷游戏问题，提出"是我玩了游戏，还是游戏玩了我？"引导学生养成健康向上的生活习惯。三是呈现品格的艺术。聆听过"丙辉漫谈"的学生反馈最多的一个词就是"温暖"，如沐春风、温暖人心，增强了学生对思想政治教育的认同。

2.善借思想政治教育情境。"丙辉漫谈"利用多重教育情境，实现了线上与线下的有效互动。一是借助红色记忆情境，营造党史学习氛围。以"百年'船'承，千秋伟业"为题，以嘉兴南湖的红船、强渡大渡河的木船、东渡黄河的方船、渡江战役的帆船、辽宁号航空母舰等五船为主线，带领学生重温了中国共产党的百年奋斗历程。二是借助重大事件情境，营造时政学习氛围。党的二十大召开后，举办了"青年的未来——描绘绚烂人生"主题报告，增强大学生的政治认同。三是借助社会现象情境，营造品格养成氛围。在新冠疫情防控期间，线上举办"在战'疫'中成长"主题报告，引导学生正确认识疫情。

3.优化思想政治教育环境。在育人过程中充分利用环境中的积极因素，营造了积极向上的精神文化环境，"面对面""键对键""肩并肩"三种有形与无形相结合的漫谈方式构筑了特殊的育人氛围，学生受到潜移默化的浸润熏陶，使情操得到陶冶、意志得到锻炼、人格得到升华。同时，打造了育人氛围浓厚的网络文化环境，及时掌握学生思想动态并加以积极引导，充分发挥了教师网络意见领袖的作用，提升了思想政治

教育话语有效性。

三、工作成效

（一）形成了可资借鉴的实践范式

"丙辉漫谈"秉承"悟道习德，育己树人"的宗旨，作为思政工作"润物细无声"的得力助手，始终坚持立德树人的根本任务，围绕理论育人、文化育人、典型育人和实践育人的目标，形成了"生活有情趣、学习有进步、工作有成绩、为人有爱心、一生有作为"的"五有"修养方向，充分发挥了教师的积极性、主动性、创造性，成为安徽师范大学弘扬社会主义核心价值观的重要载体和大学生德育工作的第二课堂，为繁荣校园文化作出积极贡献，也为思政工作者创新思政教育模式提供一个可资借鉴的易操作、可推广、有实效的参考范式。

（二）发挥了先进典型的示范引领作用

在"丙辉漫谈"示范引领下，一大批思政课教师和辅导员，秉持"丙辉精神"，模仿创新"丙辉漫谈"的运作模式，用温暖照亮更多学生的路。中国计量大学思政课教师曹克亮开设了"克亮漫谈"，发起了"克亮暴走"；江西省九江学院思政课教师赵文创办了"文心琢玉"品牌工作室；安徽师范大学思政课教师张鑫创办了"师大鑫播课"思政讲堂，辅导员刘冠琪博士、辅导员蔡志鹏分别创办了"导员儿说""志鹏说"品牌工作室等。路丙辉老师和受他影响的一批思政工作者们用师者之爱给学生扣好人生的第一粒扣子，引导学生向真、向善、向美。

（三）取得了广泛社会影响

经过 30 余年辛勤耕耘，"丙辉漫谈"已经成为安徽省思想政治教育的一张亮丽名片，先后获得教育部校园文化建设优秀成果二等奖、安徽省首届思想政治工作创新案例，相关内容被教育部主编的《高校校园文化建设的理论与实践》一书收录。路丙辉主持的以"丙辉漫谈"为基础的"全国高校思政课名师工作室项目（安徽师范大学）"获教育部高校思想政治理论课建设项目立项。以"丙辉漫谈"为主要内容的人才培养模式改革方案——"讲谈读做"思政课教学模式的创新与实践项目获安徽省教学成果特等奖等多项殊荣。"行走的思政课堂"先后被央视《新闻联播》《光明日报》《中国教育报》《中国青年报》《安徽日报》等国内多家主流媒体报道。

四、经验启示

（一）直面新问题，有效解除学生思想障碍

坚持与时俱进，加强调查研究，及时回应时代关注，用心回答学子诉求，关切学生的"痛点""难点"和"兴奋点"，不断挖掘学生思想上的"小障碍"。牢牢抓住学生的思想实际、生活实际和专业实际，充分发挥学生的主体作用，搭建师生双向沟通的桥梁。

（二）建构新体系，促进"课外思政"载体的拓展融合

聚焦平台建设，积极引入新的传播媒介，利用人工智能等新兴技术，发挥优秀朋辈的榜样作用，打造了"面对面"的线下平台、"键对键"的网络平台、"肩并肩"的实践平台，构建协同育人体系，线上建立互

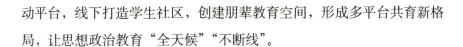

动平台，线下打造学生社区，创建朋辈教育空间，形成多平台共育新格局，让思想政治教育"全天候""不断线"。

（三）引入新资源，用好思想政治教育的鲜活素材

选好用好思想政治教育鲜活素材，充分挖掘利用中华民族悠久的历史时空和中国共产党百年奋斗的历程中孕育出的中华优秀传统文化、红色革命文化和社会主义先进文化等宝贵精神财富，讲好见人见物的中国故事，创设沉浸生动的育人场域，使教育内容"入脑"更"入心"，让思想政治教育"活起来""实起来""动起来"。

打造"青芒"融媒体平台
探索网络育人新途径

一、基本情况

　　福建省泉州师范学院教育科学学院党委积极拓展网络思政新阵地，打造"青芒"融媒体工作室，运用新媒体、新技术创新思政工作，增强网络育人影响力，着力提升思政工作质量。"青芒"寓指青春的光芒，"青芒"融媒体工作室（以下简称"'青芒'工作室"）于2017年正式启用。工作室充分围绕"立德树人"根本任务，融合优化"泉州师院教科院"微信公众号、微博号、易班网、学院官方网站、抖音号、QQ空间公众号、《教育科学学院报》等学院网络资源力量，实行集约融合管理，设计网络文化产品，组织网络文化活动，开展网络思想政治教育，构建起以"青芒"网络文化成果为核心、多个平台协同发展为引领、线上线下活动为辅助的全覆盖、多维度育人格局，实现全院"一张网"、思政"一盘棋"。

教育科学学院"青芒"工作室参加校运会开幕式表演

二、主要做法

（一）融合规划资源，做好平台设计

1.促进不同平台资源融合。"青芒"工作室整合优化了"泉州师院教科院"微信公众号、"泉州师范学院教育科学学院"微博号、易班网、学院官方网站、《教育科学学院报》等多个新媒体宣传平台，开通"青芒什锦记"QQ 空间公众号、"泉州师范学院教育科学学院"抖音号，融合以上平台，将其作为开展网络思想政治教育的主阵地，通过不同平台各有特色的网络构架宣传模式以及多个平台的融合推广，将"青芒"工作室建设成为在师生中有广泛影响力的思想空间和精神家园。如 QQ 空间公众号通过校园要闻、失物招领等即时信息增加学生用户黏性和平台吸引力；微博平台把握主持人话语权进行"新闻快递""创享生活"等话题推送，在重大节日、主题教育中引导院内外师生参与线上交流，增强网络思想政治教育影响力。此外，工作室通过新媒体微端平台功能的整合，打造"开学季迎新时"话题活动，采用微信"摇一摇预报到"简化报到流程，QQ空间"一起来打卡"入学拍照纪念，抖音视频"带你逛校园"帮助新生熟悉学校，微博话题"我带家乡回师院"开展线上线下互动，用家乡特产加深同学间感情。

2.促进线上线下资源融合。建立网络产品设计、平台建设融合、优质内容产出的协同发展模式，线上线下联动，增强学生对工作室平台的使用惯性。工作室衍生设计了"社会主义核心价值观"表情包、"学雷锋"宣传海报、"五四青芒说"漫画集、"国庆升旗"动态图、"清明祭"四格漫画、"廉洁过端午"长图等一批图形图像产品；打造"青芒带你逛校园"美景分享、"青芒带你读红色书籍"阅读分享、"好奇小青芒"师生爆笑采访等一系列音视频作品；设计制作"青芒"徽章、贴纸、明信片、打卡板、玩偶等一批实物产品，被争相珍藏；打造"青芒"形象代言人偶，吸引师生们纷纷与之互动，深受师生喜爱和亲近。

（二）精准把握需求，精设功能模块

1.坚持政治引领。紧紧抓住重要时间节点、重大事件节点，精心策划采编，创作学习习近平新时代中国特色社会主义思想、社会主义核心价值观宣传教育、喜迎二十大、"不忘初心、牢记使命"主题教育、党史学习教育、廉政教育、疫情防控宣传、禁毒宣传教育等主题活动。加强信息双向互动，在交流中循序渐进地对学生进行价值引导。

2.坚持内容为王。结合重大时事热点，聚焦理想信念、心理健康、诚信自律、感恩亲情、道德法律、爱国主义、党团知识、责任意识、基础文明等九个主题教育内容，提高相关原创网络思政教育产品的供给能力，创作高质量的图文、动态图、表情包、音乐、视频等。制作《图说社会主义核心价值观》画册、《"青芒"清廉说》画册、《"青芒"说校园欺凌的预防和自护》画册、《"青芒"安全知识图册》等，图文并茂，反响热烈。

3. 坚持服务至上。做精学习服务，及时将学校发展、学院大事记、专业设置、专家教授风采展示等信息通过各平台推送，增强学生的归属感与认同感。做精就业创业服务。提供霍兰德职业兴趣量表等职业生涯规划测评试题，帮助学生尽早规划大学生涯，有针对性地进行就业创业指导。推送单位招聘、现场资讯、企业需求等内容，为学生和用人单位提供双向沟通平台，为步入行业做好准备。做精心理发展服务，借助学院应用心理学专业师生力量，为重点群体学生提供力所能及的心理支援，与学校心理发展指导中心联动，根据学生情况协助辅导员进行实时跟进和处理。

（三）健全统筹机制，完善科学管理

1. 建立组织运行机制。"青芒"工作室由泉州师范学院教育科学学院党委直接领导，学院学生工作办公室具体承办，学院相关职能科室共同参与，各党团支部积极配合、全体师生踊跃参加，充分发挥基层党团组织的战斗堡垒作用。

2. 健全资源共享机制。把学院思政工作与日常业务工作有机结合，依托"青芒"工作室，内部挖掘潜力，外部整合资源，以大数据技术为手段，协同育人，推动学院思政工作与事业发展深度融合。

3. 加强信息审核机制。建立严格的网络产品信息收集与发布制度，坚持起草者、信息发布员、分管领导三级审核制度，坚持"谁分管、谁负责，谁审核、谁负责"，做到层层把关，实时监控，确保发布内容的规范性、准确性、及时性和高效性，共筑网络信息安全防火墙。

（四）提升综合素质，打造专业团队

"青芒"工作室设立 8 个运营部门，组建分工明确、结构合理的人员梯队。遴选信念坚定、能力突出、思维活跃，同时具备大数据信息处理能力和互联网思维的学生骨干加入。通过培训、一对一辅导等方式，帮助其尽快熟练掌握平台运行的机制和使用技巧，提高其适应新形势下"互联网＋思政"工作岗位的能力，为"青芒"工作室的发展提供坚强的人才保障。工作室成立了大学生网络文明志愿服务队，实现班级有以班长、团支书和宣传委员为代表的网络宣传员，年级有以学生会主席、宣传部长为代表的网络评论员的工作架构，与学院团学组织紧密结合，"网言网语"育人，避免简单粗暴的说教，以柔性的网络语言深入开展思想政治教育。

三、工作成效

（一）提升综合素质，打造专业团队

通过不断地探索与尝试，"青芒"工作室完成了从无到有、从有到丰的跨越式成长。2017 年以来，共发布微信推文 1658 篇、QQ 空间推文 742 篇、微博 740 篇、抖音视频 30 条、院报 20 期、易班活动 159 个。工作室扎根学院各新媒体平台，借助"青芒"产品形象，构建以"青芒"网络文化产品为核心、多个平台协同发展为引领、线上线下活动为辅助的全覆盖、多维度育人格局，让网络思想政治理论教育更贴近实际、切中需求，共同发声。

（二）社会反响较好

工作室得到了中央、地方各级各类媒体的关注，相关新闻报道 30 多篇次。入选泉州师范学院首批网络名师工作室，出品的"图说核心价值观""加强校园疫情防控"等网络文化产品被校党委宣传部和学院党委多次采用，张贴于校园宣传栏。工作室《打造"青芒"新媒体平台探索网络育人新途径》获全省高校网络教育优秀作品工作案例一等奖。

（三）深受学生认可

工作室网络文化产品形象"青芒"一经推出，立即受到了广大学生的欢迎与喜爱。"青芒"实物产品如徽章、贴纸、明信片等被学生珍藏，"青芒"人偶服装在校运会上首次出场就赢得全校师生喜爱，被拍照、录制视频并上传至各大平台。

四、工作启示

"青芒"工作室将继续为校园网络思想政治教育带来持续活力，通过完善平台融合、丰富内容层次、服务学生群体、健全机制体制、加强队伍建设等，让学生群体在新媒体大环境下接受潜移默化的网络思想政治教育。

（一）政治引领是首要

精心打造校园网络思想政治教育品牌，以"青芒"网络文化产品形象为基础不断进行延伸创作，注重品牌设计上的服务指导及沟通交流功能，加强品牌宣传引导，形成良好的品牌效应，从而发挥融媒体宣传整合作用，持续发布学生喜闻乐见的正能量图文、音视频产品，引导学生树立正确的世界观、人生观和价值观。

（二）注重实效是关键

增强内容与活动的思想内涵与引领作用，用好线上线下两个阵地，做到新媒体与传统媒体的有效结合，坚持两条腿走路，在占领网络思想政治教育高地的同时，也拓宽传统思想政治教育阵地，增强思想政治教育实效性。

（三）健全机制是重点

加强思想引领与学生服务的有机结合，确保有专人负责微博、微信、抖音、QQ空间等公众平台的推送及维护，完善信息发布审核机制，主动将社会新兴媒体手段融入到新媒体思想政治教育工作中，实现新媒体终端全覆盖。

（四）队伍建设是保障

将网络评论员、网络宣传员这支队伍用好、做大，集优质合力做好网络思想政治教育工作，完善监督反馈机制，充分关注网络主流信息和校园舆论情况，及时发现并进行合理疏导，同时加强"青芒"工作室成员的思想体系、技巧能力、理性评论的培训锻炼，加强学生各组织间的工作配合，增强工作室团队的危机意识，为打造优质网络思想教育品牌不断努力。

"五融合"育人模式：
充分发挥中华优秀传统文化作用

一、基本情况

河南省洛阳市涧西区现有区属公办义务教育阶段学校 56 所，包括 39 所小学、5 所九年一贯制学校、11 所初中、1 所特殊教育学校，共有中小学生 79048 名。涧西区教育体育局（以下简称"涧西区教体局"）撷取中华优秀传统文化精髓，以传统文化助推师生思想政治工作稳步推进，高位引领、全局谋划、活动推进、评价激励，打造出富有时代特征、具有地域特色的"涧西教育样本"，为涧西区师生思想政治建设注入源源不断的精神力量。

二、主要做法

涧西区教体局牢牢把握"立德树人"根本任务，积极探索传统文化与思想政治"五融合"的工作路径，构建管理体制、运行机制、配套支持体系，确保工作高效推进。目前，涧西区依托传统文化的精神引领，已初步形成思想引领、全面育人的良好教育生态。

河南省洛阳市涧西区开展新国学进校园课堂实录

（一）课堂实施：传统文化与学科教学相融合

1.聚焦队伍建设，提升"传统文化传播者"整体素养。涧西区注重教师队伍建设，围绕"六个一"活动和"三名"工程，发挥专家引领作用，加强教师培训，提升"传统文化传播者"的思想水平和业务能力。涧西区教体局教研室道德与法治教研员、中小学语文学科教研员经常深入课堂一线，关注传统文化，广泛开展观课议课活动。

2.聚焦课堂落实，提升"传统文化阅读课"育人实效。以地方教材《中华优秀传统文化》为主导，语文、数学、道德与法治等学科为补充，提升传统文化进课堂的实效性。结合学生年龄和心理特征，运用情境法和体验式教学渗透思想教育，借助多媒体、充分整合各种教学资源，创设传统文化情景氛围。

3.聚焦教学评价，强化"传统文化综合素养"育人导向。在中小学各学科的过程性评价、阶段性评价中，强化对中华优秀传统文化的考量。在一二年级非纸笔测试中，增加古诗词背诵的知识考查，增加在语言实践活动中意志品质的考查；在三到六年级阶段性评价中，均有传统文化的语言运用考查，更好推进传统文化与思想政治深度融合。

（二）阅读育人：传统文化与经典诵读相融合

1.经典诵读，琅琅书声润心田。涧西各校积极推进"经典诵读"课程。每天晨诵、午读时间，学生们在教师的带领下诵读《弟子规》《三字经》《小古文 100 篇》等优秀传统篇目。

2.校本阅读，一校一品增涵养。创办"一校一品牌"阅读节，如涧西区东升第二小学的"百草园阅读节"、涧西区东方第二小学的"小橘灯阅读节"、涧西区天香小学的"诗香"特色阅读、涧西区东方第四小学的"小荷风采"读书节等，积极推动书香校园建设。

3.试点阅读，尝试创新出成效。创设情景剧场，用新国学知识培养学生的爱国主义精神，上好"开学第一课"。同时将传统文化延伸到生活，通过家校共育、生活礼仪、家务劳动等方式，实现经典内化于心、外化于行，达到经典生活化。

（三）突出特色：传统文化与特色课程相融合

1.国旗下的"传统文化课"，语重心长传智慧。"国旗下的演讲"是涧西学校优秀传统，各校以每周一升旗仪式为教育平台，一期一主题，以少先队大队部为传播主体，紧扣思政教育目标，围绕时事政治、重要节日等题材，与传统文化融合，以故事、谈话、实例等多种形式面向全体师生传播古人智慧。

2."笔尖上的中国"特色书法课程，一笔一画塑品格。开展特色书法课程，邀请专业书法教师到校为师生讲解、指导毛笔字的书写要领，在全体师生中开展"写好中国字"活动，让学生从小喜欢写字，提升艺术审美能力，提升文化修养。

3."文化大讲堂"系列课程，诗词传播家乡情。开展"文化大讲堂"活动，将洛阳城中不同朝代、不同作者的诗词巧妙融合，通过诗词文化，渗透历史背景，传承文化血脉，激发家乡情怀。

4."二十四节气"课程，科学精神深扎根。构建"二十四节气"课程，引导孩子们围绕所学知识制作"二十四节气手工纸盘图""二十四节气纸伞"，让热爱自然、观察自然的传统文化种子在孩子们心中扎根发芽。

5."戏曲进校园"课程，传统艺术增自信。开设戏曲课，聘请专业戏曲教师进行艺术指导，邀请洛阳市艺术名家入校，为孩子表演戏曲经典名段，讲解戏曲表演形式和发展历史。开展"戏曲大课间"活动，不断创新活动内容和表现形式，传承传统文化，涵养学生品德，增强文化自信。

（四）协同育人：传统文化与家庭教育相融合

1.组织"良好家风我传承"活动。鼓励学生收集自己家族中的优良家风故事，通过征文、演讲、主题班会、微视频等形式进行展示，大力弘扬勤俭、节约、孝顺、坚韧等中华民族传统家庭美德，帮助儿童形成健康人格和良好品质。

2.举行"毕业季向未来"活动。组织家庭教育讲师录制"毕业季向未来"家庭教育微课堂，以视频方式引领家庭关注儿童幼小衔接、小初衔接等关键成长节点，在讲座中渗透古人良好的家风家教。

3.创新"慧老师"团队宣讲活动。涧西区有一支关注家庭教育和师生心理健康的"慧老师"团队，致力于推动学校、社区、家庭的"三位一体"教育工作体系构建，"慧老师"团队每周三、周六面向家庭服务，

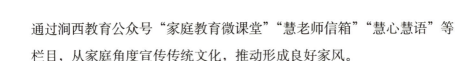

通过涧西教育公众号"家庭教育微课堂""慧老师信箱""慧心慧语"等栏目，从家庭角度宣传传统文化，推动形成良好家风。

（五）环境建设：传统文化与校园建设相融合

1.校园环境彰显传统文化。涧西区中小学校环境建设宗旨为"一校一品牌，一校一特色"。涧西区东方第二小学用 10 根文化柱依次展现了我国 10 个传统节日，精选内容契合的 10 首古诗呈现了中国传统节日习俗和古人对美好生活的向往追求；涧西区英语学校选取"洛阳十诗"，营造"诗词苑"，感受诗词之美；涧西区东升第一小学精心设计"东周问礼"礼字碑、崇礼园、名师礼赞长廊、崇礼先锋长廊、礼文化墙，培育爱学校、爱家乡的人文情怀。

2.班级建设突出传统文化。倡导教室文化，将传统诗词、名言警句以条幅、板报形式悬挂于教室中、书写于黑板上。例如，"为中华之崛起而读书"，倡导儿童树立远大理想；"书山有路勤为径，学海无涯苦作舟"，引领儿童学海泛舟，勤学勤思，坚持不懈。

3.宣传阵地浸润传统文化。通过"国旗下的讲话"、校园广播、宣传橱窗、黑板报等，组织学生学习中华优秀传统文化相关知识。组织"诗诵清明""诗诵中秋"主题诗会，从古至今的"清明""中秋"主题诗词在校园中此起彼伏。

三、工作成效

涧西区强化传统文化与思想政治的高站位、全方位、科学化引领，探索"五融合"育人模式，为涧西青少年健康成长注入强大精神动力。

（一）学生成长，成就坚定理想信念的时代新人

涧西学子在文化浸润中延续文化基因，成为各行业中坚力量。涧西区东升三小毕业生中国女足队长王珊珊坚定理想信念，顽强拼搏，成为亚洲女足"九球天后"；涧西区优秀毕业生中国英雄航天员陈冬、中国航天飞行控制中心载人飞船任务总调度高健树立远大理想，不懈追求，为中国航天铺路奠基。

（二）教师成长，形成文化思政共育的教师教育自觉

涧西教师在传播传统文化中不断锤炼自身本领，提升了教师队伍建设。涧西区教体局教研室主任李玲、涧西区东方第三小学张红霞、洛阳市第23中学郭异斐等老师被评为"中原名师"；洛阳市第五中学田均彦、洛阳市东升第二小学李百贺等多名教师成立省市级名班主任工作室；涧西区实验小学董恒、涧西区东升第一小学郜慧娟等多名教师被评为省级名师、学术技术带头人。

（三）校园发展，形成厚重多元的区域校园品牌

涧西学校以文化建设推动思想政治提升，全面均衡发展，涌现出一批省市级名校。洛阳市涧西区东方第二小学被评为省级"书香校园"，涧西区景华实验小学等八所学校被评为第一批"河南省汉字大赛推广示范基地"，涧西区青岛路小学被评为"河南省甲骨文教育特色学校"等，呈现出良好发展态势。

（四）区域发展，形成文化强区的区域特色

涧西区依托传统文化的精神引领，推动思想政治全面提升，已初步形成思想引领、全面育人的良好教育生态。涧西区荣获全国义务教育发

展基本均衡县区、河南省义务教育均衡优质县区、河南省课堂教学改革示范区、河南省"五育并举"实验区、河南省家庭教育卓越区等荣誉称号，以高质量、内涵式发展成为中原乃至全国闻名的"涧西教育样板"。

四、工作启示

（一）思想政治工作要坚持以文化人，拓宽育人阵地

坚持以区域教育品质发展为目标，全方位、多层次构建中华优秀传统文化教育体系，高品质推进思想政治工作，为培育和践行社会主义核心价值观、落实立德树人根本任务提供精神滋养，夯实思想政治基础。

（二）思想政治工作要坚持把握规律，创新育人载体

坚持将传统文化与"五育并举"相融合，尊重学生身心发展规律，守正创新，通过喜闻乐见的方式，创新工作路径和载体，让传统文化的种子在青少年心中牢牢扎根，养德、启智、健体、润美、育劳，促进学生全面发展，成为有理想、有本领、有担当的时代新人。

（三）思想政治工作要坚持常抓不懈，共筑精神底色

坚持从思想政治角度高位引领学校工作，齐抓共管，常抓不懈，更好地推动中华优秀传统文化在教育教学中的建构实施，为区域发展、校园建设、师生成长、传承家风擦亮精神底色。

推进"三个深度融合"
实现立德树人教育目标

一、基本情况

湖北省武昌实验中学作为一所百年老校,以"忠毅勤朴"为校训,形成了"守正创新,自强不息"的实验精神,积淀了具有实验特色的育人文化。学校始终坚持素质教育发展方向,紧紧围绕立德树人这一根本任务,依托"三好两有"(品德好、身心好、学习好,有个性特长、有创新精神)育人目标,创新挖掘实践资源,坚持将社会主义核心价值观融入学校文化建设、课程建设、德育活动的全过程,作为加强和改进学校思想政治工作的主心骨、压舱石,取得一定实效。

二、主要做法

(一)以文化建设为支撑,将核心价值观与校园文化深度融合

学校历史文化底蕴深厚,"忠毅勤朴"的校训精神、"为学在严、为人要正"的实验精神与社会主义核心价值观相一致。学校通过不同形式

湖北省武昌实验中学在昙华林开展阳光义卖活动

的宣传，营造培育和践行社会主义核心价值观的良好氛围。

1.将社会主义核心价值观融入校园文化建设。在学校的操场、教室、功能场室等公共区域张贴社会主义核心价值观和校训的内容，并在学校宣传栏设立社会主义核心价值观主题教育宣传专栏及相关活动的宣传展板；开设"新时代好少年"和"校园之星"专栏，讲好学生身边的榜样故事，宣传他们爱国爱校、乐于奉献的高尚风范，宣传他们忠于职守、勤奋实干的优良品格，宣传他们潜心研学、勇于创新的良好事迹，用身边人、身边事教育师生，让社会主义核心价值观在校园里处处可见、可感、可为。

2.将社会主义核心价值观融入常态化宣传。学校将社会主义核心价值观的学习教育作为各班班会的重要主题，纳入学期班会计划，分期推进，如《一起向未来》《觉醒年代》《文明之花，洒落心田》等；利用每周一的升旗仪式、国旗下讲话以及每月一期的黑板报，结合特定主题，如《不忘初心，牢记使命》《学习二十大，永远跟党走》《弘扬志愿服务，践行雷锋精神》等，定期宣传校园内践行社会主义核心价值观的典型事迹，让社会主义核心价值观内化为团体学生的行动自觉，成为学生思想政治教育的主心骨。

3.将社会主义核心价值观融入特色文化资源。学校大力弘扬校训文化和校训精神，在校园内设立"忠园""毅园""勤园""朴园"等文化景观，培养学生忠诚、坚毅、勤奋、质朴的良好品格；设立校史馆、抗美援朝校友纪念墙，大力宣传校友热爱祖国、投身祖国建设的光荣事迹，让学生在榜样的引领下树立正确的世界观、人生观和价值观。2020年11月，我校邀请抗美援朝英雄校友陶伟为抗美援朝纪念墙揭幕，全体国旗护卫队成员参加，聆听老校友讲述自己"以120米近距离击落美军战机，创造了最短距离击落美机纪录"的英雄故事，让伟大的抗美援朝精神跨越时空、历久弥新，让沉睡的史料闪耀爱国主义的熠熠光芒。

（二）以课程建设为载体，将核心价值观与课程体系深度融合

课程是学校教育的主要载体，也是立德树人的主阵地，课程建设在学校社会主义核心价值观教育中有着不可代替的作用。

1.将社会主义核心价值观融入思政课程主渠道。学校在各年级开齐开足思想政治教育课，依托政治学科教研组，加强思政课教学改革，以广阔的视野、精深的剖析、丰富的教学形式帮助学生深度了解中国和世界发展大势，深刻认识时代使命和历史担当，引导学生树立正确的历史观、民族观、国家观、文化观。学校充分依托思政课课堂，积极开展形式多样的课堂实践活动，课堂进行模拟法庭实践，增强学生法制观念；课堂开展情景剧表演，以表演形式规范中学生日常行为，做文明青年；课堂还组织思想政治理论辩论赛，锻炼学生逻辑思维和表达能力。此外，思想政治教研组还依托学科月积极组织"社会主义核心价值观"知

识竞赛、主题手抄报及征文评比等活动，促进社会主义核心价值观深入人心。

2.将社会主义核心价值观融入德育课程全方位。在课程内容上，学校坚持"德育课程"和"课程德育"相结合。开展"三导制（导生制、导师制、导学制）"，让"人人都是德育者"的思想深入每位教师心中，让每个学科都充分发挥德育功能。依托主题班会、重要仪式节点教育等活动打造"德正"课程体系；依托体育节、生命健康教育、心理剧等活动打造"身正"课程体系；依托生涯规划教育、学科节、名校研学、励志早餐会等活动打造"学正"课程体系；依托艺术节、传统艺术进校园、学生社团等活动打造"趣正"课程体系；依托志愿服务、创新杯比赛、校园值周等活动打造"行正"课程体系。

3.将社会主义核心价值观融入课程教学总体系。学校充分发挥课堂教学的主渠道作用，积极构建培育和践行社会主义核心价值观的新方法和新路径。各学科将社会主义核心价值观纳入教育教学计划，使其具体化，引导教师充分挖掘社会主义核心价值观教育素材，有机渗透到学科教学过程中，激发学生传承和弘扬社会主义核心价值观的主动性。例如，通过语文学科中文学名篇、词赋经典，历史学科中所蕴含的民族文化的发展历程等课程的学习，让学生了解中国传统文化的深厚内涵，从字里行间培养学生的爱国主义情怀；通过艺术课程的教学让学生感受到美的存在，从音乐、美术中培养学生的审美素养；通过数理化等科学课程以及竞赛课程的学习让学生了解大千世界的奥秘，培养学生的科学创新意识。

（三）以守正德育为抓手，将核心价值观与育人过程深度融合

学校始终秉持"守正创新，自强不息"的实验精神和"为人要正"的价值追求，以"三好两有（品德好、身心好、学习好，有个性特长、

<label>390</label>

有创新能力)"为育人目标。

1.巧用特色活动，发挥"活动育人"作用。按照"适应高一、学养高二、拼搏高三"的教学序列，学校精心设计并组织开展了系列德育活动。高一年级积极开展"健全身心，适应高一"系列活动，以新生综合素质拓展活动、新生杯篮球赛、心理剧展演、艺术节（实验之声、舞动青春、笔墨乾坤书画比赛、元旦嘉年华等）等活动为抓手，着力抓好起始年级的价值引领、习惯养成等。高二年级积极开展"陶冶情操，学养高二"系列活动，以学科节（课本剧表演、理化实验展演、英语配音比赛等）、实验挑战杯（科普讲座、航模比赛、生态研学等）等特色活动的开展为契机，培养学生自主管理、自主学习、自主探索的兴趣和能力。高三年级积极开展"成就梦想，拼搏高三"系列活动，以名校研学、励志早餐会、成人仪式等活动为平台，激发学生内生动力，引导学生树立远大奋斗目标。

2.推进家校社合力，发挥"协同育人"作用。学校坚持以"全面、全员、全过程"的理念指引德育工作，争取家庭、社会力量共同参与和支持学校德育工作。学校组建了"班级—年级—学校"三级家委会，让家长充分参与校内民主管理、广泛支持校内各项工作；创立了"明远家长课堂"，以专题报告、家长沙龙、案例分析等方式引导家长树立正确的家庭教育观。充分利用家长资源和其他社会资源，建立学生生涯体验社会实践基地；引进一批在学术研究、科技创新等领域具有卓越成就的人士担任"红石讲堂"主讲人，为学生全面发展开辟第二课堂；邀请来自不同行业的家长代表组建"百名家长讲师团"，帮助学生打开视野。

3.落实综合实践活动，发挥"实践育人"作用。学校在德育工作中始终把促进学生的全面发展作为重要标准。一是加强劳动实践，组织开展"导师组厨艺大比拼""校内清洁包干区""最美教室、寝室评比"等活动，引导学生参与力所能及的家务劳动和校内劳动；开展高二年级学农活动，在田园劳作中，让学生树立劳动意识，增强劳动技能。二是重视研学实践。组织开展走进高校、走进企业、走进社区等"三走进"活动，如高二年级暑期名校研学旅行、高三年级寻访江城名校、各年级生涯体验等活动，让学生在亲身体验中探寻人生航向。三是依托青年志愿者协会常年坚持开展阳光义卖、爱心助学等志愿服务活动，引导学生树立服务社会、奉献社会的责任与担当。

4. 发掘利用周边资源，发挥"社区育人"的作用。充分利用学校周围的农民运动讲习所、中共五大会址纪念馆、辛亥革命纪念馆等红色文化资源，开展党史教育、团员意识教育和爱国主义教育。利用武昌江滩、沙湖公园、武汉植物园等自然景观，广泛开展生态研学活动，培养学生的户外运动、野外考察的能力，树立人与自然和谐相处的理念。利用武汉市丰富的大专院校及科研院等高教文化资源，开展科普教育、创新教育，激发学生科学探索的动力。利用武昌滨江商务区的企业资源和行业优势，充分开展各领域的生涯体验活动，让学生对高中学业、大学专业、未来职业有初步认识和了解。

三、成效启示

在全面贯彻落实立德树人根本任务的进程中，湖北省武昌实验中学根据学校实际情况和学生身心发展特点，致力于培养担当民族复兴重任的时代新人、培养德智体美劳全面发展的社会主义建设者和接班人，取得了突出成绩。立德树人渗透于综合实践活动的始终，必须把偏重实践的综合实践课与偏重理论的学科课程短长互补，坚持将社会主义核心价值观融入学校文化建设、课程建设、德育活动的全过程，从而共同实现立德树人的育人目标。

"田野诗班"：用诗歌照亮乡村儿童心灵

一、基本情况

湖南省怀化市会同县地处武陵山区，是劳务输出大县。会同县坪村镇粟裕希望小学共设 31 个教学班，学生 1320 名，留守儿童人数占比超过 50%，许多学生一年才能见到父母一次。因为缺乏父母陪伴和科学的家庭教育，有的学生在性格养成、生活行为、学习习惯等方面都面临着许多问题，比如情绪控制困难、自卑敏感、厌学、不善于表达和沟通等。学校关注未成年人特别是留守儿童的身心健康发展，开展了一系列思想政治教育活动。"95 后"年轻教师李柏霖，开设"田野诗班"，用爱呵护学生，用诗歌启迪心灵，六年来带领学生进行诗歌写作，创作了千余首儿童诗作品，为小学思政工作的开展作出了积极贡献，产生了良好社会影响。

二、主要做法

李柏霖是粟裕希望小学的一名语文教师，在担任班主任期间，她发

李柏霖和孩子们一起阅读

现班级中有不少父母外出打工留守在家的孩子，有的自卑胆小渴望与人交流又羞于表达，有的脾气"古怪"没法保持稳定的情绪，有的对学习没有兴趣……针对这些问题，她反复思考如何让孩子们在与文字相处的过程中处理好自己和世界的关系，从而启迪心灵，树立正确的世界观、人生观、价值观。在一道要求写比喻句的题目中，她看到孩子这样的答案——"棉花吐出了丰收"，她惊讶于句子的灵动，同时也看到了希望——孩子们不愿说出来，那就让他们写出来。"诗言志、歌咏怀"，通过诗歌这种文学形式，使孩子们心灵得到解放，情感得到释放，从而使他们保持蓬勃朝气、旺盛活力和昂扬向上的精神状态，对乡村留守儿童的思想政治教育有非常大的帮助和意义。

（一）用诗歌创作启迪儿童心灵，拓展思政工作的新模式

儿童诗具有篇幅较短、情感饱满、语言童趣的特点，非常适合孩子

们阅读和学习。李柏霖老师将"诗歌创作"融入到语文课程中，有意识地引导孩子们进行诗歌创作，让孩子们以合适的方式，表达内心的真实情感和想法。有一位孩子经常欠作业，学习基础不佳，学习效果也不理想，于是通过诗歌这样描述自己内心深处的孤独："我是一棵树 / 只有叶子陪我 / 到了秋天 / 连叶子也陪不了我了。"还有些孩子在遭遇一些家庭的变故后，各方面表现都会有翻天覆地的变化，一位孩子这样写道："我每天都不想回家 / 因为家里有个不爱我的后妈。"通过诗歌创作，孩子们遭遇的问题依托文字开始外显，内心的想法和情感的流露开始被教师所知。于是，她鼓励孩子们敞开心扉、放开手脚去写作和表达，用文字倾诉内心真挚情感，为情绪释放打开一道出口，帮助孩子们化解困境与烦恼，呵护他们幼小的心灵，从小树立起正确的世界观、人生观和价值观。

（二）用诗歌创作激发成长活力，探索思政工作的新动力

乡村自然环境优美，大自然中的一切美好事物历来就有抚慰人心的力量。李柏霖老师根据学生的心理特点，结合实际创造性开展诗歌创作。她把创作课堂搬出了教室，让孩子们欣赏大自然，感受大自然的美，在田野里写诗，在田野中培育乡村儿童的崇高理想。孩子们在田野里赏油菜花、在大树下听树的低语、在小河边看水的舞蹈，在屋檐下看蓝天白云……于是一篇又一篇的儿童诗就从孩子们的笔下流出来。"我要当一名老师 / 像我的老师一样 / 在讲台上给同学们上课 / 我的梦想像一颗糖 / 我想把甜分给更多的人。""我们长大一岁 / 花儿也长大了一岁 / 长大的花儿到处爬 / 在风里 / 在雨滴里 / 在鸟儿飞过的每一个地方。""小溪的歌声 / 美丽又动听 / 一到晚上 / 它就唱着摇篮曲 / 哄世界睡觉。""鸟儿的歌声很悦耳，就像零食一样美味。"……当孩子们的视野开始关注身边的美好，开始用美的语句去记录美好，他们看待问题的方式就已经发生了转变，幼小的精神世界里充满了更多向上向善向好的力量。

（三）用诗歌创作传承红色文化，延展思政工作的新领域

会同县是粟裕大将故里，粟裕希望小学紧邻粟裕同志纪念馆，红色教育资源得天独厚。在诗歌创作中，李柏霖老师尤其注重加入红色元素，传承红色基因，带领学生深入粟裕同志纪念馆等爱国主义教育基地接受红色文化熏陶，利用粟裕同志诞辰日、全民国防教育日、国庆节等时机，适时组织"与英雄对话""向红旗敬礼"等主题诗歌会活动。在粟裕同志纪念馆前，她组织孩子们参加县新兵欢送仪式，为奔赴边疆的新兵叔叔激情诵读自创的一首首小诗。有一名孩子这样写道："我想把根深深扎进土里，我想在天地间自由地奔跑，我想使我的躯干骄傲地立在土地上。就这样，长啊，长啊，长成抓紧千万尘土的大树，长成驰骋万里的骏马，长成一名士兵，挺拔地站立在祖国的边疆。"在学雷锋活动中，让孩子们阅读《雷锋日记》，让孩子们开展"现在人民生活过好了，雷锋精神是否就过时了？"等讨论，鼓励他们踊跃发言，表达看法。有一名孩子写道："这下我明白了 / 小小螺丝钉有天大的作用 / 我也想做一颗'螺丝钉'，为祖国连接最坚固的'飞机'。"这些活动不仅拓宽了学生们的写作边界，让孩子们在写诗、读诗、品诗过程中对家国情怀有了更深的体悟，诗歌里的情感也具象为一粒粒种子，在这片红色沃土上生根发芽。

三、成效启示

"田野诗班"用诗歌照亮乡村儿童心灵的相关故事相继得到新华社、《人民日报》、央广网、人民网、今日中国、《中国教育报》、《中国国防报》、中国诗歌网等国内多家主流媒体与杂志报道，得到 CCTV13《新

闻周刊》栏目白岩松点评报道，湖南卫视《新闻当事人》节目报道。2022 年 11 月，李柏霖和 7 名"小诗人"受邀登上"中国文学盛典·鲁迅文学奖之夜"颁奖晚会，同学们在表演中用一首首充满纯真童趣的来自大山里的诗歌打动了无数嘉宾和观众，让全国观众感受到了乡村儿童的坚强、积极和乐观。通过"田野诗班"的案例，得到如下几点启示。

（一）学校思政工作要激发学生自身向上向善的愿望

思政教育包括道德品质教育、心理素质教育、哲学教育等等，目的是提高人的思想道德素质，促进人的全面发展，激励学生树立远大理想，为建设中国特色社会主义现代化国家而奋斗。要达到这一目标需要充分激发起学生自我成长和完善的内驱力，自觉追求进步。"田野诗班"做出探索：孩子们的创作主题涉及家庭、生命、美、爱、快乐、理想……他们也在创作与学习的过程中形成对世界的正确认识；在得到鼓励和认可之后，内向的孩子变得不再惧怕表达和沟通，更加积极活泼了；发表作品以及参加活动的经历让孩子们对世界有了更多的了解，也有了更多的梦想，如当作家、读大学、当兵等等。而这一效果产生的原因也在于这一方式契合小学生的特点，让他们乐于接受并发挥优势。

（二）学校思政工作要同各学科教学进一步结合融合

思政工作要因地制宜、因材施教。粟裕希望小学是一所乡村学校，周边自然环境优美，李柏霖老师带领孩子们在自然环境中创作诗歌，激发了他们的创作灵感，释放了他们的天性。在诗歌写作教学中，教师依托真善美的文字、事例和活动来进行思政教育，让学生表达真情实感，引导孩子们找到解决的办法，达到润物细无声的效果，从而在语文学科教学与思政教育间架起一座桥梁。其他学科的教学同样也可以发掘其中的思政教育元素，让思政教育与学生的学科学习关系更加密切，让效果

更加明显。

(三) 学校思政工作要充分发挥教师的示范引领作用

培养人和塑造人不是一蹴而就的,从小学到中学再到大学,儿童、青少年成长的大部分时间都在学校,树立正确的人生观、价值观和世界观,离不开教师的谆谆教诲和潜移默化的影响。教师的示范引领到位,学生的思政教育才能到位。李柏霖老师在教学诗歌写作的过程中,追求的并不是学生写出如何优美的作品,更重要的是通过这种方式关心学生、帮助学生、启发学生。教育是"一棵树摇动另一棵树,一朵云推动另一朵云,一个灵魂唤醒另一个灵魂"的工程,不论以什么方式与学生建立良好的关系,对学生发自内心的关心与爱才是最有效的教育方法。

"艺术党课"：推动基层思想政治教育多场景落地见效

一、基本情况

为提高基层思想政治教育便捷性、扩大覆盖面，推动基层思想政治工作宣讲真正走进群众、取得实效，广东省江门市坚持"群众在哪里、课堂就搬到哪里、学习就跟到哪里"理念，创新方式方法，倾力打造群众喜闻乐见的"艺术党课"，推动基层思想政治教育多场景落地见效。

二、主要做法

（一）打造"音乐党课"，让群众"唱"中学

依托新时代文明实践中心创新"音乐党课"，成立"葵乡红声志愿服务队"，创意编排"音乐党课"30余节并集纳成课程目录，方便群众"点单学习"。将"党史＋理论、诗诵＋表演、红歌＋点歌"融于一体，为群众设置了党史阐释、诗词鉴赏、故事演绎、歌曲教唱等环节，引导群众大胆上台讲、上台唱、上台演，创意改编侨乡地道"咸水歌"，创

广东省江门市打造"舞剧党课"

新"快板·快学"新形式，让"音乐党课"更有党味、侨味、趣味，通过朗诵、歌唱、表演等互动，打开群众的"通感入口"，真正达到寓教于乐、潜移默化的效果。目前已开展400余场次，覆盖党员群众逾100万人次。党的二十大胜利闭幕之际，《唱支新歌给党听》——广东省江门市原创歌曲云端音乐会深情唱响，央视新闻、哔哩哔哩、江门发布、咪咕视频等30多个平台同步直播，以歌声表达永远跟党走的坚定决心，将美好祝福送给伟大的党和祖国，通过互联网传入千家万户，收看收听云端音乐会直播的网民约263.72万人次。

（二）打造"舞剧党课"，让群众"赏"中学

结合党史学习教育，创排首部侨批舞剧《侨批·家国》，沉浸式音乐诵读剧《侨批·中国》打造"舞剧党课"，以侨批为串联载体，以五邑华侨的真实故事为原型，运用舞蹈语言进行艺术再创作，把百年党史

中五邑华侨华人的家国担当以艺术的形式呈现出来，生动讲述了一段华侨群体与家国命运交织的故事和历史，再现了五邑先侨艰苦奋斗、爱国爱乡、报效家国的精神和力量，不仅让国内人群认识到了华侨与百年党史，也唤起了海内外中华儿女共同的历史记忆，实现了让侨批文化"活"起来，把党史学习教育"融"进去，让党的精神"传"下去的目的。联合中国歌剧舞剧院创排的音乐剧《侠影·咏春》，以梁赞为原型，讲述了他研习咏春武学、授徒传艺、用咏春拳救国救民的故事，用艺术作品表达博大精深的中华优秀传统文化和浓烈的爱国主义情怀。

（三）打造"演说党课"，让群众"讲"中学

抓住语言艺术直接表达人的思想这个纽带，策划推出了"党史青（少）年说"微演说、"小小红色讲解员"讲党史、"红色经典诵读""强国有我"传诵青春誓词等活动，打造"演说党课"，从"说""讲""诵""誓"等方面，推动基层思想政治工作有形有声有行、入耳入脑入心。其中，3万余五邑青少年参与"党史青（少）年说"微演说，40多万中小学生参与"强国有我"传诵青春誓词活动，每年5月20日举办520"以我初心向党表白"活动，以别开生面的形式让党史学习教育更"走心"。组织"新时代文明实践·文明顺风车"走进各乡镇，用"说学逗唱"的方式，让群众在家门口享受到高品质的精神大餐和惠民服务，推动习近平新时代中国特色社会主义思想在每个村落、每位群众心里落地生根，让党的创新理论"飞入寻常百姓家"。

（四）打造"漫画党课"，让群众"读"中学

用好漫画"吸引人""让人放松"的特点，创新以漫画的形式推出《党史邑事绘——江门红色故事》融媒体产品，打造"漫画党课"，以连环画的形式反映党成立以来各个历史时期我市革命先辈的英雄事迹，大

力弘扬红色传统、传承红色基因、发扬革命精神，赓续共产党人精神血脉，以主题教育活动的潮流化，推动党史知识走进学校课堂、走进青少年心里，并印制成便携式连环画进校园，让青少年在愉悦而深刻的阅读体验中，知史爱党、知史明责。

（五）打造"影视党课"，让群众"看"中学

先后举办以"光影传承百年路 五邑少年对党说"和"学党史，跟党走，争做时代新人"为主题的观影学史活动，打造"影视党课"，组织观看《我和我的祖国》《长津湖》《夺冠》等电影，"评""观""感"相结合，按照观影前"集中讲评"、观影中"发散思考"、观影后"分享体会"的方式，充分发挥优秀影片在思想政治教育中的重要作用，引导党员干部群众，特别是青少年学生知史爱党、知史爱国，全市开展各类"影视党课"活动 1500 多场。

（六）打造"雕塑党课"，让群众"游"中学

根据城市公园群众聚集、开放性较好等特点，江门精选一批城市公园，进行"微创式"升级改造，在原有设施基础上设计增添公益小景"微雕塑"，打造"雕塑党课"，寓教于景、寓教于乐，让广大群众在日常休闲游园中潜移默化地接受党史知识的熏陶，厚植红色基因。例如，在蓬江区周郡码头纪念公园（周恩来视察周郡旧址）、新会区新会劳动大学、台山市林基路纪念公园，精心设置"来到周郡"等雕塑、雕像，运用黄蜡石等载体设置社会主义核心价值观主题"微雕塑"小景，成为游客争相合影的"网红点"；结合城市马拉松、健步走活动，在相应雕塑广场设置打卡点、补给点，让"雕塑党课"潜移默化走进群众身边。

三、工作成效

（一）实现基层思想政治工作"艺术化"融入群众生活

"艺术党课"打破了思政教育"抽象""遥远""枯燥""和现实生活没有太多关系"的传统印象，以"高体验感"真正实现了融入百姓生活、就在人民身边、深入群众心里的目标，全方位覆盖了各个层次的市民群众和青少年群体。"艺术党课"形式新、效果好，被《新闻联播》《人民日报》《南方日报》等中央和省级媒体多次宣传报道。2022 年以来，全市通过 6 类"艺术党课"开展基层思想政治教育宣讲 800 多场（次），覆盖党员群众近 500 万人次，有力推动了基层思想政治教育走深走实。

（二）取得基层思想政治工作良好成效

"艺术党课"体现出鲜明的时代特点和亲民特色，取得了喜人成绩，一些突出做法获得各级认可。其中，"音乐党课"被央视《新闻联播》综合报道，《再唱〈英雄赞歌〉》被评为广东省"优秀理论宣讲微视频"，舞剧《侨批·家国》成为江门推动侨批创造性转化和创新性发展、创新党史学习教育方式方法、建设"中国舞蹈之城"的最新成果。

（三）推动基层思想政治教育常态长效

"艺术党课"既打造了长期固化的宣教阵地，又形成了良好的工作机制，实现了把思想政治教育融入日常、抓在经常。"音乐党课""雕塑党课"等为市民群众的思政教育提供了一个长期固化的阵地；"漫画党课""影视党课"形成了常态化工作机制，为面向群众特别是面向青少年，构建"大思政"工作格局提供了可操作、受欢迎、能持续的实现路径。

四、工作启示

（一）坚持把思想政治工作摆在突出位置

思想政治工作是党的优良传统、鲜明特色和突出政治优势，是一切工作的生命线。加强和改进思想政治工作，事关党的前途命运、国家长治久安、民族凝聚力和向心力。基层思想政治工作是一项政治性很强、涉及面很广的系统工程，要发挥统一思想、凝聚力量、温润人心、鼓舞斗志的功能作用，构建共同推进思想政治工作的大格局。

（二）坚持围绕中心服务大局

一切工作紧紧围绕党的中心工作，着眼大局、服务大局，是我们党的优良传统、政治优势。思想政治工作，就是要认真履行举旗帜、聚民心、育新人、兴文化、展形象的使命任务，在人的头脑里搞建设。"艺术党课"是表现形式，内核必须是用习近平新时代中国特色社会主义思想武装全党、教育人民，从而推动理想信念教育常态化制度化。

（三）坚持"群众在哪里、课堂就搬到哪里"

思想政治工作从根本上说是做人的工作。基层是社会的细胞，最具创新活力，是实现中华民族伟大复兴最广泛、最深厚的基础。思想政治工作的服务对象在基层，工作主体在基层，任务落实靠基层，必须抓基层、强基础、固基本，尊重人民首创精神，着力提升基层思想政治工作的质量和水平。要把工作的成效写在人民心里，就要做到"跟着群众跑、陪着群众笑"，就必须扎根基层，和群众在一起。

"技术赋能·沉浸体验"：
让思政课堂活起来

一、基本情况

为创新思政课教学，解决思政课实践教学存在的外出实践困难、覆盖学生少、经费有限等现实问题，广西建设职业技术学院马克思主义学院启动虚拟仿真思政课教学创新项目，通过虚拟仿真"馆课结合"模式开展思政课教学创新。虚拟仿真思政课围绕"五个一"的建设工作目标，构建"一轴四翼三内涵"的发展构架来赋能虚拟仿真思政课守正创新，在探索与实践中提出"一中心三链条"后续提升计划，力求全过程、全方位、全要素开展虚拟仿真思政课，突出职业院校工匠精神育人特点，打造具有鲜明学校建筑文化特色、展现广西红色故事的虚拟仿真思政课，助力思政课守正创新，推进落实立德树人根本任务。

马克思主义学院思政课教师在党建基地开展党史主题思政微课拍摄

二、主要做法

（一）双线融合：推进线上线下虚拟仿真思政课资源库建设，完成"一平台"初步建设，发挥资源库平台"核心轴"的作用

广西建设职业技术学院虚拟仿真教学体验中心首期线下的爱国主义教育基地有50多个，线上资源包10个，基本满足思政课的教学要求，随着后期课程要求的变化会相应增加不同类型的展馆，实现动态调整。根据学校特色，马克思主义学院定制了"鲁班学子·大国工匠"思政课资源。这款资源主要针对我校建筑文化特色、鲁班精神而打造，具有学校完全知识产权，针对学生专业特色，体现思政课程和课程思政相结合的复合型资源包。通过线下虚拟教学中心资源包和线上虚拟仿真资源包建设，推动资源平台"核心轴"功能的实现。

（二）虚拟沉浸：推进思政课教师使用虚拟仿真技术开展教学创新的"一套教学方案"建设，发挥"教学翼"的落地功能

为了充分利用党建基地虚拟仿真教学中心资源，马克思主义学院编制了虚拟仿真思政课教学要点建议，鼓励老师使用虚拟仿真技术开展思政课教学与实践。目前《思想道德与法治》《毛泽东思想和中国特色社会主义理论体系概论》《形势与政策》《鲁班精神》等课程已经完成了虚拟仿真思政课运用方案的建设。结合学校党史学习教育、课程思政的需要，马克思主义学院主动开展虚拟仿真党史课程的开发和研究，进行了虚拟仿真党史课程示范课的拍摄，例如徐飞老师拍摄的《韦拔群精神》、黄海莲老师拍摄的《百色起义》。

（三）育人合力：推进思政课教师、辅导员队伍、青马协会成员为主的"一支讲解员"建设，发挥"团队翼"的助力功能

虚拟仿真教学体验中心以思政课为主、课程思政为辅，通过虚拟仿真思政课建设推进课程思政建设，形成"大思政"育人开放环。在虚拟仿真思政课教学和实践过程中，发挥思想政治工作队伍集群优势，利用思政课教师做班主任的契机，邀请所在班级辅导员和青马协会学生加入思政课虚拟仿真课程建设中，在"一课一品"主题思政大课中发挥作用。例如开学第一课、"七一"讲话等主题思政大课，思政课教师与辅导员策划的虚拟仿真思政大课形成了很好的合作范本。

（四）文化铸魂：推进融入建筑文化、广西红色文化的沉浸式虚拟仿真情景"一系列专题思政课"建设，发挥"课程翼"的铸魂功能

虚拟仿真思政课建设应该形成"一校一特色"，为了将虚拟仿真思

政课建设成为思政课守正创新的特色项目，在筹划建设初期和提升改造中期都充分地考虑了学校深厚的建筑文化特色和广西地域红色文化资源的注入，发挥文化育人、文化铸魂的作用，让学生认识建筑文化、了解广西红色故事，做好建筑文化和红色文化的传承人。

（五）品牌增效：推进具有建院特色的虚拟仿真思政课"一课一品"建设，发挥"品牌翼"的示范功能

学校不同的思政课程教学都具有一定的差异性和独特性。为此，马克思主义学院要求 3 个教研室根据各自实践教学特色，按照课程特色开展"一课一品"虚拟仿真教学建设，充分利用党建基地和虚拟仿真教学中心创建虚拟仿真实践教学品牌。例如《毛泽东思想和中国特色社会主义理论体系概论》课结合学生喜闻乐见的形式，借助虚拟仿真平台资源开展"党史故事我来讲"微党课大赛，发挥"一课一品"的示范功能。

三、成效启示

（一）思政课教学效果明显增强

在虚拟仿真技术的具体实践过程中，教师可以利用线上资源辅助教学设计；学生可以利用线上资源提前学习。实现线下和线上联动，打破资源使用壁垒，提高资源利用率。线上虚拟仿真场馆更多是服务学生自主学习、自主体验功能、强化知识印象、服务课程复习等功能。线下模式主要是服务思政课教师教学过程的需要，更侧重于授课过程中的情景体验，强调师生之间的互动和衔接。通过线上线下联动，增强了学生思政课学习的效果。

（二）思政课虚拟仿真资源库建设日臻完善

目前虚拟仿真教学中心固定资源包数量达到 50 个，涵盖了全国主要的爱国主义教育基地、红色旅游基地、建筑文化、大国工匠（鲁班精神）展馆等。为满足学生线上虚拟仿真教学的体验和学习，定制了 3 个线上虚拟展馆，方便学生自主学习。此外，还引入了广西红色爱国主义教育线上虚拟展馆资源作为补充，形成了立体多样的思政课虚拟仿真教学资源库。

（三）思政课教师教学能力得到提升

虚拟仿真技术在思政课教学中的运用前景广阔，能够为思政课教学提供新路径。思政课教学与实践创新需要不断开发新载体、新模式，通过建设思政课虚拟仿真教学中心，采用虚拟仿真技术开展思政课教学，既提高了思政课教师使用信息化技术的能力，又提升了教学效果。通过传统课堂和虚拟仿真基地的结合，有效解决了思政课教学鲜活性不够、互动性不强、针对性不够等问题。

（四）为思政课实践教学创新提供新范本

马克思主义学院根据课程特点编制了不同的思政课虚拟仿真实践教学方案，通过党史馆和虚拟仿真体验中心党史资源，开展思政课师生实践活动，打造沉浸式、移动式思政实践课堂。虚拟仿真思政课建设不仅为思政课教师信息化教学提供了技术支撑，也给学生带来了沉浸式的课程体验，提高了思政课教学的鲜活性和实效性。

培育"大先生"：加强青年教师 思想政治工作的生动实践

一、基本情况

青年教师是围绕立德树人根本任务、推动高等教育事业科学发展、办好人民满意的高等教育的主力军，也是服务国家重大需求、解决"卡脖子"难题、推动科技自立自强的中坚力量。西安电子科技大学深入学习贯彻习近平总书记关于教育的重要论述特别是关于教师队伍建设的重要指示批示精神，认真研究教师队伍建设的"政治含量""思想道德含量"，依托"半部电台起家长征路上办学"红色校史资源的突出优势，将红色基因传承与科学家精神、教育家精神融入教师成长的全过程，深入开展"一体系二贯通四引领"青年教师思政工作探索与实践，着力增强教师的责任感和职业荣誉感，全方位一体化推进教师思政工作，建立特色鲜明的荣誉激励、制度保障和引领教育体系，书写西电教师接续报国的绚丽篇章。

西安电子科技大学在办学旧址江西省宁都县小布镇共建"教师实践教育基地"

二、主要做法

（一）"一体系"：构建全职业周期的教师荣誉制度体系，激励广大教师做学生为学、为事、为人的"大先生"

学校牢记作为我党我军第一所工程技术学校、中国红色通信人才培养摇篮的初心使命，注重培养教师的责任感和职业荣誉感，引导青年教师争做"经师"与"人师"相统一的典范。一是健全完善教师荣誉体系。先后出台《评选年度先进集体、先进个人实施办法》《"西电最美教师"评选办法》《"黄大年式教师团队"培育创建办法》等教学、科研、管理、服务各领域的全职业周期的教师荣誉体系制度，形成持续激发教师内生动力的荣誉激励生态。二是改进和完善评选机制。针对不同荣誉制定更具针对性、操作性的评选标准，严格评选程序，坚持师德第一标准，注重教育教学一线工作实绩，注重学生评价，注重社会声誉和影响，彰显教师荣誉所承载的价值导向。三是加大激励力度。由学校教育基金会出资，对先进教师集体和个人给予奖励。每年隆重举办教师节表彰大会，为优秀教师授予绶带和奖章，并在重大节庆日走访慰问优秀教师代表。四是充分发挥优秀教师辐射带动作用。通过报纸、网络及微博、微信等各类媒体矩阵，开设"奋进西电人""师德标兵""西电学人"等新闻专栏，广泛宣传优秀教师的先进事迹和高尚精神，集聚强大师德正能量。

（二）"二贯通"：构建"横到边、纵到底"双向贯通的工作体制机制，将思政工作延伸到教师组织的最小单元和教师个体

学校始终将党的领导贯穿教师队伍建设全过程，把教师思想政治工作作为重要的基础性工作，充分发挥红色基因的精神纽带作用，打通"部门横向""校院纵向"壁垒，形成全员全方位育师合力。一是强化党委统一领导。成立党委书记、校长任主任的党委教师工作委员会，着力构建党委统一领导、党政齐抓共管、各单位协同配合的教师思政工作格局。二是构建"职能部门协同配合的横向贯通"。健全会商协调机制，明确工作目标、任务、分工等，并适时召开工作例会、部门联席会、专题会等，交流总结经验、推动工作落实，逐步形成由党委教师工作部统筹、各职能部门一体推进的横向工作机制。三是构建"学校—学院—党支部纵向贯通"。健全问题上报、责任落实等机制，逐步形成学校党委统一部署，学院党委、教师党支部具体实施，广大师生干部充分参与的纵向工作机制。

（三）"四引领"：深入实施"四个引领"教师思政战略行动，矢志建立青年教师的共同价值追求

1.强化党建引领，筑强基层战斗堡垒。学校以"党建＋"为突破口，抓住基层党组织建设这个关键点，将红色基因传承融入基层党建的精神内核，把教师思政工作不断引向深入。一是建强教师党支部。发挥好教师党支部教育管理监督党员和组织宣传凝聚服务广大师生的作用，把党组织建在核心课程、一流专业、导学团队、大项目大平台大团队上，使教师党支部成为教师成长发展的重要平台。二是建好党员教师队伍。让红色教育贯穿党组织"对标争先"建设计划，有效提升红色教育的覆盖面和参与度。加大在高层次人才、青年学术骨干中发展党员的力度，建立校院两级领导班子成员和党员学术带头人联系专家人才、培养联系教师入党积极分子制度。三是培育教师党支部书记。推进支部书记"双带头人"培育工程，落实支部书记"双导师"培育机制、支部书记例会制度等，发挥教师党支部书记"领头雁"作用。

2.强化思想引领，筑牢理想信念根基。学校坚持思想铸魂，把光荣革命传统和鲜明红色基因融入教师队伍建设全过程。一是强化政治理论学习。开展系统化、常态化学习，定期发布《教职工理论学习要点》，每周开展一次集中学习，每月开展一次党的创新理论学习，通过研讨式、体验式、嵌入式学习活动，使青年教师学懂弄通、入脑入心。成立红色文化研究教育中心，通过"学在西电""党旗飘飘"、SPOC 等平台建设红色专题教育课程，组织开展报告会、座谈会、研讨会、培训班、读书班等，增强政治理论学习的吸引力感染力。二是开展研学实践活动。开设青年教师国情研修实践班，赴天眼 FAST、井冈山、延安等地开展主题研学实践，与办学旧址江西省宁都县小布镇共建红色实践教育基地，用"大思政课"涵育青年教师的政治素养和家国情怀。拓展"红

色筑梦 + 实践育人"工程，每年暑期组织 2000 余名师生深入革命老区、乡村、社区等基层一线参加志愿服务活动，在服务奉献中厚植爱国情怀，在实践锻炼中增长知识才干。

3.强化精神引领，传承红色基因血脉。学校弘扬老一辈西电教师的爱国奋斗精神，坚定教师红色信仰，引导教师努力成为塑造学生品格、品行、品味的"大先生"。一是强化日常教育浸润。全年不间断举办"楷模在身边""向身边的榜样学习"教师沙龙以及宣誓仪式、荣休仪式、从教秩年等活动，开展"走好红色育人路，培养又红又专的一流人才"大讨论，激发教师的责任感使命感。二是大力开展"从教第一课"系列活动。在教师节、校庆日等重要节庆点邀请全国教书育人楷模、国家级教学名师等分享从教育人故事，用身边可学可做的榜样打造青年教师"传承师德引领成长"的"从教第一课"，将老一辈"大先生"红色奋斗故事的"池水"转化为思政育师的"活水"。三是打造"红色电波的时代光影"网络思政品牌。着力打造"指尖上的红色教育空间"，用微视频的形式讲述不同年代西电教师的爱国报国故事，累计播放量超 60 万次，工作案例获评陕西高校网络思想政治工作案例一等奖。

4.强化能力引领，助力教师成长发展。学校推动教师思政工作与教师成长相融合，为青年教师发展提供广阔的空间与舞台。一是构建青年教师成长支持体系。出台《支持青年教师成长工作方案》，健全全方位、全生涯、全覆盖的教师成长体系，课程体系涵盖教学、科研、国际化等能力素养建设，目前已搭建 36 个课程模块。推动"AI+ 教师培训"体系建设，以人工智能支持教师终身学习、持续发展。二是实施"华山领航计划"。构建四级人才培育网络，实施"华山领航计划"，形成以才领才、以才育才的人才培育体系，目前已建成培育小组 895 个，青年教师覆盖率超过 98%。推出"百名学术大师进校园"系列活动，举办成长沙龙 128 期，101 名院士走进校园为教师成长发展提供支持及指导。三是打造红色校园文化精品。通过话剧、戏曲、音乐会等形式,激活红色基因中的价值传递、精神指引和激励功能,打造《长征组歌》《黄河大合唱》《永不消逝的电波》《信仰的光芒》等系列红色校园文化精品,让红色文化成为不断滋养青年教师成长的文化根系。

三、工作成效

(一) 深切勉励,总书记回信高度肯定

2017 年,习近平总书记回信勉励第三届中国"互联网+"大学生创新创业大赛"青年红色筑梦之旅"的大学生,本届大赛在西安电子科技大学开赛,被教育部誉为全国最大一堂国情思政课。2019 年,教育部转达习近平总书记对西安电子科技大学十名老教授的亲切问候和嘱托,充分体现了习近平总书记对学校办学发展的高度重视和关怀。全校师生备受鼓舞,更加坚定了为国家科技创新和人才培养贡献更多力量的决心,强化了教育报国、科技报国的使命担当。

(二) 成效显著,"大先生"不断涌现

近年来,学校的先进典型不断涌现,全校教师个人和集体获评国家级教书育人类荣誉 2 项、省级 14 项,其中郝跃院士获评 2021 年"全国教书育人楷模"(全国仅 10 人),宽禁带半导体教师团队获评第二批"全国高校黄大年式教师团队"。

(三) 反响强烈,主流媒体纷纷报道

学校立德树人的氛围愈发浓厚,《人民日报》、新华社、《光明日报》《中国教育报》《中国科学报》《陕西日报》等全国百余家媒体对学校段

宝岩院士等优秀教师典型事迹进行了深入采访报道，引起社会高度关注，充分展现新时代西电教师为党育人、为国育才的良好风貌。

四、工作启示

（一）加强党委统一领导，形成全员育师合力

加强高校青年教师思想政治工作，关键在党，关键在人。一方面要强化基层党组织在思想政治引领教育中的作用，发挥好教师党支部的战斗堡垒作用和教师党支部书记、党员教师的先锋模范作用。另一方面要进一步强化党对高校教师工作的领导，健全完善高校党委集中统一领导的大教师工作格局，始终将教师思想政治工作放在教师成长发展的首要位置。

（二）突出红色文化优势，创新教师工作载体

做好高校青年教师思政工作，要发挥学校主阵地作用，让红色成为立德树人的鲜亮底色。一方面要打造校园红色教育高地，深挖红色资源内涵，充分整合承载红色精神的有形红色文化元素，营造浓厚的校园氛围，讲好红色故事，在潜移默化中让教师传承好红色基因。另一方面要创办形式多样的"行走课堂"，开展好青年教师社会实践活动，鼓励教师走出课堂、走向社会，利用革命旧址、遗迹、纪念馆、红色教育基地等开展红色研学访学，在实践中进一步了解国情、社情、民情。

（三）面向教师群体向度，推动工作靶向发力

对于教师思政工作而言，关注青年教师的关切点和需求点，准确把握新时代知识分子的特点，一方面要在专业上着力培养，坚持把政治建

设体现在实际业务工作中，推动思想政治建设与业务能力建设相融合，同部署、同推进。另一方面要在生活上热情关心，通过主动服务和温暖关怀，调动和激发青年教师积极向上、永不懈怠的进取精神。

青言青语"青骑兵" 思想引领筑未来

一、基本情况

近年来,甘肃省临夏州委党校(州行政学院)理论宣讲"青骑兵"队伍按照"贴近实际、贴近生活、贴近青年"的原则,不断丰富宣讲内容,不断创新形式载体,线上线下面向全州广大青少年进行思想政治教育宣讲和党的创新理论传播,使广大青少年从党的创新理论、辉煌历史、英雄故事中汲取源源不断的力量,筑牢思想根基,凝聚起砥砺奋进的强大动力。常态化进单位、进机关、进学校、进企业、进农村、进社区,开展习近平新时代中国特色社会主义思想、党的二十大及历次全会精神、民族团结进步教育、爱国爱党爱家乡主题教育、法治教育等课程总计 600 多场次,受众约 12 万人次。创新性打造的《走进马克思》《弘扬伟大抗疫精神》等情景式、访谈式课程,生动讲述革命领袖青春励志故事和临夏州支援武汉青年医护人员的担当和奉献,获得一致好评,被临夏州委宣传部评为"全州宣传思想文化工作创新奖"。录制的音乐快板《抵制高价彩礼 弘扬婚嫁新风》、微党课《石榴籽永贴心 红色基因永传承》《以青春"小我" 书写强国"大我"》《弘扬科学家精神 赓

"青骑兵"青年讲师团成员对青年进行"民族团结进步"主题宣讲

续创新奋斗的精神血脉》《讲好中国宪法故事 让法治之光普照追梦之路》等视频课程获得全州理论宣讲大赛优秀名次,被评为全州理论宣讲优秀微视频,在微信、抖音等平台广泛传播。州委党校(州行政学院)被共青团临夏州委确定为临夏州青少年思想政治教育基地,多名青年教师获得全州民族团结进步模范个人、全州青年岗位能手、全州理论宣讲先进工作者、先进个人等荣誉称号。

二、主要做法

按照"以学为先、以人为本、以青为体、以融为媒"的工作思路,加强青年教师理想信念教育和政策理论宣讲水平,积极与共青团临夏州委、临夏州市融媒体中心合作搭建平台、拓宽渠道,以青少年喜闻乐见的形式加强思想政治引领,为合力培育中国特色社会主义事业的建设者和接班人作出党校（行政学院）应有的贡献。

（一）坚持以"学"为"先"，着力筑牢青年理论"压舱石"

围绕"需求导学、制度促学、行动践学"，抓深抓实"青骑兵"教师队伍理论学习，筑牢思想根基，提升能力水平。一是契合需求，激发动力"导"学。组建青年理论学习小组，读原著、学原文、悟原理，通过读书会、青年微讲堂等形式，及时跟进学习习近平总书记最新重要讲话和指示批示精神和省州决策部署，不断提高认识问题、分析问题、解决问题的能力，确保党的创新理论首先在青年教师心中落地生根。二是完善机制，强化制度"促"学。针对青年理论学习中存在的工学矛盾，从制度上给予保障。校（院）党委把青年理论学习小组纳入党建工作要点，主要负责同志亲自谋划、推进、指导，校（院）委具体负责并结合实际细化安排，保证上下协同、形成合力。各党支部书记担任青年理论学习小组导师，联系一名或多名青年，为青年讲党课、荐文荐书，积极参与并指导小组学习交流，引导青年同志立足岗位讲奉献、促发展，充分发挥传帮带作用。三是学用融合，学以致用"践"学。针对部分理论学习中存在的学用脱节情况，引导青年把岗位职责摆进去，把实践活动摆进去，学以致用。在抗击新冠疫情当中，理论宣讲"青骑兵"教师弘扬党的优良传统，踊跃争先前往抗疫一线服务人民群众，以良好的精神风貌展现出了党校青年教师传承建党精神、知行合一的优秀品质。

（二）坚持以"人"为"本"，着力建强青年宣讲"生力军"

做好青年理论宣讲，建好队伍是根本。一是严把入口关，严格规范人员组成工作，已组建的理论宣讲"青骑兵"队伍是从青年教师中选拔出的骨干成员，其中副教授 7 名、讲师 10 名。二是严把质量关，理论宣讲"青骑兵"成员的所有课程都在教研室和全校范围内进行反复试讲，校（院）学术委员会审核通过后方可正式开展宣讲。校（院）领导精心指导青年教师深入挖掘临夏红色故事、红色文化和红色精神等方式，组织开展体验式、沉浸式的特色党课，增强理论宣讲的针对性和实效性。三是严把考核关，通过科学设置组织构架，精心制定工作流程，以课程质量问卷评估、课后电话随访等形式动态跟踪讲师宣讲情况，建立了行之有效的工作评价体系。

（三）坚持以"青"为"体"，着力画好青年思想引领"同心圆"

一是构建思想引领新阵地，拓展青少年理论宣讲新平台。与共青团临夏州委、临夏州融媒体中心合作，搭建青少年思想引领的渠道和平台。支持共青团临夏州委组建了"临夏州青年讲师团"，形成了以党校青年教师为主体的团系统青年宣讲队伍，借助团平台为党校青年教师更好发挥青少年思想引领提供了载体；15 名青年教师被临夏州融媒体中心聘为"时政评论员"，通过融媒体平台广泛开展政策理论宣讲和思想政治引领，唱响主旋律、弘扬正能量。二是聚焦青少年思想引领全覆盖，分众化开展宣讲。针对不同的青年群体，深入开展受众知识结构、认知习惯、兴趣偏好、学习需求等方面的调研，精准把握宣讲对象的特点，在宣讲的理论深度、内容长度、重点内容、案例类型等方面各有侧重，结合宣讲主题、自身经历和听众感受，将宣讲内容转化为青年易于接受、喜闻乐见的"青言青语"和"故事说理"，让理论宣讲充满"青年味"。三是创新课堂模式，打造互动性宣讲形式。理论宣讲"青骑兵"教师直面青年关心关注的热点和难点问题，找准理论与青年交互的共鸣点，激活理论与青年勾连的兴奋点，注重回应和解决青年的思想困惑与现实诉求，让广大青年不仅听得懂还能悟得深，推动理论宣讲实现由"常规灌输"向"互动参与"转变。例如，编写的快板词《抵制高价彩礼弘扬婚嫁新风》被临夏州融媒体中心拍摄成群体性音乐快板，得到州、县（市）民政部门高度评价，在全州范围内进行了广泛宣传；在宣讲党的民族理论、党的民族政策、各民族团结友爱等主题时，通过宣讲课件、播放视频、共唱歌曲、互动问答等形式引导孩子们认识中华民族的优秀历史和传统文化，从小树立民族自尊心、自信心和自豪感，尊重各民族传统文化、风俗习惯。

（四）坚持以"融"为"媒"，着力放大青年宣讲"好声音"

一是宣讲形式网络化。利用互联网传播快捷、覆盖广泛的特点，发挥校（院）新媒体平台作用，借助州市融媒体、团州委新媒体平台，通过新闻采访、专题节目录制、宣讲活动现场直播、在线直播、微党课视频展播、网络访谈、话题讨论，推动宣讲活动直达青年、广泛覆盖、持续传播，进一步扩大网络阵地影响，打造"互联网＋青年宣讲"的工作格局。二是宣讲内容网络化。结合不同群体，积极运用新媒体技术手段，创新打造了一批主题鲜明、内容鲜活、形式新颖的图文和视频类理论宣讲产品，让宣讲更加生动。三是宣传渠道网络化。充分发挥互联网双向性、交互性和社交性特点，通过设置理论宣讲专栏专题，借助新闻客户端、微博、微信、短视频等平台进行广泛传播，不断增强理论宣讲的到达率、针对性和感染力，进一步增强宣讲的实效，努力形成网上网下蓬勃开展、青年踊跃互动的良好局面。

三、成效启示

临夏州委党校（州行政学院）以高度的政治自觉和思想自觉，围绕强化党的理论教育和党性教育，着力打造理论宣讲"青骑兵"，同总结经验、观照现实、推动工作相结合，不断深化青年思想政治引领。主要有以下三点启示。

（一）强化理论武装，坚定青年正确政治方向

要坚定"坚持为党育人"的方向，始终成为引领青年思想进步的政治学校。从政治上着眼、从思想上入手、从青年特点出发，用党的科学理论武装青年，用党的初心使命感召青年，用党的光辉旗帜指引青年，用党的优良作风塑造青年，才能从内心深处厚植广大青年对党的信赖、对中国特色社会主义的信心、对马克思主义的信仰。要立足党的事业后继有人这一根本大计，牢牢把握培养社会主义建设者和接班人这个根本任务，引导广大青年在思想洗礼、实践锻造中不断增强做中国人的志气、骨气、底气，让革命薪火代代相传。

（二）加强队伍建设，提升青年宣传阐释能力

理论学习宣讲工作成效取决于理论宣讲"青骑兵"成员的素质。要立足当前、着眼长远，着力在建设政治素质高、业务能力强的人才队伍方面狠下功夫，努力建立一支结构合理、素质过硬、能征善战的"青骑兵"队伍；要强化青年队伍的培训工作，重视结合当前社会实际和理论热点推动宣讲与时俱进，积极组织青年教师参加各类培训，确保青年队伍政治立场坚定、理论功底扎实、宣讲能力优秀；要加强对理论宣讲"青骑兵"工作的组织领导，对队伍建设和活动开展提供必要的条件和经费支持，为顺利开展工作提供有力的制度保障。

（三）创新宣讲方法，增强青年思政工作实效

随着互联网的快速发展，青少年接受新知识的渠道越来越丰富，传统的讲授式教学模式已经不能完全适应时代发展要求。青少年思想政治教育工作必须进行深刻变革才能适应新时代的发展要求。要紧紧围绕党的基本理论，将党的二十大提出的一系列新思想、新观点、新论断、新

要求融入形势政策、党建理论、作风建设、区域经济等教学内容体系，丰富教学内容。要注重提升课堂质量，将打造精品课、开发特色课作为重点工作，督促青年教师在创新教学方式方法上下功夫，不断突破讲授式教学模式，尝试探讨案例式、论坛式、体验式等教学方法，不断凸显青少年主体地位，增强教学的互动性和针对性。要广泛运用当今青少年喜闻乐见的现代化教学手段开展教学，充分激发互联网互联互通优势，利用微信、抖音、微博、喜马拉雅 FM 等交流平台开展网络教学，进一步增强教学的形象性和吸引力，切实提升青少年思想政治工作实效。

深耕"英烈伴读" 培育时代新人

一、基本情况

宁波市镇海区作为浙江省四个国家级革命老区之一，依托区内 77 处市以上文物建筑，充分发挥 270 余名革命烈士红色资源，以实景、实例、实践为抓手，在全区 38 所中小学中深入开展"英烈伴读"活动，在拓展体验"实景"中建强红色阵地，在讲好英烈"实例"中赓续红色血脉，在开发研学"实践"中强化红色属性，切实把思想政治教育扎扎实实做到学生心坎上，将光荣的革命历史内化为校园精神财富，使红色资源真正"活"起来、红色基因代代传下去。

二、主要做法

（一）把英烈事迹引入"讲台"，让"伴读"入脑又入心

深挖红色富矿，建强师资队伍，编好党史教材，将"英烈伴读"全方位融入课堂全过程，使"三尺讲台"成为最美的红色风景。

宁波市镇海区镇海中学举办"一二·九"红色文艺活动

1."红色师资"树榜样。把支部建在教研组上,实现党建工作、党员作用、教研活动"三线融合",在党史学习教育中,明确党员教师先学一步、学深一步,以自身示范带动和影响身边师生。

2."红色教材"润心田。挖掘区内 270 余名英烈故事,以张人亚、柔石、张困斋等投身革命的教员校友事迹为特色蓝本,编写《校园问典》《雄镇学府》《三自德育校本课程》等教材 10 余册、口袋书《党史小故事 100 则》5000 本,并将其融入教学大纲。

3."红色课程"传信仰。充分发挥思政课主渠道的作用,制作微思政金课 40 余期,着力上好开学第一堂课、在校每一节课、离校最后一课的"红色三课"。推出《烽火战火中的"家书"》《追寻爱国记忆,传承爱国基因》等主题公开课,开展"简史课堂""镇中讲坛"等移动课,在学生中播下爱党爱国爱社会主义的种子。

4."红色宣讲"述担当。围绕学校红色遗存,梳理张人亚等革命先烈事迹和姚仁汉等党员教师先进事迹，组建由先进党员、青年榜样、优秀学生组成的青年宣讲团，开展宣讲 150 余场次。注重发挥区内"镇理享"宣讲矩阵作用，组织宣讲英烈故事 410 余场次，切实以革命精神激励青少年奋楫前行。

（二）把英烈事迹融入"舞台"，让"伴读"绘声又绘色

紧贴时代主题，把峥嵘岁月搬上舞台，弘扬英烈精神，唱响时代赞歌。

1."诵读式"表达。把"读经典、诵经典、用经典"融入师生生活常态，开展"读百年党史、悟英烈初心"红色经典系列诵读活动。师生们通过声情并茂朗诵《七律·长征》《可爱的中国》《党旗颂》等红色经典诗词，表达对党的热爱、对国家的认同。

2."演绎式"呈现。依托红色资源，开展"薪火接力颂英烈"文艺会演活动，学生自编自导自演舞台剧《党的女儿朱枫》、话剧《衣冠冢里的党章》等文艺作品，在舞台上生动演绎英烈血与火的生命历程。

3."演唱式"礼赞。广泛开展"歌声里的峥嵘岁月"献歌建党 100 周年主题活动，通过师生同台传唱红歌，组织百名共青团员唱响《黄河大合唱》、老青两代党员合唱《我的祖国》等活动，使师生们在振奋悦动的旋律中礼赞英烈光辉事迹。

4."沉浸式"体验。结合红色资源，设计搭建"重走党史"大舞台，设置"红船启航""五岭逶迤""全面脱贫"等打卡点和"金沙江""泸定桥""大渡河"等系列红色标志，组织青少年重走"红色足迹"150 余场，引导学生在实景体验中切身感受英烈精神。

（三）把英烈事迹嵌入"平台"，让"伴读"常读又常新

充分整合资源，多维度挖掘本土红色资源，形成校内校外、线上线下为一体的"红色基因库"，为全区青少年开展"英烈伴读"活动提供了丰富载体，让学生处处遇见红色风景，时时受到感染熏陶。

1. 百米红廊学初心。打造"红色文化长廊"，用活校园内刻有英烈人物浮雕的百米红廊，开展典型教学、现场教学活动，让学生在耳濡目染、潜移默化中接受教育、受到启发，从英烈事迹中汲取智慧和力量。

2. 红色党校守初心。参与修缮提升九龙湖革命烈士陵园、陈寿昌烈士纪念馆等现场学习基地 15 个，改建镇（街道）、村（社区）体验馆 44 个，开设包括"英烈伴读"专题在内的《价值教育》课程，致力于用好英烈故事，强化社会主义核心价值观培育。仅 2022 年就吸引 410 余名优秀学子踊跃报名学习。

3. 云端阵地传初心。创建爱国主义教育"云上学习馆"，拍摄制作"薪火相传百年路"系列宣讲视频、"缅怀先驱、致敬先烈"主题团课系列短视频，采取在线推送、线上线下互动等形式，讲好"过去的故事"，点燃学生学习热情，引导学生扣好人生第一粒扣子。

4. 实践活动砺初心。推出九龙红村、红色毅行等 15 条红色研学线路，办好"业余党校""业余团校""红领巾学院"，广泛开展"党旗下的青春"教育实践活动，引导学生把爱党、爱国的情怀转化为努力学习、提升本领、奉献社会的实际行动。组织扫墓 7 万余人次，参与志愿服务 18 万余人次，开展关爱老人活动 420 余次，着力上好知行合一的"行走的思政课"，引导他们把爱党爱国情怀转化为努力学习、奉献社会的实际行动。

三、工作成效

(一)深耕红色资源,拓展传播阵地

"英烈伴读"项目依托镇海区内 77 处国家、浙江省、宁波市文物建筑和 58 处历史建筑,通过对该区本土红色文化历史的挖掘,以校园作为红色文化的宣传阵地,进一步推动"英烈伴读"学习教育品牌的形成。通过拓展红色文化的传播阵地,将传播受众聚焦于青少年学生,推动光荣的革命历史内化为校园精神财富,使历史遗迹真正"活"起来、红色基因传下去,实现红色文化的传承。

(二)搭建宣传矩阵,形成传播合力

"英烈伴读"项目搭建起了以"讲台""舞台""平台"三个宣传维度为主的传播矩阵。通过师资队伍培训、红色课程教材编排、红色校舍陈列、红色舞台搭建、红色宣讲开展等一系列活动,实现了线上与线下、教师与学生、现实与精神多层面、全方位的传播合力,进一步加强了红色文化传播的传播力与影响力。

(三)理论实践融合,延长红色传播链

"英烈伴读"项目中以多位投身革命的教员校友事迹为特色蓝本,编写《校园问典》《雄镇学府》等红色校本教材,融入教学大纲。推出系列红色公开课、红色宣讲、红色课程,进一步丰富了红色文化的理论研究。同时,广泛开展"党旗下的青春"等教育实践活动,带动项目实现理论与实践深度融合,延长了红色传播链。

四、工作启示

(一) 思政教育可以更加润物无声

只有把思政课"虚"功"实"做,思政课的魅力才会真正绽放。镇海区的"英烈伴读"项目运用区内各类红色实景资源,把它们由点及面串成一道学生身边的红色根脉风景线。在这道风景线上,学校常态化有特色地组织生动活泼的教育活动,一步一景,一景一事,让学生处处遇见红色风景,时时受到感染熏陶,达到了润物无声的目的。

(二) 思政教育可以更加学用结合

镇海区的"英烈伴读"项目注重学生的社会实践体验,倡议学生积极参与重走党史"大舞台""沉浸式"红色体验、全区"每周一小时、每月一集中"文明实践、青年宣讲团等各类实践活动,引导学生把红色教育的理论精神转化为学习生活中的各种社会公益实践。

(三) 思政教育可以更加创新形式

在思政课课堂实现对新媒体、新技术的运用,是思政课的重要创新。为了让红色资源更加贴近大数据的时代背景,还可以采取数字化方式呈现校园里的红色小景。在镇海中学的红色长廊,10 位人物浮雕右下方都有一个二维码,通过扫二维码就能收看该校学生的人物宣讲视频,实现了参观者的自由自主。

"点亮心愿·情暖前门"：
让老胡同焕发新活力

一、基本情况

北京市东城区前门街道位于北京市核心区，行政辖区面积约 1.09 平方公里，在老北京城整体格局中具有重要地理位置，2005 年至 2015 年间前门街道辖域进行了大规模的拆迁腾退和城市更新改造提升工作。2014 年，东城区确定了前门东区"文化整体保护"的规划原则及"老胡同、新生活"的定位。前门街道在疏解整治之前的总人口是 2 万多户 6 万人，共 9 个社区；疏解整治之后现有居民 3000 多户 0.9 万人，共 3 个社区，辖域内老旧胡同平房居多，文化街区多，地下文物埋藏区、不可移动文物 63 处、历史建筑 43 座（栋）、传统胡同 41 条和历史街巷 35 条；老年人口居多，老龄人口（65 岁以上）比例约为 22%；老城改造、社区治理和为老服务等方面的工作压力较大。为深入贯彻落实习近平总书记在前门东区调研时的重要讲话精神，前门街道深入推动基层社会治理、城市更新改造和提升群众满意度和幸福感等工作，在思想政治工作方面形成了一些鲜活经验。

北京市东城区前门街道草厂社区"小院议事厅"

二、主要做法

（一）以制度建设为先导夯实思政教育基础

1.压实街道思想政治工作责任制。为了压实服务群众、凝聚群众、教育群众的责任，街道建立健全党建工作责任制，在处级干部层面，由街道处级干部带领分管科室负责人，每周二或周三定期到社区与居民"面对面"交流谈心解决居民关注的热点、难点问题，就所分管的工作广泛征求意见，查找薄弱环节，按照"即知即改"的工作原则，能解决的现场解决，不能马上解决的，按挂牌销号的原则进行整改落实；在科级干部层面，建立科级干部包户"邻距离"机制，通过对接重点户的形式，拓展群众诉求表达渠道，变"群众找上门"为"党员上门找"，增强党员干部直接联系群众、宣传服务群众的意识，形成"党员下户、民意上来，服务下去、满意上来"的良好局面；在基层党员党支部层面，开展"五掌握、五到位"常态化工作机制，党员每月至少入户走访联系群众一次，为包户群众提供力所能及的服务和帮助，让党员干部成为群众身边的"12345"。通过层层压实思想政治工作责任制，从解决群众实际困难的角度出发，真正做到为民服务、为民办事、为民解难，在思想上引导群众敬党、爱党、服党、支持党。

2. 拓宽社区思想政治工作平台。为激活基层思想政治工作活力，街道支持鼓励社区不断拓宽思政工作平台。社区党委利用现有民情接待室、小院议事厅、党建协调分会三个载体及社区志愿服务队、在职党员到社区报到服务队两支队伍，联动开展思想政治相关工作。一是通过三个载体开展居民说事议事理事思想交流工作。通过民情接待室，每月进行民主提事，建立提事工作台账，听群众说"事"；通过议事厅，设立社区事务"民主公开日"，让群众议"事"；通过党建协调分会，每季度至少召开一次协调委员会联络员会议，帮群众理"事"。二是利用两支服务队伍开展志愿服务。以社区志愿服务队为单位开展专业化志愿服务；以在职党员社区报到服务队为依托，开展综合性志愿服务活动。社区党委定期依托这些平台和自治组织向群众宣传党的最新理论精神，在为群众办实事和"亲密"接触的过程中教育、凝聚群众，取得了良好效果。

3. 创新思想政治工作响应机制。为进一步提升党员在群众中的影响力，前门街道创新思想政治工作响应机制，通过搭建情感纽带增强同群众间的联系。前门街道自 2017 年开始，连续 5 年开展"点亮微心愿，情暖前门人"主题党员志愿服务活动，通过"组织搭平台，群众提诉求，党员来领办"的活动模式，面向地区低保、高龄、残疾等困难群体征集微心愿，地区党建协调委员会成员单位、双报到单位、基层党组织主动认领、实现微心愿，递送"微服务"。同时，通过街道数字党校微信平台开展"微心愿"线上征集，组织入户走访困难群众、孤寡老人等弱势群体，发放"我为群众办实事"服务卡，组织"微心愿"征集活动，积极号召广大党员、志愿者认领、实现百姓微心愿。近年来，共为地区 1800 余名孤寡、残疾、低保、未成年等特殊群体实现图书、雨伞、轮椅、拐杖等微心愿，受到居民的广泛赞誉。

（二）以自治组织为平台增强思政教育实效

1.强化自治组织的思政工作能力。街道和社区在充分推动其协商议事、公众参与功能的基础上，把思想政治工作的教育功能融入其中，充分利用居民自我教育、宣传的优势，在街道推动重大工程、社区重要事项、重要问题解决和重要思想传达教育时，积极引导群众参与社区协商议事、思想教育、社区营造等活动。经过 10 年发展，小院议事厅已经有 17 名固定成员，由社区常委会委员、街巷长和社区居民代表组成，这些成员都被培养成了居民代表和意见领袖，在党的各项理论方针政策的群众宣讲中承担了重要责任，并发挥了重要作用。在此基础上"小院议事厅"还首创了"五民工作法"，通过民事民提、民事民议、民事民决、民事民办、民事民评的工作法，让居民表达有渠道、学习有平台、施展有舞台，引导居民从以往的观望者、等待者转变为如今的参与者、策划者，"小院议事厅"已经成为前门街道思想政治工作的重要桥梁。

2.提升自治组织品牌的教育能力。前门街道以"小院议事厅"为核心平台，不断探索居民自我管理、自我教育形式，通过"活源""活力""活跃"三年计划孵化了 30 余个居民自治组织，自治范围涉及自管类、文娱类、公益类等多个领域，有效解决了邻里关系淡漠、院落环境改善、垃圾分类等问题。2022 年，随着"小院议事厅"逐步深入规范化和品牌化建设轨道，前门街道在这个关键的时间节点积极推进"议路同行，共享和谐——小院议事厅"品牌建设，在实践中进一步发挥了居民议事的组织章程、议事制度的内涵，将居民共建、共治、共享向深层推进。并形成"三防大讲堂""幸福七夕　佳期如梦""家的 N 次方""情满中秋""送法进万家　家教伴成长""少年儿童老胡同游学"等品牌教育活动，在老中青少年人中建立了良好的口碑，寓思想政治教育于百姓日常生活，真正起到了润物细无声的效果。

（三）以群众性为着力点挖掘思政教育潜能

1.以群众为根本，改善胡同外部空间品质。在开展街区更新工程的推进过程中，前门街道始终以群众为根本，在尊重绝大多数居民意愿的基础上引导疏解群众思想上和实际中的困难，通过多种形式开展群众工作，保障了工程的顺利推进。在市政设施方面，拆除违法建设，电力、电信架空线入地，燃气改电消除安全隐患，新能源替代迎来全电时代，市政设施实现雨污分流，新建雨水沟提升汛期排涝能力，空调外机统一护罩与街巷环境浑然一体，见缝插绿、立体播绿，实现绿化景观全覆盖；在物业管理方面，引入物业管理专业队伍，实现平房区物业全覆盖，24 小时为民提供高品质物业管理服务，科学规划车位，胡同外建立立体停车设施，机动车、电动三轮车等集中存放，实现草厂地区胡同不停车，胡同厕所华丽升级，安装洗手池，增设采暖、通风系统、防蚊蝇设施，建设无障碍设施，实现"厕所革命"；在为民服务方面，配建主食厨房、微风市集、杂货铺、理发店等便民设施，满足居民日常生活需求，养老照料中心、养老驿站引入专业化养老服务运营商，服务街区老年人。

2.充分尊重群众意愿，提升居民院内居住条件。前门地处首都功能核心区核心地带，在历史文化街区保护和发展过程中，需要的是绣花般精细的城市空间和生活织补。2019 年以来，前门街道以"美丽院落"建设为突破口，由表及里地推动街区内部空间更新，改善生活环境、增强人文底蕴。一方面，严格遵循《东城区"美丽院落"治理试点工作实施办法》的相关要求，切实解决小院环境存在的短板问题，例如违建拆除、加装便老设置；另一方面，建立方案研讨与联审机制，组织设计团队会同规划、建筑、景观等领域专家，在保障院落生活环境品质提升的同时，保护好老城传统风貌，挖掘和传承好古都独特人文魅力。在工作中充分尊重群众意愿，街道、社区和设计团队积极与居民共同商议制定小院公约，探索小院环境维护的长效机制，与社会多元力量共同携手实践共建、共治、共享之路。截至目前已完成 26 处美丽院落建设工作，得到了前门居民的大力支持和高度认可。

三、工作成效

（一）以夯实思想政治工作制度基础为开端，持续推动本地区思想政治工作的实效性

在街道内部建立了"街道工委＋社区党委＋基层党员党支部"三级思想政治工作体系，三级组织分别负责不同层面的思想政治工作，形成上下联动、互通有无的思想政治工作制度体系，夯实了思想政治工作基础。

（二）把思想政治工作融入居民自治组织平台，推动居民自治组织不断提升群众自我管理、自我服务、自我教育、自我监督的能力

前门街道依托自治组织"小院议事厅"开展多元化的思想政治工作，把政治教育、思想熏陶、理论政策宣传等功能融入到居民自治中，形成了居民群众自我教育、自我管理、自我宣传的良好态势，不仅提升了社

会和谐程度，同时助推了前门街道各项工作的开展和推进。

（三）突出思想政治工作的群众性，把思想政治工作与做群众工作紧密结合起来

以群众性为着力点，深挖思想政治教育潜能，积极开展群众日常思想教育和情绪疏导，在老城保护街区更新、改善老胡同人居环境等重点工程中，及时疏导群众情绪、解决群众困难、听取群众意见、体现群众意愿，为推动实施城市更新行动，提供了坚强的群众基础，保障了工程的顺利推进。2017 年以来，前门街道先后获得了"接诉即办"改革工作先进集体、全国民主法治示范村、楼门院治理市级示范社区等荣誉。

发挥文化资源集聚优势
推进"幸福社区"建设

一、基本情况

黑龙江省哈尔滨市南岗区文化家园社区成立于 2004 年，辖区面积 51 万平方米，现有居民 2122 户、4204 人，社区党委下设 6 个党支部，党员 259 人。社区居民以哈工程大学教职员工和中国科技集团第四十九研究所的科研人员为主，具有文化程度高、专业技能高、综合素质高的鲜明特点。文化家园社区党委以高度的政治自觉，紧盯群众需求，发挥文化资源禀赋高度集聚优势，扎实地推进基层思想政治工作，通过建阵地、强队伍、促共建、活载体等具体举措，使思想政治工作在社区中生根发芽，有效促进社区党的建设和为民服务各项工作。

二、主要做法

（一）创新党建"四联"品牌，夯实社区思想政治工作根基

1.创建"四联"区域党建工作法。以党建为引领，不断夯实党员教

哈尔滨市南岗区文化家园社区举办"七个一"党史学习教育活动文艺会演

育、创新党建服务群众落脚点，以五种签约联建的方式固化下来，即与哈尔滨工程大学形成"校地联建"，与驻地部队形成"军地联建"，与哈尔滨文庙、中国电子科技集团公司第四十九研究所等单位形成"事地联建"，与船舶电子大世界等形成"社企联建"，与省市书法家协会、育红小学"两弹一星"国防教育展馆、张翔得美术馆形成"会盟联建"，逐步总结出"组织联建—党员联管—活动联办—品牌联创"的"四联"区域化党建工作法。近年来，与联建单位共同开展"美丽燎原，生态家乡"多场次庆"七一"群众性文体活动、党建红色物业小区"红色领航"等各类主题活动 10 余次，并围绕家政服务、心理疏导、医疗保健等内容，开展关爱空巢老人、农民工、社区环境等志愿服务活动 300 余次，更好服务群众。

2.建立健全夯实社区思想政治工作制度。固化"三会一课"等学习会议制度，制定实施《"四个一促学"制度》《"事不过三"为民服务制度》

《"四评式"考核制度》等 12 项工作制度,促进了思想政治工作的常态化、制度化、规范化发展。

3. 实施服务群众"六举措"。包括设立定期接待日,建立党内走访制度,制定民生意见征集制度,召集社区事务听证会,设立党代表、人大代表、政协委员访民日,开设居民事务公开栏。接待解决来信来访居民诉求 500 余次,党员志愿者与空巢老人结对子,常年为他们提供心理疏导、采买各类用品、家政服务等生活照料服务,使弱势群体的幸福感不断获得提升。

4. 突出四型思想政治教育。一是"专题集中型",集中组织学习党的二十大精神及习近平总书记系列重要讲话精神;二是"实践交流型",组织党员开展"打卡红色基地,传承红色基因"主题交流活动,不断传承红色基因;三是"自主学习型",发放各类学习教育材料,党员群众可根据自身实际进行学习交流,并定期开展"话思想"活动,在交流中加深感悟;四是"典型辅导型",邀请先进典型人物、知名专家学者等进行教育宣讲 100 余次。

(二)拓展宣传教育载体,丰富社区思想政治工作方式

1. 拓展社会宣传教育阵地,提高社区思想政治工作的社会"影响力"。为了让社区思想政治工作接"地气"、添"生气"、聚"人气",社区通过整合辖区资源,联合驻街单位,共同构筑"共产党员规范化教育阵地""爱国主义教育阵地""大学生实践基地""科普教育基地"等教育阵地。以社区原党委书记、优秀党员张秀芝为代表,以哈尔滨工程大学离退休教师为骨干的"讲师团"志愿服务队,定期开展"红色讲堂""时代楷模"等主题宣讲活动。

2. 拓展网络宣传教育阵地,提高社区思想政治工作的网上"传播力"。搭建"社区党建网 + 社区微信群 + 热线电话"为一体的网络服务

平台，安排专人受理服务事项，集成包括政务服务、志愿团队、"微心愿"认领等在内的 50 余项服务功能，为居民解决生产生活中的实际问题；设立"身边好人榜""善行义举榜"；开展"弘扬传统美德争做道德模范""学政治、促廉洁、保本色"等各具特色的活动。

3. 拓展群众文化教育阵地，提高社区思想政治工作的群众"感召力"。文化家园书画研究会是全省第一家社区级书画协会，会员多达200 人，成立 17 年来，通过一系列传统书画的创作、展览、交流讲座等活动，为活化思想政治工作方式提供了助力。充分发挥书香文化、基地文化、邻里文化三大优势，设立了党史书画馆，开展"学党史、知党情""大手拉小手红色传承"为主题的书画笔会，累计展出作品 1000 余幅。组织开展"邻里情"院落文化节、"邻里"粽飘香等系列"邻里"文化活动 70 余次，洋溢着浓浓的温情、亲情和友情。

（三）建强"网格化"队伍，深化社区思想政治工作实效

1. 纵向到底强规范。着力加强社区思想政治工作网格化管理建设。形成以家庭为基点、以楼层为基础、以小区为主体的网格体系，建立网格党支部，开展思想政治培训、思想道德学习活动。网格管理要求做到"5 责"，即守土有责、尽职负责、严明守责、高标落责、为民担责。网格党支部书记带领网格中的党员组织开展"感党恩、爱祖国、守法制"主题教育活动，通过文艺会演、书画展览、入户宣讲等多种形式，提升居民思想道德素质。

2. 横向到边搭平台。加强社区思想政治工作服务平台综合性建设。牢记网格"5 个清楚"，即网格部位要清楚、网格人员要清楚、网格职责要清楚、网格流程要清楚、网格纪律要清楚。实现在网格里定人找事，定责解事，通过网格管理解决邻里纠纷、疫情防控、信访维稳等问题。

（四）推进"幸福社区"建设，激活社区思想政治工作动力

1.构建"线上线下"服务网络，社区服务便民化。通过构建"线上＋线下"的服务网络，形成"在线呼叫同一平台、发现问题同一时间、解决问题同一现场"的在线服务网络，为居民解答急难问题 2000 余次。开展"文化惠民生，共筑幸福梦"系列主题活动，打造特色立体文化长廊，设置 12 个活动室，配备钢琴、投影等设备，居民可以选择适合的文化服务，大大提升了群众获得感和满意度。

2.创新"以人为本"服务方式，社区服务利民化。组织党员干部、学校教师、"五老"等各界力量着力打造"八零＋八零"社区志愿服务队伍，即"八零后"社区工作者、志愿者和年满八十岁老党员，目前我们已形成 21 支 300 余人"双八零"队伍，成为社区思想政治工作的骨干力量。近年来，有 58 人与弱势群体和贫困群众结上了"穷亲戚"，给孤寡老人过生日 70 余次，解决实际问题 500 余件，志愿者以子女的视角为老人献孝心，使老人感受到来自祖国这个大家庭的温暖。

3.强化"多元共建"服务功能，社区服务全域化。创新开展以"组织同心、学习同心、文化同心、服务同心、发展同心"为内容的同心家园活动，以及"学党史·颂党恩·跟党走"主题系列教育活动。着力打造爱心楼道、廉政楼道、党员楼道、法制楼道、平安楼道等特色楼道56 个，其中 8 个被评为哈尔滨市示范楼道。与驻街单位联合开展"红色微影院"活动 12 次，围绕家政服务、心理疏导、医疗保健等内容，组织开展关爱空巢老人、农民工、社区环境等志愿服务活动。

三、成效启示

(一)找准关键点,群众整体素质得到全面提升

把思想政治学习教育带入个人生活、带入家庭生活、带入组织生活,在完成好思想政治工作"规定动作"的同时,努力探索符合社区实际的"自选动作"。在工作人员和群众的共同努力下,社区获"全国文明单位""全国科普示范社区""全国学习型家庭创建社区"等荣誉。

(二)找准结合点,突出共建优势拓展活动渠道

充分发挥联建工作优势,不断完善社区思想政治联络站建设。落实和完善思想政治集中学习制度,制定网络学习制度,围绕党员教育、红色文化、服务群众、联建共育等特色载体内容扎实推进学习教育活动,利用社区党员远程教育,组织驻街单位、党员群众开展网络微党课,依托网络微信群,定期发布文明风尚宣传信息。

(三)找准闪光点,以文化为媒介创新活动载体

充分发掘居民的优势、能力和专长,为社区思想政治建设和文明建设服务。通过整合资源、搭建平台,先后成立了社区合唱团、舞蹈队、书画研究会、讲师团等文化团队,不仅满足了居民精神层面的需求,更体现了居民的自身价值。

"至理贤言"走基层 "理响贤城"聚民心

一、基本情况

奉贤区坐落于上海市南部，南临杭州湾，北枕黄浦江，因孔子七十二弟子之一的言偃曾到此讲学，乡民敬圣人先贤而得名。奉贤区紧紧围绕学习宣传贯彻习近平新时代中国特色社会主义思想这条主题主线，结合奉贤经济社会发展实际和贤文化内涵，在"贤"字上做特色，往"新"字上下功夫，从"微"字上寻突破，积极探索理论宣讲新模式，精心打造"至理贤言"理论宣讲队伍，扎实推进"八进千讲新思想"主题宣讲活动，做到理论宣讲"横向到边、纵向到底"，全覆盖、不遗漏，努力形成"理响贤城"的良好局面。聚焦宣传、解读和阐释党的最新理论成果、大会精神，以小切口展现大主题，以小故事讲明大道理，以小点位辐射大范围，把"官方话"变成"家常话"，把"普通话"译成"地方话"，凝聚起党员干部群众奋进新征程的澎湃动力。

上海市奉贤区举办"八进干讲新思想"主题宣讲进园区活动

二、主要做法

（一）挖掘一批理论宣讲人才，"小人物"组建"大队伍"

作为奉贤区加强和创新理论武装和宣传工作的特色品牌，"至理贤言"宣讲团自成立以来，得到了全区各部门、各单位及基层宣讲团队的积极响应和广泛参与。"至理贤言"宣讲团成员除了各级机关的领导干部、高校党校的专家教授、国企和"两新"组织的政工师团队、各行各业的青年骨干之外，还包括退休教师、村民小组长、居民楼组长、宅基"老娘舅"以及在区域范围内较具威望的乡贤人士等。党的二十大召开后，聚焦重点群体、重点对象，"至理贤言"宣讲团进一步充实队伍，挖掘吸纳区内文艺骨干、"两新"组织党建带头人、青年创业代表、大学生村官、网络宣传人才等表达能力强、群众口碑好、参与热情高的"草根"讲师和各领域行家能手，构建起"人人参与"的宣讲新格局。这些宣讲骨干们在各自的领域都有较高知名度,就近就便开展理论宣讲,聚拢了极高的人气。区委宣传部每年举办多场基层理论宣讲骨干培训班并成立"奉贤区理论宣讲名师工作室",通过名师带教、专家辅导、经验交流、宣讲展示等形式开展培训,不断提升基层团队宣讲水平,壮大一线宣讲队伍。

(二)用好用活各类宣讲场所,"小阵地"奏响"大乐章"

以"群众在哪里,宣讲阵地就在哪里"为目标,用好用活"学习强国"上海学习平台线下课堂、新时代文明实践(分)中心(站)、党群服务站、社区文化中心等各类阵地资源,使理论宣讲处处有阵地。特别是以"学习强国"学习平台线上学习为主体,"理响贤城"微信小程序、各政务微信公众号开展多形式、全方位、立体化的"云端"宣讲,使优质宣传资源通过网络实现受众范围最大化提升,确保"以点带面,辐射全局"。将理论宣讲与"学习强国"线下推广相结合,在线下课堂设置"学习打卡""书籍赠阅""挑战答题""互动体验"等"强国"专区,在学习互动的同时让宣传宣讲深入人心。区新时代文明实践中心搭建贤苑"贤语研习社"讲坛作为区级固定宣讲场所,13 个街镇新时代文明实践(分)中心(站)及 332 个村居新时代文明实践站点发挥文明实践志愿者主力军作用,常态化开展理论宣讲,并充分利用统一安装的"强国 TV",常态化播放理论宣讲微视频,以小点位辐射大范围,用小屏幕传递大道理。依托党群服务中心、社区文化中心、村史馆、爱国主义教育基地等各类阵地,将理论宣讲融入"书记讲党课"、文化资源配送、宣传大篷车等各类活动,推动党的创新理论走进基层、扎根群众。

(三)创新探索各式宣讲方式,"小花样"激发"大担当"

因地、因人、因事、因时制宜开展主题宣讲,创新方式、精准滴灌，将党的创新理论以交响乐党课、方言脱口秀、多媒体情景剧、皮影戏等形式表现出来，让群众听得懂、听得进，把"有意义"的事做得"有意思"。在进农村的宣讲中，宣讲员以对口相声、红色故事等群众喜闻乐见的方式将党的二十大精神讲到群众的心坎上；在进企业的宣讲中，宣讲团中的领导干部、商会代表、企业高管等围绕坚持"两个毫不动摇"、高质量发展等主题作示范宣讲，传达精神、提振信心，把"新思想"转化为激活企业高质量发展的"新动能"；在进机关的宣讲中，宣讲团中的机关青年以"宣讲＋辩论"形式，将理论宣讲嵌入辩论场景，达到"以辩明理，以论求真"的目的；在进网络的宣讲中，联合九棵树（上海）未来艺术中心，创排"礼赞新时代 奋进新征程"主题交响音乐党课，以"宣讲＋交响乐"形式，将党的二十大精神融入主旋律歌曲中，增强宣讲的实效性和感召力。

（四）融合丰富理论宣讲内容，"小讲台"架起"大桥梁"

以习近平新时代中国特色社会主义思想为主题主线，宣讲内容上既有党的二十大精神、党的十九大和历次全会精神、党史、"四史"、市第十二次党代会精神等上接"天线"的内容，也有惠民政策、"和美宅基"、垃圾分类、无违创建等下接"地气"的内容。宣讲团成员们在及时跟进最新政策要求，确保自己深刻领会、准确把握最新精神实质之后，发挥智慧将之与百姓关注的热点难点问题融合起来，以小故事讲明大道理，把"官方话"变成"家常话"，把"普通话"译成"地方话"，运用理论联系实际这把金钥匙架起党和政府与群众之间的桥梁，打通宣传、教育、服务群众的"最后一公里"。如，在"八进千讲新思想"主题宣讲社区活动中，宣讲员用本地方言"傣傣话"深入浅出地为基层党员群众宣传解释疫情防控、电信诈骗、文明创建等知识，把"高大上"的理论"翻译"为接地气的方言土语，让群众在轻松欢乐的氛围中领会新思想，

在潜移默化中达到"润物细无声"的宣讲效果。

三、工作成效

"八进千讲新思想"主题宣讲活动以宣讲启智、统一思想,以精神滋养、凝聚人心,让党的理论政策与基层群众"零距离",让理论宣讲响彻贤城。2020 年度,"至理贤言"宣讲团荣获"上海市基层理论宣讲先进集体",2021 年、2022 年宣讲团成员及宣讲讲义先后荣获"上海市基层理论宣讲先进个人"和"优秀理论宣讲报告"等荣誉。《上海奉贤:党的十九届五中全会精神"微微道来"》《奉贤区"四史"学习教育让党的创新理论飞入寻常百姓家》《〈学习巡礼〉奉贤区:八进千讲新思想团结奋斗谱新篇》等相关优秀作品先后被"学习强国"学习平台、人民网上海频道、《解放日报》《新民晚报》、东方网等媒体多次宣传报道。

（一）坚决举旗定向,让党的创新理论深入人心

"八进千讲新思想"主题宣讲活动,始终高举中国特色社会主义伟大旗帜,深入学习宣传贯彻习近平新时代中国特色社会主义思想通过充分利用各类宣教阵地,开展形式多样的宣讲活动,广泛深入基层,传播党的理论,阐释政策主张,累计开展万余场基层理论宣讲,对党的创新理论等进行深入浅出的解读,把中国故事讲得愈来愈精彩,让中国声音愈来愈洪亮,充分调动起群众参加全面建设社会主义现代化国家的自觉性、积极性和创造性。

（二）广泛凝聚人心,让人民群众紧紧凝聚在党的周围

坚持宣讲与人民群众的生活实际紧密结合,积极回应基层所想、群众所惑、百姓所盼,讲出"百姓味道""时代味道"。各级宣讲团成员高

度关注和老百姓生活息息相关的最新政策精神，第一时间将医保报销、养老金调整、全民反诈等老百姓关心的热点问题宣讲到位，通过宣讲让老百姓及时了解受益。宣讲团成员将"奉贤美、奉贤强"恰如其分地融入宣讲，让老百姓进一步感受到奉贤发展带来的美好变化，广泛凝聚起全社会奋进新征程的强大动力。依托"理响贤城"小程序，将线下宣讲活动通过网络进行传播，打造"线上＋线下"同频共振的宣讲格局，确保理论宣讲"铺天盖地、顶天立地"。

（三）提升文明素质，让社会主义核心价值观成为社会共识

培育社会主义核心价值观是个"立心工程"，融入日常，落细、落小、落实才会有效。坚持将理论宣讲与提高个体素质和促进社会主义核心价值观入脑入心相结合，以身边人讲身边事、用身边事教育身边人，培育和弘扬健康文明的社会风尚。如在宣讲中融入弘扬伟大抗疫精神，由参加援鄂的医护人员亲自讲述白衣执甲英勇战疫的故事。用真实的故事感染和感动基层党员群众，社会主义核心价值观经过一个个普通人的诠释得以坚定和传播、影响和感染着越来越多的老百姓，成为弘扬贤风、传播文明的有力窗口。

四、工作启示

（一）必须坚持依靠群众，用党的创新理论凝聚思想共识

科学理论成果根植于人民群众的伟大实践，基层理论宣讲要坚持借助群众的力量，广泛依靠群众、发动群众最终达到凝聚人心的目的。广泛组织先进典型示范讲、青年人才交流讲、文艺骨干巡回讲、志愿队伍入户讲、行家里手生动讲，让身边人讲身边事，引发群众更多的共情和

共鸣，使其乐意听、听而信、信而行。百姓宣讲的过程，就是普通群众对党的理论的传播、认可、实践的过程，参与者愈广泛，就代表着党的理论和主张更为广泛地成为全社会共识。

（二）必须坚持守正创新，推动基层理论宣讲供给侧改革

理论宣讲工作要根据新时代新形势、新任务新要求，推动理论宣讲平台载体、方式方法创新。坚持从"用户思维"出发，进行宣讲供给侧改革，做到"到什么山唱什么歌""对什么人定什么调"，提升宣讲实效。宣讲形式由传统授课式变为访谈式、互动式，以群众"口味"激发真理"甜味"。宣讲主体在领导、专家的基础上增加普通党员群众，充分发挥听众主体作用，在宣讲对象中培养选拔宣讲骨干，邀请企业青年、行业代表、劳模典型等由台下倾听者变为台上主讲者，由"单向输出"变为"双向奔赴"。

（三）必须坚持健全机制，全面推动理论宣讲工作常态长效

打造和擦亮理论宣讲品牌，既要提升认识，摆上议程，更要总结经验，探索规律，通过建立各项行之有效的宣讲工作制度，推动理论宣讲向常态化、长效化发展。在工作推动部署环节，通过印发相关文件、召开宣讲动员部署会等建立起工作指导机制；在建强管好宣讲队伍时，根据实际情况和需求，建立定期教育培训机制；在宣传宣讲推进过程中，注重以品牌为引领，系统谋划、统筹推进宣讲品牌的推广工作；把理论宣讲工作纳入意识形态工作责任制考核内容，健全完善理论宣讲考核指标体系。

侨文化助推社区思政工作常青长盛

一、基本情况

龙苍社区位于福建省泉州市台商投资区东园镇西南部，有"十户八九侨"之称，旅居海外侨胞1万余人，拥有40栋造型各异、瑰丽多彩、中西结合的"番客楼"，以及10余座具有闽南红特色的古大厝，是著名的闽南侨文化旅游社区。近年来，龙苍社区依托"侨位"，打好"侨牌"，加强和改进思想政治工作，以"盘活历史建筑，留住乡愁记忆"侨文化为主线，以独具风格的闽南古厝"番客楼"为阵地，以侨商大爱"侨捐"为力量，打造龙苍社区侨文化促思想政治工作名片。龙苍社区先后获评全国华侨著名村落、省级乡村振兴实绩突出村、省级乡村治理示范村。

二、主要做法

龙苍社区依托侨文化，用群众喜闻乐见的方式构建新时代思想政治工作新模式，在宣讲活化、阵地建设、侨捐实践等思想政治工作实践上形成鲜明特色，推动思想政治工作常青长盛。

龙苍社区举办 2022 年侨乡孝廉文化传习会

（一）深掘"侨乡故事"，确保思想政治工作落地生根

龙苍社区开展一系列"红色侨史"宣讲活动，活用侨资源，学好侨文化，做好侨服务，实现思想政治和侨力双境界提升，更好满足人民精神文化生活新期待。

1. 丰富授课方式"多样"学，拓宽思想政治工作"入口"。丰富学习内容和学习方式，龙苍社区依托侨文化，将华侨精神宣讲同学习宣传贯彻习近平新时代中国特色社会主义思想结合起来，打造"侨乡一堂好课"移动课堂；拍摄《龙苍——我的美丽乡愁》《守家乡之美赴心之所向》等视频，视频在"学习强国"、无线泉州等多家媒体传播，组织编撰华侨文化书籍，深入侨企、学校、侨文化阵地讲授"红色侨史"一堂好课，扩展辐射面，进一步弘扬爱拼敢赢的侨文化；举办侨胞青年交流活动，推动海峡两岸青年共学党史、深入交流，在红色侨史中汲取奋进新时代力量，推动思想政治建设向纵深发展。

2.挖掘历史内涵"推广"学，畅通思想政治工作"出口"。充分挖掘龙苍侨文化资源，以华侨精神为主要核心，将宣讲内容延伸到红色文化、孝廉文化、家风文化、侨乡文化、闽南文化、海丝文化等内容，拓展侨文化思想政治内核；开设特色课堂，举办"传承孝廉文化 弘扬家国情怀"侨乡孝廉文化传习会，融入侨界人物展、书画展、侨史展、红色遗址参观，引导群众听讲解、看实物、实地参观，全面、生动展示侨乡底蕴；全方位、多角度宣传展示特色文化资源，力求讲好、讲活、讲透华侨红色传奇故事，在拓宽华侨精神宣讲维度和深度的同时，有效提升宣讲吸引力和感染力，推动思想政治建设和新时代国情侨情体验融合发展。

3.夯实队伍素质"实践"学，把住思想政治工作"关口"。为推动思想政治工作与侨务工学结合，建立"逢四说事""侨乡议事""红色侨乡楼长"议事机制，举办新时期侨务工作培训会，深入基层侨联结合居情镇情开展授课，聚焦侨务重难点工作问题，开展"凝聚侨心侨力建设侨胞之家""归根情·情暖归侨侨眷"等专场学习交流活动，增强为侨办实事、解难事的能力。

（二）活用"侨乡古厝"，促进思想政治工作开枝散叶

龙苍社区用好侨阵地中的丰富侨史资源，加强思想政治工作基地建设，构建侨史讲解队伍，设计精品路线，促进思想政治工作开枝散叶。

1.善用"红色"，建设思想政治工作示范"点"。龙苍社区围绕6栋番客楼精准设计一条党史国史教育示范线路，涵盖党史馆、国史馆、家风家训馆、移风易俗馆、关爱未来馆、乡愁记忆馆、侨乡园、侨音园、龙苍盐场、初心广场、我的龙苍小学等11个项目，为龙苍不断集聚人

气、引入人流，推动思想政治教育惠及更多群众。

2. 活络"人才"，扎紧思想政治工作引导"线"。为加强思想政治工作人才培育，龙苍社区统筹侨史宣讲队伍资源，吸引专家学者、侨史爱好者、本土人才、侨胞群众等侨史爱好者，加强侨史沙龙、图片展、专题讲座、主题研学等活动讲解力量，培育了一支侨史宣讲队伍，向身边人讲身边华侨故事，用身边华侨故事教育身边人，切实打通华侨精神宣讲进基层"最后一公里"。

3. 留住"侨味"，织密思想政治工作宣传"网"。为留住乡愁，发扬爱国精神和侨乡文化，龙苍社区建立专题博物馆，收集保护华侨历史文物，讲述华侨奋斗历史。丰富的侨史资源为思想政治教育提供了大量素材，而且用乡音诠释东园华侨精神，将侨胞爱国爱乡事迹代代流传下去，为开展思想政治工作提供了新的素材和平台。

（三）厚植"侨乡大爱"，实现思想政治工作开花结果

龙苍社区充分发挥先进侨文化典型示范引领作用，推动思想政治工作实践，凝聚侨心侨力，弘扬"爱国爱乡"精神，助力乡村振兴，探索侨文化思想政治实践新模式，汇聚中华民族的大爱与担当。

1. 同舟共济，公益之花飘香。依托侨文化，弘扬"爱国爱乡"精神，推动侨乡公益实践。2017 年以来，龙苍社区引导海内外乡贤勤俭奉献做公益，累计侨捐上百万元，款项用于改造"侨胞之家"，建设 460 平方米的老年幸福院、家宴中心等。疫情期间，在"爱国爱乡"精神感染下，侨胞纷纷捐资捐物支持抗疫，为侨文化建设画上公益之美。

2. 文物捐献，传承之花绽放。为传承弘扬侨文化精神，居民积极捐赠民俗品用于建设民俗馆，让更多的人了解过去的岁月，积极向全社会传播优秀传统文化，引导人们不忘老一辈侨胞艰难的创业史。这些民俗品铭刻着海外华侨奋斗史，承载着沉甸甸的思乡情谊，见证着游子拳拳

爱国情，也是侨文化传承的一种象征。

3.共建家乡，同心之花盛开。龙苍社区旅外华侨充分发挥情系桑梓、造福家乡的优良传统，群策群力做强家乡各项事业。如成立了助学基金会，修建龙苍教学楼、龙苍小学校舍，助力家乡培育一代新人；捐款修建禹成堂、禹成路、火力发电厂等公共设施，这些都是依托侨文化建设造福家乡的缩影。

三、成效启示

龙苍社区积极深化以侨力量推动思想政治工作，得到了各级部门肯定。先后获评省级乡村振兴实绩突出村、省级乡村治理示范村、市级"乡村记忆文化"示范村、泉州市关心下一代党史国史教育示范基地，与华侨大学、泉州师范学院共同建设土木系社会实践基地。"学习强国"、中新网、《泉州晚报》、泉州电视台等多家媒体分别对龙苍社区侨文化激发思想政治工作活力情况进行报道，进一步增强了侨心向党的凝聚力，推动侨史资料的挖掘抢救，扩大了侨史搜集的社会参与度，提升了侨乡文化名镇名村品牌影响力。

"老马带小马"：探索社区思政工作新路子

一、基本情况

重庆市江北区观音桥街道成立于 1993 年，辖区面积 8.6 平方公里，辖 22 个社区居委会，常住人口 19.6 万人，流动人口近 40 万人；辖区内高低端小区并存，人员结构复杂、群体诉求多元、基层治理压力大等矛盾问题突出。近年来，观音桥街道紧密结合辖区实际情况，探索创新了以基层调解员马善祥姓氏命名的"老马工作室"，总结形成了"民为本、义致和"六字理念、遵循"情、理、法、事"十三要则、"3441"保障制度、老马"三十六策"等一整套基层群众工作方法，在 22 个社区全面设立"老马带小马工作站"，将化解矛盾、调处纠纷、思想政治工作等职能延伸到基层社会治理的"神经末梢"，让思想政治工作成为基层社会治理的坚强保障。

"老马"为小马宣讲队成员传道授业解惑

二、主要做法

（一）抓机制引领，夯实榜样之力

观音桥街道大力培育和践行社会主义核心价值观，充分发挥"时代楷模"马善祥示范引领作用，培养和造就担当民族复兴大任的时代新人。

1.坚持以制促行，培育选树体系化。观音桥街道率先组建"老马"工作团队，建立"街道台账登记、区委宣传部报批、市委宣传部审批"的外出培训授课审批制度，健全"老马"宣讲、培训台账等一体化工作流程，规范化专业化升级打造"老马"品牌。以"老马"为示范引领，进一步完善辖区先进典型多元化挖掘、动态管理储备、梯次培育选树、分级宣传推广、常态关爱礼遇的选树培育体系，健全辖区先进典型资料库，用好用活各级各类先进典型。

2. 坚持以训促能，培训策略多元化。创新"跟班轮训"机制，坚持每月抽调两名基层干部＋两名社区民警到观音桥街道"老马工作室"跟班学习，让"老马"以"一带四""亲授式"的带教方式，从接待群众、做群众思想工作到化解矛盾纠纷全过程手把手指导"小马"群众工作方法，促进"小马"在一次次"起立迎接、请坐倒水、倾听记录、交流引导、解决问题、出门相送"的接待群众过程当中树牢"民为本"的宗旨意识，在一件件亲自参与家庭矛盾、财产矛盾、物业矛盾等具体矛盾当中掌握"义致和"的策略方法，现已累计培育"小马"3000 余人次，真正实现"老马带小马，万马齐奔腾"基层思想政治工作局面。

3. 坚持以行促效，工作流程标准化。建立"老马"和"小马"工作交流机制，定期开展"老马送方法"到基层活动，"老马"走进各镇街"老马工作室"，进行真实案例现场调解，通过视频直播延伸至社区"小马工作站"，让更多"小马"近距离观摩学习老马工作法。建立"小马接单化解，老马支招解惑"工作机制，一般问题由"小马"解决，复杂问题由"老马"支招解决，在实践中点拨指导，切实提升服务群众工作实效。结合辖区矛盾纠纷类型，建立联调联动机制，根据不同矛盾纠纷具体情况，定制化指定或邀请特定"小马"组成调解队伍，加强联动协作，运用各方资源力量，合理合法合情化解矛盾纠纷，使调解贴近群众所需、满足群众所求、做到群众所信，累计成功调解矛盾纠纷 5600 余件。

（二）抓培育引领，汇聚实践之效

观音桥街道深化"老马"内涵，积极发挥传帮带作用，针对"小马"人数多、能力参差不齐等现实问题，创新培育模式，建立专题培训、跟班轮训、实践指导等机制，不断提升"小马"参与群众思想政治工作的能力。

1. 统筹镇街"小马"。江北区出台了《关于进一步深化"老马工作法"

的实施意见》，并按照"三有"（有专门的场所、有办公设施设备、有专职政工干部）和"五统一"（统一门牌、标识、公示栏、工作台账、登记表册）要求，整合综治、党群、司法、行业调解等阵地和队伍，规范化建设全区12个镇街"老马工作站"，履行联系服务群众、受理调解本地区本单位矛盾纠纷等职责，设置"常驻小马"，促进群众思想政治工作专业化发展。

2.壮大社区"小马"。推行社区书记和"小马工作站"负责人"双职合一"，履行矛盾纠纷化解"第一责任"。发挥社区干部、社区民警"三熟"（人熟、地熟、情况熟）优势，明确社区综治员、社区民警为"社区小马"。目前，江北区在镇街、社区已配备"社区小马"152名。

3.吸纳社会"小马"。实施"一十百千+N"工程，发动社区"两委"成员、退休法官、检察官、警察、律师等专业力量，组建"专业小马"，广泛吸纳社区居民小组长、网格员、楼栋长、热心党员和群众等成为"邻里小马"，运用政府购买服务方式，鼓励社会组织和社会力量进入"小马工作站"壮大"志愿小马"，形成"一个榜样标杆、十名区级导师、百名社区骨干、千名中坚分子、N名社会力量"广泛参与的团队。

（三）抓阵地引领，强化治理之基

观音桥街道实现"小马工作站"全覆盖，不断夯实阵地建设，成功把思想政治、道德建设、化解矛盾等职能延伸到基层群众工作的"最后一公里"。

1.推进"老马工作室"再升级。观音桥街道在基础装修、设备采购、氛围营造等方面进行提档升级，打造集声光电一体的多功能"老马工作室"，在"老马工作法"展区采用触控一体机加投影技术展示老马工作笔记实物240余本、理论文章700余篇、工作体会100余篇，凸显"民为本，义致和"六字理念。在现场教学展区开展授课培训、线下交流、线上直播活动，通过线上微课堂、"走上来"到街道"老马工作室"跟班轮训、跟随老马"沉下去"现场参与思政工作等方式开展个性化学习，将可复制可推广的群众工作经验倾囊而出，真正实现"传帮带""授以渔"。

2.实现"小马工作站"全覆盖。整合社区综治中心、网格化管理服务中心、调解室、信访代理室等功能，按照"标准化＋示范化＋特色化"工作思路，依托和利用现有场所设施，单独建设或与社区人民调解委员会、社区综治中心有机结合，在全区 128 个村（社区）全覆盖标准化建设 107 个"小马工作站"，将工作站 LOGO、组织架构、工作职责等标识标牌上墙，统一印制社情民意收集、矛盾纠纷化解等 6 本台账，将老马工作法"情理法事"要则融入其中，推动"老马工作法"从经验走向示范，走向全市乃至全国，最终实现"一马带群马，万马齐奔腾"思想政治工作助力基层社会治理的生动局面。

3.推进老马调解室再优化。以强化服务意识、提升服务质量为抓手，在观音桥街道新办公楼装修中，推动打造集调解室、综治工作站、信访代理室等功能为一体的综合阵地。老马调解室可为矛盾纠纷化解等基层社会治理工作提供"一站式"服务，实现"环境舒适、办事规范、服务一流、群众满意"的示范效果。

（四）抓宣传引领，发扬模范之风

观音桥街道纵深推进"眼睛为群众而关注、头脑为群众而思考、双手为群众而伸出、两腿为群众而迈步"的"老马精神"，让"老马"品牌发扬光大。

1.做强"正能量网红"。运用互联网思维提升老马知名度、影响力，让"老马"从线下走向网络云端，创作"老马"动漫 IP，打造"老马工作室"微信公众号，开通"老马直播间"，开设"老马学思践悟"线上微学堂。依托 450 余个物业小区业主微信群和 230 余个网格微信群，"进圈入群"覆盖辖区 90 余万人，线上线下持续讲好榜样故事，加强社会主义核心价值观在群众中的解读和记忆，以点带面在江北区全区形成"学先进、赶先进、当先进"的浓厚氛围。

2. 做亮榜样宣讲。"老马"先后走进机关、校园、军营、社区开展"榜样面对面""党的声音进万家"等线上线下宣讲活动 7600 余场，覆盖受众达 61.4 万余人次。抽调优秀基层理论工作者组建江北区老马宣讲队，以"理论微宣讲 + 百姓论谈 + 文艺进社区"三段式宣讲模式为基础，深入社区小区、楼栋院坝开展宣讲。近年来，"老马"宣讲队获评全国基层理论宣讲先进集体，马善祥同志获评全国基层理论宣讲先进个人，成为全市知名的"双先进"特色宣讲品牌，推动新时代群众思想政治工作和基层社会治理创新发展。

3. 做大"老马"品牌。以马善祥为原型拍摄电影《幸福马上来》，出版《老马工作法》《小马学习读本》《基层治理矛盾调解老马工作法》等系列丛书 3 万余册，举办小马微视频征集大赛、小马征文大赛等评选活动 30 余场，打造快板《小马奔腾心向党》等文艺精品，全面展现"老马"品牌亮丽风采和工作成果。《人民日报》、新华社、《光明日报》、人民网、《重庆日报》等央媒市媒持续报道"老马带小马"群众思想政治工作做法成效 850 余次，将"老马"这块金字招牌越擦越亮。

三、成效启示

（一）典型示范助力思想引领

榜样的力量是无穷的。近年来，老马为基层宣传宣讲近 100 场，讲理论、教方法、作示范，"老马"带"小马"、"老马"变"网马"，最终

"老马"变"群马"。在生动的"传帮带"实践活动中传播好党的创新理论，宣传好党的路线方针政策，讲述好中国式现代化故事，辖区群众的获得感、幸福感和安全感显著提升。

（二）建强队伍彰显品牌效应

一花独放不是春，百花齐放春满园。"老马带小马工作站"让基层思想政治队伍更加壮大和充实，解纷效果更加突出，做到了治理主体由"单一"向"多元"转变，衔接机制由"特色"向"品牌"转变，实现了"小事不出社区，大事不出街道"目标。"老马"的品牌效应调动了更多社会力量积极参与基层社会治理，合力打造了共建共治共享的基层思想政治工作格局。

（三）文化熏陶提升社会影响

着眼深入把握新时代思想政治工作的特点和规律，市委宣传部、市司法局、市文化委与重庆广电集团（总台）合作，拍摄以马善祥为原型的电影《幸福马上来》公映后，凭借接地气的题材和真情实感征服了观众，好评如潮。央视新闻评论称"让观众在欢笑之余收获了感动和正能量"。网友称："这是新时代基层党组织和广大党员干部密切联系群众、依靠群众、服务群众的生动写照和缩影"。

"四学一讲"：让社区思政工作更活更实

一、基本情况

青海省西宁市城西区通海路街道文成路社区总户数 11864 户，总人口 30000 余人，社区党委下设 4 个小区党支部，现有在册党员 631 人，"两新"党组织 12 家。

文成路社区党委着眼于新时代社区思政工作新要求，积极适应形势任务变化，坚持以人民为中心，从社情民意出发，不断探索新思路、新方法，将坚持党建引领作为社区思政工作的重要抓手，开展"四学一讲"活动，既整体把握、全面系统，又突出重点、抓住关键，确保宣讲工作有声势、有特色、有实效，接地气、聚人气、鼓士气，把思政工作做到群众心坎里，形成了心齐气顺的良好氛围，有效促进和谐社区建设。

二、主要做法

文成路社区党委不断转变思想观念，创新体制机制、探索新方法和新途径。开展"四学一讲"活动（即："庭院微党课"，固定学；"文成播

文成路社区开展庭院微党课活动

报站"，流动学；"红翼课堂"，拓展学；"线上微课堂"，线上学；讲惠民政策），让社区思政工作全方位、多形式、深层次地"活"起来。

（一）"庭院微党课"凝聚奋进力量

为解决基层党员学习教育集中难、学习方式单一、学习效果不突出等问题，文成路社区坚持开设"庭院微党课"，选聘思想政治素质好、实践经验丰富、有一定理论水平的党政领导干部、先锋模范等进入师资库，转变传统党课的"灌输式"授课，采用互动式教学，与辖区党员、居民零距离，打破了时间、地点和人员的限制，及时宣传各项会议精神及惠民利民政策，用更接地气的语言讲问题、用身边的故事举例子、用最朴实的语言给群众讲清楚，让群众在环境优美的庭院中和身心放松的状态下更好地感受党的精神。以"庭院党课"为载体，引导广大党员干部群众听得懂、记得住、用得上，并通过主题讨论、情境创设、答疑释惑等方法开展深入交流。

文成路社区累计开展"庭院微党课"近 20 次，党员们在一起上党课、学党史，同时还宣传就业、民政、医疗、教育等多领域惠民利民政策，有效解决了社区"候鸟式"党员信息不灵、退休党员行动不便等难题，深受广大党员喜爱。

(二)"文成播报站"弘扬主旋律

文成路社区辖区范围大，居住人口多，传统的宣传方式覆盖面有限，社区党委秉承"群众在哪里，思政教育就跟到哪里"的理念，因地制宜，每周五下午在辖区超市及农贸市场内用"文成播报站"的形式向群众"播报"时事要闻、宣传惠民政策。近年来，社区共开展播报 200多次，有 20 余名党员参与"文成播报站"，同时利用志愿管理服务平台招募志愿者 17 名，担任"文成播报站"的广播员。

"文成播报站"以"践行新思想、弘扬主旋律、传播正能量"为宗旨，设置了时事要闻、榜样力量、惠民政策、应急宣传等多个板块，切实把正能量传递到辖区的每一个角落。通过"书记带头讲、党员争先讲、志愿者看齐讲"的形式，立足于社区，服务于群众，持续奏响"民生"主旋律，用行动托举群众稳稳的幸福。

(三)"红翼课堂"凝心聚力补短板

文成路社区辖区目前有 12 家"两新"党组织，近百名党员。"两新"党组织在推动经济社会发展的同时，还是参与政治、管理社会的主体对象。但这些组织人员构成比较复杂，呈现出多样性、复杂性、流动性的特征，在思想状况、利益诉求、行为方式等方面存在着明显差异。因此，文成路社区党委定期组织召开"红翼课堂"，让"两新"党组织成员一起参与学习分享，实现各组织共同探讨、共同学习，通过内容丰富、形式灵活、多样优质的课程，开阔视野，分享经验，传送先进理念，进一步提升"两新"组织党务工作者的政治素质和业务水平，推动他们解放思想、真抓实干，不断开拓"两新"组织党建工作新局面。

"红翼课堂"不仅仅是一次次深刻的思想政治教育，更促进了辖区党组织之间的联系。文成路社区还通过开辟新媒体阵地，利用线上微信群交互、开放等优势，以更直观、快捷、新颖的形式弘扬正气，激励各组织增强发展信心。并且通过专家讲学、组织外出参观学习、群内交流等方式，加强企业法人、党组织书记和党员的思想引导，突出社会主义核心价值观、企业经营管理、国家法律法规、服务型党组织建设等内容，提升"两新"组织党员的政治素质和能力水平。

（四）"线上微党课"激发学习热情

文成路社区在册党员大多数是退休老党员，由于线下课堂在时间地点方面存在局限性，社区党委创新开办了"线上微党课"，打破时间与空间的限制，将党课搬上小屏幕，以"不见面"形式组织开展"线上微党课"，让辖区老党员们在线上相聚，心连心始终与党在一起。每周开设1—2堂课程，将党的二十大精神，各项最新惠民、利民政策录制成小视频，及时发布在"线上微课堂"的微信群内，并鼓励党员利用微信语音、视频、图片等，分享学习心得，开展学习讨论，让党员学习更加主动、生动。

"线上微课堂"打破了传统党建内容学习传播的壁垒，从以往的定时学、集中学，到随时随地学、自主学，实现了学习的日常化、常态化，满足了党员群众的碎片化、个性化学习需求，收获大家的点赞。文成路社区通过"线上微党课"的形式，发布红色音乐党课30余期、政策宣讲党课14期，视频播放量达上万次。

三、成效启示

（一）广纳社情民意，精准把握居民所思所想

掌握居民群众的思想脉搏，是社区思政工作的关键。社区党委从群众关心的难点热点、思想上容易产生困惑的问题入手，坚持多渠道倾听群众呼声和居民诉求，做到知情、知底、知心，建立以需求为导向的思政教育机制，以"干什么学什么、缺什么补什么"为原则，针对党的创新理论、深化改革、经济发展等不同领域内容，"量体"打造项目，"量才"定制计划，形成类别分明、重点突出、干货满满的"选课菜单"，打破传统"配单式"培训，实现群众"自主点单"，激发广大党员干部群众主观能动性，推动由"要我学"变为"我要学"。

（二）拓展工作途径，在服务群众中加强教育引导

思政工作只有把解决思想问题和解决实际问题结合起来，才能做到事半功倍。社区党委把居民群众对美好生活的向往作为思政工作的出发点和落脚点，帮助他们解决好柴米油盐、安危冷暖，不断提升社区居民的幸福感和获得感。一是坚持党的群众路线。社区通过开展"四学一讲"活动，充分发挥社区各项服务功能，实现对居民基本需求的全覆盖。同时，随着居民需求的个性化，社区利用"网格微管站"全天候解答居民疑惑，将思政工作从"小网格"延伸到"大网络"，从两条腿加一张嘴的"单线程"变成线上线下的"双驱动"，使服务对接更加精准。二是坚持典型引路的工作方法。一个典型就是一面旗帜，要通过示范建设、培育典型等方法，使群众学有标杆、赶有榜样。社区利用"四学一讲"品牌，同时评选优秀党员、推选"身边好人"、道德模范、创建"五星级文明户"等，深入挖掘身边的典型，注重培育和选树一批先进个人，

既能激励先进个人更加积极进取，也能带动群众团结干事。三是坚持做好本职工作，提高服务能力。社区"两委"成员始终贯彻落实"只有提高教育、组织、宣传群众的本领，提高服务群众的本领，提高化解矛盾的本领，才能真正为民办好事"的宗旨，严把思想、能力、服务"三关"，做群众的"贴心人""当家人"。

"小书屋"搭起基层思想政治教育"大课堂"

一、基本情况

书屋是面向广大人民群众的基层服务场所，是推动全民阅读活动、加强基层思想政治教育、培育文明风尚的重要阵地。山东省寿光市充分发挥新时代文明实践中心（所、站）作用，依托农家书屋、职工书屋等既有阵地，打通壁垒、整合资源，以"十有"标准建设学习书屋（书架、书房）300余个，组织志愿者深入基层开展政策理论宣讲、文化科技卫生普及、移风易俗、协商调解等主题实践活动，开启群众心智，点亮群众心灯，搭建起基层思想政治教育"绿色通道"，其经验做法先后得到中央有关部门充分肯定。

山东省寿光市洛城街道学习书屋开展"品红色 阅经典"全民阅读活动

二、主要做法

（一）突出特色、整合力量建书屋，为基层思想政治教育引入"活水"

1.完善标准规范建。制定出台《学习书屋建设标准》等文件，明确有场所阵地、有硬件设备、有专业书刊、有规章制度、有管理队伍、有学习交流、有实践感悟、有竞赛评比、有措施保障、有督导推动"十有"标准，按照"循序渐进、量力而行、建管齐抓"的原则推动基层学习书屋建设。组织书屋紧扣学"习"特色，精选"习近平总书记写的书""写习近平总书记的书""习近平总书记读的书"3 大类 50 多种图书作为必备书目，设立习近平新时代中国特色社会主义思想文献区、红色文化著作区、报纸期刊区等专区，吹响思想政治建设的"文化集结号"。并从妇联主席、"五老"人员、返乡大学生等群体中推选2—3名管理员，由新华书店定期辅导培训，负责书屋日常管理和活动组织，把钥匙交给群众，让群众当主角。

2.整合阵地统筹建。发挥文旅、妇联、工会等部门作用，将"农家书屋""妇女之家""职工书屋"等进行整合升级，不大拆大建，不增加基层负担，推动现有阵地资源共建共享。同时，依托广播、网络等平台拓宽学习边界、"解锁"更多功能，开设广播喇叭"空中课堂"、美德健康云讲堂，每周开讲开课，将学习书屋从"田间"搬到"云端"，向更大阵地、更多维度延伸；并选择在居住人口较多、阅读需求较高、文化氛围较好、辐射范围较广的村、社区、企业建设120个学习书屋示范站点，按照"地域相近、设施共用、资源共享、活动共乐"的原则，通过强带弱、企助村，示范书屋与附近弱村结成共建对子，梯次辐射、以点带面推进书屋提质增效。

3.多措并举合力建。成立寿光市级志愿服务总队，依托民生、教育、卫生健康、农业科技、工青妇等行业组建20支专业志愿服务队，相关资源、服务全部整合到学习书屋中去，让书屋不仅开起来，还能办得好、有实效。创新开展"你读书、我买单"活动，通过问卷调查、入户走访等形式多渠道收集群众阅读需求，相应书籍统一纳入全市图书馆、书屋采购配送目录，采取政府补、社会助、集体筹等方式积极筹措资金，年均更新图书60余种；同步引入扫码有声阅读，让群众线上线下零距离享用"学习强国"海量图书资源。目前已有260多个村、40多个企事业单位建成学习书屋、书架，配备图书8万余册，成为推动习近平新时代中国特色社会主义思想扎根基层的新阵地。

（二）着眼时效、贴近群众抓学习，为基层思想政治教育夯实"根基"

1.理论宣讲筑同心。立足蔬菜产业特色，突出志愿服务形式，打造理论宣讲"小菜蓝"品牌，围绕习近平新时代中国特色社会主义思想、党的二十大精神、党章、党史等十大类专题，开发、录制宣讲微视频 51 个，学习书屋根据群众需求"点单"上课，并通过广播喇叭村村响"空中课堂"栏目每天播放，让理论"春风化雨"、宣讲"声"入人心。组织书屋开展"红色经典下基层　全民阅读溢书香""送理论　践初心"等理论普及活动，每周举办"'习'语播报"，采取现场领读、上门送读等形式，在双向互动中了解民意、倾听民声，解开群众思想困惑。同时，组织文艺志愿者把党的理论、初心故事融入情景剧、诗词楹联朗诵、歌舞表演、书画展览等多种形式中，开展千场公益巡演、周末书屋大舞台等活动，以文艺折射理论，寓情于景、寓教于乐。

2.全民阅读润民心。利用每月 15 日主题党日和文明实践活动日，集中开展"夜话'习'语"活动，组织党员群众集体阅读、集中研讨，讲学"习"感悟，说心得体会。把读书学习融入实践活动中，每年组织"大棚说'蔬'人""书香飘万家""书润乡村"等全民阅读 100 余场，激发阅读兴趣，培养阅读习惯。聚焦立德树人，成立 89 家美德健康家长学校，通过亲子阅读、亲情伴读、志愿帮读、经典诵读等小切口，调动家庭阅读兴趣；寒暑假期间举办"书香童年　助梦成长""红色经典润童心""阅读经典　筑梦未来"等活动，引导青少年听党话、感党恩、跟党走。拓展学习书屋功能，充分调动文学爱好者积极性，组织成立屯西汉字、诗赋社、七星子等 50 余支基层文学团体，培养了一批农民作家，被山东省作协授予全省散文创作基地。

3.协商调解暖人心。依托学习书屋设置"一家亲说事点"，组织热心群众、妇女干部、"五老"人员等成立 150 多人的寿光市"一家亲"志愿调解队，分成 32 支小分队，每月到书屋巡访坐班，辐射服务周边 300 多个村（社区、企业）。调解队立足"情""理""法"，耐心倾听群众诉求、用心摸清问题原尾、细心疏导思想疙瘩，帮助群众解决烦心事、揪心事，做到了"小事不出屋，大事不出村"，把矛盾吸附在当地、化解在基层。"一家亲说事点"设立以来，化解基层矛盾纠纷 300 余起，调解满意率达 98%以上，被群众亲切地称为解决纠纷的"及时雨"和家庭和睦的"充电站"。

4. 比学赶超树雄心。充分发挥竞赛评比在学习中的激励作用，依托"学习强国""寿光云"等平台载体，定期开展好好学"习"大赛、党的二十大精神线上答题等有奖竞学系列活动，学习书屋按照活动参与、研讨分享、答题成绩等情况，每月推选学习之星，每季推选学习达人，每年推选学习标兵、优秀志愿者，张榜公布、给予奖励，激发群众内生动力。年底组织书香家庭（个人）推选，放大学习覆盖面，真正以书屋建设带动全民学习，在全社会营造比学赶超的浓厚学习氛围。

（三）强化考核、创新管理促深化，为基层思想政治教育续航"助力"

1. 突出考核靶向。将学习书屋建设纳入寿光市精神文明建设综合考核，作为各级文明称号推荐推选的前置条件；镇街将学习书屋建设纳入村级年度考核，与村干部工资报酬挂钩；文旅、工会、妇联等部门将学习书屋建设纳入"农家书屋""职工书屋""妇女之家"等建设支持范围，给予全方位业务指导和政策扶持，层层推动学习书屋建设、使用落到实处。

2. 发挥典型带动。成立专项督查小组，不定期开展学习书屋提质增效督导检查，指导书屋加强规范管理、提高使用效能，确保学习书屋真

正成为基层群众的"精神粮仓"。每周选取 2 个活跃书屋，常态化开展
"学习书屋巡礼"活动，组织寿光市级媒体广泛宣传报道，集中展示创
新亮点、成果风采，推动书屋建设接地气、冒热气；并在年底推选、命
名一批金牌学习书屋，在资金、设施、书籍、服务等方面按需给予个性
化帮扶，提高书屋示范创建积极性。

3.引入积分管理。打通文明实践积分管理平台，探索阅读"积分兑
换"机制，群众可通过捐赠图书、交流心得、农技帮扶、给书屋下单、
担任专管员、现场阅读时长等方式积累积分，纳入文明实践管理系统，
与文明实践积分按照一定比例互换、通兑，依据积分在本村（社区）的
美德银行、积分超市兑换上门志愿服务、信用贷款额度和小额实物等奖
励，持续激发阅读热情，让书籍在群众手中"尽其用、绽其光"。截至
目前，寿光市共推选书香之家 5216 户，兑换志愿服务 389 场次，授信
2891 户，授信额度近 9000 万元，发放贷款 3600 万元，为乡村振兴注
入了强劲动力。

三、成效启示

（一）传播了新思想

学习书屋把学习宣传习近平新时代中国特色社会主义思想作为第一
任务，在最显著位置设立"习近平总书记写的书""写习近平总书记的
书""习近平总书记读的书"三大专栏，随时更新各类最新党政读物，
三类图书占书屋总量的 30%以上。书屋根据实际情况配置了电子屏或
广播收音机，不定时播放时政要闻、政策法规、先进文化等方面知识，
每月举办"'习'语播报""夜话'习'语"等活动，让群众感情上有共
鸣、思想上真认同，推动党的创新理论在基层散得开、落得下。

（二）学习了新知识

随着书屋图书种类的不断增加，活动载体的不断丰富，群众读书看书意识不断增强，基层读者不断增加，全民阅读氛围日益浓厚。着眼满足群众实际需求、解决基层实际问题，学习书屋定期邀请各类专家线上线下举办科普教育讲座、沙龙、培训和矛盾调解等活动，以灵活多样的模式为群众生产生活"加油"、为群众增收致富"搭桥"，引导广大农民争做新时代新农人。比如，书屋每月邀请农业专家举办农技讲座、视频医院等，月均解决问题1200余项，把技术、知识送到群众身边。

（三）弘扬了新风尚

学习书屋既是阅览室，也是群众会商、讨论、议事的场所。通过开展各类主题阅读活动，让群众在轻松愉快的氛围中改掉了陈规陋习，培育了良好风尚。同时，书屋专管员定期召集群众代表面对面商定村规民约、家规家训、红白事菜谱等事项，在潜移默化中推进移风易俗、树立文明新风，促进乡村文明。近年来，寿光市注册志愿者达到24万人，涌现出了农村"道德模范"60余人、"寿光好人"400余人、"乡土专家"20余人，县级文明达标村实现全覆盖。书屋成为学习知识的大课堂、传播先进文化的主阵地、建设和美乡村的亮丽风景线。

（四）实现了新发展

学习书屋建在基层，由群众自我管理，免费借阅，就近方便，实实在在成为培育时代新风新貌的"主阵地"。特别是结合蔬菜产业实际，寿光市将学习书屋延伸到大棚边、将书架设在大棚休息室里，最大限度方便群众，为产业工人提升深造和蔬菜产业高质量发展赋能，培养了一大批"工匠型"农民，农业创新创效活力、农村致富能力等方面得到极大提升。截至目前，寿光市自主研发并获得植物新品种权保护的蔬菜品种达 178 个，认证"三品一标"农产品 315 个，农村居民人均可支配收入超 2.7 万元，农村社会和谐稳定，乡村面貌焕然一新。

"一二三四"工程：
加强新时代公民道德建设

一、基本情况

山东省菏泽市牡丹区广泛践行社会主义核心价值观，大力实施"一二三四"新时代公民道德建设推进工程，突出"德耀花都"这一道德品牌引领，创新全环境立德树人、"文润花都"文化活动两个育人载体，健全典型挖掘、选树、宣传三项工作机制，固化善行义举"四德榜"、社会宣传、公益广告、道德实践活动四类宣传阵地，形成了"在评议中定夺、在学习中修德、在宣传中光大、在普遍中提升、在群众中共鸣"的好人引领示范模式，公民道德素养和社会文明程度显著提升。

二、主要做法

（一）打造"德耀花都"道德品牌，引导群众学好人、敬好人、做好人

为推动道德建设纵深发展，让更多人内化于心、外化于行，牡丹

山东省菏泽市牡丹区举行"德耀花都"四德模范表彰大会

区改变以往"开大会、念文件、发奖牌"的形式，每年正月十五举办"德耀花都"颁奖盛典，现已举办七届，从文艺节目形式到模范现场讲述自己的故事等环节，进行了大胆创新，群众耳濡目染典型事迹后备受感染，"崇尚模范、学习模范、争当模范"的氛围迅速形成。加强对"德耀花都"人物的持续宣传，着力在城区规划布局"德耀花都"宣传点，在公园、街道、社区等人员密集处建设了一批"德耀花都"大型社会宣传阵地；开展"德耀花都"孝老爱亲责任书签订活动，60岁以上老人的子女签订了孝老爱亲责任书。目前，一名名典型人物成为引领大家思想行动的一面面镜子，以"德耀花都"颁奖盛典为引领，以"德耀花都"评选活动为抓手，以全民参与"德耀花都"创建为基础的道德品牌深入人心，逐渐成为全区的一张道德名片。

（二）创新两个文化育人载体，推动明大德、守公德、严私德

将社会主义核心价值观、中华优秀传统文化、四德教育等融入日常，融入两个育人载体，寓教于乐，效果彰显。

1.大力实施全环境立德树人。将社会主义核心价值观教育融入日常教学，组建红领巾宣讲团、举办"国旗下的讲话"、将先进模范人物事迹融入思政课堂，厚植爱国主义情怀，为青少年筑牢理想信念之基。将德育工作融入课堂，结合传统节日开展了"红领巾寻年味""欢乐庆元宵""亲子徒步行"等主题活动。开设了《阅读悦心》系列公开课公益直播课，定期邀请本地名师、优秀教师、青少年心理专家、家庭教育学者等为广大中小学生及家长定期开展线上中华传统智慧经典诵读与学生健康心理、安全教育等公开课系列公益直播。将传统文化纳入地方必修教育课程，开展戏曲、书法、剪纸、太极等传统文化项目进校园系列活动，在区图书馆开设尼山书院，举办国学讲座、经典诵读、传统文化体验等活动，培养青少年对传统文化的认同感和自豪感，滋养民族精神，凝聚奋进力量。开展"把爱带回家，暖心护成长""巾帼送暖，爱暖寒冬""希望小屋，伴爱同行"系列关爱活动，努力营造了健康阳光、积极向上的成长环境。立足"为小"，打造"牡丹早读"新时代文明实践志愿服务品牌，爱读书、善读书、读好书的新时代美德健康生活良好氛围日益浓厚。

2.广泛开展"文润花都"文化活动。坚持"送""种""育"相结合，开展"我们的中国梦"——文化进万家、曲艺进社区、传统武术展演、送春联下乡、文艺骨干培训等文化惠民活动；在菏泽国际牡丹文化节等重要节庆日，举办"舞动花都"群众文艺大赛、"曲艺展演""戏曲展演""百姓大舞台"文艺演出、农民文化艺术节等活动。围绕拥军爱民主题，创作了坠子书《英雄父子兵》，入围中国第十一届曲艺牡丹奖。

围绕脱贫攻坚主题，创作了大平调《懒汉豆腐》、山东琴书《生儿容易教子难》和大平调小戏《护犊》，获得山东省曲艺创新作品奖。围绕科学应对疫情，创作了大平调《做人就要守规矩》，荣获山东省文旅厅抗疫作品一等奖。围绕倡树文明新风，创作了贴近百姓生活的戏曲《花园新村》《冯家老院》等，为群众提供积极健康、通俗易懂的精神食粮，在潜移默化中接受教育。

（三）健全三个典型选树机制，增强典型感染力、吸引力、引导力

健全完善工作机制，大力选树群众身边典型，鼓励挖掘点滴"身边的感动"，不断激发社会正能量。

1. 健全典型挖掘机制。结合"善行义举四德榜"建设，采取"群众评、评群众"的方式，村、镇、区三级层层评选群众身边模范。村级层面，组织召开村民代表大会或村民道德评议会，讨论表决四德榜上榜人员、事迹；镇级层面，通过召开党员代表、群众代表大会等形式，定期对各村（社区）模范人物开展评选，建设镇街总榜；区级层面，健全完善各级各部门典型报送机制，坚持优中选优，开展"花都楷模""最美花都人"、道德模范、身边好人等系列评选活动。

2. 健全典型选树机制。制定下发《牡丹区先进典型选树宣传工作实施办法（试行）》，每年度开展"德耀花都"四德模范评选，举办隆重的"德耀花都"四德模范表彰大会，四德模范披红戴花登台领奖，现场讲述先进典型事迹，每年吸引数千人慕名观看，网络直播在线人数最高达10 万。各镇村、各行业、各系统广泛开展四德模范、好婆媳等表彰活动，形成了人人争当模范的良好氛围。

3. 健全典型宣传机制。在市、区媒体常态化开设"德耀花都"专栏，形成全方位、多角度、立体化的四德宣传新格局。表彰盛典结束后，选

拔出典型人物，组成"德耀花都·道德模范宣讲团"，在全区单位部门、镇村巡回宣讲，发挥道德典型的示范引领作用。在城区显著位置设立巨幅善行义举四德榜，编撰《文明绽放》，收录近百名道德模范和山东好人先进事迹。创作折子戏《好人侯玉林》巡回宣传群众身边的模范。积极探索四德模范宣传新路径，创新打造了"'德耀花都'四德模范人物会客厅"525处，邀请模范到会客厅开展面向群众谈体会活动，充分发挥榜样的引领带动作用。

（四）固化四个宣传阵地，扩大道德建设覆盖面、参与度、认可度

实施全民道德建设工程，必须要筑牢宣传文化阵地，以润物细无声的形式，让道德种子在群众心中生根发芽。

1. 建好用好善行义举"四德榜"。在各村居设立善行义举"四德榜"，每年开展两次村级"四德模范"评选活动，对群众身边的家庭美德、职业道德、社会公德和个人品德模范进行宣传展示。在镇街驻地主干道，以围挡喷绘、大型展板等形式，设立镇街善行义举"四德榜"总榜，对镇街层面的模范进行公示宣传。在"四德榜"上开设"道德评议台"，动态增补涌现出的凡人善举，并在版面设计上突出党的创新理论及社会主义核心价值观的宣传。目前，全区以政府补助与自筹资金相结合的方式，已在全区525个村居实现善行义举"四德榜"全覆盖。

2. 拓展社会宣传阵地。在生态园广场、东方红大街、镇街驻地等人员密集的公园、街区、场所重点打造了道德广场、好人广场等25处，以展板形式集中展播先模人物典型事迹。构建城乡大屏宣传联动机制，统筹城乡重点街区、点位68处大屏和1000余处滚动LED电子屏，每年进行40余次主题公益宣传。结合新时代文明实践中心（所、站）建

设，广泛设置道德建设宣传栏、学雷锋志愿服务站点，打造道德主题实践活动品牌项目近 20 个，开展活动 1.5 万余次。

3. 创新公益宣传形式。以"图说价值观""山东省公民基本道德行为四十则"为主题，设计制作"德耀花都"系列公益广告 100 余条；采取手抄报形式，征集文明创建、国防教育、"强国有我"系列宣传图 1000 余幅，以围挡喷绘、宣传展板、网上展播等形式，在公园街区和学校巡回宣传；结合牡丹文化特色，融入社会主义核心价值观、道德建设、文明创建等内容，设计高标准牡丹造型牌、小品 50 余款，打造天香路等一批围挡公益宣传示范街，成为城市的一道亮丽风景线。

4. 推出系列道德实践活动。组织"德耀花都·身边的感动"作品征集活动，鼓励社会各界以照片或视频的形式，记录身边的凡人善举。开展城乡文明共建、道德讲堂"六进"、学雷锋志愿服务等一系列以"德耀花都"为主题的公益活动，吸引广大群众积极参与。先后开展"德耀花都"规模主题活动 1000 余场次，参与群众 20 多万人次。

三、成效启示

（一）典型选树宣传是公民道德建设的起跑线

道德品牌形成往往发端于模范典型人物评选，模范典型人物往往都是以多年的付出得到社会的认同和赞誉，他们是群众眼中的"好人"，是有形的正能量，是鲜活的价值观，是形成道德品牌的基础力量。牡丹区"德耀花都"道德品牌之所以能拥有巨大的社会影响力，得益于大力选树群众身边典型，鼓励挖掘点滴"身边的感动"。目前，全区共评选出区级四德模范 1307 人，省级以上重大典型 8 人，山东好人或中国好人 60 人，充分激发了社会正能量，"德耀花都""德耀镇街""德耀村居"

三级模范人物道德榜样力量已经在群众中显现。

（二）构筑载体阵地是公民道德建设的加速器

"道德"这一无形的概念，没有实体承载，就难以量化、难以传播。牡丹区创新了全环境立德树人、"文润花都"文化活动载体，拓宽了善行义举四德榜、社会宣传、公益广告和道德实践活动阵地，通过文艺宣传、社会宣传、新闻宣传等多种形式，对模范典型人物事迹进行全方位、多维度展示宣传，群众随时随地都能生动地感受身边好人的先进事迹和崇高品质，使得公民道德建设有了承载物、传播物，真正走进了群众生活，成了群众茶余饭后、日常生活的一部分，这是道德建设影响力迅速扩大的重要原因之一。

（三）价值引领是公民道德建设的落脚点

建设推广道德品牌，最终目的是推动社会主义核心价值观深入人心。举办颁奖盛典、大力推广典型，将社会主义核心价值观的"普通话"翻译成"地方话"，将道德建设的"大主题"转化为身边好人的"小故事"，以群众喜闻乐见的形式推动社会主义核心价值观通俗化、大众化，实实在在起到了引领社会价值取向的作用，"德耀花都"也逐渐成为牡丹区的一张道德名片，源源不断地传递着正能量，影响着更多的人。

搭建"9个课堂"宣传体系
铸牢中华民族共同体意识

一、基本情况

广西壮族自治区柳州市自古以来就是多民族聚居的地区,目前有包括壮、汉、苗、侗等8个世居民族在内的49个民族居住,辖融水苗族自治县、三江侗族自治县和6个民族乡。目前,全市常住人口415.79万人,其中少数民族人口219.31万人,占52.75%,人口最多的少数民族壮族为148.19万人,占全市总人口的35.64%。近年来,柳州市以"9个课堂"为支点培塑宣传高地,构建起铸牢中华民族共同体意识大宣教格局。2021年获命名为全国民族团结进步示范市,走出了一条西部民族地区工业城市的民族团结进步创建之路,为建设壮美广西,共圆复兴梦想作出积极贡献。

二、主要做法

建立铸牢中华民族共同体意识宣传教育常态化机制,不断谋求民族团结进步宣传教育方法创新。宣传教育抓"大"不放"小",从形式、

柳州市开展"铸牢中华民族共同体意识 '双语双向'助力脱贫攻坚"百姓宣讲活动

内容、载体、队伍、阵地上谋创新求突破。以打造"9 个课堂"为支点，努力实现宣传教育的"有形""有感""有效"，将中华民族共同体意识教育持续引向深入。通过"9 个课堂"系统工程调动起各县区力量，构建起全社会共同参与、主动谋划、积极作为的铸牢中华民族共同体意识大宣教格局。

（一）精准施教的"订单"课堂

为了提高宣传教育的精准度，柳州市民宗委宣讲员分头深入各单位进行"订单培训"。对机关授课，突出"做表率"，指导市直各单位发挥各自优势，模范贯彻执行党和国家的民族政策法规；对企业突出"聚合力"，推进企业讲团结聚合力，把民族团结进步创建工作融入企业发展大局；对乡镇村屯突出"惠民生"，讲好民族团结故事引导群众感党恩跟党走。"订单"课堂打破千篇一律，以亲切的姿态走入不同单位，广受好评。

（二）开在小巷的"社区"课堂

社区是城市的细胞，是城市民族工作的基础。因此，民族团结课堂在社区十分活跃。如市民政局、民宗委面向全市"小巷总理"开课，加深社区干部对中华民族共同体意识的理解；城中区组织社区开展"学党史筑牢民族团结红色根基"百姓宣讲活动；河东街道、社区（村）开展"民族团结——我们共同的使命"专题培训。"社区"课堂促进各族群众相互接纳、人人争做民族团结的维护者，像爱护眼睛一样爱护民族团结。

（三）田间地头的"乡间"课堂

柳州市委宣传部、市委统战部、市委讲师团、市民宗委联合组建市、县、乡、村级宣讲团及少数民族语言宣讲团，把课堂开到乡间地头，用普通话和少数民族语言开展宣讲。2022 年以来，大宣讲活动已开展 398 场，受众达 7 万余多人。市气象局用乡村大喇叭课堂每天定时开讲，人口普查员兼任民族团结宣讲员走进千家万户。各式各样的乡间课堂因地制宜，别具一格，用老百姓听得懂的话讲清民族团结大道理，引导各族群众感党恩、听党话、跟党走，手足相亲、守望相助，像石榴籽一样紧紧拥抱在一起。

（四）自由行走的"车载"课堂

作为汽车制造城的柳州，各种车辆创造性地成为民族团结进步宣教课堂的载体。柳州市民宗委、柳北区委、轨道集团党委、恒达巴士合力打造"石榴红"民族团结公交专线，通过车体外侧、车体内部和站牌站台"三维空间"，民族团结工作室、民族政策公交咨询台、民族政策知识微课堂和各族职工互助平台，把公交巴士打造成为民族团结进步的流动课堂、流动的宣传窗口、流动的电商中心和流动的生态博物馆。在公交车上扫二维码就可在手机上进行普通话和少数民族语言对照学习，可以下单买民族地区农产品。全市 112 条公交线路 1220 台公交车在车载电视和车辆尾屏 LED 每天以 120 次的频率播放民族团结进步和铸牢中华民族共同体意识公益视频和标语，车载电视循环播放公益宣传视频，提升市民对民族团结进步工作的知晓率。"车载"课堂让民族团结宣传走进生活、贴近百姓，随处可见。

（五）内容丰富的"云上"课堂

为贴合网络时代的特性，柳州市把民族团结课堂开到"云端"。适应新形势联合打造数字化全民阅读项目——柳州市铸牢中华民族共同体意识"石榴红"数字阅读候车亭。候车亭依托数字化阅读成果，充分运用全媒体手段，向市民免费提供丰富多彩的数字阅读资源。根据不同的阅读需求，创设民族团结故事等 10 个主题板块，通过扫描阅读墙上的二维码获取多种有声书、电子书资源。持续深化"多元一体"国情教育，传递正能量，做到网络延伸到哪里、中华民族共同体意识宣传教育就覆盖到哪里。

（六）精彩纷呈的"花式"课堂

柳州民族团结进步课堂生动活泼、不拘一格，民族团结进步宣传月、网络视频大赛、抖音大赛、体育运动会、知识竞赛、摄影书画展、微电影、情景报告会、民族团结故事会、民族团结故事有声书、"铸牢中华民族共同体意识"大课间活动等，各种为大众喜闻乐见的花式课堂寓教于乐，达到滴灌式教育的良好效果。

（七）主流媒体的"纸媒"课堂

求新求变的同时，主流媒体支撑起柳州民族团结进步的"纸媒"课堂。《三月三》杂志组织 20 多位知名作家撰写柳州民族团结故事，形成柳州市铸牢中华民族共同体意识生动教材。《中国民族》杂志集中刊发柳州民族团结进步创建 4 篇经验做法，面向全国推广。《广西民族报》给全市创建单位免费赠送民族政策宣传的专业报纸。国家级、自治区级、市级媒体合力为民族团结进步创建工作提供强大的思想保证和舆论支持，借由一份份杂志和报纸，民族团结"纸媒"课堂开到广大读者手上。

（八）实力担当的"基地"课堂

柳州大力推进铸牢中华民族共同体意识教育基地阵地建设，建成"3 馆 6 基地 1 中心"。这些阵地包括："干部铸牢中华民族共同体意识教育基地""职工铸牢中华民族共同体意识教育基地""妇女铸牢中华民族共同体意识教育基地""青少年铸牢中华民族共同体意识教育基地""柳州市铸牢中华民族共同体意识研究基地"、公交教育实践基地，民族团结进步故事馆、"石榴红"民族乐器馆和同心文化广场等。将铸牢中华民族共同体意识纳入干部、职工、妇女、青年、学生培训内容，分类引导、增强"五个认同"。全市 423 个民族团结进步示范单位，市芦笙协会、市侗学会、市伊斯兰教协会等社团也全部成为民族团结进步宣传教育的阵地堡垒，发挥积极作用。

（九）润物无声的"小微"课堂

"小"即从细微处绵绵发力。在面向学生开展铸牢中华民族共同体意识教育时，秉持"课程化、生活化"的教育理念，让铸牢中华民族共同体意识教育进入课堂里、活跃在学生"朋友圈"。指导学生设计"同心娃"系列微信表情包、中国传统节日表情包，编创适合学生传唱的宣传曲《民族团结新说唱》《铸牢中华民族共同体意识三字经》，通过潜移默化的方式引导学生，增进对伟大祖国、中华民族、中华文化、中国共产党、中国特色社会主义的认同。柳州市将72个公交站的电子站牌设计成"石榴福娃"形象，引导市民铸牢中华民族共同体意识。

三、成效启示

柳州市以"9个课堂"宣传体系为支点，培塑精神标杆、宣传高地和先进典型，大力弘扬新时代柳州精神，唱响民族团结进步主旋律，各族人民心手相牵、团结奋进，谱写了建设新时代中国特色社会主义壮美广西的柳州篇章，呈现出民族团结进步基础进一步夯实、经济社会各项事业高质量发展、宜居宜业宜乐宜游城市品牌更加凸显、共建共治共享社会治理格局日臻完善的生动局面。

（一）构建铸牢中华民族共同体意识大宣教格局，必须从单个部门发力向形成合力突破

全市各县区各单位共同谋划、共同组织、共同实施、共享资源，形成铸牢中华民族共同体意识大宣教合力，强强联合效果倍增。各县区、乡镇、街道、村屯，以及民族工作委员会各成员单位积极参与，民族团结进步大宣教队伍不断壮大。各部门用足各自的宣传阵地和宣传资源，宣传覆盖面实现最大化。全市新时代文明实践中心（所、站），市、县、乡、村四级宣讲员充分发挥作用，开展全方位、广覆盖宣讲。用活爱国主义教育基地，以实物、实景、实例、实事为载体，搭建起新时代各族群众铸牢中华民族共同体意识宣传教育大课堂。

（二）构建铸牢中华民族共同体意识大宣教格局，必须从单一内容宣传向全面阐释民族团结内涵突破

在解读宣传党的民族理论政策的同时，讲好柳州民族团结故事，让铸牢中华民族共同体意识宣传教育更加贴近生活、贴近群众。过去宣教偏重政策理论，基层群众理解接受有难度。"9 个课堂"实施互动化宣教，从群众中来、到群众中去，通过群众身边可见、可闻、可感的人和事，引导群众增强"五个认同"。

（三）构建铸牢中华民族共同体意识大宣教格局，必须从单纯就地宣传向"走出去"宣传突破

坚持统筹内宣外宣、网上网下，全媒体、多角度、立体式开展宣传，铸牢中华民族共同体意识宣教向更宽领域纵深拓展，有效扩大宣教覆盖面。挖掘宣传亮点推进媒体深度融合，不断壮大宣传战线。《柳州惊奇》系列报道网上传播受众超 1 亿人次；展现各族群众共同团结奋斗的工业题材音乐剧《致青春》获好评不断。一个山清水秀地干净、满城绽放紫荆花、工业高质量发展、民族团结促和谐的柳州城市形象在国内外产生热烈反响。

（四）构建铸牢中华民族共同体意识大宣教格局，必须从宣教形式陈旧单一向"新特潮"突破

紧跟时代步伐，创新铸牢中华民族共同体意识分众化宣传教育举措。青少年是中华民族的未来和希望，是宣传教育的重点对象，在宣传教育中一改刻板面孔，大胆运用当代青少年喜闻乐见的潮流艺术形式，宣教模式年轻时尚化，让青少年喜欢听、听得懂、能领会、可落实。以更具影响力、感召力的方式促进各民族在理想、信念、情感、文化上的团结统一。

服务群众的"声力军"
凝聚群众的"主力军"

一、基本情况

西藏自治区那曲市把做好群众思想政治工作作为一项重要工作，建设县级应急广播项目，覆盖全市 11 个县（区）、114 个乡（镇）、1190 个行政村和 3 个集中搬迁点，共计 1318 个平台、13175 个终端，形成了上下贯通、综合覆盖、平战结合、安全可靠的"县—乡—村"三级应急广播体系，在传达政令、发布信息、引导舆论、社会动员、协助救援、稳定人心等方面发挥了不可替代的作用。

二、主要做法

（一）坚持高站位部署，组织领导坚强有力

那曲市应急广播体系建设得到了市委市政府的高度重视和大力支持，主要领导亲自谋划部署，相关部门通力协作，显现出思想认识到位、谋划部署到位、组织保障到位的"三个到位"。

西藏自治区那曲市县级应急广播平台

　　1.思想认识到位。那曲市委、市政府及各县乡党委政府始终坚持把应急广播体系建设作为建强基层宣传思想阵地、有效传播党和政府声音的政治工程，提升国家应急管理能力、保护人民群众生命财产安全的社会工程，增强社会综合治理能力，提升社会公共服务水平的民生工程，促进经济社会发展，推动各项资源整合的经济工程，摆在重要突出位置，列入市委工作日程，纳入《政府工作报告》重点任务。

　　2.谋划部署到位。制定印发了《关于做好深度贫困县应急广播体系建设和运行维护管理相关工作的通知》，明确要求围绕应急广播真正响起来、干部群众"听得到""愿意听"的目标，在"村村响"的基础上逐步向"户户响"标准迈进，力争通过应急广播体系等综合文化传播渠道，将更多带有"糌粑香、酥油味"的公共文化宣传服务传入千家万户，使党的理论通过应急广播体系"飞入寻常百姓家"，实现应急广播建得好、管得住、长受益。

3.组织保障到位。那曲市委市政府对全市应急广播体系建设工作坚持统一领导、统一部署,全市形成了党委政府领导、宣传广电部门负责、其他部门密切配合、责任分工明确的建设运维管理机制。市广播电视局和各县(区)成立了各自应急广播体系建设项目领导小组,明确主要领导为项目第一责任人,压紧压实了主体责任,为推进应急广播体系建设运维管理工作提供了坚实的组织保障。

(二)坚持高标准落实,强化运维管理保障

为确保应急广播体系充分发挥作用,进一步提升全市广播电视公共服务质量和水平,无论是在项目实施建设中,还是在设备运行维护管理中,均严格按照国家和自治区要求的技术标准、管理规范、资金配套要求等推进落实,体现出项目落实、资金落实、要求落实、人员落实的"四个落实"。

1.强力有序推进项目落实。市、县、乡、村四级层层签订《应急广播体系项目建设目标责任书》,切实推进项目建设,确保了应急广播体系项目建设有序推进,如期完成。2021年10月,通过国家广播电视总局广播电视科学研究院组织开展的应急广播系统对接能力测试,完成终验,基本实现了县、乡、村三级贯通,综合覆盖、可管可控。

2.积极协调运维资金落实。市广播电视局同市财政局联合印发了《关于进一步做好县级应急广播系统网络租用和运行维护费用的通知》,明确各县(区)应急广播网络租赁费和运维费由本级财政解决。目前,市级解决那曲市创建全区应急广播体系宣传农牧民群众试点市经费,并纳入年度预算,11个县(区)解决网络租赁费、运行维护费,并纳入财政预算,为应急广播正常运行、持续发挥作用提供了强有力的资金保障。

3.创新探索要求落实。那曲市广播电视局配合自治区广播电视局在那曲市色尼区同内蒙古自治区广电局应急广播专项工作组组织开展了"直播卫星传输的应急广播应用"实验测试。测试将藏语音频内容经过安全处理通过国家广播电视总局卫星直播管理中心集成上星后，面向那曲市色尼区应急广播终端定向播发，测试成功为解决偏远乡村应急广播"听得到"问题提供了有效途径。

4. 管理人员培训教育落实。坚持专人管理、专人负责，采取 AB 角配置，建立了各级管理人员信息公示栏，明确了各级应急广播专门管理人员及其工作责任。同时，加强管理人员的培训教育，先后组织 11 个县（区）广电部门业务骨干前往拉萨市、山南市、林芝市、昌都市进行交流学习，开展应急广播维修维护现场教学活动，先后举办应急广播操作、维护等各类培训 200 多场次，参训人员达 2600 余人次，提升了应急广播专职人员熟练掌握应急操作流程和解决简单故障问题的能力。

（三）坚持高要求严管理，运行安全群众喜爱

那曲市广播电视局结合应急广播运行维护管理工作出现的问题，及时建立健全系列管理规章制度，坚持高要求严管理，做到了严格岗位职责管、严格绩效考核管、严格运维登记管的"三严三管"，确保了应急广播正常运行、高在线率。

1. 严格岗位职责管。坚持应急宣传与日常宣传相结合，建立健全了运行维护管理机制，制定出台了藏汉双语版《那曲市深度贫困县应急广播岗位职责制度》，在全市各县（区）统一发放上墙。明确县级平台由县委宣传部、县广播电视台（县融媒体中心）管理，乡级由乡文化站管理，村级由村（居）"两委"管理，采取专兼职相结合方式，指定人员负责应急广播日常管理、安全监管、及时播放、内容更新等相关工作，做到了管理职责明确，压紧压实了管理责任。

2. 严格绩效考核管。那曲市严格贯彻落实《西藏自治区应急广播管

理暂行办法》，把应急广播体系建设运行维护管理工作纳入各级各部门绩效目标考核内容，明确考核标准、考核方式和奖惩措施，完善应急广播效果评估机制，全面推进应急广播绩效考核工作。同时，结合基层人员实际，积极探索设立奖惩机制，对在应急广播运行维护管理工作中表现突出的县、乡、村三级管理人员进行适当奖励，确保了应急广播建得好、管得住、用得上，长期发挥好作用。

3. 严格运维登记管。制定了《那曲市应急广播运行维护登记簿》，实时掌握设备损坏故障情况并及时组织检修，要求各级各单位对应急广播设备运行维护等情况如实登记、如实报告，全面掌握设备质保期间运行状况。制定了《重保期应急广播在线率通报制度》，坚持定期开展应急广播设备在线率、送达率、收听率统计，上报市委市政府同时在全市范围内通报。

（四）坚持节目内容创新，润物无声效果突出

那曲市坚持正确政治方向、舆论导向、价值取向，做好应急信息发布的同时，积极创新应急广播节目内容，创建宣传思想新阵地，把宣传思想工作做到了农牧民群众心坎上，做到了润物无声、效果突出，有效提升了应急广播的传播力、影响力。

1. 明确播发时间内容。那曲市根据当地群众生活作息习惯，及时修订应急广播播发计划，规定每天定时足时播放广播 120 分钟。明确播发内容有习近平新时代中国特色社会主义思想、党史教育、疫情防控、乡村振兴、优秀农牧民宣讲音频、主旋律歌曲、天气预报、乡村治理信息以及贴近生活的藏语节目等，帮助农牧民群众在工作生活之余了解国家大事、掌握政策方针、丰富精神生活，确保应急广播成为服务群众、引导群众、教育群众的有效平台。

2. 创新播发节目内容。那曲市充分发挥应急广播点多面广优势，整

合市县级融媒体中心、广播电视台资源，创新应急广播播发节目内容，着力打造农牧区主流宣传平台，坚持把习近平新时代中国特色社会主义思想和党的大政方针政策纳入应急广播节目内容中，把中央、自治区、市、县（区）新闻媒体和"学习强国"的优秀音频作品纳入应急广播节目内容中，结合农牧民作息规律，优化日常播出时间，强化舆论引导宣传。着力打造农牧区应急保障平台，加强与应急、网信、气象、地质等部门的协同合作，建立完善了应急信息发布预警机制。着力打造农牧民信息平台，坚持把党史宣传、惠民政策、科普知识等纳入应急广播节目内容中，把主旋律歌曲、优秀文艺文化作品纳入应急广播节目内容中，把发生在老百姓身边的先进典型、生动故事纳入应急广播节目内容中，用带有"糌粑香、酥油味"的农牧民群众喜闻乐见的话语体系，为服务群众"最后一公里"架起了"动听"的桥梁。

3. 严格播发内容审查。坚持"字字千钧、秒秒政治、天天考试"，制定了《那曲市应急广播运行播发安全管理周计划表》，要求各县（区）每周四前将下一周播发计划内容上报市广播电视局审查备案。制定了《那曲市应急广播运行播发安全管理登记簿》并统一发放，要求各级如实登记。严格落实"三审三校"制度，杜绝利用应急广播从事违法违规、破坏社会稳定和民族团结、侵害公共利益和人民权益的不法活动，确保了应急广播安全播出。

三、成效启示

（一）领导重视是创建试点工作的关键

那曲市应急广播体系建设实践证明，各级领导重视到位，措施得力，跟进及时，团结协作，工作就充满活力，工作开展就深入扎实。在应急广播项目建设工作中,市委、市政府高度重视项目建设工作,在建设期间经常检查指导项目建设,有力推动了应急广播体系项目建设。

(二)优化布局是创建试点工作的基础

那曲市应急广播体系建设在设计之初就和各级融媒体中心建设进行统筹规划,县级应急广播和融媒体中心共用一个机房,信息互通,资源共享。项目建设完成后融媒体信息可以录制成音频在应急广播发布,应急广播信息也可以在融媒体分享。

(三)基层参与是创建试点工作的前提

那曲市注重应急广播内容创新,推动应急广播从群众"听得到"向"听得懂""喜欢听"转变。积极发挥应急广播效用是工作的基础和保证,只有效用发挥到位,人民群众满意,才会有参与的积极性,这项工作才真正做到实处。市委、市政府深入研究听得到、能听懂、运行好的工作思路,避免重建设、轻服务现象,全面提高应急广播服务能力和水平,只有把这项民心工程做实、做细、做好,才能让群众从更多具体小事中感受到党和政府的关心。

(四)服务群众是创建试点工作的目的

自应急广播开播以来,始终围绕市委、市政府中心工作,把应急广播与学习宣传贯彻党的二十大精神相结合,与"乡村振兴那曲奋进"活动相结合,与疫情防控工作相结合,与防灾减灾救灾工作相结合,与各成员单位业务工作相结合,与国家通用语言类活动和旅游领域相结合,每天分四个时段,播发人民群众感兴趣、喜欢听、听得懂、用得上的广播节目内容。

（五）播出安全是创建试点工作的根本

安全播出无小事，播出安全是根本。那曲市对安全播出工作实行统一管理、分级负责、逐级落实。同时，采取密码管理、U 盾管理、黑白名单、认证加密、防火墙、等保定级、监控报警等技防措施确保安全播出。建成后系统具有自动播出功能，可以按照预先设定时段进行自动广播；具有可寻址功能，系统通过控制中心实现点对点远程控制；具有应急插播功能，系统具有日常广播上级优先，紧急广播下级优先应急广播功能；具有防非法插播功能，系统可以防止非法信号干扰或攻击。

"6+6 思政工作法"：
激发医院创新发展活力

一、基本情况

河北省石家庄市第四医院成立于 1956 年，是河北省唯一一所三级甲等妇产专科医院，分娩量位列全国医疗机构前列。2022 年，为坚决贯彻党中央"疫情要防住，经济要稳住，发展要安全"的总体要求，助力健康中国战略顺利实施，石家庄市第四医院党委创新提出思想政治工作"6+6 工作法"，找准医院思想政治工作定位，不断完善思想政治工作体系，探索实践思想政治工作与医疗服务、科研人才、医疗质量等各项业务工作深度融合，推动实现以高质量思想政治工作引领医院高质量发展。

二、主要做法

思想政治工作"6+6 工作法"，即以落实思想政治工作标准化建设的"六化要求"，促进思想政治工作实现"六个业务化"，形成组织健全、队伍过硬、制度完善、活动规范、保障有力、作用突出的思想政治工作新格局。

河北省石家庄市第四医院产科党支部打造"党建＋科研"党建品牌

（一）夯实思想基础，推进思想政治工作"六化要求"

石家庄市第四医院在职党员中，医技人员约占80%。针对临床医技人员科室间流动性较大、重业务轻思想、党支部战斗力和科室凝聚力不强等问题，院党委充分发挥基层党组织战斗堡垒作用，以党支部带动所辖科室，从固本强基入手，全面夯实思想政治工作。

1.思想教育阵地标准化。围绕学习宣传贯彻党的二十大精神，搭建"一室、一墙、一栏、一本、一讲台、一基地"立体丰富的思想教育宣传阵地。为支部所辖科室统一设计制作党员活动室、科室文化墙，真正把思想教育阵地延伸到工作一线；创建公众号"学习时间"专栏、"党员共享笔记"、"红色故事人人讲"学习载体，打造学习交流阵地；遴选一批城市周边红色教育基地，弘扬中华民族优良传统，使思想教育真正深入人心。

2."三会一课"规范化。以规范党内组织生活为基础，由支部带动所辖科室职工读原著、学原文、悟原理。党员大会前，支部以问题为导向，围绕思想和业务工作中亟须解决的问题，组织所辖科室职工"集体学—广听取—定主题"，会中党员围绕主题"全发言—提问题—定措施—做总结"，会后党员干部带领职工"明责任—抓落实—见成效"，将整改清单落到每名职工，做到有计划、有目的、有主题、有讨论、有总结。每个支部通过学习讨论每月至少解决一个实际问题，每季度院党委开展"学理论、晒成果、亮成绩"行动，公布各支部"三会一课"促发展成果榜单。通过支部和所辖科室共同学习讨论，促进科研创新、流程优化、信息化等诸多需要科室间相互配合解决的问题得以高效解决，以学促干的成效显著增强。

3.人文关怀务实化。构建"人文医院关怀"保障体系，制定出打造"爱"文化、"高兴"文化、"服务"文化、"执行"文化、"创新"文化5个方面33项任务。围绕人文关怀行动，开展"我爱我科、爱院如家"活动，组织全体职工以科室为单位"共建家园""共话家事""共忆家史"。开展"为职工办实事调研"、征集"群众身边不满意的小事"等活动。2022年，通过广泛征集意见建议，院党委班子讨论确定23项职工反映较集中和迫切的问题，每周督办，5项未解决的问题已列入2023年"幸福四院"创新项目中，推动人文关怀的思想教育工作由"务虚"转向"务实"，努力打造患者和职工"双满意"的"幸福四院"。

4.意识形态教育常态化。严格落实谈心谈话制度，以"为党员过政治生日""我为一线服好务""我是党员我带头"等主题，每半年组织主管领导开展"四必谈"；每月组织支部委员落实"三必谈"，及时了解职工思想动态，主动与存在负能量的职工谈心谈话，消除内心疙瘩。同时，成立"青年骨干培训学校"，将意识形态教育纳入青年人才培养学校课程中，党委书记带头以《青年人的成长之路》为题，为青年讲授成才之道。

5. 思政教育智慧化。本着"务实、高效、便捷"的原则，运用"互联网+"模式，创建智慧化思想政治工作信息管理系统平台，设置"政治建设""思想建设""文化建设"等考核模块，下设30个二级考核指标，初步实现集工作纪实、实时监控、日常考核、互动服务"四位一体"的管理平台。目前，思想政治活动个人参加率由原来的89.46%提升到95.7%，思政工作的日常管理更加智慧化、科学化。

6. 典型宣传立体化。全方位、多角度、立体式对医院先进集体和个人进行宣传与社会化推广，充分发挥先进典型的示范引领作用。利用医院官方微信、抖音、网站、院报、电子屏、形象墙、荣誉墙等媒体平台，宣传"党员先锋岗""服务之星""抗疫先锋""二十大不凡二十人"等先进事迹；在院庆、医师节、护士节等重大节点，策划举办"两优一先"表彰大会、"抗疫先进事迹报告会"、"医心向党·踔厉奋进"医师节庆祝大会、"重温南丁格尔誓词"，以及"公众开放日"、微电影、摄影大赛等活动。

（二）赋能业务发展，推进思想政治工作"六个业务化"

1. 思政工作业务化。党支部由原来的19个调整到39个，支部书记一般由科室主任担任，既是思想带头人，又是业务带头人；打造"一支部一品牌"，各支部将弘扬的职业精神与所辖科室亚专科或服务特色相结合命名支部品牌，如眼科"清明远志"、产科"妙手红心"、妇科"幸'妇'港湾"等。同时，围绕医院重点工作任务，提出具有业务特色的"党建+"项目，引导党员在攻坚克难方面为广大职工做表率。2022年，各支部以"党建+科研"，带领广大职工创建研究型医院。

2. 思政活动业务化。以"情景沉浸式""互动合作式""系列品牌式"的形式，组织开展"红色之旅·联学共建""多科会诊·互帮互促""志愿服务·奉献爱心"等活动。特别是在助力解决医院实际问题方面，组织全院职工开展"我为院感出点力""就诊流程大体验""如何预防同一问题反复出现大讨论"等大讨论活动，为医院发展献计献策。

3.志愿服务业务化。搭建院内公益平台，由各支部及所辖科室职工组成的医院志愿服务队，对门诊区域实行网格化包联，共划分14个门诊包联区域，主动为来院人员提供秩序维护、就医引领、导诊咨询等服务。疫情期间成立"院内疫情防控应急志愿服务队""支援高新院区党员先锋队"和"核酸采集志愿服务队"，志愿服务队全年累计服务时长17599小时。搭建院外公益平台，结合业务特点，利用"学雷锋纪念日""七一"等节点，深入社区、企事业单位，开展"急救知识技能实战操作培训""为环卫工人献爱心""文明交通劝导志愿服务""创建全国文明城市"等志愿服务活动，主动打造患者的"黏合剂"、排解医患矛盾的"缓冲器"，以实际行动践行志愿服务精神。

4.理论学习业务化。将医院中层月例会、高质量发展调度会等重要工作会议精神纳入每月党支部"三会一课"学习内容，并通过"科务会前学理论"，提高广大职工理论促发展意识。建立"月度学习卡"，检验广大职工理论学习成效。每年春节上班后开展学习调研月活动，在2022年"作风纪律、执行效能"培训调研月活动中，全院科室查找出问题580项，制定整改措施630项；院党委班子调研梳理出科室亟须解决困难39项，37项已解决、2项持续推进。此外，组织"党委会前学法""为一线减负　让实干增效"调研月等活动，实现以学笃行、学以促干。

5.作风整顿业务化。加强思想作风建设，改进文风会风，制定《改进文风会风"十项规定"》，着力解决临床一线因为材料多、会议多、督导多，疲于应付的顽疾，切实把时间还给临床，将医生还给患者。将每年5月、9月定为"无会月、效率月"，利用1个月的时间，集中精力实现督办工作"清零"。近年来，通过"清零"行动，有效推动20余项应办未办工作落地落实。

6.思政考核业务化。将志愿服务、先进荣誉、科研成果、典型宣传等业务相关考核项纳入思想政治工作系统考核项目，并且不设加分上限，突出体现"干的多，就得分多"；在考核项目中加入业务考核打分项，对思想政治工作与业务结合较好、成效显著的支部给予相应比例业务得分，考评结果作为年终评先评优的重要依据，实现思政与业务同考核。

三、成效启示

（一）锤炼职业精神

通过不断提升医院思想政治工作针对性、吸引力和实效性，弘扬新时代医疗卫生职业精神，广大职工政治意识、大局意识不断增强。特别是在 2022 年全市抗击新冠疫情期间，面对维持正常诊疗、成立孕产妇和儿童新冠肺炎定点医院、接管方舱医院等重要任务，在院党委的领导和号召下，全院各支部、科室纷纷递交"抗疫"请战书，广大职工按下手印、向党组织递交入党申请书。18 个党员先锋队、16 个青年突击队和"妇产情"志愿服务队，奋战在抗疫一线，以实际行动彰显抗疫精神，为保证全市孕产妇生命安全和健康平安作出积极贡献。

（二）提升宗旨意识

通过思想政治教育，广大干部职工理想信念更加坚定，为民服务宗旨意识显著提升。科室纷纷利用业余时间，走进乡村、社区开展"千名医护进千村活动""包联社区服务中心活动"等特色惠民活动。2022 年，"千名医护进千村活动"项目荣获全省卫生健康系统优秀志愿服务项目；

健康教育团队荣获石家庄市志愿服务创新项目。医院荣获石家庄青年志愿服务工作先进单位荣誉称号。

（三）凝聚奋斗力量

高质量的思想政治工作统一思想、凝聚共识、鼓舞斗志，激发了广大干部干事热情。全院干部职工一张蓝图绘到底、一以贯之抓落实，形成干事创业的良好氛围。2022 年，医院以习近平新时代中国特色社会主义思想为指导，以"28 项行动"为主线，战疫情、拓业务、提质量、优服务，助力医院各项工作实现新突破。医院被评为"公立医院高质量发展市级试点医院"，并以答辩第一名的成绩获批"省级现代医院管理制度建设样板单位"。高质量思想政治工作锻造坚实战斗堡垒，推动医院大踏步迈向高质量发展之路。

"24 节气照亮初心之路"：
推动思政工作与业务工作深度融合

一、基本情况

江苏省连云港市妇幼保健院是一所集医疗、保健、预防、教学、科研为一体的国家三级甲等妇幼保健院。现有编制床位 938 张，开放床位 536 张，在职职工 995 名，专业技术人员 861 名，在职党员 265 名。医院秉承"诚信、敬业、求精、和谐"精神，贯彻妇幼卫生工作方针，以思想政治工作为引领，积极开展"24 节气照亮初心之路"思想政治工作品牌建设，实现思想政治工作与中心工作互促互进、深度融合，为建设人民期待的现代化妇保院提供坚强有力的政治保证。

二、主要做法

中国的 24 节气凝结着中华优秀传统文化与祖先广博的智慧。在中国人的日常生活中，24 节气已经成为人们的劳动时间体系。医院顺应 24 节气蕴含的劳动理念，将中国传统 24 节气与思想政治工作、健康科

连云港市保健院 24 节气主题活动海报

普、文化、医疗与保健业务工作相融合，打造集党建、文化、健康、科普、公益于一体的思想政治工作品牌，实现思想政治工作有抓手、文化建设有特色、公益惠民为根本、健康促进提素养的目标。在每个节气开展"三个一"主题活动，即同上一堂有温度思想政治课，参与一次爱心志愿活动，解决一个有难度工作案例。一节气一案例，以思想政治引领各项工作有序推进，让党员干部在传承优秀传统文化的同时激发新时代干事创业新活力，让思想政治工作更接地气，推动思想政治工作从"一个红"到"一片红"。

（一）主题党日有力，春分作伴早还乡

春分至，万物生发，用"春分"节气激励全体党员干部不负春光，以奋发有为的精神状态，开局冲刺，倾心耕耘，加速前进。3 月初，连云港突发疫情，全体妇幼人忘记休息，全员闭环一个月投入抗疫战斗。为坚守疫情防线，全面谋划复工复产后的工作，9 个党支部 9 场腾讯会议同时开启，240 名党员干部相聚线上开展一场特殊的"思想政治＋节气"主题党日活动，学习国家、省市疫情防控最新精神，统一了思想、明确了方向、坚定了信心，为妇保院疫情防控出谋划策；一起握拳再出发，全体党员对照入党誓词、党章进行一次深刻自省，明确为"战疫"已做什么、下一步还要做什么，坚决保卫妇幼这片净土；一起向未来大讨论，疫情不能阻挡连妇幼发展的脚步，疫后全面复工复产也是一次战役，重点科室重点岗位负责人摆困难、想思路，查不足、找方法。

（二）党员先锋有范，谷雨读书润心田

谷雨至，一片欣欣向荣，要播种希望。用"谷雨"节气激励全体党员干部向阳生长，静下心来勤学习、播下实干之种。谷雨时节，富有情怀的妇幼人坚持弘扬人民至上、生命至上的理念，在全院范围内启动为期 3 个月的"读书燃智慧·谷雨润心田"一本书阅读行动。通过阅读指定用书《医述：重症监护室里的故事》，掀起一股阅读之风，各支部、各科室通过自学、讨论、演讲等形式线上线下齐开展活动。"七一"前夕开展读书心得展演活动，为现场观众带来一场视觉盛宴和思想震撼，进一步激发全院党员干部职工的爱国爱岗热情。

（三）组织堡垒有基，小满时节赋能量

小满至，万物生长小得盈满，用"小满"节气激励全体党员干部"拔节孕穗"，扎根到群众需求"土壤"中，用汗水浇灌成长。为将团队文化引入支部组织建设，使支部拥有更强大的精神和凝聚力，小满前后，以"小满臧臧　能量满满"为主题开展支部团队赋能行动。学习省妇幼健康工作重点、市两会精神等内容的一堂党课，进一步坚定信念、明确发展方向；共读一本医学人文好书并分享心得体会，提升医务人员敬畏生命、仁慈博爱的至善品质；确认八个支部团队的名称、队徽、口号、队歌和"团建标识"，凝聚支部团队力量；集中讨论并征求科室发展需求，梳理加快妇保院高质发展的案例 8 个，制定好解决方案，用团队的智慧使主题党日发挥满满正能量。

（四）创新创优有质，大暑同力促发展

大暑至，是万物狂长的时节。用"大暑"节气激励全体党员干部感悟发展之道，积蓄力量、永葆激情，敢于担当、善于作为。面对新冠疫情的再次来袭，妇幼人坚定地将思想政治工作优势转化为发展优势、发展动力。在大暑时节，向全院党员职工发起一场"临大暑，热血热情热心；战疫情，同向同行同力；谋发展，优品优质优享"专项行动，组织全体党员以政治高度深入学习和践行疫情防控最新政策，举办医学人文讲座，感受兄弟医院系列微文化，同向同行同力落实上级疫情防控决策部署；根据科室特色特点组织集体大讨论，确定鼓励小站、孕妇加油站等可行性微文化 13 项，让服务对象感受到妇幼人的优品优质优享的同时激发干部职工的干事热情；在疫情中谋发展，及时调整工作思路，以"常态化疫情防控下如何实现高质发展"为主题确定新发展举措 37 项，按月制定推进表，助力完成 2022 年度工作目标。

（五）为民服务有暖，立秋养生送健康

立秋至，万物从繁茂成长趋向成熟。用"立秋"节气激励全体党员干部孕育出饱满的事业之穗，自觉担负起时代赋予的责任。立秋时节医院党委精心谋划，以党总支为单位，以"思想政治工作引领进社区 立秋养生送健康"为主题，分别深入四个社区开展健康讲座、疾病咨询、送医送药、贫困帮扶等活动，近百名党员志愿者参加了活动。

（六）全面行动有实，白露行行满收获

白露至，暑气渐消，用"白露"节气激励全体党员干部静下心来思、沉下心来学，坚守初心使命，收获为民服务之道。战疫情谋发展必须两不误，院党委提出了大干 90 天，确保当年医院妇幼保健绩效考核指标、委目标走在省市前列，"十四五"冲刺全国妇幼条线有位次。医院党委召开了思想政治理论实践高质发展研讨交流会，院领导、中层干部带头发言撸起袖子加油干，各支部、各科室相继开展"行行白露，步步为营，满满收获"三个一主题党日活动。

（七）政治学习有本，霜降染红最初心

霜降至，秋尽冬至，万物毕成。用"霜降"节气激励全体党员干部抵御"思想寒冬"，以高尚的道德情操干事创业、担当作为。开展"霜降红初心 聚力强品牌"主题党日活动。组织一起学习党的二十大精神，各支部全员联动组织集中开展专题党课学习，推动党的二十大精神在连妇幼落地生根，助力连妇幼高质量发展；围绕年度书记项目谋划主题活动，以服务群众为出发点，在霜降当天各支部深入社区、商场开展我为群众办实事活动，推动书记项目走深走实；组织党员干部走基层亲身体验近期重点工作"医后付"，涵盖挂号、就诊、检查、取药等各项流程，通过亲身体验提出需改进的流程共 10 余项，使主题党日获得实实在在成效。

三、成效启示

（一）党员队伍更有活力

该思想政治工作品牌活动作为党员日常教育管理的重要抓手，通过规定时间、明确主题、规范内容、丰富形式，确保党员参加党组织活动全覆盖，激活党员参加活动的主动性、积极性，真正让支部"活"起来，让党员"动"起来，让作用"显"出来。支部班子鼓足干劲，支部队伍也争相比学赶超。在党员参加疫情防控志愿服务、疫情防控捐款、无偿献血、党员走基层、对口帮扶等大小活动中，各支部充分发挥堡垒作用，踊跃参与，党员的积极性、主动性都有了明显提高，思想政治工作活力四射。

（二）支部建设更加规范

党支部依托思想政治＋节气品牌建设活动，深入学习抓教育，做实工作抓考核，务实作风抓成效，主题党日进一步强化政治性、体现庄重感。让党员把思想和工作摆进去，从中得到锻炼、受到熏陶，进一步推动了党内组织生活回归本原，达到激励广大党员树立崇高理想、坚定信念，激发干事创业、创先争优的目的。

（三）双向融合更加深入

将思想政治工作品牌活动延伸到每个支部、每个科室、每名党员，实现"以学为主"向"以学促行"的转变，有效指导支部及科室负责人明确思想政治工作抓什么、怎么抓，与医院当前中心工作以及存在的实际困难紧密结合，确保活动影响力辐射到实务工作中。党支部与社区共同建立的社区健康守护站"爱心小屋"、携手踏上幸福路等支部品牌是推动思想政治与业务融合走深做实的一个缩影及丰硕成果体现。

"羊城巾帼心向党"：
做优做强妇女思政工作

一、基本情况

党的十八大以来，广州市妇联始终坚持自觉贯彻落实习近平新时代中国特色社会主义思想，把思想政治引领贯穿于妇联各项工作和活动。坚持守正创新做好羊城妇女思想政治引领工作，不断寻找新办法、开拓新思路，做优"羊城巾帼心向党"品牌，积极开展彰显妇联特点、妇女和家庭特色的形式多样的大学习大宣讲、群众性宣传教育活动及巾帼志愿服务，让新时代羊城妇女思想政治工作活起来、实起来、强起来。做到以党的创新理论教育妇女，以活动载体吸引妇女，以典型示范带动妇女，以精准服务凝聚妇女，团结带领广州880多万妇女坚定不移听党话、跟党走。为广州加快推进实现老城市新活力、"四个出新出彩"汇聚巾帼奋进力量。

广州市妇联举办"学党史 颂党恩 办实事——优秀女性故事分享会"

二、主要做法

（一）创新宣传宣讲，以党的理论润泽妇女人心

做好新时代妇女思想政治工作，是促进妇女全面发展培根铸魂的重要途径，要着力把稳思想之舵、筑牢信仰之基、凝聚妇女人心。

1. 推动党的创新理论深入人心。广州市妇联把学习宣传贯彻习近平新时代中国特色社会主义思想作为首要政治任务，持续巩固深化党史学习教育成果，常态化长效化开展党史学习教育。建强"两微一网"（"广州女性"微信公众号、微博号、广州妇联网），推出"学思践悟党的二十大精神"等重点宣传，更广泛地引领广大妇女群众坚定感党恩、听党话、跟党走。

2. 积极宣传引导，围绕中心服务大局。强化妇联新媒体舆论阵地功

能、积极联动中央省市主流媒体，不断传播妇联好声音，为妇女事业发展营造良好舆论氛围。弘扬伟大抗疫精神，在统筹推进疫情防控和经济社会发展中激发巾帼之志。积极宣传医护人员最美逆行的忘我故事，广大党员干部和妇女、家庭冲锋在一线的奉献故事。策划制作《时间记录巾帼赤诚》记录片，入选全国"庆祝建党百年融创报道十大精品案例"。带领全市各界妇女代表唱响《领航》，用歌声抒发炽热的爱党情怀。策划制作《羊城巾帼心向党》、"读懂广州 热爱广州 奉献广州"巾帼力量等系列主题宣传片，展现羊城巾帼奋斗故事。邀请钟南山院士录制"三八节日"祝福短视频。通过不断传播妇联好声音，凝聚广大妇女之志、激发巾帼奋斗力量。

3. 分众化、多形式开展巾帼大宣讲。深入开展"羊城巾帼大宣讲"，充分发挥广州 9 支省巾帼志愿示范宣讲队作用，发动省十三次党代会代表、省三八红旗手、最美巾帼志愿者、全国五好家庭代表及羊城巾帼宣讲员，走进乡村、社区、学校、企业、家庭，开展群众喜闻乐见的宣传宣讲。在广州市妇联引领带动下，一批批羊城巾帼宣讲员、巾帼志愿者、女性榜样力量等深入基层，将田间地头、社区校园、工厂农村、网络云端打造成红色宣讲阵地，让活动接地气、入脑更入心。

（二）树立品牌活动，以活动载体吸引妇女

深化"羊城巾帼心向党"品牌，先后推出"听见花开"三八季系列活动、"不负芳华——1952·讲述一群羊城女兵的故事"主题展活动、百年广州妇女图片展、"学党史 颂党恩 办实事——优秀女性故事分享会"、"读懂广州 热爱广州 奉献广州"羊城巾帼绽风采活动、"巾帼心向党、喜迎二十大"群众性主题宣传教育活动等。通过以有影响力的品牌活动为载体，吸引并更广泛地凝聚广大妇女群众牢记嘱托，感恩奋进。

1. 深入乡村振兴第一线，助力乡村振兴弘扬时代新风。凝聚妇女人心，核心要义是把妇女群众凝聚到实现党的奋斗目标上来，坚持妇女在哪里，妇女思想政治工作就做到哪里，引领服务联系的落脚点就在哪里。市妇联联动越秀区妇联、番禺区妇联、黄埔区妇联、从化区妇联深入社区、园区、乡村等，开展"巾帼心向党、喜迎二十大"红色故事永流传、女科技工作者创新创造故事会、红色家风故事会、巾帼助力乡村振兴等，激发巾帼力量助力科技创新、乡村振兴，推动移风易俗、弘扬时代新风。

2.下沉社区最基层，把妇联工作融入社区思想政治工作网格化建设中。市妇联联合天河区妇联、花都区妇联等组织开展"我奋斗 家国美"群众性主题宣传教育活动，发动妇女带动家庭积极参与群众性宣传文化教育活动和巾帼志愿服务活动，引导妇女和家庭培育良好家风、文明乡风，充分发挥妇女群众及家庭在基层社会治理中的重要作用。

3.组织线上群众性宣传教育活动，引导网络主战场。市妇联联合农讲所、越秀区妇联等开展"红色基因永流传"等线上群众性主题宣传教育活动，通过线上传播交流方式，声情并茂地讲述了高恬波、向秀丽等巾帼英雄的爱国故事。通过好故事、红色故事等守好网上意识形态阵地，引导巾帼网民唱响网上主旋律。

（三）选树培优先进典型，以典型示范带动妇女

积极培育和践行社会主义核心价值观，把开展全国、省、市三八红旗手（集体）、"广州好人"培育选树及宣传推广工作，作为持续深化妇女群众思想政治引领和思想道德建设的重要抓手。

1.拓面提质选树培育先进典型。坚持把选树培育先进典型作为加强妇女思想政治引领的重要抓手、培育和践行社会主义核心价值观的重要载体。通过自下而上推荐、各行各业寻找、线上线下发动，积极挖掘先进典型人物和先进感人事迹，不断拓宽选树培育先进典型的范围，提高

选树培育先进典型的质量。近十年，培育全国三八红旗手 20 人、全国三八红旗集体 8 个，广东省三八红旗手 109 人、广东省三八红旗集体 56 个，广州市三八红旗手 1130 人、广州市三八红旗集体 608 个，涌现一批优秀女性成为脱贫攻坚的冲锋者、经济发展的先行者、道德模范的示范者、见义勇为的担当者。

2. 涵养时代精神引领羊城女性。积极广泛宣传道德模范、全国、省、市三八红旗手（集体）和"广州好人"等先进典型，推动优秀女性先进事迹和感人奋斗故事等大量宣传，引导羊城广大妇女群众向先进学习。通过组织先进典型参加军队、学校、社区等事迹报告会，营造广大女性尤其青年女性向榜样学习的良好氛围。在新媒体社交平台、主流媒体、网站等展示先进典型奋发进取的良好精神风貌，线上线下广泛宣传，推动形成羊城巾帼故事进万家的良好氛围。

3. 以点带面凝聚更多巾帼力量。不断创新形式加强典型推广，通过宣讲、报告、分享会、创建广东省三八红旗工作室等形式不断加强先进典型的推广，把一批先进典型好的学习心得、实践心得广泛传播，使广大妇女切实感到先进典型可亲、可敬、可信、可学，形成广大妇女群众学习先进典型，争当先进典型的态势，发挥点亮一盏灯、照亮一大片的榜样引领和辐射作用。

（四）深化巾帼志愿服务，以精准服务凝聚妇女

聚焦妇女、儿童及家庭所忧所急所盼，不断深化巾帼志愿服务，通过顶层构建、数字管理、打造队伍、深化服务、强化品牌、拓展阵地，着力打造形成富有广州特色的巾帼志愿服务"广州家姐"品牌，通过巾帼志愿服务暖心关爱，更广泛凝聚妇女人心。

1. 多维度拓展延伸志愿服务。动员各级三八红旗手、致富女带头人、最美家庭等加入巾帼志愿服务行列，形成人人有爱的城市氛围。组

织妇联干部、妇联执委等带头加入巾帼志愿服务组织，积极参与巾帼志愿服务，形成巾帼志愿者的骨干力量。联动社会团体广泛吸纳专业人才建立特色队伍。发动女科技工作者协会成立广州巾帼科技志愿服务队、发动退伍女军人成立广州军嫂志愿服务队伍、发动市导游协会女骨干成立广州巾帼红色宣讲志愿队等特色志愿服务队伍，让巾帼志愿服务在社会各个领域不断延伸拓展。

2. 深化"广州家姐"关爱服务，用心用情关爱妇女群众。积极开展暖心关爱、维权服务、心理疏导、疫情防控、红色宣讲、关爱困境母亲、护苗成长、反邪宣传、家庭教育等主题鲜明的"广州家姐关爱行动"巾帼志愿服务实践活动，用心用情关爱妇女群众。花都区"秀全大妈"组建的多支队伍小分队，在治安巡逻、调解纠纷、邻里互助等方面积极贡献，把党和政府的理论政策等自编自导自演成快板、表演唱等小节目，让街坊邻居们看了印象深刻。广州巾帼力量不仅活跃在基层社区一线，也是助力服务妇女"最后一公里"的积极力量。

三、成效启示

面对妇女宣传思想工作面临的新形势新任务，要不断顺应新时代发展要求，守正创新做好羊城妇女思想政治引领工作，着力把稳思想之舵、筑牢信仰之基、凝聚妇女人心，为广州妇女事业高质量发展提供强大支撑。

（一）坚持党建统领，让妇女思想政治工作强起来

以党的政治建设为统领，把思想政治工作贯穿妇联工作全过程各方面，把妇联各级党组织建设成为宣传党的主张、贯彻党的决定、团结动员群众的坚强战斗堡垒，切实增强政治功能和组织力。引导各级妇联干

部加强学习、提高本领，持续打造以妇联干部为主体的骨干队伍，全面加强以妇联执委、三八红旗手、巾帼志愿者等为主体的各类巾帼志愿服务工作，不断推进形成妇女思想政治工作生动新局面。

（二）坚持守正创新，让妇女思想政治工作活起来

在坚守中发展，在继承中创新。要强化理论引领，紧密结合习近平新时代中国特色社会主义思想在广大妇女群众中贯彻落实的生动实践，创新做优"羊城巾帼心向党""羊城巾帼大宣讲"等品牌，线上线下相呼应、日常工作与重要节点相结合，推动党的创新理论"飞入寻常百姓家"。要强化典型引领，推出一大批植根人民，来自基层、平凡岗位的妇女典型，引导广大妇女和家庭崇尚先进、见贤思齐。

（三）坚持特色发展，让妇女思想政治工作亮起来

深入研究新业态、新就业群体，广场舞大妈等不同妇女群体的思想政治状况，准确把握她们的所思所需所惑，开展针对性强、精准度高的思想政治引领工作。用妇女群众能接受的方式、能听懂的语言，把讲道理与讲故事结合起来，把理论深度与民生温度结合起来，促进情感互动，激发思想共鸣。突出家庭特色，把家庭思想政治工作作为新时代妇女思想政治工作的重要内容。

（四）坚持"办实事"，让妇女思想政治工作实起来

坚持以人民为中心，结合羊城妇女群众实际需求，推动解决妇女群众关心的"急难愁盼"实事，传递党和政府的温暖。打造"特色云课堂"助力巾帼发展。聚焦妇女群众关切，推出系列便民、惠民民生"云课堂"，解决妇女群众需求。强化办实事关爱妇女群众，开展"广州家姐关爱行动"系列巾帼志愿服务，推动形成温暖互助有爱的城市氛围。

"每周一讲"大讲堂：
提升职工思想政治教育实效

一、基本情况

"每周一讲"职工公益大讲堂由山东省青岛市总工会主办，青岛市工人文化宫承办，以"传播先进文化、塑造美好心灵"为宗旨，每周一晚上邀请岛城各界"名师"开设讲座，与各行各业职工"零距离"交流时代新知、文化新论、思想新潮。讲座开办于1983年4月，在文化供给相对匮乏的时代里，为职工献上了"一票难求""座无虚席""站着听讲"的文化盛宴。

近年来，随着新媒体技术广泛应用，文化供给日益丰富多元，短视频等快餐类文化占据了职工大量的时间和精力，高品质、深层次文化难以精准送达职工。青岛市总工会从引领职工听党话、跟党走的政治高度出发，把"每周一讲"作为加强职工思想政治教育的品牌载体，赋予新内涵，拓展新内容，采用新技术加强网络传播、二次传播，组建了由知名教授、行业专家、劳模工匠等200余名岛城名家组成的"名师"队伍，聚焦职工文化热点、思想难点、精神困惑等内容，推出了中国梦《易经》解读、经济形势新变化与新趋势、王阳明心学时代价

山东省青岛市总工会邀请全国劳模王炳交走进中车青岛四方车辆研究所有限公司

值、应对社交障碍、防范电信网络诈骗等系列"好题"，以独到深刻的见解以及贴近职工的语言和方式，让广大职工在工作的"8 小时外"与"名家"无拘束沟通，面对面、"零距离"释疑解惑，实现高品质、深层次文化交流。

"每周一讲"围绕高品质定位，动态聚焦职工所思，深度切中社会关切，从普及文化知识逐渐发展为开展深度文化交流，形成了获取新知、滋养心灵、涵养品格的先进文化共享空间。多年来，青岛市总工会始终坚持在继承中发展，在发展中创新，推动"每周一讲"成为全国唯一超过四十年未间断的公益讲座品牌，获得了中华全国总工会"十大活动品牌"等荣誉称号。截至 2023 年 4 月初，讲座已持续开讲1659 期，听众超过百万人次，成为青岛市加强职工思想政治教育的特色品牌。

二、主要做法

（一）"策划＋定制"，针对性精选职工喜闻乐见的好题

1.多层次赋能职工，策划拓展讲题内容。建立讲题审议制度，由工会、工人文化宫、专家学者三方通过明确方向、征集意见、研究讨论，共同审议讲题内容，并把"每周一讲"列入工会文化活动专项预算，保障讲座持续开展。为适应新时代职工使命任务发展变化，讲题主旨从传承文化知识拓展为以文化力量赋能新时代职工；讲题内容从以文学为主拓展为政治、经济、文学、历史、哲学、艺术、心理学、法律、医学等多门类多学科；讲题形式从课堂讲授拓展为指导新媒体制作应用等实践操作，充分满足了职工不同层次的新文化需求。

2.多领域把握热点，策划形成选题计划。一是紧跟时代步伐，围绕广大职工的时代困惑、时代使命，及时解读时代思想。2022年，举办"党的二十大精神"系列讲座11期，将习近平新时代中国特色社会主义思想融入职工所面临的发展背景、所处的文化氛围、所熟悉的工作岗位，讲深、讲透、讲活，引领职工深刻感受思想伟力。二是紧跟文化热点，对社会的难点热点焦点，不消极不回避，因势利导。聚焦职工精神文化生活状态，推出"打造专业的自媒体——送给职工网民一个关注自己的理由"专题讲座，帮助职工在浮躁时保持清醒，在困惑中找到方向；聚焦传统文化，举办"我们的节日"系列讲座，讲述传统节日的新时代表达，传承和弘扬中华优秀传统文化。三是紧跟职业需求，将职工职业发展所需列入讲座重点内容清单。把插花、茶艺、烘焙等技能类内容以及心理学、医学健康等促进职工全面发展类内容纳入讲题范围，邀请劳模工匠、高技能人才上讲台，就《薪火相传　方向盘上追梦人》《让奋斗者更有力量》等"劳模精神劳动精神工匠精神"系列讲题与职工分享，

用身边人、身边事感染教育职工，消解职场困惑，增强前进动力。

3.多形式调查研究，定制职工选题清单。推出职工群众"点单"、讲师"接单"的选题模式，通过走访调研、召开专家座谈会、发放征求意见表等线下方式和"齐鲁工惠·青岛行"移动客户端、"每周一讲"微信公众号等线上途径，动态掌握职工需求，定期更新职工选题清单，策划推出了《传递财富与爱——〈民法典〉视野下的家庭财产传承制度》《从受众心理浅谈职工防范电信网络诈骗》《够得着的幸福——职场幸福力》等热门讲座，受到广大职工一致好评。

（二）"选荐＋评价"，高标准组建"名师"人才队伍

1.选荐"名师"队伍。一是邀请专业机构推荐。每年从市委党校、市委讲师团、驻青高校、劳模工匠以及各类文化协会中推荐有影响力、有公益心、善于讲课的讲师人才，组建并更新"名师"队伍。二是根据职工需求召集。线上线下征集职工意见，以职工需求为方向，从各专业领域寻找、邀请专家，为职工预定"名师"。三是培养职工讲师人才。不定期开设口才、演讲、教育心理等专业讲题，在潜移默化中帮助学有所长的职工成长为专业讲师，讲好新时代劳动故事和劳模故事，大力弘扬劳模精神。

2.建立评价机制。建立定期统计讲课、专人随堂听课、每讲满意度调查和定期"回访"制度，通过讲师讲课频次、受众反馈意见，分析研判听众兴趣点和讲师授课效果，动态调整讲座计划，适时增加听众关注度高的讲师讲课安排。截至目前，200 余名讲师中，共有 35 名讲师授课超过 10 期。

3.注重总结提升。不定期组织资深讲师开展座谈讨论，吸收专家意见升级讲座形式和内容，调动讲师参与公益讲座的积极性。定期精选优秀讲稿，结集成册，提高讲师备课的积极性。在开讲 1500 讲、1600 讲

以及开讲周年等重要时间节点，举办特别庆祝讲座，为资深"名师"颁发荣誉证书，增强讲师荣誉感。"每周一讲"已逐渐发展成为"名师"愿意来愿意讲的交流平台，讲座的影响力和知名度不断提升。

（三）"形式＋内容"，创新性提升文化传播深度和广度

1. 创新讲座形式载体，从固定讲台到移动讲台。"每周一讲"讲台最初设在青岛市工人文化宫培训教室，大型讲座设在工人剧场。近年来，为方便职工参与、更多惠及职工，青岛市总工会着力推动讲台进车间、进学校、进社区、进部队，不断提高讲座的吸引力和职工参与度。例如，策划推出《让我们携手，共建美丽青岛》环保系列专题讲座，走进中车青岛四方车辆研究所有限公司，动员全市职工积极参与职工环境保护活动，共建天蓝山绿水清的生态文明海洋城。

2. 创新讲座内容载体，从"我讲你听"到沉浸式"大家谈"。为进一步激发职工参与热情，除传统的"我讲你听"之外，"每周一讲"还增添了"大家谈""辩论赛"等参与度高、互动性强的多元化授课形式，开设了"每周一讲"微信公众号，与职工开展留言交流互动。同时，讲座打破传统模式，创新利用 5G、AI 等新技术手段，与专业展会、文化场馆结合，通过沉浸式讲解和互动式体验，打造集讲解、实践、参观于一体的讲堂新模式，使听讲体验更生动。

3. 创新讲座传播载体，从单向预告到按需选学。除每周、每月定期发布计划，进行单向预告外，"每周一讲"还先后与青岛电视台、"青青岛"网络社区合作，把讲座"搬"上电视，"搬"进网络，让职工不到现场就可以收听收看。近年来，依托"齐鲁工惠·青岛行"移动客户端上线讲座预约系统，实现网上预约，线下听课。通过市总工会官方网站、"每周一讲"微信公众号、"齐鲁工惠·青岛行"移动客户端和腾讯视频等多个网络平台开设网络讲堂，转播讲座视频，帮助职工按需选

学。截至目前，网络播放量已累计近 17 万余次。

三、工作成效

（一）打造了以文化为载体的思想政治教育课品牌

在"两个百年"交汇的关键时期，面对"两个大局"交织的复杂形势，社会文化多元发展，职工思想复杂多变，在文化上答疑释惑更有利于帮助职工增强文化自信，健全自我人格，传播先进思想理论。"每周一讲"坚持不回避、不消极的定位，以当下文化热点为切入点，及时、深入、系统地分析和解读新思想新思潮。以美学、国学、交响乐、芭蕾舞等精彩文化文艺内容涵养职工精神品格，以心理学、医学健康、岗位技能等实用技能赋能职工全面发展，将党的创新理论、社会主义核心价值观、"劳模精神劳动精神工匠精神"等内容贯穿其中，让职工在面对各类社会文化现象时，不盲从不迷乱，推动形成健康理性、积极进取的社会心态。

（二）打造了以共享为特色的思想政治教育课品牌

在文化供给十分丰富的社会背景下，学者教授、机关干部、作家、演员、医生、科技工作者等不同行业的讲师们，以丰厚的学识和过硬的专业技能，打造了没有围墙的"社会大学"，职工们共享"名师"指导，"名师"们共享各行业职工反馈，高品质文化互动形成了教学相长的文化共享空间。常态化的讲座平台不仅有助于听众与讲师持久深入地交流、交友、交心，还为双方提供了信息共享、思维碰撞、互学互促的有力平台。

（三）打造了以职工为主体的思想政治教育课品牌

引领职工听党话、跟党走是工会的政治责任，团结带领百万劳动者建功新时代是工会服务全市高质量发展的中心任务。"每周一讲"以职工为主要受众，根据职工需求选讲题、选讲师，根据职工工作和生活"生物钟"安排讲座时间和载体，开设特色主题讲座，让职工方便参与、乐于参与、主动参与。

四、工作启示

（一）突出以人为本

只有根据不同受众特点，因人制宜、因事制宜释疑解惑、回应关切、解决问题，才能推动思想政治教育入脑入心。"每周一讲"以立足职工岗位、回应职工关切、服务职工需要为根本，针对职工困惑和需求设置讲题，根据职工"生物钟"搭建"8小时"外的讲座载体，把受职工欢迎、对职工有益的讲题"送"到职工身边，帮助职工把握时代思潮，提升文化素养，涵养精神品格，增强技能素质，努力培养适应新时代发展要求的高素质职工队伍。

（二）坚持守正创新

只有立足时代，立足基层，不断创新发展，才能引领时代思想，服务群众所需。近年来，青岛市总工会坚持立足时代发展和职工所需，从时代之变、文化之进、职工之呼中设置讲题，推动"每周一讲"不断守正创新发展。一是创新讲座内容，做强党的创新理论系列精品讲座，做精"劳模精神劳动精神工匠精神"和劳动技能等特色教育讲座，做深文化知识讲座；二是创新讲座形式，打造互动式、沉浸式、案例式讲座模式，不断适应职工日益增长的高品质文化需求；三是创新传播载体，开设移动讲台和网络课堂，线上线下双向互动，持续吸引职工听众参与，教育引导广大职工建功新时代，奋进新征程。

（三）强化品牌效应

加强思想政治教育载体品牌化建设，有利于长期、动态引导受众心态和预期，不断提高思想政治教育的竞争力和引领力。在创新品牌载体的同时，要继续传承好、宣传好优秀传统品牌，既要避免因循守旧，也不能顾此失彼，造成受众流失。进入新时代，青岛市总工会始终坚持深入挖掘、系统分析，在坚守品牌初心基础上赋予其新的时代内涵，应用新媒体新技术，推动"每周一讲"常态化、长效化发展，用品牌价值荟萃名师、吸引职工、引领发展，成为历久弥新的新时代职工思想政治教育载体。

"引才—育才—用才—聚才"：
促进青年科技人才全面成长

一、基本情况

中国水利水电科学研究院水资源研究所（以下简称"水资源所"）成立于1978年，承担了我国水资源领域重大研究，在国家水治理体系中发挥了重要作用，已发展成为学科专业齐全、享誉国内外的国家级水资源研究基地。

水资源所围绕国家水安全保障关键科技问题持续攻关，坚持良性竞争、团结协作，以事业和文化凝聚一流人才，锻造了一支"能打仗、能打硬仗、能打胜仗"的新时代国家水资源安全保障的科技尖兵，是保障国家水安全的中坚力量。水资源所团队是一支年轻化、知识化、专业化的高科技人才队伍，青年科技人才占比高，40岁以下青年占职工总数的51%，青年职工中党员占比近90%。近年来，面对国内外科技竞争的严峻形势和市场环境的猛烈冲击，水资源所着力培育青年队伍，加强人才梯队建设，坚持思政工作与业务工作两手抓、两手硬，针对青年科技人才特点，创新科技人才密集型科研院所青年思政工作方法，将青年思政工作融入业务工作和人才管理全过程，构建了青年人才"引才—育

水资源所举办第 1 期"玉渊·谈水"青年主题沙龙

才—用才—聚才"全过程思政工作体系，促进青年科技人才全面成长成才。紧紧围绕国家水安全保障重大科技需求，面向水治理体系和治理能力现代化，育忠诚担当青年人才，出管用好用科技成果，有力支撑了新时代国家水资源管理，形成了青年思想政治工作"全过程思政"机制典型案例。

二、主要做法

（一）用好传家宝，以理想信念引导青年

水资源所 70 年的创业史、奋斗史是团队的传家宝。水资源所注重运用多层次历史教育引导青年树立远大理想信念，引导青年将自身发展与国家前途、民族命运、团队发展紧密联系起来，树立正确的价值观，

自觉投身于中华民族伟大复兴的火热实践，以科技创新服务于中国式现代化的水安全保障。

1.构建"读—学—观—看—讲"青年理论学习全链条。创新理论学习方式，以青年喜闻乐见的方式开展理论学习。打造学习全链条，组织青年读经典原著，学党的历史，观红色电影，看革命场馆，讲理论收获，促进理论学习成果入脑入心见行动。

2.开展"沉浸式"身边榜样学习实践。组织青年职工组成《中国水利水电科学研究院水资源研究所志》编写组，系统梳理水资源所70年的创业史、奋斗史。通过史料整理、专家访谈、档案查阅和实地走访等形式，进行30余人次的老专家访谈，100余人次的直接求证，共汇集各类资料5万余份，系统编写所志，以"沉浸式"的方式促进青年向身边的榜样学习，传承和弘扬科学家精神。

（二）构建新机制，以科学方法培育青年

构建系列创新机制，将思想政治工作融入青年培育全过程是水资源所青年思想政治工作"全过程思政"机制的重要抓手。近年来，针对青年科技人才成长过程中遇到的现实难题，形成了一系列创新机制和专门做法。

1.传帮带机制。每名青年职工在入职后由所在研究室指定专人负责"传帮带"，从项目申报、成果凝练和奖项申报等方面进行全方面辅导，帮助青年职工传承水资源所优良传统，快速融入集体。

2.所领导定点联系机制。所领导定点联系各研究室青年职工，每年年终与青年职工面对面谈心谈话，听取意见建议，提出指导意见和发展方向。

3.项目申报辅导机制。重点针对青年职工在国家自然科学基金项目等国家重大项目申报方面经验不足的问题，建立项目申报辅导机制，由所领导或指定专家根据专业特长对青年职工重大项目申报过程进行一对一辅导，帮助青年职工起好步。

4.职称申报审核机制。针对青年职工在职称申报过程中"不知道怎样准备材料、如何提升材料有效性"的问题，指定专人对青年职工申报材料进行一对一审核，确保青年职工有效开展职称申报。

5.青年组织一体化机制。科学设置研究所团支部和青年理论学习小组，将全所青年组织一体化建设、一体化运行，保障青年活动有序组织和规范运行，提升青年员工主人翁意识。

（三）搭建大平台，以广阔舞台锻炼青年

1.创办水资源研究所青年学术交流会。作为青年职工展现学术风采的主要平台，连续举行了 8 届，逐步成为水资源所青年工作的品牌活动。水资源所青年学术交流会形式活泼、内容丰富，由青年人自己组织、自己报告、参与评奖，深受青年职工欢迎，在锻炼青年人才表达能力、学术汇报能力和发现优秀青年职工方面发挥了重要作用。同时，促进了青年职工之间"比、学、赶、帮、超"，带动全所青年职工自觉向先进看齐，形成了良好的学术交流氛围。

2.打造水资源所青年职工向外拓展的广阔平台。结合青年职工学历高、创新能力强的特点，注重加大一线锻炼力度。推荐青年职工通过借调、挂职、援派和参与抗疫、应急等活动增长见识、加强历练，有组织地让青年职工"当一回热锅上的蚂蚁"，让青年在大风大浪中壮筋骨、长才干，以鲜活实践促进青年成长成才。主要做法为：一是在"急难险重"任务中锻炼青年。近年来，先后有 10 余人次为突发水污染事件、抗洪抢险等提供技术支撑。二是赴艰苦边远地区开展工作。先后有 5 名成员赴新疆、西藏等地区挂职锻炼、参加青藏高原科考。三是积极投身抗疫实践。在疫情期间开展疫情下用水量监测分析，为水利部决策提供参考。参与社区疫情防控，先后有 10 余人次参与社区志愿服务。

（四）沉淀暖文化，以和谐氛围凝聚青年

1. 开展水资源所文化大讨论。在组织青年职工开展所志编写过程中，开展水资源所文化大讨论。在老一辈水资源所人指引下，经过几代水资源所人的接续奋斗，水资源所形成了以"爱国、进步、民主、科学"的光荣传统，"勤奋、严谨、求实、创新"的优良学风，"勇于探索、兼容并包"的学术追求为核心的水资源所文化。

2. 依托青年活动自主设计所徽。沉淀水资源所青年学术交流会会标发扬和传承过程，发动青年职工自主设计了水资源所所徽，作为水资源所特色和精神的集中体现。所徽主要由四部分构成，分别为外圈的水资源所中英文全称和内部的河流、水滴、树木三种元素，中间三棵树象征老中青传帮带。

3. 创办"玉渊·谈水"青年主题沙龙。沙龙宗旨是"担科技强国重任，做创新有为青年"。2021 年 9 月 15 日举办了第 1 期沙龙，主题为"青年基金申报与执行"；2022 年 9 月 28 日举办了第 2 期沙龙，主题为"弘扬科学家精神，传承水资源所学风"。沙龙活动受到青年职工广泛欢迎，引起强烈反响。

三、工作成效

（一）人才培养成效显著

累计获国家"杰青"3 人、"优青"4 人、全国青年岗位能手 2 人、中青年科技创新领军人才 3 人。近三年来，6 人次获省部级以上人才称号，30 余人次获省部级以上科技项目资助，青年科技人才在科技创新实践中不断提升政治素质和创新水平。

（二）科技创新成果丰硕

近三年来，青年职工年均发表科研论文 30 余篇，授权发明专利 6 项，获水利先进实用推广技术 3 项，相关成果在智慧水利、数字孪生流域、水资源管理等领域得到广泛应用，在水利水电科技高质量发展中展现了青年职工智慧和力量。

（三）服务中心工作有力

全面服务于国家水资源管理实践，由青年职工支撑常态化编制《全国水资源动态月报》，青年职工年均主持完成科技项目 30 余项，服务于京津冀协同发展、长江经济带发展、黄河流域生态保护和高质量发展等重大国家战略。

四、工作启示

（一）将青年思想政治工作融入青年成长全过程

将"思政工作"转变为"工作思政"，构建了青年人才"引才—育才—用才—聚才"全过程思政工作体系，促进青年科技人才全面成长成才。

（二）结合青年特点不断创新和丰富工作形式

以取得实效为目标，以青年喜闻乐见的形式开展多样化的理论学习和思想政治工作，激发青年科技人才成长成才的内生动力。

（三）始终坚持理论联系实践促进双向育人

以生动实践触发青年的理论思考，以理论思考提升理论学习深度，实现思政工作和业务工作双向促进。

后　记

　　近年来，各地区各部门各单位基层党组织坚持以习近平新时代中国特色社会主义思想为指导，围绕党和国家工作大局，围绕本地本单位中心工作，开拓进取，守正创新，不断加强和改进基层思想政治工作，形成许多体现时代要求、符合群众需求、富有创新性和实效性的优秀案例，具有较强示范作用和推广价值，对做好新时代思想政治工作很有意义。为深入学习贯彻习近平新时代中国特色社会主义思想和党的二十大精神，深入学习贯彻习近平文化思想，贯彻落实中共中央、国务院《关于新时代加强和改进思想政治工作的意见》，总结提炼基层工作经验，宣传推广基层思想政治工作创新实践取得的优秀成果，经中央宣传部领导批准，中国政研会秘书处组织开展了 2023 年度基层思想政治工作优秀案例评选工作。

　　2023 年 1 月，我们正式启动优秀案例评选工作。各地方和行业（系统）政研会积极参与，推荐报送了一批体现基层思想政治工作质量和水平的优秀案例。中国政研会基层思想政治工作优秀案例评选委员会（以下简称"评委会"）进行了认真评选，中国政研会秘书长会议根据评委会意见，研究确定《"理论宣传二人讲"：让党的二十大精神"飞入寻常百姓家"》等 80 个案例为 2023 年度基层思想政治工作优秀案例。评委会由中国政研会秘书处负责同志，部分中直机关、中央企业、高等院校从事思想政治工作研究和实践的同志组成，吴建春任主任，王滨、王晓华、朱向军、练玉春、李小标、洪波、范林芳、张朋智同志为成员。俞颖杰、刘海燕、崔伟、刘晓龙、郑言午等同志参与了组织和编辑工作。现将 80 个优秀案例出版，供广大基层思想政治工作者学习参考。

编 者

2023 年 10 月